Grundlagen eines europäischen Gemeinnützigkeitsstatuts

Europäische Hochschulschriften

European University Studies

Publications Universitaires Européennes

Reihe II **Rechtswissenschaft**

Series II Law

Série II Droit

Band/ Volume **6024**

Claudia Lindner

Grundlagen eines europäischen Gemeinnützigkeitsstatuts

PETER LANG

Bibliografische Information der Deutschen Nationalbibliothek
Die Deutsche Nationalbibliothek verzeichnet diese Publikation in der Deutschen Nationalbibliografie; detaillierte bibliografische Daten sind im Internet über http://dnb.d-nb.de abrufbar.

Zugl.: Jena, Univ., Diss., 2017

27
ISSN 0531-7312
ISBN 978-3-631-74831-2 (Print)
E-ISBN 978-3-631-76410-7 (E-PDF)
E-ISBN 978-3-631-76411-4 (EPUB)
E-ISBN 978-3-631-76412-1 (MOBI)
DOI 10.3726/b14507

Peter Lang – Berlin · Bern · Bruxelles · New York · Oxford · Warszawa · Wien

Diese Publikation wurde begutachtet.

www.peterlang.com

Vorwort

Bei der vorliegenden Publikation handelt es sich um die marginal überarbeitete Fassung meiner Dissertationsschrift, die ich während der Zeit als wissenschaftliche Mitarbeiterin am Lehrstuhl für Öffentliches Recht und Steuerrecht an der Friedrich-Schiller-Universität Jena sowie als Referentin in der Hochschulabteilung des Thüringer Ministeriums für Wirtschaft, Wissenschaft und Digitale Gesellschaft verfasst habe. Die Idee zu diesem Thema entwickelte sich im Rahmen der Wahlstation in einer unter anderem auf die Beratung von Stiftungen und Non-Profit-Organisationen spezialisierten, international tätigen Sozietät.

Den zahlreichen Personen, die mich während dieser Zeit begleitet und unterstützt haben, möchte ich an dieser Stelle ganz herzlich danken. Mein Dank gilt in besonderer Weise meiner Doktormutter, Frau Prof. Dr. Anna Leisner-Egensperger, für ihre außerordentliche Unterstützung und ihr persönliches Engagement bei der Betreuung dieser Arbeit. Ebenfalls bedanken möchte ich mich bei Herrn Prof. Dr. Michael Brenner für die freundliche Übernahme und zügige Erstellung des Zweitgutachtens sowie bei Herrn Prof. Dr. Jan Dirk Harke für sein Mitwirken in der Prüfungskommission.

Gleichermaßen bedanken möchte ich mich bei den Mitarbeiterinnen und Mitarbeitern meines ehemaligen Lehrstuhls sowie bei den ehemaligen Kolleginnen und Kollegen der Rechtswissenschaftlichen Fakultät. Im Laufe meines Promotionsprozesses habe ich in den verschiedenen Phasen der Erstellung zahlreiche fachliche Diskussionen geführt und dadurch interessante und konstruktive Anregungen für die Auseinandersetzung mit dem Dissertationsthema erhalten.

Mein größter Dank gilt schließlich meiner Familie und besonders meinem Freund, die mich auf meinem Weg zur Promotion in jeder Hinsicht unterstützt und unablässig an mich geglaubt haben. Ihnen widme ich die vorliegende Schrift.

Claudia Lindner

Inhaltsverzeichnis

Teil 1 Einführung

A. Problemstellung

I. Ausgangslage

Viele Menschen engagieren sich in gemeinnützigen Einrichtungen[1] für soziale, kulturelle oder philanthropische Zwecke. Ob in Vereinen, Stiftungen oder Parteien – mit ihrem Einsatz für die Gesellschaft tragen sie zum Gemeinwohl bei.[2] Die Mitgliedstaaten der Europäischen Union unterstützen dieses Engagement durch die Schaffung der notwendigen rechtlichen Rahmenbedingungen und die Gewährung von steuerlichen Vergünstigungen.[3]

In der Europäischen Union bestehen zum Teil sehr ausdifferenzierte Regelungen für die rechtliche und steuerliche Behandlung von gemeinnützigen Einrichtungen und ihren Unterstützern. Der Gemeinnützigkeitsstatus eröffnet in der Regel vielfältige Steuerprivilegien, sei es die Ermäßigung oder Befreiung von der Körperschaft- oder Einkommensteuer, der Erbschaft- oder Schenkungsteuer oder der Umsatzsteuer.[4] Auch die Unterstützer von gemeinnützigen Einrichtungen profitieren in nahezu allen Mitgliedstaaten von steuerlichen Begünstigungen für ihre Zuwendungen.[5]

Traditionell beschränken sich die Aktivitäten vieler gemeinnütziger Einrichtungen auf das Gebiet ihres Gründungsstaats, grenzüberschreitende Tätigkeiten

---

1 Der Begriff „Einrichtung“ erfasst sowohl inländische als auch ausländische Rechtssubjekte ohne Präjudizierung auf eine bestimmte Rechtsform.

2 Vgl. *Gliksberg*, in: Gliksberg (Hrsg.): Cahiers de droit fiscal international, Volume LXXXIVa, S. 109 (111); *Simsa/Zimmer*, in: Zimmer/Simsa (Hrsg.): Forschung zu Zivilgesellschaft, NPOs und Engagement. Quo vadis?, S. 11 (12); *Schauhoff*, in: Schauhoff (Hrsg.): Handbuch der Gemeinnützigkeit, Grundlegung Rn. 1.

3 Vgl. *Schauhoff*, in: Schauhoff (Hrsg.): Handbuch der Gemeinnützigkeit, Grundlegung Rn. 1 m. w. N.; *Isensee*, in: Isensee/Kirchhof (Hrsg.): Handbuch des Staatsrechts, Band IV, § 71 Rn. 110; *Leisner-Egensperger*, in: Kirchhof/Papier/Schäffer (Hrsg.): Festschrift für Detlef Merten, S. 277 (279 f.); Enquete-Kommission „Zukunft des Bürgerschaftlichen Engagements“, Bericht. Bürgerschaftliches Engagement: auf dem Weg in eine zukunftsfähige Bürgergesellschaft, S. 233 ff.; *Zimmer*, in: Strachwitz/Mercker (Hrsg.): Stiftungen in Theorie, Recht und Praxis, S. 9; *Hüttemann*, Gemeinnützigkeits- und Spendenrecht, Rn. 1.5.

4 Vgl. die Ausführungen unter Teil 4 C.I.

5 Vgl. die Ausführungen unter Teil 4 C.II.

finden vielfach nur im Bereich der Katastrophen- oder Entwicklungshilfe oder im Umwelt- und Klimaschutz statt.[6] In den letzten Jahrzehnten ist jedoch auch im Gemeinnützigkeitssektor ein Wandel zu beobachten: Gemeinnützige Einrichtungen werden internationaler, auch die Zahlen grenzüberschreitender Aktivitäten oder Kooperationen mit ausländischen gemeinnützigen Einrichtungen steigen parallel zu der wachsenden Bedeutung des Gemeinnützigkeitssektors.[7] Die Globalisierung und Internationalisierung eröffnen gemeinnützigen Einrichtungen immer neue Möglichkeiten für gemeinwohlorientierte oder wirtschaftliche Tätigkeiten.[8]

Aber auch wachsende Herausforderungen, z. B. die Wirtschaftskrise in Europa, Kriege in Nahost und die damit einhergehenden Flüchtlingsbewegungen oder der Klimawandel, erfordern ein grenzüberschreitendes Denken und Handeln. Viele Probleme der heutigen Zeit enden nicht an den Staatsgrenzen.[9] In grenzüberschreitenden Kooperationen und internationalen Aktivitäten liegen die effektivsten Möglichkeiten zur Bewältigung dieser Aufgaben.[10] So entstanden große international agierende Einrichtungen, die mittlerweile einen bedeutenden Einfluss in Bereichen wie Entwicklungshilfe, Kultur, Bildung und Gesundheit haben.[11]

Auch Fundraising, Sponsoring oder Zuwendungen an gemeinnützige Einrichtungen hören nicht mehr an Staatsgrenzen auf. Die Unterstützer von gemeinnützigen Einrichtungen werden mobiler: Sie leben, arbeiten oder engagieren

---

6 *Schlüter*, in: Richter/Wachter (Hrsg.): Handbuch des internationalen Stiftungsrechts, § 15 Rn. 1; *Unger*, DStZ 2010, 154 (155 f.); *Hondius*, in: Bertelsmann Stiftung (Hrsg.): Handbuch Stiftungen, S. 1155 (1175).

7 Vgl. *Benicke*, EuZW 1996, 165 (171); *Boetticher*, Die freigemeinnützige Wohlfahrtspflege und das europäische Beihilfenrecht, S. 98; *Jachmann*, BB 2006, 2607 (2608); *Gliksberg*, in: Gliksberg (Hrsg.): Cahiers de droit fiscal international, Volume LXXXIVa, S. 109 (112); *Zimmer/Priller*, JCSW 2001, 11; *Breen*, International Journal of Not-for-Profit-Law 2008, 50 (55).

8 Vgl. *Schlüter*, in: Richter/Wachter (Hrsg.): Handbuch des internationalen Stiftungsrechts, § 15 Rn. 1; *Steiner*, Die Europäische Stiftung, S. 12; *Hofmann*, in: Strachwitz/Mercker (Hrsg.): Stiftungen in Theorie, Recht und Praxis, S. 865; *Weitemeyer*, in: Jakob (Hrsg.): Perspektiven des Stiftungsrechts in der Schweiz und in Europa, S. 73 (77).

9 Vgl. *Schlüter*, in: Richter/Wachter (Hrsg.): Handbuch des internationalen Stiftungsrechts, § 15 Rn. 2; *Weitemeyer/Bornemann*, FR 2016, 437; *Ritter/Marx*, Stiftung & Sponsoring 2015, Rote Seiten, S. 1; *Weitemeyer*, in: Saenger/Bayer/Koch/Körber (Hrsg.): Festschrift für Olaf Werner, S. 288.

10 Vgl. *Weitemeyer/Bornemann*, FR 2016, 437.

11 Z. B. Human Rights Watch, Oxfam; vgl. *Koele*, European Taxation 2010, 167.

sich nicht mehr nur in ihrem Herkunftsstaat, sondern sind weltweit aktiv.[12] Sie unterstützen Museen, Universitäten und Forschungseinrichtungen in mehreren Staaten und fördern Projekte der Entwicklungs- oder Katastrophenhilfe. Einige Förderer wollen der Gesellschaft auf diesem Weg einen Teil ihres Vermögens zurückgeben.[13]

II. Rechtliche Situation

Beabsichtigen gemeinnützige Einrichtungen, ihre Aktivitäten in andere Staaten auszudehnen oder in diesen wirtschaftlich tätig zu werden, stoßen sie auf unterschiedlichste Regelungen.[14] Obwohl die Gemeinnützigkeits- und Spendenrechte vieler Mitgliedstaaten grenzüberschreitende Aktivitäten von gemeinnützigen Einrichtungen nicht untersagen, schließen sie ausländische gemeinnützige Einrichtungen teilweise noch immer von Steuervergünstigungen aus.

Die Berücksichtigung der verschiedenen Gemeinnützigkeits- und Spendenrechte stellt jedoch viele gemeinnützige Einrichtungen vor große Herausforderungen. Häufig entsteht ein hoher Verwaltungs- und Kostenaufwand, welcher vor allem kleinere gemeinnützige Einrichtungen von grenzüberschreitenden Aktivitäten abhält.

Aber auch dann, wenn alle Voraussetzungen erfüllt sind, um in einem anderen Mitgliedstaat als gemeinnützig anerkannt werden zu können, erhalten ausländische gemeinnützige Einrichtungen nicht immer dieselben Steuervergünstigungen wie inländische.[15] Die Mitgliedstaaten begründen dies regelmäßig mit unzureichenden Möglichkeiten zur Aufsicht über die ausländischen gemeinnützigen Einrichtungen oder fehlenden Kontrollmöglichkeiten für grenzüberschreitende Zuwendungen.[16]

Zwar wurden bereits viele dieser diskriminierenden Regelungen durch Entscheidungen des EuGH für europarechtswidrig erklärt[17], dennoch liegen die

---

12 *Habighorst*, in: Richter/Wachter (Hrsg.): Handbuch des internationalen Stiftungsrechts, § 20 Rn. 2.

13 Vgl. *Steiner*, Die Europäische Stiftung, S. 37; *Habighorst*, in: Richter/Wachter (Hrsg.): Handbuch des internationalen Stiftungsrechts, § 20 Rn. 1.

14 Siehe *Schlüter*, in: Richter/Wachter (Hrsg.): Handbuch des internationalen Stiftungsrechts, § 15 Rn. 1; *Jochum*, npoR 2012, 177 (177 f.); *Gliksberg*, in: Gliksberg (Hrsg.): Cahiers de droit fiscal international, Volume LXXXIVa, S. 109 (112).

15 Vgl. die Ausführungen unter Teil 4 C.I.; *Hüttemann*, in: Brandt (Hrsg.): Achter und Neunter Deutscher Finanzgerichtstag 2011/2012, S. 143 (144).

16 *Koele*, International Taxation of Philanthropy, S. 8.

17 Vgl. z. B. EuGH, Urt. v. 14.09.2006, Rs. C-386/04, Stauffer, Slg. 2006, I-8203; EuGH, Urt. v. 27.01.2009, Rs. C-318/07, Persche, Slg. 2009, I-359.

rechtlichen Möglichkeiten für grenzüberschreitend tätige gemeinnützige Einrichtungen noch immer weit hinter den tatsächlichen Bedürfnissen.[18]

B. Der europäische Integrationsprozess

Nach dem Ende des Zweiten Weltkrieges setzte in Europa ein Integrationsprozess ein, der zu einer nachhaltigen Entwicklung des leidgeprüften Kontinents und zu einem Zusammenwachsen der Völker führen sollte.[19] Im Vordergrund stand zu Beginn vor allem die Entwicklung einer wettbewerbsfähigen ökonomischen Zweckgemeinschaft.[20] Erst später fand auch die europäische Zivilgesellschaft Berücksichtigung.[21]

Die Europäische Union entwickelte sich seit ihrer Gründung zu einer gemeinwohlorientierten Wertegemeinschaft, in der wirtschaftliche Zwecke durch gleichrangige nicht wirtschaftliche Ziele ergänzt werden.[22] Zu diesen nicht wirtschaftlichen Zielen zählen beispielsweise die Förderung von wissenschaftlichem und technischem Fortschritt sowie die Bekämpfung von sozialer Ausgrenzung und Diskriminierung, die Unterstützung von sozialer Gerechtigkeit und sozialem Schutz und der Schutz der Kinderrechte.[23] Ebenso sollen der kulturelle Reichtum und die sprachliche Vielfalt gewahrt und das kulturelle Erbe Europas geschützt und erhalten werden.[24]

Der Integrationsprozess erfordert aber auch die „Verbindung einer Vielheit von einzelnen Personen oder Gruppen zu einer gesellschaftlichen und kulturellen Einheit“[25]. Damit dies im Sinne einer europäischen Integration gelingen

---

18 Vgl. *Koele*, International Taxation of Philanthropy, S. 5; *Weiten/Feldner*, ZErb 2013, 88.

19 *Kirchhof*, in: Brandt (Hrsg.): Achter und Neunter Deutscher Finanzgerichtstag 2011/2012, S. 23 (24); *Leisner*, in: Kirchhof/Lehner/Raupach u. a. (Hrsg.): Festschrift für Klaus Vogel, S. 593 (595 f.).

20 *Axt*, in: Ambrosius/Schmitt-Egner (Hrsg.): Europäisches Gemeinwohl, S. 147 (148).

21 Vgl. Art. 257 Satz 2 EGV; vgl. *Anheier/Toepler*, in: Enquete-Kommission „Zukunft des Bürgerschaftlichen Engagements“ (Hrsg.): Bürgerschaftliches Engagement im internationalen Vergleich, S. 13 (51 ff.); *Brenner*, in: Isensee/Lecheler (Hrsg.): Festschrift für Walter Leisner, S. 19 (34 f.).

22 *Püttner*, in: Ambrosius/Schmitt-Egner (Hrsg.): Europäisches Gemeinwohl, S. 271 (274); *Andrée*, Zielverpflichtende Gemeinwohlklauseln im AEU-Vertrag, S. 293 f.; *Traversa*, in: Vanistendael (Hrsg.): Taxation of Charities, S. 107 (109); *Schauhoff*, npoR 2013, 128.

23 Art. 3 Abs. 3 Unterabs. 1–3 EUV.

24 Art. 3 Abs. 3 Unterabs. 4 EUV.

25 Duden, Das große Wörterbuch der deutschen Sprache in 10 Bänden, 3. Auflage 1999.

kann, müssen weitere Bereiche, die für das Zusammenwachsen Europas – einem Europa der Völker – von zentraler Bedeutung sind, zueinander geführt werden.

Eine herausragende Rolle spielt dabei die europäische Zivilgesellschaft – die Gesamtheit des ehrenamtlichen Engagements der Bürger Europas.[26] Sie ist tragendes Bindeglied zwischen staatlicher, wirtschaftlicher und privater Sphäre.[27] Einzelpersonen, aber auch Gruppen engagieren sich in den unterschiedlichsten Formen und in vielfältigster Weise für ein friedliches und soziales Zusammenleben in Europa. Ihr Engagement ist vor allem in den Bereichen unerlässlich, in denen weder Markt noch Staat ausreichend tätig werden können.[28]

Viele der Ziele Europas können nur durch bürgerschaftliches Engagement erreicht werden. Die Möglichkeit zur Gründung gemeinnütziger Einrichtungen ist für die moderne Zivilgesellschaft daher von zentraler Bedeutung.[29] Aufgrund ihrer beschränkten finanziellen Möglichkeiten würden die Staaten diese Herausforderungen allein nicht bewältigen.

C. Nationales Gemeinnützigkeitsrecht und Europa

Die gemeinnützigkeits- und spendenrechtlichen Regelungen der Mitgliedstaaten sind vorwiegend national ausgerichtet, sie enden daher regelmäßig an den Staatsgrenzen.[30] Mit der Erhebung oder Nichterhebung von Steuern oder der Gewährung von Steuervergünstigungen verfolgen die Mitgliedstaaten eigene wirtschafts- oder sozialpolitische Zwecke oder außersteuerliche Ziele, die von der wirtschaftlichen, gesellschaftlichen und rechtlichen Lage im Staat geprägt sind.[31] Nahezu alle Mitgliedstaaten fördern die Tätigkeiten gemeinnütziger Einrichtungen sowie ihrer Unterstützer. Zwar bestehen bei den konkreten Voraussetzungen oder den rechtlichen Folgen zwischen den Mitgliedstaaten Unterschiede, in den Kernbereichen finden sich jedoch auch viele Gemeinsamkeiten.[32]

---

26 *Schauhoff*, npoR 2013, 128.

27 Vgl. *Simsa*, in: Simsa/Meyer/Badelt (Hrsg.): Handbuch der Nonprofit-Organisationen, S. 125 (129 ff.); *Walz*, JZ 2002, 268.

28 *Zapka*, Binnenmarkt ohne Wohlfahrt?, S. 125 f.

29 Vgl. Enquete-Kommission „Zukunft des Bürgerschaftlichen Engagements" (Hrsg.): Bericht. Bürgerschaftliches Engagement: auf dem Weg in eine zukunftsfähige Bürgergesellschaft, S. 13 ff.

30 Vgl. *Benicke*, EuZW 1996, 165 (166); *Heinicke*, DStR 1998, 1332; *Eicker*, in: Richter/Wachter (Hrsg.): Handbuch des internationalen Stiftungsrechts, § 18 Rn. 1.

31 *Gröpl*, in: Dauses (Hrsg.): Handbuch des EU-Wirtschaftsrechts, J. Steuerrecht Rn. 9; *Hemels/Stevens*, EC Tax Review 2012, 293 (303).

32 Vgl. die Ausführungen unter Teil 4 B.

Lange Zeit blieb das Unionsrecht für gemeinnützige Einrichtungen, die in der Regel nicht gewinnorientiert tätig sind, ohne große Bedeutung.[33] Die Schaffung des Binnenmarktes eröffnet jedoch auch gemeinnützigen Einrichtungen neue Möglichkeiten.[34] Auch sie erbringen Leistungen gegen Entgelt, beschäftigen Arbeitnehmer oder nehmen in sonstiger Weise am Binnenmarkt teil – in Bereichen also, in denen das Unionsrecht die Rahmenbedingungen setzt.[35]

I. Europa und Souveränität

Zwischen den Mitgliedstaaten besteht keine Pflicht, eine in einem anderen Mitgliedstaat als gemeinnützig anerkannte Einrichtung ebenfalls als solche anzuerkennen.[36] Eine solche sieht das Unionsrecht nicht vor. Die Europäische Union soll sich zu keiner Steuerrechtsunion entwickeln, vielmehr wird eine Harmonisierung im Sinne einer Beseitigung von Hinterziehungs- und Fluchttatbeständen sowie der Vereinbarung von Mindestvorgaben in allen Mitgliedstaaten angestrebt.[37] Eigene Steuererhebungs- oder Verwaltungsbefugnisse stehen der Europäische Union, mit wenigen Ausnahmen[38], ebenfalls nicht zu.

Die Mitgliedstaaten schützen ihre Autonomie über die Erhebung und Ausgestaltung ihrer Steuern beharrlich gegen Änderungen durch die Europäische Union.[39] Jedem Eingriff in ihre Steuersouveränität wird in aller Regel erst nach langen Verhandlungen zugestimmt.[40] Im Bereich der direkten Steuern läuft der Prozess der Rechtsangleichung aus diesem Grund nur sehr zögerlich, Änderungen erfolgen regelmäßig erst infolge von Entscheidungen des EuGH.[41]

---

33 *Igl*, Rechtliche Rahmenbedingungen bürgerschaftlichen Engagements, S. 524.

34 Enquete-Kommission *„Zukunft des Bürgerschaftlichen Engagements“* (Hrsg.): Bericht. Bürgerschaftliches Engagement: auf dem Weg in eine zukunftsfähige Bürgergesellschaft, S. 243.

35 *Igl*, Rechtliche Rahmenbedingungen bürgerschaftlichen Engagements, S. 524.

36 *Schäfers*, in: Richter/Wachter (Hrsg.): Handbuch des internationalen Stiftungsrechts, § 17 Rn. 4; *Hemels/Stevens*, EC Tax Review 2012, 293 (303).

37 *Gröpl*, in: Dauses (Hrsg.): Handbuch des EU-Wirtschaftsrechts, J. Steuerrecht Rn. 17 f.; *Nettesheim*, in: Oppermann/Classen/Nettesheim (Hrsg.): Europarecht, § 35 Rn. 47.

38 Ausnahme: Einkommensteuer für EU-Bedienstete; vgl. *Kirchhof*, in: Brandt (Hrsg.): Achter und Neunter Deutscher Finanzgerichtstag 2011/2012, S. 23 (25).

39 *Laule*, IStR 2001, 297 (298); *Kirchhof*, in: Brandt (Hrsg.): Achter und Neunter Deutscher Finanzgerichtstag 2011/2012, S. 23 (28 f.).

40 *Förster*, in: Bleckmann (Hrsg.): Europarecht, S. 717 (719).

41 Vgl. *Schenke*, in: Müller-Graff/Schmahl/Skouris (Hrsg.): Europäisches Recht zwischen Bewährung und Wandel, S. 149 (151); *Barents*, in: Jansen (Hrsg.): Fiscal Sovereignty

II. Harmonisierung des Gemeinnützigkeitsrechts

Im Rahmen von Gesetzgebungsvorhaben verfügt die Europäische Union nur über die Kompetenzen, die ihr durch den AEUV übertragen wurden.[42] In vielen Bereichen, in denen auch gemeinnützige Einrichtungen tätig sind, z. B. Bildung, Wissenschaft, Kultur oder Umweltschutz, erfolgten bereits erste Abstimmungen auf europäischer Ebene.[43] Das Gemeinnützigkeits- bzw. Spendenrecht ist von der Gesetzgebungskompetenz der Europäischen Union allerdings bisher ausgenommen.[44]

An Relevanz haben daher in den letzten Jahren die europäischen Grundfreiheiten und das EU-Beihilfenrecht gewonnen.[45] Infolge von Entscheidungen des EuGH sind erste Änderungen in den nationalen Gemeinnützigkeits- und Spendenrechten zu verzeichnen, die sie auch für grenzüberschreitende Sachverhalte öffnen.[46]

D. Alternativen

Der Wissenschaft ist die Bedeutung eines gemeinsamen europäischen Rechtsrahmens für grenzüberschreitend tätige gemeinnützige Einrichtungen bewusst. Seit Jahren thematisiert sie die Probleme inländischer und ausländischer gemeinnütziger Einrichtungen bei grenzüberschreitenden Aktivitäten. Als eine der zukünftigen Aufgaben der vergleichenden Rechtswissenschaft wird die Entwicklung eines „common framework" – eines einheitlichen Rechtsrahmens – für die rechtliche und steuerliche Behandlung grenzüberschreitender gemeinnütziger Einrichtungen angesehen.[47]

---

of the Member States in an Internal Market: Past and Future, S. 51 (59); *Nettesheim*, in: *Oppermann/Classen/Nettesheim* (Hrsg.): Europarecht, § 35 Rn. 46.

42 Art. 7 AEUV; vgl. auch *Buschmann/Daiber*, DÖV 2011, 504.

43 *Eicker*, in: Richter/Wachter (Hrsg.): Handbuch des internationalen Stiftungsrechts, § 18 Rn. 4; *Buschmann/Daiber*, DÖV 2011, 504.

44 *Helios*, in: Schauhoff (Hrsg.): Handbuch der Gemeinnützigkeit, § 22 Rn. 11; siehe auch die Ausführungen unter Teil 3 B.I.

45 *Hüttemann*, Gemeinnützigkeits- und Spendenrecht, Rn. 1.110.

46 *Koele*, European Taxation 2010, 167 (169); vgl. auch *Walz*, in: Walz/von Auer/von Hippel (Hrsg.): Spenden- und Gemeinnützigkeitsrecht in Europa, S. 653 (663); *Helios*, in: Schauhoff (Hrsg.): Handbuch der Gemeinnützigkeit, § 22 Rn. 11; *Jansen*, in: Jansen (Hrsg.): Fiscal Sovereignty of the Member States in an Internal Market: Past and Future, S. 231 (246); *Seer*, in: Tipke/Kruse/Seer u. a. (Hrsg.): AO, Vorb. § 51 Rn. 4.

47 So z. B. *Weitemeyer*, NZG 2012, 1001 (1009); *Hüttemann*, EuZW 2012, 441 (442); *Schauhoff*, npoR 2012, 128 (130).

Zahlreiche Monographien, Sammelbände und Dissertationen wurden zu diesem Themenbereich bereits veröffentlicht.[48] Einen Schwerpunkt bilden dabei grenzüberschreitend tätige Stiftungen. Stiftungen sind zwar wahrscheinlich die wichtigsten Protagonisten im Bereich der gemeinnützigen Einrichtungen, sie sind aber nicht die einzigen.

In vielen Mitgliedstaaten können weitere Rechtsformen, z. B. Vereine, Trusts oder Gesellschaften mit beschränkter Haftung, als gemeinnützig anerkannt werden. Ein starrer Blick auf eine einzelne Rechtsform verkennt die tatsächliche Rechtslage in vielen Mitgliedstaaten. Es müssen vielmehr alle gemeinnützigen Akteure in den Blick genommen werden.

Viele Veröffentlichungen forderten zudem die Schaffung einer neuen europäischen Rechtsform für gemeinnützige Einrichtungen, in der Regel eine „Europäische Stiftung".[49] Diese ist zwar sinnvoll, um insbesondere europäische Akteure zu unterstützen und zu fördern. Aber ohne eine ausreichende Angleichung der „Nebenbereiche" wird eine Europäisierung der Rechtsformen nicht den gewünschten Erfolg bringen.

Eines dieser „Nebengebiete" ist das Gemeinnützigkeits- und Spendenrecht. Als Teilgebiet des Steuerrechts ist es traditionell national geprägt. Viele Mitgliedstaaten scheuen eine Angleichung ihrer Steuerrechte oder die Schaffung einheitlicher europäischer Standards. Insbesondere die Vorschläge für die Schaffung der Europäischen Stiftung, die auch Regelungen zur steuerlichen Behandlung enthielten, sorgten in den Mitgliedstaaten für Widerstand. Ohne eine Lösung der steuerlichen Behandlung ausländischer gemeinnütziger Einrichtungen werden die Hindernisse für eine grenzüberschreitende Tätigkeit jedoch nicht beseitigt.

Dass ein Bedarf für ein grenzüberschreitendes europäisches Gemeinnützigkeits- und Spendenrecht gegeben ist, zeigt die Entwicklung des Netzwerks „Transnational Giving in Europe". Das Netzwerk unterstützt gemeinnützige

---

48 Exemplarisch zu diesen Themen: *Eicker*, Grenzüberschreitende gemeinnützige Tätigkeit; *Heidenbauer*, Charity Crossing Borders; *Helios*, Steuerliche Gemeinnützigkeit und EG-Beihilfenrecht; *Richter/Wachter* (Hrsg.): Handbuch des internationalen Stiftungsrechts; *Vanistendael* (Hrsg.): Taxation of Charities; *Walz/von Auer/von Hippel* (Hrsg.): Spenden- und Gemeinnützigkeitsrecht in Europa; *Wünschig*, Perspektiven eines europarechtskonformen Gemeinnützigkeits- und Zuwendungsrechts.

49 Vgl. *Hopt/Walz/von Hippel* (Hrsg.): The European Foundation: A New Legal Approach; *Rebsch*, Die Europäische Stiftung; *Schäfers*, Die steuerrechtliche Behandlung gemeinnütziger Stiftungen in grenzüberschreitenden Fällen: Körperschaftsteuer, Erbschaft- und Schenkungsteuer; *Steiner*, Die Europäische Stiftung.

Einrichtungen und Förderer bei grenzüberschreitenden Zuwendungen, indem es Möglichkeiten für die Gewährung oder den Empfang steuerlich berücksichtigungsfähiger Zuwendungen schafft.[50] Es bedient jährlich bis zu 6.000 Förderer und über 300 Empfänger in 18 europäischen Staaten[51]. Im Jahr 2015 wurden fast 8 Mio. EUR an Zuwendungen innerhalb Europas entgegengenommen und an die Partnerorganisationen in den anderen Staaten weitergeleitet; im Jahr 2011 lag das Aufkommen noch unter 5 Mio. EUR.[52]

Einzelne Autoren erkannten bereits den Bedarf der Vereinheitlichung der nationalen Gemeinnützigkeitsrechte in Europa oder der Schaffung eines europäischen Gemeinnützigkeitsrechts.[53] Konkrete Entwürfe – mit Ausnahme der steuerlichen Regelungen im Statut zur Schaffung der Europäischen Stiftung – wurden bisher jedoch nicht veröffentlicht.

Die vorliegende Arbeit soll einen Anstoß zu einem europäischen Rechtsrahmen für gemeinnützige Einrichtungen anhand eines allgemeinen Überblicks über die Voraussetzungen für die Anerkennung als gemeinnützige Einrichtungen geben. Eine detaillierte Darstellung der Gesetze, Verordnungen oder Erlasse aller Mitgliedstaaten einschließlich der Rechtsprechung würde den Umfang dieser Arbeit allerdings deutlich überschreiten. Die Untersuchung beschränkt sich daher auf zwölf ausgewählte Mitgliedstaaten.

---

50 Http://www.transnationalgiving.eu/en/about/ (zuletzt abgerufen am 30.03.2017).

51 Siehe Annual Report 2015, abrufbar unter: http://www.transnationalgiving.eu/en/article/2016/04/27/annual-report-2015/8/ (zuletzt abgerufen am 30.03.2017).

52 Siehe Annual Report 2015, abrufbar unter: http://www.transnationalgiving.eu/en/article/2016/04/27/annual-report-2015/8/ (zuletzt abgerufen am 30.03.2017).

53 So z. B. *Hüttemann*, EuZW 2012, 441 (442); *Schauhoff*, npoR 2013, 128 (129); *Weitemeyer*, NZG 2012, 1001 (1009).

Teil 2 Gemeinnützigkeit und grenzüberschreitend tätige Einrichtungen

Die Internationalisierung und Globalisierung bieten gemeinnützigen Einrichtungen vielfältige neue Möglichkeiten, über die Staatsgrenzen hinweg ihre gemeinnützigen Bestrebungen zu verfolgen oder wirtschaftliche Aktivitäten aufzunehmen. Unterschiedliche Gemeinnützigkeits- und Spendenrechte sowie verschiedenste rechtliche Anforderungen, aber auch praktische Probleme bilden jedoch große Hindernisse für sie. Obwohl alle Mitgliedstaaten über Steuerprivilegien für gemeinnützige Einrichtungen verfügen, ist eine Vereinheitlichung oder Angleichung bis auf wenige Ausnahmen bislang unterblieben. Diverse Lösungsmöglichkeiten für grenzüberschreitend tätige gemeinnützige Einrichtungen wurden zwar diskutiert und Verbesserungen empfohlen[54], umgesetzt wurde allerdings bis heute keiner dieser Vorschläge.

A. Gemeinnützige Einrichtungen in Deutschland und der Europäischen Union

Der Schwerpunkt der Europäischen Union liegt – bedingt durch ihre Gründung als Wirtschaftsgemeinschaft – im wirtschaftlichen Bereich.[55] Im Gegensatz dazu sind die Tätigkeiten gemeinnütziger Einrichtungen in aller Regel nicht gewinnorientiert. Der Gemeinnützigkeitsstatus wird nur zuerkannt, wenn die verfolgten Aufgaben oder Zwecke im öffentlichen Interesse liegen bzw. erbracht werden, d. h. dem Gemeinwohl dienen und nicht lediglich eigennützig sind.

I. Allgemeines Verständnis des Gemeinwohls

Tätigkeiten von „gemeinem Nutzen“ dienten bereits im Mittelalter als Legitimation für Sonderregelungen bei der Besteuerung.[56] Anfangs wurden darunter vor allem solche Aufgaben verstanden, die durch Kirchen und Klöster bei der

54 Vgl. die Ausführungen unter Teil 2 C.

55 *Helios*, in: Schauhoff (Hrsg.): Handbuch der Gemeinnützigkeit, § 22 Rn. 10.

56 *Geserich*, in: Kube/Mellinghoff u. a. (Hrsg.): Festschrift für Paul Kirchhof, § 162 Rn. 2 f.; *Kirchhof*, in: Kirchhof/Söhn/Mellinghof (Hrsg.): Kommentar zum EStG, § 10b Rn. A 174.

Unterstützung von Armen und Kranken durch die Gründung der ersten Krankenpflegeanstalten oder Obdachlosenunterkünfte erfüllt wurden.[57] Die auf dem christlichen Weltbild aufbauende Nächstenliebe endete weder vor politischen, kulturellen noch vor religiösen Grenzen.[58]

Eine allgemeingültige Definition des Gemeinwohls existiert trotz seiner langen Geschichte bis heute nicht. Seine Auslegung ist dem jeweiligen Zeitgeist unterworfen und unterliegt so einem stetigen Wandel.[59] Was das „gemeine Wohl" ist, wird durch den jeweiligen Staat sowie durch lokale, regionale und/oder nationale Einflüsse bestimmt.[60] Begriffe wie Gemeinnützigkeit, Gemeinwohlorientierung oder bürgerschaftliches Engagement finden sich in allen Rechtsordnungen der Europäischen Union.

Die Begrenzung von steuerlichen Vergünstigungen und der Abzugsfähigkeit von Spenden auf inländische gemeinnützige Einrichtungen liegt im ureigensten staatlichen Interesse. Im Vordergrund steht die Begünstigung gemeinnütziger Einrichtungen, deren steuervergünstigte Zwecke auch im Interesse des jeweiligen Mitgliedstaates liegen.[61] Gemeinnützige Einrichtungen und ihre Förderer entlasten den Staat – zumindest teilweise – von seinen Aufgaben und/oder deren Finanzierung.[62] Ohne sie müsste er diese Aufgaben entweder selbst übernehmen oder könnte sie nicht mehr oder nur noch unzureichend erfüllen.[63]

1 Europäisierung des Gemeinwohls

Das Verständnis vom Gemeinwohl hat sich aufgrund der stetig wachsenden Bedeutung des Unionsrechts in den letzten Jahren deutlich gewandelt. In vielen

---

57 *Bater*, in: Bater/Hondius/Lieber (Hrsg.): The Tax Treatment of NGOs, S. xii; *Schauhoff*, in: Schauhoff (Hrsg.): Handbuch der Gemeinnützigkeit, Grundlegung Rn. 15.

58 *Weitemeyer/Bornemann*, FR 2016, 437.

59 *Brenner*, in: Depenheuer/Grabenwarter (Hrsg.): Verfassungstheorie, § 25 Rn. 29; *Eicker*, in: Richter/Wachter (Hrsg.): Handbuch des internationalen Stiftungsrechts, § 18 Rn. 2.

60 *Ambrosius*, in: Ambrosius/Schmitt-Egner (Hrsg.): Europäisches Gemeinwohl, S. 10; *Schauhoff*, in: Schauhoff (Hrsg.): Handbuch der Gemeinnützigkeit, Grundlegung Rn. 23 ff.

61 *Schäfers*, in: Richter/Wachter (Hrsg.): Handbuch des internationalen Stiftungsrechts, § 17 Rn. 28.

62 *Von Hippel/Walz*, in: Walz/von Auer/Hopt (Hrsg.): Spenden- und Gemeinnützigkeitsrecht in Europa, S. 87 (104 f.).

63 *Schäfers*, in: Richter/Wachter (Hrsg.): Handbuch des internationalen Stiftungsrechts, § 17 Rn. 28.

Bereichen ist das Gemeinnützigkeits- und Spendenrecht nicht mehr nur national, sondern immer mehr auch international geprägt.[64]

Mit dem Übergang zum „Europa der Bürger" wurden erstmals übergreifende Gemeinwohlziele definiert.[65] Diese mittelbaren und unmittelbaren europäischen Gemeinwohltatbestände dienen nicht nur als Programmsätze, sondern stellen vielmehr Zukunftsdirektiven dar,[66] die in die nationalen Rechtsordnungen hineinreichen.[67]

Haben sich die Mitgliedstaaten in einzelnen Bereichen für eine grenzüberschreitende Zusammenarbeit ausgesprochen, sind sie zugleich verpflichtet, dieser Zusammenarbeit entgegenstehende Regelungen zu beseitigen.[68] Zu diesen Bereichen gehören z. B. die Förderung der Bildung[69] und der Kultur[70] sowie die Forschung[71], der Umweltschutz[72] und das Gesundheitswesen[73]. Aber auch rein nationale Absichten, wie die Brauchtumspflege, werden weiterhin anerkannt.[74]

Der Vorrang des Unionsrechts hat zwar zur Folge, dass die Mitgliedstaaten ihre nationale Gesetzgebung oder Maßnahmenpläne an den Gemeinwohlzielen der Europäischen Union ausrichten müssen.[75] Gleichwohl steht es ihnen aber frei, welche Zwecke sie steuerlich fördern wollen.[76] Das Gemeinwohlverständnis des einzelnen Mitgliedstaates wandelt sich so zu einem europäischen Gemeinwohlverständnis.[77]

---

64 *Isensee*, in: Isensee/Kirchhof (Hrsg.): Handbuch des Staatsrechts, Bd. III, § 57 Rn. 51; *Droege*, StuW 2012, 256.

65 *Sommermann*, in: von Arnim/Sommermann (Hrsg.): Gemeinwohlgefährdung und Gemeinwohlsicherung, S. 201 (205 m. w. N.); *Droege*, StuW 2012, 256 (263).

66 *Hufeld*, in: Grupp/Hufeld (Hrsg.): Festschrift für Reinhard Mußgnug, S. 255 (259); *Kotzur*, DÖV 2005, 313 (314).

67 Vgl. *Häberle*, in: Cremer/Giegerich/Richter/Zimmermann (Hrsg.): Festschrift für Helmut Steinberger, S. 1153 (1154 ff.).

68 *Helios*, in: Schauhoff (Hrsg.): Handbuch der Gemeinnützigkeit, § 22 Rn. 46.

69 Art. 165 AEUV.

70 Art. 167 AEUV.

71 Art. 179 ff. AEUV.

72 Art. 2, 6 AEUV.

73 Art. 168 AEUV.

74 *Droege*, StuW 2012, 256 (265).

75 *Sommermann*, in: von Arnim/Sommermann (Hrsg.): Gemeinwohlgefährdung und Gemeinwohlsicherung, S. 201 (207 ff.).

76 EuGH, Urt. v. 14.09.2006, Rs. C-386/04, Stauffer, Slg. 2006, I-8203, Rn. 39.

77 Vgl. *Isensee*, in: Isensee/Kirchhof (Hrsg.): Handbuch des Staatsrechts, Bd. IV, § 71 Rn. 86.

2. *Rechtfertigung der Steuerprivilegien*

In der Steuerprivilegierung von gemeinnützigen Einrichtungen und ihren Förderern finden sich Ausnahmen von einer an sich bestehenden Steuerpflicht dieser Einrichtungen, die daher einer verfassungsrechtlichen Legitimation bedürfen.[78] Hinter diesen Privilegien stehen sowohl gesetzgeberische als auch fiskalische Gründe.[79]

Der Staat kann zur Erfüllung gemeinwohlorientierter Aufgaben Steuern erheben; er kann aber auch von der Zahlung von Steuern befreien, wenn Dritte im öffentlichen Interesse liegende Aufgaben wahrnehmen und ihn hierdurch entlasten.[80] Gemeinnützige Einrichtungen und ihre Unterstützer übernehmen in vielen Bereichen die Gemeinwohlverantwortung vom Staat.[81] Ohne sie wäre der moderne Wohlfahrtsstaat nicht möglich.[82] Die durch die Steuervergünstigungen entstehenden Steuerausfälle trägt die Allgemeinheit als Gegenleistung für die ihr zugutekommenden Tätigkeiten der gemeinnützigen Einrichtungen.[83]

Die Steuervergünstigungen für gemeinnützige Einrichtungen werden in vielen Mitgliedstaaten, insbesondere in Deutschland, Frankreich, Schweden und Spanien, mit dem sog. Prinzip der Subsidiarität gerechtfertigt.[84]

---

78 *Isensee*, in: Maurer (Hrsg.): Festschrift für Günter Dürig, S. 33 (42 ff.); *Lang*, StuW 1987, 221 (241 ff.); *Leisner-Egensperger*, in: Depenheuer/Heintzen/Jestaedt u. a. (Hrsg.): Festschrift für Josef Isensee, S. 895 (897 ff.); *Möllmann*, Die steuerliche Privilegierung gemeinnütziger Körperschaften im Spannungsfeld von Verfassungsrecht und europäischen Grundfreiheiten, S. 80 ff.

79 *Schlüter*, in: Richter/Wachter (Hrsg.): Handbuch des internationalen Stiftungsrechts, § 15 Rn. 12.

80 Beispielhaft *von Hippel/Walz*, in: Walz/von Auer/Hopt (Hrsg.): Spenden- und Gemeinnützigkeitsrecht in Europa, S. 87 (104); *Leisner-Egensperger*, in: HHSp (Hrsg.): AO/FGO, Vorb. §§ 51–68, Rn. 36; *Geserich*, in: Kube/Mellinghoff u. a. (Hrsg.): Festschrift für Paul Kirchhof, § 162 Rn. 7; *Hüttemann*, Gemeinnützigkeits- und Spendenrecht, Rn. 1.80; *Koenig*, in: Koenig (Hrsg.): Abgabenordnung, § 51 Rn. 1; *Seer*, in: Tipke/Kruse/Seer u. a. (Hrsg.): AO, Vorb. § 51 Rn. 4.

81 *Helios*, Steuerliche Gemeinnützigkeit und EG-Beihilfenrecht, S. 10; *Jachmann*, BB 2006, 1823 (1827); *Gliksberg*, in: Gliksberg (Hrsg.): Cahiers de droit fiscal international, Volume LXXXIVa, S. 109 (142).

82 *Koenig*, in: Koenig (Hrsg.): Abgabenordnung, § 51 Rn. 1; *Seer*, in: Tipke/Kruse/Seer u. a. (Hrsg.): AO, Vorb. § 51 Rn. 4.

83 Vgl. *Schlüter*, in: Richter/Wachter (Hrsg.): Handbuch des internationalen Stiftungsrechts, § 15 Rn. 12; *Eicker*, ZErb 2005, 147; *Isensee*, in: Maurer (Hrsg.): Festschrift für Günter Dürig, S. 33 (61 f.).

84 *Von Hippel/Walz*, in: Walz/von Auer/Hopt (Hrsg.): Spenden- und Gemeinnützigkeitsrecht in Europa, S. 87 (104).

Gemeinnützige Einrichtungen sind vor allem dann von Bedeutung, wenn sowohl Markt als auch Staat nicht in der Lage sind, bestimmte Leistungen oder Güter in ausreichendem Umfang anzubieten. Auch wenn keine ausreichenden finanziellen Mittel für einzelne Gemeinwohlaufgaben bereitstehen oder diese vom Markt oder Staat nicht in angemessenem Umfang erbracht werden können, sind es häufig gemeinnützige Einrichtungen, die diese Bedarfe decken.[85] Freiwilliges Engagement zugunsten der Allgemeinheit soll durch die Gewährung von steuerlichen Privilegien angeregt, anerkannt und gefördert werden.[86]

Andere Mitgliedstaaten begründen ihre Steuervergünstigungen mit der Förderung des bürgerschaftlichen Engagements und des Altruismus, z. B. insbesondere Frankreich, Schweden und Spanien.[87] Die Gesellschaft werde gefördert, wenn Personen ihre Freizeit für ehrenamtliche Aktivitäten im Interesse der Allgemeinheit opfern und für die Gesellschaft wertvolle Tätigkeiten erbringen.[88]

II. Entwicklung grenzüberschreitend tätiger gemeinnütziger Einrichtungen

Traditionell beschränkten sich die Tätigkeiten gemeinnütziger Einrichtungen auf einen regionalen oder nationalen Bereich.[89] Doch die zunehmende Internationalisierung und Globalisierung sowie die fortschreitende europäische Integration lassen auch gemeinnützige Einrichtungen ihre gemeinnützigen und wirtschaftlichen Aktivitäten mehr und mehr über die Grenzen ihres Herkunftsstaates hinaus ausdehnen.[90]

---

85 Vgl. *Schauhoff*, in: Schauhoff (Hrsg.): Handbuch der Gemeinnützigkeit, Grundlegung Rn. 32; *Hüttemann*, Gemeinnützigkeits- und Spendenrecht, Rn. 1.82 f.

86 Vgl. *Hüttemann*, Gemeinnützigkeits- und Spendenrecht, Rn. 1.7; *Kube*, IStR 2005, 469 (471).

87 *Von Hippel/Walz*, in: Walz/von Auer/Hopt (Hrsg.): Spenden- und Gemeinnützigkeitsrecht in Europa, S. 87 (104 f.).

88 *Schauhoff*, in: Schauhoff (Hrsg.): Handbuch der Gemeinnützigkeit, Grundlegung Rn. 9.

89 Vgl. *Jochum*, in: Ipsen/Stüer (Hrsg.): Festschrift für Hans-Werner Rengeling, S. 545 (559); *Hofmann*, in: Strachwitz/Mercker (Hrsg.): Stiftungen in Theorie, Recht und Praxis, S. 865.

90 *Schlüter*, in: Strachwitz/Mercker (Hrsg.): Stiftungen in Theorie, Recht und Praxis, S. 855 (861).

1. *Verstärkung grenzüberschreitender Aktivitäten*

Die grenzüberschreitenden Aktivitäten von gemeinnützigen Einrichtungen erschöpften sich lange Zeit in der Förderung der Entwicklungshilfe, der Völkerverständigung oder im Umwelt- und Naturschutz.[91] Erst Ende des 20. Jahrhunderts begannen viele Einrichtungen ihre Tätigkeiten, insbesondere innerhalb der Europäischen Union, auszuweiten. Hierzu trugen vor allem die Schaffung des Binnenmarktes, die Öffnung der mitgliedstaatlichen Grenzen sowie die Grundfreiheiten bei.[92]

Unterstützer werden mittlerweile in der ganzen Welt gewonnen.[93] Die Kapitalverkehrsfreiheit ermöglicht Privatpersonen wie Unternehmen, ihr Vermögen in verschiedenen Mitgliedstaaten anzulegen oder an gemeinnützige Einrichtungen in diesen Mitgliedstaaten zu übertragen.[94] Auch viele Unternehmen sind heute in mehreren Mitgliedstaaten ansässig oder haben dort Tochterunternehmen und engagieren sich häufig vor Ort für gemeinnützige Zwecke.[95]

Um das Ziel eines „Europas der Bürger" zu erreichen, müssen Möglichkeiten für die Zivilgesellschaft zur Entfaltung der europäischen Interessen geschaffen werden.[96] Dies gilt insbesondere für die nicht wirtschaftlichen Bereiche, z. B. Kultur, Wohlfahrt oder Soziales.[97]

2. *Zunahme grenzüberschreitender Aufgaben*

Viele Bereiche berühren alle Bürger der Europäischen Union und können zur Verwirklichung eines vereinten Europas von den Mitgliedstaaten nur gemeinsam erfolgreich erreicht werden.[98] Zahlreiche Förderprogramme der Europäischen Union zeigen, dass auch in anderen als den wirtschaftlichen Bereichen die

---

91 *Jochum*, in: Ipsen/Stüer (Hrsg.): Festschrift für Hans-Werner Rengeling, S. 545 (559).

92 *Eicker*, in: Richter/Wachter (Hrsg.): Handbuch des internationalen Stiftungsrechts, § 18 Rn. 4; *Jochum*, in: Ipsen/Stüer (Hrsg.): Festschrift für Hans-Werner Rengeling, S. 545 (559).

93 Vgl. *Steiner*, Die Europäische Stiftung, S. 13.

94 *Von Hippel*, ZSt 2004, 120 (123).

95 Vgl. *von Hippel*, ZSt 2004, 120 (123); *Schlüter*, in: Strachwitz/Mercker (Hrsg.): Stiftungen in Theorie, Recht und Praxis, S. 855 (862 f.).

96 *Jochum*, in: Ipsen/Stüer (Hrsg.): Festschrift für Hans-Werner Rengeling, S. 545 (566).

97 Vgl. *Rebsch*, Die Europäische Stiftung, S. 299.

98 BVerfG 123, 267 (347 f.); vgl. auch *Benicke*, EuZW 165 (166); *Droege*, StuW 2012, 256 (264).

Verfolgung gemeinsamer Ziele, grenzüberschreitende Kooperationen sowie ein grenzüberschreitender Erfahrungsaustausch von Bedeutung sind.[99]

Armutsprogramme[100], Förderprogramme in den Bereichen von Wissenschaft und Forschung[101], aber auch der Klima- und Umweltschutz[102], die Völkerverständigung und Entwicklungshilfe[103] stehen exemplarisch für die grenzüberschreitenden Aktivitäten der Europäischen Union.

III. Wirtschaftliche Bedeutung gemeinnütziger Einrichtungen

Gemeinnützige Einrichtungen haben einen großen wirtschaftlichen Einfluss in Europa.[104] Die Europäische Kommission stellte bereits im Jahr 1997 in einer Mitteilung fest, dass gemeinnützige Einrichtungen über beträchtliche Vermögenswerte und zahlreiche Arbeitsplätze verfügten, ebenso leisteten sie einen erheblichen Beitrag zu den Volkswirtschaften der Mitgliedstaaten.[105] Sie forderte ausdrücklich, dass die steuerrechtlichen Regelungen des Gemeinnützigkeitssektors klar und einfach und etwaige Beschränkungen für ausländische Einrichtungen gerechtfertigt sein müssen.[106]

Eine umfangreiche länderübergreifende Studie der Universität von Baltimore, das Johns Hopkins Comparative Nonprofit Sector Project, kam im Jahr 1999 zu dem Ergebnis, dass Non-Profit-Organisationen, deren größter Anteil

99 *Helios*, in: Schauhoff (Hrsg.): Handbuch der Gemeinnützigkeit, § 22 Rn. 12.

100 Siehe http://ec.europa.eu/europeaid/node/102637 (zuletzt abgerufen am 30.03.2017).

101 Siehe http://ec.europa.eu/programmes/horizon2020/en/what-horizon-2020 (zuletzt abgerufen am 30.03.2017).

102 Siehe http://ec.europa.eu/clima/policies/strategies/index_en.htm (zuletzt abgerufen am 30.03.2017).

103 Siehe http://ec.europa.eu/echo/funding-evaluations/funding-humanitarian-aid_en (zuletzt abgerufen am 30.03.2017).

104 *Steiner*, Die Europäische Stiftung, S. 36 f.; *Eicker*, Grenzüberschreitende gemeinnützige Tätigkeit, S. 9.

105 Mitteilung der Kommission vom 6. Juni 1997 über die „Förderung der Rolle gemeinnütziger Vereine und Stiftungen in Europa“ [KOM (1997) 241 endg., S. 5 ff., abrufbar unter http://eur-lex.europa.eu/legal-content/DE/TXT/PDF/?uri=CELEX:51997DC0241&from=DE (zuletzt abgerufen am 30.03.2017)].

106 Mitteilung der Kommission vom 6. Juni 1997 über die „Förderung der Rolle gemeinnütziger Vereine und Stiftungen in Europa“ [KOM (1997) 241 endg., S. 15 ff.; abrufbar unter http://eur-lex.europa.eu/legal-content/DE/TXT/PDF/?uri=CELEX:51997DC0241&from=DE (zuletzt abgerufen am 30.03.2017)].

auf gemeinnützige Einrichtungen entfällt[107], in vielen Ländern eine große Rolle spielen und in den verschiedensten Bereichen vertreten sind.[108]

Knapp 20 Jahre später sind diese Zahlen zwar deutlich gewachsen, doch trotz der gestiegenen Bedeutung des gemeinnützigen Sektors liegen noch immer keine aussagekräftigen Statistiken vor.[109]

B. Hemmnisse für grenzüberschreitende Aktivitäten von gemeinnützigen Einrichtungen

Nahezu alle Mitgliedstaaten fördern gemeinnützige Einrichtungen und zumeist auch deren Unterstützer.[110] Entscheidungen des EuGH[111] führten in den letzten Jahren zu ersten Änderungen in den nationalen Gemeinnützigkeits- und Spendenrechten, welche die Inanspruchnahme von Steuervergünstigungen für ausländische gemeinnützige Einrichtungen und ihre Förderer erleichterten.

Ein einheitlicher Rechtsrahmen ist allerdings noch in weiter Ferne.[112] Unterschiedliche Voraussetzungen bei der Besteuerung führen jedoch dazu, dass gemeinnützige Einrichtungen von Tätigkeiten in anderen Mitgliedstaaten Abstand nehmen oder von Förderern aus dem Ausland keine Zuwendungen eingeworben werden können.[113]

Die Anforderungen für die Anerkennung des Gemeinnützigkeitsstatus in den einzelnen Mitgliedstaaten, aber auch die Vielzahl sonstiger zu beachtenden Regelungen stellt grenzüberschreitend tätige gemeinnützige Einrichtungen vor große Herausforderungen. Verstöße können Steuernachzahlungen auslösen oder zum Verlust der Gemeinnützigkeit führen.[114]

---

107 Siehe *Salamon/Anheier*, in: Salamon/Anheier/List u. a. (Hrsg.): Global Civil Society: Dimensions of the Nonprofit Sector, S. 3 f.; näher zu dieser Diskussion *von Hippel*, Grundprobleme von Nonprofit-Organisationen, S. 10 f. m. w. N.

108 Ausführlich dazu *Salamon/Anheier*, in: Salamon/Anheier/List u. a. (Hrsg.): Global Civil Society: Dimensions of the Nonprofit Sector, S. 8 ff.

109 *Eicker*, Grenzüberschreitende gemeinnützige Tätigkeit, S. 11.

110 Siehe die Ausführungen unter Teil 4 C.; vgl. auch die Länderberichte bei *Walz/von Auer/von Hippel* (Hrsg.): Spenden- und Gemeinnützigkeitsrecht in Europa, S. 281 ff.; *Vanistendael* (Hrsg.): Taxation of Charities, S. 177 ff.

111 Vgl. die Ausführungen unter Teil 3.C.

112 So auch *Jochum*, npoR 2012, 177 (180); *Schauhoff*, npoR 2013, 128 (129); *Koele*, European Taxation 2010, 167 (168).

113 *Hemels*, in: Vanistendael (Hrsg.): Taxation of Charities, S. 143 (145).

114 Vgl. *Heidenbauer*, Charity Crossing Borders, S. 195 ff.; *Koele*, European Taxation 1997, 331 ff.; *Koele*, European Taxation 2010, 167 ff.; *Eicker*, in: Richter/Wachter (Hrsg.): Handbuch des internationalen Stiftungsrechts, § 18 Rn. 27; *Breen*, International

Regelmäßig stellen sich damit Fragen nach der grundsätzlichen Zulässigkeit grenzüberschreitenden Handelns, den formellen Voraussetzungen für gemeinnützige Tätigkeiten in einem anderen Mitgliedstaat und die Zulässigkeit von wirtschaftlichen Aktivitäten.[115]

I. Steuerrechtliche Hindernisse

Als die größten Hindernisse bei der grenzüberschreitenden Betätigung gemeinnütziger Einrichtungen erweisen sich die unterschiedlichen steuerrechtlichen Regelungen in den Mitgliedstaaten. Jeder Mitgliedstaat verfügt über eigene Voraussetzungen für die Gewährung von Steuervergünstigungen. Für eine grenzüberschreitende Betätigung sind daher umfassende Kenntnisse in den jeweiligen Steuerrechtsordnungen unerlässlich.[116]

Mangels gegenseitiger Verpflichtung ist die im Herkunftsstaat erhaltene Anerkennung des Gemeinnützigkeitsstatus kein Garant dafür, diesen auch in anderen Mitgliedstaaten geltend machen und Steuervergünstigungen in Anspruch nehmen zu können.[117] Vielmehr muss sich die gemeinnützige Einrichtung in allen Mitgliedstaaten nach den jeweiligen nationalen Vorschriften erneut als gemeinnützig anerkennen lassen.[118] Die Folge ist, dass z. B. die Satzung der gemeinnützigen Einrichtung regelmäßig an die nationalen Regelungen angepasst werden muss, damit sie – neben den Anforderungen im Herkunftsstaat – auch die Anforderungen für die Anerkennung der Gemeinnützigkeit in allen Aufnahmestaaten erfüllt.[119] Dies kann zu Konflikten bzw. einander widersprechenden Regelungen führen. Im Einzelfall könnte es der gemeinnützigen Einrichtung sogar unmöglich sein, die Anforderungen mehrerer Mitgliedstaaten zeitgleich zu erfüllen.

Journal of Not-for-Profit-Law 2008, 50 (56); *Ritter/Marx*, Stiftung & Sponsoring 2015, Rote Seiten, S. 1 (18).

115 *Schlüter*, in: Richter/Wachter (Hrsg.): Handbuch des internationalen Stiftungsrechts, § 15 Rn. 4; *Koele*, European Taxation 1997, 331.

116 Vgl. *Koele*, European Taxation 1997, 331; *Breen*, International Journal of Not-for-Profit-Law 2008, 50 (57 f.).

117 EuGH, Urt. v. 14.09.2006, Rs. C-386/04, Stauffer, Slg. 2006, I-8203, Rn. 39; *Hemels*, Intertax 2009, 424 (429 f.).

118 Vgl. *Habighorst*, in: Richter/Wachter (Hrsg.): Handbuch des internationalen Stiftungsrechts, § 20 Rn. 85; *Schlüter*, in: Richter/Wachter (Hrsg.): Handbuch des internationalen Stiftungsrechts, § 15 Rn. 28 f.

119 Vgl. *Heidenbauer*, Charity Crossing Borders, S. 197; *Hemels*, Intertax 2009, 424 (428 f.).

1. Gewährung von Steuervergünstigungen

Bis zu den Entscheidungen des EuGH[120] eröffneten die Gemeinnützigkeits- und Spendenrechte der Mitgliedstaaten zumeist nur inländischen gemeinnützigen Einrichtungen Steuervergünstigungen, z. B. für Einkünfte aus wirtschaftlichen Tätigkeiten, Zweckbetrieben oder Vermögensverwaltung. Vergleichbare ausländische gemeinnützige Einrichtungen waren von diesen Vergünstigungen in der Regel ausgeschlossen.

Die Entscheidungen des EuGH bewirkten zwar insofern Änderungen, als dass nun grundsätzlich auch ausländische gemeinnützige Einrichtungen dieselben Steuervergünstigungen in Anspruch nehmen können wie inländische gemeinnützige Einrichtungen. Allerdings müssen sie hierfür dieselben Anforderungen wie inländische Einrichtungen erfüllen, lediglich der Sitz der gemeinnützigen Einrichtung ist nicht mehr entscheidungsrelevant.[121]

Inländischen gemeinnützigen Einrichtungen ist die Verfolgung steuerbegünstigter Zwecke im Ausland oftmals nur bei Vorliegen von weiteren Anforderungen möglich.[122] Zum Teil müssen konkrete Nachweise erbracht werden, dass Tätigkeiten in einem anderen Mitgliedstaat tatsächlich den steuerbegünstigten Zweck fördern[123] oder dem Ansehen des jeweiligen Mitgliedstaates im Ausland dienlich sind[124].

2. Grenzüberschreitende Zuwendungen

Die Förderer gemeinnütziger Einrichtungen stoßen ebenfalls auf Probleme, wenn sie grenzüberschreitende Zuwendungen steuerlich geltend machen wollen. Dies gilt einerseits für die Konstellation, in der ein inländischer Steuerpflichtiger eine Zuwendung an eine gemeinnützige Einrichtung in einem anderen Mitgliedstaat tätigen will, die Zuwendung aber in seinem Herkunftsstaat bei seiner Steuerschuld berücksichtigt werden soll.[125] Zum anderen erfasst sie aber auch

---

120 Siehe die Ausführungen unter Teil 3 C.

121 Vgl. *Jakob*, Stiftungsreport 2014, 19 (20).

122 *Koele*, International Taxation of Philanthropy, S. 4; *Weitemeyer*, in: Jakob (Hrsg.): Perspektiven des Stiftungsrechts in der Schweiz und in Europa, S. 73 (77 f.).

123 Vgl. *Heidenbauer*, Charity Crossing Borders, S. 198 ff.

124 So z. B. in Deutschland: § 52 Abs. 2 AO; *Schlüter*, in: Richter/Wachter (Hrsg.): Handbuch des internationalen Stiftungsrechts, § 15 Rn. 20 f.; *Weitemeyer*, in: Saenger/Bayer/Koch/Körber (Hrsg.): Festschrift für Olaf Werner, S. 288 (289).

125 *Schäfers*, in: Richter/Wachter (Hrsg.): Handbuch des internationalen Steuerrechts, § 17 Rn. 5.

die Konstellation, in denen ein ausländischer Steuerpflichtiger eine Zuwendung an eine inländische gemeinnützige Einrichtung tätigen will und diese im Inland steuerlich berücksichtigt werden soll.

Bis zu den Entscheidungen des EuGH griff in den meisten Mitgliedstaaten die Regelung, dass, vergleichbar den Steuervergünstigungen für ausländische gemeinnützige Einrichtungen, Zuwendungen nur steuerlich abzugsfähig waren, wenn inländische Steuerpflichtige inländische gemeinnützige Einrichtungen unterstützten.[126] Als Gründe für die Beschränkung wurden die Risiken der Geldwäsche, die Gefahr der verdeckten Förderung von Kriminalität oder Terrorismus sowie die fehlenden Kontrollmöglichkeiten bei der gemeinnützigen Mittelverwendung im Ausland angeführt.[127]

Nunmehr müssen die Mitgliedstaaten jedoch auch Zuwendungen an ausländische gemeinnützige Einrichtungen berücksichtigen.[128] Einige Mitgliedstaaten berufen sich jedoch einschränkend auf die Bedingung, dass bestimmte Nachweise erbracht werden müssen oder dass die Zuwendung das Ansehen des Herkunftsstaates im Ausland eindeutig fördern muss[129]. Ausländischen Steuerpflichtigen ist es weiterhin verwehrt, Steuervergünstigungen in Anspruch zu nehmen.

3. *Registrierungs-, Genehmigungs- und Nachweiserfordernisse*

In einigen Mitgliedstaaten müssen sich gemeinnützige Einrichtungen vor dem Beginn ihrer Aktivitäten oder vor der erstmaligen Entgegennahme von Zuwendungen bei einer Finanzbehörde oder einem Gericht registrieren lassen.[130] Darüber hinaus bestehen zuweilen Genehmigungserfordernisse für die Entgegennahme internationaler Spenden.[131]

Regelungen zur Bekämpfung von Terrorismus und Geldwäsche erfordern, dass internationale Spenden in einigen Mitgliedstaaten zunächst von der

126 *Koele*, International Taxation of Philanthropy, S. 4.

127 *Weitemeyer*, in: Saenger/Bayer/Koch/Körber (Hrsg.): Festschrift für Olaf Werner, S. 288 (290).

128 *Weitemeyer*, in: Jakob (Hrsg.): Perspektiven des Stiftungsrechts in der Schweiz und in Europa, S. 73 (80).

129 Vgl. für Deutschland § 10b Abs. 1 und 1a EStG, § 9 Abs. 1 Nr. 2 KStG; siehe auch *Breen*, International Journal of Not-for-Profit-Law 2008, 50 (55 ff.).

130 *Heidenbauer*, Charity Crossing Borders, S. 223.

131 *Habighorst*, in: Richter/Wachter (Hrsg.): Handbuch des internationalen Stiftungsrechts, § 20 Rn. 79; beispielsweise bedürfen Zuwendungen an ausländische Einrichtungen der vorherigen Genehmigung in Bulgarien und Zypern.

Regierung kontrolliert werden müssen.[132] Manche Mitgliedstaaten begrenzen auch die Höhe der Beträge, die durch Zuwendungen ausländischer Förderer eingenommen werden dürfen.[133]

Für die Anerkennung oder Aufrechterhaltung des Gemeinnützigkeitsstatus sind jährlich mitunter umfangreiche Unterlagen und Nachweise den zuständigen Behörden vorzulegen. In anderen Mitgliedstaaten genügt es hingegen, im Abstand von einigen Jahren zu belegen, dass die Anforderungen an die Gemeinnützigkeit noch erfüllt werden.[134] Auch Förderer unterliegen regelmäßig erweiterten Darlegungs- und Nachweispflichten bei Zuwendungen an ausländische gemeinnützige Einrichtungen.[135]

II. Zivilrechtliche Hindernisse

Neben den steuerrechtlichen Problemen stoßen die gemeinnützigen Einrichtungen oftmals auf zivilrechtliche Hürden, die grenzüberschreitende Tätigkeiten erschweren können. Einige Mitgliedstaaten erlauben nur wenigen Rechtsformen – in der Regel Stiftungen und Vereinen – als gemeinnützige Einrichtungen aufzutreten. Andere Mitgliedstaaten wiederum erkennen den Gemeinnützigkeitsstatus vielfältigeren Rechtsformen zu, z. B. auch Gesellschaften mit beschränkter Haftung oder Aktiengesellschaften.[136]

Darüber hinaus bestehen im Hinblick auf die Rechtsformen an sich ebenfalls teils sehr heterogene Anforderungen. Einige Rechtsformen, die in einem Mitgliedstaat gegründet werden können, existieren in anderen nicht. So ist die Rechtsform der Stiftung in Großbritannien unbekannt, die zentraleuropäischen Mitgliedstaaten hingegen kennen das Modell des englischen Trusts nur vereinzelt.[137] Aber auch die Anforderungen für die Gründung eines Vereins oder einer Stiftung unterscheiden sich zum Teil erheblich.[138]

---

132 *Schäfers*, in: Richter/Wachter (Hrsg.): Handbuch des internationalen Stiftungsrechts, § 17 Rn. 26.

133 *Habighorst*, in: Richter/Wachter (Hrsg.): Handbuch des internationalen Stiftungsrechts, § 20 Rn. 79.

134 Vgl. *Heidenbauer*, Charity Crossing Borders, S. 222 ff.; *Breen*, International Journal of Not-for-Profit-Law 2008, 50 (55 ff.).

135 *Schäfers*, in: Richter/Wachter (Hrsg.): Handbuch des internationalen Stiftungsrechts, § 17 Rn. 26.

136 *Kleinman*, A European Welfare? European Union Social Policy in Context, S. 58; vgl. auch die Ausführungen unter Teil 4 B.I.

137 Vgl. *Rossi*, International Journal of Not-for-Profit-Law 2014, 24.

138 *Rebsch*, Die Europäische Stiftung, S. 19 ff.; *Steiner*, Die Europäische Stiftung, S. 90 ff.; *Wesiack*, Europäisches Internationales Vereinsrecht, S. 7 ff.

Noch nicht abschließend ist innerhalb der Europäischen Union die Frage geklärt, ob und inwieweit in einem Mitgliedstaat rechtmäßig gegründete nicht wirtschaftliche Rechtsformen in den anderen Mitgliedstaaten anerkannt werden.[139] Entscheidungen des EuGH[140] haben zwar die Anerkennungsprobleme für gewinnorientierte Gesellschaften gelöst. Ob die Feststellungen allerdings auch auf gemeinnützige Einrichtungen, die in aller Regel keinen erwerbswirtschaftlichen Zwecken nachgehen, übertragen werden können, ist noch ungeklärt.[141]

Die Folge der Nichtanerkennung ausländischer Rechtsformen kann eine unfreiwillige Auflösung dieser Einrichtungen sein, wenn diese ihre Tätigkeiten in das Ausland verlagern. Bereits eine leicht überwiegende Tätigkeit in einem anderen Mitgliedstaat oder die Verlagerung der Vorstandswohnsitze kann eine Sitzverlagerung mit der Konsequenz verursachen, dass die Einrichtung im Aufnahmestaat nicht mehr aktiv werden darf.[142] Gleichzeitig kann diese unfreiwillige Sitzverlagerung auch zur Auflösung der gemeinnützigen Einrichtung im Herkunftsstaat führen.[143]

III. Finanzielle und sprachliche Hindernisse

Um die vorgenannten steuer- und zivilrechtlichen Risiken zu verringern, sollten gemeinnützige Einrichtungen bei grenzüberschreitenden Tätigkeiten regelmäßig einen rechtlichen Beistand beiziehen. Außerdem sind zusätzliche Steuerexperten für die jeweiligen Mitgliedstaaten angeraten.[144]

---

139 *Jakob*, Stiftungsreport 2014, 19.

140 EuGH, Urt. v 09.03.1999, Rs. C-212/97, Centros, Slg. 1999, I-1459; EuGH, Urt. v. 05.11.2002, Rs. C-208/00, Überseering, Slg. 2002, I-9919; EuGH, Urt. v. 30.09.2003, Rs. C-167/01, Inspired Art, Slg. 2003, I-10155.

141 EuGH, Urt. v. 16.12.2008, Rs. C-210/06, Cartesio, Slg. 2008, I-9641, Rn. 109 ff.; vgl. auch die Ausführungen bei *Steiner*, Die Europäische Stiftung, S. 12 ff.; *Möllmann*, Die steuerliche Privilegierung gemeinnütziger Körperschaften im Spannungsfeld von Verfassungsrecht und europäischen Grundfreiheiten, S. 136 ff.; *Geisler*, Die selbständige Stiftung im internationalen Privatrecht, S. 284 ff.; *Jakob*, ZHR 174 (2010), 61 (106).

142 *Weitemeyer*, in: Jakob (Hrsg.): Perspektiven des Stiftungsrechts in der Schweiz und in Europa, S. 73 (97 f.); *Weitemeyer*, in: Saenger/Bayer/Koch/Körber (Hrsg.): Festschrift für Olaf Werner, S. 288 (299); *Hoffmann*, in: Richter/Wachter (Hrsg.): Handbuch des internationalen Stiftungsrechts, § 10 Rn. 24.

143 *Weitemeyer*, in: Jakob (Hrsg.): Perspektiven des Stiftungsrechts in der Schweiz und in Europa, S. 73 (77 f.); *Jakob/Studen*, ZHR 174 (2010), 61 (106).

144 *Hemels*, Intertax 2009, 424 (428).

Für die Inanspruchnahme von Steuervergünstigungen oder die Annahme steuerlich begünstigter Zuwendungen ist in einigen Mitgliedstaaten eine separate Niederlassung der gemeinnützigen Einrichtung notwendig.[145]

Zusätzliche Kosten können zudem für Dolmetscher oder Übersetzungen anfallen, wenn Unterlagen und Nachweise in den Amtssprachen der jeweiligen Mitgliedstaaten, in denen steuerliche Vergünstigungen begehrt werden, beigebracht werden müssen.[146] Anträge und Formulare stehen ebenfalls häufig nur in der Amtssprache des betreffenden Mitgliedstaates zur Verfügung.

IV. Erhöhter Verwaltungsaufwand

Die Aufnahme grenzüberschreitender Aktivitäten bedarf einer umfangreichen Vorbereitung durch die Beschaffung der erforderlichen Informationen und eines erheblichen Beratungs- und Verwaltungsaufwands. Dieser zusätzliche Aufwand tritt aufgrund der Heterogenität der mitgliedstaatlichen Rechte für nahezu jeden Mitgliedstaat, in dem eine Tätigkeit aufgenommen werden soll, erneut auf. Auch müssen bei länger andauernden Tätigkeiten in anderen Mitgliedstaaten die Aktualisierungen der nationalen Vorschriften beachtet werden.

V. Ergebnis

Gemeinnützige Einrichtungen müssen sich weiterhin mit bis zu 28 verschiedenen Rechtsordnungen auseinandersetzen, wenn sie Steuervergünstigungen für gemeinnützige Tätigkeiten oder wirtschaftliche Aktivitäten in anderen Mitgliedstaaten in Anspruch nehmen möchten. Eine tatsächliche Erleichterung ist mit den Entscheidungen des EuGH nicht eingetreten.

Um den Problemen grenzüberschreitender Tätigkeiten wirksam zu begegnen, bedienen sich grenzüberschreitend tätige gemeinnützige Einrichtungen der vielfältigsten Hilfsmittel. Größere gemeinnützige Einrichtungen verfügen über mehr Möglichkeiten, grenzüberschreitende Aktivitäten rechtssicher vorzubereiten und durchzuführen. Sie sind in der Lage, eigenes Personal oder

---

145 Vgl. die Ausführungen unter Teil 4; ebenso *Hofmann*, in: Strachwitz/Mercker (Hrsg.): Stiftungen in Theorie, Recht und Praxis, S. 865 (871); *Heidenbauer*, Charity Crossing Borders, S. 197; *Hondius*, in: Bertelsmann Stiftung (Hrsg.): Handbuch Stiftungen, S. 1155 (1173 f.).

146 Vgl. *Heidenbauer*, Charity Crossing Borders, S. 217 ff.; *Hemels*, Intertax 2009, 424 (428).

externe Berater zu beschäftigen, die ausschließlich die grenzüberschreitenden Aktivitäten betreuen.[147] Der zusätzliche Aufwand hierfür verursacht allerdings auch zusätzliche Kosten, die letztlich nicht für die Verfolgung der steuerbegünstigten Zwecke zur Verfügung stehen.[148] Diese Ausgaben machen gerade für kleinere gemeinnützige Einrichtungen eine grenzüberschreitende Tätigkeit unmöglich.

Trotz aller Hindernisse lässt sich grenzüberschreitendes gemeinnütziges Handeln nicht aufhalten. Vielmehr ist die stetig steigende Zahl grenzüberschreitend tätiger Einrichtungen und Förderer Anlass und Zeichen, endlich eine einheitliche Rechtsgrundlage zu schaffen.

Einige der vorgenannten Hindernisse könnten durch einen einheitlichen europäischen Rechtsrahmen überwunden werden. Die Anreize zu Aktivitäten über die Grenzen der einzelnen Mitgliedstaaten hinaus fänden mit einem europäischen Gemeinnützigkeitsstatut deutlich Vorschub, um auch dem Ziel eines „Europas der Bürger" ein Stück näherzukommen.

C. Lösungsversuche zur Gleichbehandlung grenzüberschreitend tätiger gemeinnütziger Einrichtungen

Die Frage der Gewährung von Steuervergünstigungen für grenzüberschreitend tätige gemeinnützige Einrichtungen und ihre Unterstützer beschäftigt die Wissenschaft und Rechtsprechung bereits seit vielen Jahren. Wiederholt wurden Vorschläge zur Erleichterung von grenzüberschreitenden gemeinnützigen Aktivitäten oder zur Schaffung einheitlicher Besteuerungsregelungen für grenzüberschreitende Sachverhalte im Bereich gemeinnütziger Einrichtungen vorgelegt.

I. International Standing Conference on Philanthropy

Bereits im Jahr 1970 legte die International Standing Conference on Philanthropy (INTERPHIL) dem Rat von Europa einen Entwurf über eine Europäische Konvention zur steuerlichen Behandlung von Non-Profit-Organisationen vor.[149]

Der Entwurf beinhaltete eine multilaterale Vereinbarung über ein einheitliches Besteuerungssystem für gemeinnützige Einrichtungen.[150] Die Registrierung

---

147 *Schlüter*, in: Richter/Wachter (Hrsg.): Handbuch des internationalen Stiftungsrechts, § 15 Rn. 61.

148 *Rossi*, International Journal of Not-for-Profit-Law 2014, 24.

149 *Koele*, International Taxation of Philanthropy, S. 15; ein Abdruck des Entwurfs ist in *Bater/Hondius/Lieber* (Hrsg.): The Tax Treatment of NGOs, S. 349 ff. zu finden.

150 *Koele*, International Taxation of Philanthropy, S. 15.

der ausländischen gemeinnützigen Einrichtungen durch den Generalsekretär des Rats von Europa zielte auf die Gleichbehandlung der ausländischen gemeinnützigen Einrichtungen mit den inländischen gemeinnützigen Einrichtungen.[151] Die Aufgabe eigener staatlicher Autonomie zugunsten des Generalsekretärs des Rats von Europa stellte jedoch für die Mitgliedstaaten des Rats von Europa eine unüberwindbare Hürde dar, die den Entwurf letztlich scheitern ließ.[152]

II. The Europhil Trust

Der Europhil Trust fördert seit seiner Gründung im Jahr 1986 Nicht-Regierungsorganisationen in Form von Konferenzen, Konsultationen und wissenschaftlichen Beiträgen.[153] Zwischen 1996 und 2002 veranstaltete er insgesamt drei „Runde Tische" zu einem Aktionsplan über die steuerliche Behandlung von Nicht-Regierungsorganisationen.[154] Im Ergebnis verabschiedete der Europhil Trust die Bratislava Deklaration über die steuerliche Behandlung von Nicht-Regierungsorganisationen (1996) sowie die Barbados Deklaration über die steuerliche Behandlung von Nicht-Regierungs- und Non-Profit-Organisationen (2000).

Beide Deklarationen appellierten an die Regierungen, sowohl Nicht-Regierungsorganisationen als auch inländische wie ausländische gemeinnützige Einrichtungen bei ihren grenzüberschreitenden Tätigkeiten zu unterstützen, eine steuerliche Gleichbehandlung zu ermöglichen und sie in bilateralen Verträgen zu berücksichtigen.[155] Verbindlichkeit besitzen die Deklarationen jedoch nicht.

III. Transnational Giving Europe

Aufgrund der fehlenden steuerlichen Abzugsmöglichkeit von Zuwendungen an im Ausland ansässige gemeinnützige Einrichtungen haben sich im Jahr 1998 mehrere gemeinnützige Einrichtungen in Großbritannien, Frankreich, Belgien und den Niederlanden zum europaweit agierenden Netzwerk „Transnational

---

151 *Hondius*, in: Bater/Hondius/Lieber (Hrsg.): The Tax Treatment of NGOs, S. xi (xiii); *Walz/von Hippel/Schäfers*, in: Hopt/Walz/von Hippel/Then (Hrsg.): The European Foundation: A New Legal Approach, S. 284; *Koele*, International Taxation of Philanthropy, S. 15.

152 *Hemels*, in: Vanistendael (Hrsg.): Taxation of Charities, S. 143 (151); *Koele*, International Taxation of Philanthropy, S. 15 f.

153 *Hondius*, in: Bater/Hondius/Lieber (Hrsg.): The Tax Treatment of NGOs, S. xi.

154 *Hondius*, in: Bater/Hondius/Lieber (Hrsg.): The Tax Treatment of NGOs, S. xi (xv ff.).

155 *Hondius*, in: Bater/Hondius/Lieber (Hrsg.): The Tax Treatment of NGOs, S. xi (xvi ff.); *Hondius*, in: Bertelsmann Stiftung (Hrsg.): Handbuch Stiftungen, S. 1155 (1176).

Giving Europe“ zusammengeschlossen.[156] Mittlerweile bestehen Kooperationen zu gemeinnützigen Einrichtungen in 18 Mitgliedstaaten der Europäischen Union.[157]

Das Netzwerk bietet Förderern die Möglichkeit, ihre Zuwendung zunächst einem Kooperationspartner im Herkunftsstaat – eine gemeinnützige Einrichtung – zukommen zu lassen.[158] Die Einrichtung leitet die Zuwendung an den Kooperationspartner im Zielland der Zuwendung weiter, von dem sie anschließend an die vom Förderer ausgewählte Zieleinrichtung ausgezahlt wird.[159]

Diese Konstruktion ermöglicht dem Förderer die Abzugsfähigkeit seiner Zuwendung im Herkunftsstaat. Voraussetzung für die Gewährung von Steuervergünstigungen für die Förderer ist die Anerkennung von sog. Förderorganisationen nach dem Recht des Herkunftsstaates. Inländische gemeinnützige Einrichtungen müssen die an sie gerichteten Zuwendungen an andere, ebenfalls gemeinnützige Einrichtungen im Ausland weiterleiten dürfen.

Zur Deckung des Verwaltungsaufwands erhält „Transnational Giving Europe“ 5 % des Betrages bei Zuwendungen von bis zu 100.000 EUR, bei höheren Zuwendungen wird 1 % des Betrages bis maximal 15.000 EUR fällig.[160]

IV. Studien zur Schaffung einer Europäischen Stiftung

Das European Foundation Centre, der Verband europäischer Stiftungen in Brüssel, widmet sich in einer Hauptaufgabe der Interessenförderung grenzüberschreitend tätiger Stiftungen, insbesondere im Hinblick auf die Politik der Europäischen Union.[161] In dieser Rolle hat die Organisation von 2001 bis 2005 die Gesetze verschiedener europäischer Staaten hinsichtlich deren zivil- und steuerrechtlichen Bedingungen für Stiftungen untersucht[162] und aus den hieraus

156 Http://www.transnationalgiving.eu/en/ (zuletzt abgerufen am 30.03.2017); *Hofmann*, in: Strachwitz/Mercker (Hrsg.): Stiftungen in Theorie, Recht und Praxis, S. 865 (872).

157 Http://www.transnationalgiving.eu/en/about/ (zuletzt abgerufen am 30.03.2017); Kooperationspartner in Deutschland ist die Maecenata Stiftung.

158 *Weitemeyer*, in: Saenger/Bayer/Koch/Körber (Hrsg.): Festschrift für Olaf Werner, S. 288 (292).

159 Http://www.transnationalgiving.eu/how-does-it-work-2 (zuletzt abgerufen am 30.03.2017).

160 Http://www.transnationalgiving.eu/how-does-it-work-2 (zuletzt abgerufen am 30.03.2017).

161 Siehe http://www.efc.be/programmes_services/policy/ (zuletzt abgerufen 30.03.2017).

162 *Schäfers*, in: Richter/Wachter (Hrsg.): Handbuch des internationalen Stiftungsrechts, § 17 Rn. 9.

gewonnenen Erkenntnissen im Jahr 2005 ein Modellstatut für eine Europäische Stiftung veröffentlicht.[163]

Im Jahr 2006 folgte mit der Publikation eines Projekts der Bertelsmann Stiftung ein weiterer, vergleichbarer Vorschlag für die Einführung einer supranationalen Rechtsform der Stiftung.[164] Eine Gruppe internationaler Wissenschaftler und Stiftungspraktiker erarbeitete ebenfalls einen Entwurf für eine Europäische Stiftung mit detaillierten Empfehlungen für deren zivilrechtliche Errichtung und steuerliche Behandlung in den Mitgliedstaaten.

Beide Entwürfe sahen die Einführung einer supranationalen Rechtsform – die Europäische Stiftung – vor, die komplementär neben die bestehenden nationalen Rechtsformen treten soll, ohne diese zu vereinheitlichen oder zu ersetzen.[165] Außerdem enthielten sie neben ausführlichen zivilrechtlichen Regelungen zur Gründung oder Umwandlung von nationalen Stiftungen in Europäische Stiftungen auch zahlreiche Regelungen zur steuerrechtlichen Behandlung der neuen supranationalen Rechtsform.

Viele der Vorschläge sind in dem 2012 von der Europäischen Kommission vorgelegten Entwurf eines Statuts zur Schaffung einer Europäischen Stiftung wiederzufinden.[166]

D. Grenzüberschreitend tätige gemeinnützige Einrichtungen im internationalen Steuerrecht

Die steuerliche Behandlung grenzüberschreitender Sachverhalte ist Gegenstand des internationalen Steuerrechts. Durch Sonderregelungen soll vermieden werden, dass natürliche oder juristische Personen in den vom Grenzübertritt betroffenen Staaten ggf. doppelt besteuert werden.[167] Entsprechende Sondertatbestände finden

---

163 European Foundation Centre: Proposal for a Regulation on a European Statute for Foundations, abrufbar unter http://www.rwi.uzh.ch/lehreforschung/alphabetisch/jakob/lehre/unterlagenfs12/europaeischesprivatrechtII/EFC_Entwurf_updated.pdf (zuletzt abgerufen am 30.03.2017).

164 *Hopt/Walz/von Hippel/Then* (Hrsg.): The European Foundation: A New Legal Approach.

165 Vgl. *Schäfers*, in: Richter/Wachter (Hrsg.): Handbuch des internationalen Stiftungsrechts, § 17 Rn. 20; *Jakob/Studen*, ZHR 174 (2010), 61 (68).

166 Vorschlag für eine Verordnung des Rates über das Statut der Europäische Stiftung (FE), COM (2012) 35 final; abrufbar unter http://ec.europa.eu/internal_market/company/docs/eufoundation/proposal_de.pdf (zuletzt abgerufen am 30.03.2017).

167 Näher dazu *Schäfers*, Die steuerrechtliche Behandlung gemeinnütziger Stiftungen in grenzüberschreitenden Fällen, S. 163 ff.

sich in Einzelregelungen oder Doppelbesteuerungsabkommen. Die Besteuerung grenzüberschreitend tätiger gemeinnütziger Einrichtungen und grenzüberschreitender Zuwendungen an gemeinnützige Einrichtungen wird aber auch im internationalen Steuerrecht nur unzureichend geregelt.[168]

I. Unilaterale Maßnahmen

Die Mitgliedstaaten können autonom Regelungen zur Besteuerung grenzüberschreitender Tatbestände treffen, z. B. über Steuerbefreiungen oder Steuererleichterungen für gemeinnützige Einrichtungen oder die Gewährung der Abzugsfähigkeit von Zuwendungen an diese Einrichtungen. Es liegt in ihrem Ermessen, ob sie Steuervergünstigungen nur für rein inländische Sachverhalte gewähren oder grenzüberschreitende Betätigungen von gemeinnützigen Einrichtungen bzw. grenzüberschreitende Zuwendungen mit einbeziehen.[169]

Zwar haben viele Mitgliedstaaten nach den Entscheidungen des EuGH ihre nationalen Steuergesetze angepasst. Diese Regelungen gelten jedoch regelmäßig nur für gemeinnützige Einrichtungen bzw. Steuerpflichtige, die in der Europäischen Union ansässig sind. Außerdem werden bisher nur einzelne Fragen der grenzüberschreitenden Besteuerung behandelt, eine umfassende Anwendung auf alle ausländischen gemeinnützigen Einrichtungen fehlt jedoch.

II. Doppelbesteuerungsabkommen

Im Rahmen von Doppelbesteuerungsabkommen können die gegenseitige Anerkennung des Gemeinnützigkeitsstatus und die daraus folgende steuerliche Behandlung geregelt werden.[170] Doppelbesteuerungsabkommen haben keine Änderungen des nationalen Gemeinnützigkeitsrechts zur Folge, die Regelungen treten vielmehr als Sonderregelungen neben das nationale Recht und haben Anwendungsvorrang.[171] Sie können auch unabhängig von einer Mitgliedschaft

---

168 Vgl. auch *Eicker*, Grenzüberschreitende gemeinnützige Tätigkeit, S. 105 ff.; *Heidenbauer*, Charity Crossing Borders, S. 49.

169 Vgl. *Bater*, in: Bater/Hondius/Lieber (Hrsg.): The Tax Treatment of NGOs, Introduction, S. 4.

170 Vgl. *Isensee*, in: Jachmann (Hrsg.): DStjG Bd. 26, S. 93 (113); *Koele*, European Taxation 1997, 331 (332 f.).

171 *Hufeld*, in: Grupp/Hufeld (Hrsg.): Festschrift für Reinhard Mußgnug, S. 255 (256); *Möllmann*, Die steuerliche Privilegierung gemeinnütziger Körperschaften im Spannungsfeld von Verfassungsrecht und europäischen Grundfreiheiten, S. 75.

in der Europäischen Union zwischen den einzelnen Mitgliedstaaten geschlossen werden.[172]

In der Regel dienen als Grundlage für den Abschluss eines Doppelbesteuerungsabkommens Musterabkommen sowie dazu erlassene Musterkommentierungen. Keines der etablierten Musterabkommen und der dazu ergangenen Kommentierungen enthalten jedoch generelle Musterregelungen für die Besteuerung grenzüberschreitend tätiger gemeinnütziger Einrichtungen.[173] Weder das Musterabkommen der OECD[174], das US-Modell[175] noch das skandinavische Modell[176] gehen auf die steuerlichen Besonderheiten gemeinnütziger Einrichtungen und ihrer Förderer näher ein.

Die Vertragsstaaten eines Doppelbesteuerungsabkommens können aber über die in den Musterabkommen niedergeschriebenen Regelungen hinausgehende Vereinbarungen treffen[177] und auf diesem Weg zusätzliche Besteuerungsregelungen für gemeinnützige Einrichtungen beschließen.[178] Allerdings scheiden gemeinnützige Einrichtungen trotz Einkünften häufig aus dem Anwendungsbereich von Doppelbesteuerungsabkommen aus. Aufgrund ihres Gemeinnützigkeitsstatus werden viele Einkünfte im Herkunftsstaat nicht besteuert; Voraussetzung für die Anwendung der Regelungen aus den Doppelbesteuerungsabkommen ist aber die grundsätzliche Besteuerung der von ihnen erfassten Einkünfte.[179]

Bisher enthalten nur wenige Doppelbesteuerungsabkommen tatsächlich Regelungen hinsichtlich der Gewährung von Steuervergünstigungen für grenzüberschreitend tätige gemeinnützige Einrichtungen bzw. ihre Förderer.[180]

---

172 Vgl. *Heinicke*, DStR 1998, 1332.

173 *Eicker*, Grenzüberschreitende gemeinnützige Tätigkeit, S. 105 ff.

174 Vgl. OECD-Musterabkommen über Einkommen und Vermögen 2014; abgedruckt bei *Wassermeyer/Kaeser/Schwenke* (Hrsg.): Doppelbesteuerung: Kommentar zu allen deutschen Doppelbesteuerungsabkommen, Bd. 1, München 2012.

175 United States Model Income Tax Convention, 2006, abrufbar unter: https://www.irs.gov/pub/irs-trty/model006.pdf (zuletzt abgerufen am 30.03.2017).

176 *Vogel/Lehner*, DBA, Einleitung des OECD-MA, Rn. 39; siehe auch ET 1984, 30 ff.

177 Vgl. auch *Eicker*, Grenzüberschreitende gemeinnützige Tätigkeit, S. 110.

178 Vgl. Art. 3 Abs. 1 Buchst. b Nr. ii OECD-MA.

179 *Jochum*, npoR 2012, 177 (178).

180 *Helios*, in: Schauhoff (Hrsg.): Handbuch der Gemeinnützigkeit, § 22 Rn. 3; *Schlüter*, in: Richter/Wachter (Hrsg.): Handbuch des internationalen Stiftungsrechts, § 15 Rn. 28; *Möllmann*, Die steuerliche Privilegierung gemeinnütziger Körperschaften im Spannungsfeld von Verfassungsrecht und europäischen Grundfreiheiten, S. 75 ff.

Das Doppelbesteuerungsabkommen zwischen Deutschland und den USA enthält eine Sonderregelung für Einkünfte gemeinnütziger Einrichtungen.[181] Danach sind solche Einkünfte der gemeinnützigen Einrichtungen in Deutschland und den USA steuerbefreit, die im Ansässigkeitsstaat steuerbefreit sind und im anderen Staat steuerbefreit wären, würde die gemeinnützige Einrichtung die in diesem Staat geltenden Voraussetzungen für eine Steuerbefreiung erfüllen.[182] Keine Regelungen trifft das Abkommen aber zu der Frage des grenzüberschreitenden Spendenabzugs.[183]

In den Doppelbesteuerungsabkommen zwischen den Mitgliedstaaten sind nur vereinzelt Sonderregelungen hinsichtlich der Besteuerung gemeinnütziger Einrichtungen oder des Spendenabzugs zu finden. Die Abkommen zwischen Deutschland und Frankreich[184] sowie zwischen Deutschland und Schweden[185] sehen Befreiungstatbestände für Zuwendungen an gemeinnützige Einrichtungen vor, die im jeweiligen Vertragsstaat ansässig sind.[186]

Für die anderen Mitgliedstaaten besteht jedoch keine Möglichkeit, sich auf die Regelungen von Doppelbesteuerungsabkommen zu berufen, wenn zwei Mitgliedstaaten begünstigende Regelungen für gemeinnützige Einrichtungen aufgenommen haben, mit anderen Mitgliedstaaten jedoch keine vergleichbaren Vereinbarungen getroffen wurden.[187] Die unterschiedliche Behandlung der Vertragspartner stellt keine unzulässige Diskriminierung dar. Nach Ansicht des EuGH existiert mangels eines multilateralen Doppelbesteuerungsabkommens zwischen den einzelnen Mitgliedstaaten keine abkommensrechtliche Meistbegünstigung.[188] Vielmehr steht es den Mitgliedstaaten frei, grenzüberschreitende

181 Art. 27 DBA Deutschland - USA, BGBl. II 1991, S. 355.

182 Art. 27 Abs. 1 und 2 DBA Deutschland - USA, BGBl. II 1991, S. 355; vgl. *Eicker*, Grenzüberschreitende gemeinnützige Tätigkeit, S. 106 f.; *Möllmann*, Die steuerliche Privilegierung gemeinnütziger Körperschaften im Spannungsfeld von Verfassungsrecht und europäischen Grundfreiheiten, S. 76.

183 Vgl. auch *Hüttemann*, Gemeinnützigkeits- und Spendenrecht, § 2 Rn. 95.

184 Art. 21 Abs. 7 Buchst. b DBA Deutschland - Frankreich, BGBl. II 1961, S. 398.

185 Art. 28 Abs. 1 und 2 DBA Deutschland - Schweden, BGBl. II 1994, S. 687.

186 Vgl. *Möllmann*, Die steuerliche Privilegierung gemeinnütziger Körperschaften im Spannungsfeld von Verfassungsrecht und europäischen Grundfreiheiten, S. 77 f.

187 *Von Danwitz*, in: Brandt (Hrsg.): Achter und Neunter Deutscher Finanzgerichtstag 2011/2012, S. 71 (79).

188 EuGH, Urt. v. 05.07.2005, Rs. C-376/03, Belastingdienst, Slg. 2005, I-5821, Rn. 59 ff.

Sachverhalte unterschiedlich zu behandeln.[189] Vereinbarungen in Doppelbesteuerungsabkommen gelten ausschließlich für die vertragsschließenden Parteien.[190]

III. Ergebnis

Doppelbesteuerungsabkommen regeln ausschließlich steuerrechtliche Sachverhalte zwischen den Vertragsstaaten. Selbst wenn in die Musterabkommen Sonderregelungen zu gemeinnützigen Einrichtungen aufgenommen werden würden, wären entsprechende Regelungen von den jeweiligen Vertragspartnern nicht verpflichtend in ihre Doppelbesteuerungsabkommen zu übernehmen.

Sie können vielmehr von den Regelungen des Musterabkommens abweichende Regelungen treffen bzw. auch einzelne Sachverhalte nur zum Teil aufnehmen. Dies läuft letztlich aber einer Gleichbehandlung aller gemeinnützigen Einrichtungen und ihrer Förderer in der Europäischen Union zuwider. Doppelbesteuerungsabkommen dienen daher kaum als Lösung für das Problem der grenzüberschreitenden Besteuerung gemeinnütziger Einrichtungen.

---

189 EuGH, Urt. v. 05.07.2005, Rs. C-376/03, Belastingdienst, Slg. 2005, I-5821, Rn. 59 ff.

190 EuGH, Urt. v. 05.07.2005, Rs. C-376/03, Belastingdienst, Slg. 2005, I-5821, Rn. 61.

Teil 3 Gemeinnützigkeit in der Europäischen Union

Das Gemeinnützigkeitsrecht ist ein Teilgebiet der direkten Steuern. Anders als für den Bereich der indirekten Steuern[191], steht für die Harmonisierung der direkten Steuern keine explizite primärrechtliche Ermächtigungsgrundlage im AEUV zur Verfügung.[192] Die Mitgliedstaaten haben vielmehr ihre Souveränität in diesem Bereich behalten.[193] Aufgrund der fehlenden Harmonisierungskompetenz der Europäischen Union ist es daher kaum überraschend, dass die meisten mitgliedstaatlichen Gemeinnützigkeits- und Spendenrechte bis vor wenigen Jahren über keine oder nur wenige Regelungen für grenzüberschreitend tätige gemeinnützige Einrichtungen aus dem In- und Ausland oder deren Förderer verfügten.[194]

In seiner Rechtsprechung betont der EuGH jedoch stets, dass die Mitgliedstaaten ihre nationalen Steuergesetze unter Wahrung des Unionsrechts und unter Beachtung der allgemeinen Binnenmarktregelungen zu gestalten haben.[195] Die mitgliedstaatlichen Gemeinnützigkeits- und Spendenregelungen müssen daher stets mit den Grundfreiheiten und dem europäischen Beihilfenrecht vereinbar sein.[196]

---

191 Für den Bereich der indirekten Steuern kann Art. 113 AEUV als Ermächtigungsgrundlage für eine Harmonisierung herangezogen werden.

192 Umkehrschluss aus der ausdrücklichen Ermächtigung zur Harmonisierung der direkten Steuern nach Art. 113 AEUV sowie Art. 114 Abs. 2 AEUV; vgl. auch *Nettesheim*, in: Oppermann/Classen/Nettesheim (Hrsg.): Europarecht, § 35 Rn. 56; *Wünschig*, Perspektiven eines europarechtskonformen Gemeinnützigkeits- und Zuwendungsrechts, S. 88.

193 *Traversa*, in: Vanistendael (Hrsg.): Taxation of Charities, S. 107 (125 f.).

194 So z. B. in Deutschland; vgl. *Hüttemann*, Gemeinnützigkeits- und Spendenrecht, Rn. 1.122.

195 EuGH, Urt. v. 28.01.1992, Rs. C-204/90, Bachmann, Slg. 1992, I-249; EuGH, Urt. v. 14.02.1995, Rs. C-279/93, Schumacker, Slg. 1995, I-225; EuGH, Urt. v. 26.10.1999, Rs. C-294/97, Eurowings, Slg. 1999, I-7447; EuGH, Urt. v. 03.10.2002, Rs. C-136/00, Danner, Slg. 2002, I-8147.

196 *Benicke*, EuZW 1996, 165 ff.; *Helios*, BB 2002, 1893 ff.; *Jachmann*, BB 2003, 990; *Hüttemann*, Gemeinnützigkeits- und Spendenrecht, § 1 Rn. 110 ff.; *Grundmann*, Europäisches Gesellschaftsrecht, Rn. 129; *Lissner*, Das Gemeinnützigkeits- und Spendenrecht unter dem Einfluss der europäischen Grundfreiheiten, S. 24.

A. Gemeinnützige Einrichtungen als Akteure im Binnenmarkt

Mit der Gründung der Europäischen Wirtschaftsgemeinschaft in Jahr 1957 erfolgte erstmals ein Zusammenschluss von europäischen Staaten mit dem Ziel der Errichtung einer Wirtschaftsgemeinschaft.[197] Im Mittelpunkt standen die Beseitigung von Hindernissen für einen freien Waren-, Personen-, Dienstleistungs- und Kapitalverkehr sowie die Schaffung einer Zollunion.[198]

Die Bedeutung des Europarechts und seiner grenzüberschreitenden Regelungen nimmt auch für die Tätigkeitsbereiche gemeinnütziger Einrichtungen stetig zu.[199] Gemeinnützige Einrichtungen profitieren ebenso wie Unternehmen und natürliche Personen von der Schaffung des Binnenmarktes, der Einführung der Grundfreiheiten und der Personenfreizügigkeit,[200] sei es als Anbieter oder Abnehmer von Waren und Dienstleistungen oder bei der Beschäftigung von Arbeitnehmern.[201]

B. Harmonisierungsbestrebungen der Europäischen Union

Innerhalb der Europäischen Union sind die Bedeutung des gemeinnützigen Sektors und der Bedarf von Möglichkeiten für grenzüberschreitende Aktivitäten unbestritten. Im Jahr 1994 legte die Kommission einen Vorschlag für ein Arbeitsprogramm zur Förderung von Genossenschaften, Gegenseitigkeitsgesellschaften, Vereinen und Stiftungen vor.[202] Darin wurden die Mitgliedstaaten aufgefordert, diese Einrichtungen bei der Anpassung an die sich ändernden Bedingungen innerhalb der Europäischen Union zu unterstützen und ihnen Instrumente zur Verfügung zu stellen, damit auch sie von den Vorteilen des Binnenmarktes profitieren können.

---

197 Vertrag zur Gründung der Europäischen Wirtschaftsgemeinschaft, abrufbar unter http://www.europarl.europa.eu/brussels/website/media/Basis/Vertraege/Pdf/EWG-Vertrag.pdf (zuletzt abgerufen am 30.03.2017).

198 Art. 3 Abs. 1 Buchst. c EGV; diese Regelung wurde mit der Verabschiedung des Vertrages über die Arbeitsweise der Europäischen Union aufgehoben.

199 *Helios*, in: Schauhoff (Hrsg.): Handbuch der Gemeinnützigkeit, § 22 Rn. 11.

200 *Helios*, in: Schauhoff (Hrsg.): Handbuch der Gemeinnützigkeit, § 22 Rn. 12.

201 *Eicker*, Grenzüberschreitende gemeinnützige Tätigkeit, S. 128.

202 Vorschlag der Kommission für einen Beschluss des Rates über ein mehrjähriges Arbeitsprogramm der Gemeinschaft zugunsten von Genossenschaften, Gegenseitigkeitsgesellschaften, Vereinen und Stiftungen in der Gemeinschaft vom 16.02.1994, 94/C 87/06, ABl. EG 1994 C 87/6.

1997 folgte eine Mitteilung der Kommission über die zukünftige Förderung der Rolle gemeinnütziger Vereine und Stiftungen in Europa.[203] In dieser betonte sie die zentrale Rolle grenzüberschreitender gemeinnütziger Einrichtungen, insbesondere gemeinnütziger Vereine und Stiftungen, bei der Schaffung von Arbeitsplätzen.[204] Zudem hebt die Kommission den Beitrag gemeinnütziger Einrichtungen zu aktiver Staatsbürgerschaft, der Förderung und Wahrung von Menschenrechten sowie ihrer Rolle in der Entwicklungspolitik hervor.[205]

Zugleich sieht die Kommission aber auch die Probleme, mit denen gemeinnützige Einrichtungen regelmäßig konfrontiert werden, beispielsweise die fehlende rechtliche Anerkennung in anderen Mitgliedstaaten, das teilweise bestehende Verbot grenzüberschreitender Aktivitäten oder die steuerrechtliche Ungleichbehandlung im Vergleich zu inländischen gemeinnützigen Einrichtungen.[206] Klare und eindeutige rechtliche und steuerliche Rahmenbedingungen sind nach Ansicht der Kommission für eine erfolgreiche grenzüberschreitende Tätigkeit gemeinnütziger Einrichtungen unerlässlich.[207] Hinsichtlich der steuerrechtlichen Ungleichbehandlung bedürfen Einschränkungen für ausländische

---

203 Mitteilung der Kommission über die Förderung der Rolle gemeinnütziger Vereine und Stiftungen in Europa vom 06.06.1997, KOM (1997), 241 endg., abrufbar unter https://eur-lex.europa.eu/legal-content/DE/TXT/PDF/?uri=CELEX:51997DC0241&from=DE (zuletzt abgerufen am 30.03.2017).

204 Mitteilung der Kommission über die Förderung der Rolle gemeinnütziger Vereine und Stiftungen in Europa vom 06.06.1997, KOM (1997), 241 endg., S. 2, abrufbar unter https://eur-lex.europa.eu/legal-content/DE/TXT/PDF/?uri=CELEX:51997DC0241&from=DE (zuletzt abgerufen am 30.03.2017); vgl. *Wünschig*, Perspektiven eines europarechtskonformen Gemeinnützigkeits- und Zuwendungsrechts, S. 137; *Ipsen*, in: Drenseck/Seer (Hrsg.): Festschrift für Heinrich Wilhelm Kruse, S. 557 (558).

205 Mitteilung der Kommission über die Förderung der Rolle gemeinnütziger Vereine und Stiftungen in Europa vom 06.06.1997, KOM (1997), 241 endg., S. 2, abrufbar unter https://eur-lex.europa.eu/legal-content/DE/TXT/PDF/?uri=CELEX:51997DC0241&from=DE (zuletzt abgerufen am 30.03.2017); vgl. *Wünschig*, Perspektiven eines europarechtskonformen Gemeinnützigkeits- und Zuwendungsrechts, S. 137; *Ipsen*, in: Drenseck/Seer (Hrsg.): Festschrift für Heinrich Wilhelm Kruse, S. 557 (558).

206 Mitteilung der Kommission über die Förderung der Rolle gemeinnütziger Vereine und Stiftungen in Europa vom 06.06.1997, KOM (1997), 241 endg., S. 11 ff., abrufbar unter https://eur-lex.europa.eu/legal-content/DE/TXT/PDF/?uri=CELEX:51997DC0241&from=DE (zuletzt abgerufen am 30.03.2017).

207 Mitteilung der Kommission über die Förderung der Rolle gemeinnütziger Vereine und Stiftungen in Europa vom 06.06.1997, KOM (1997), 241 endg., S. 4,

gemeinnützige Einrichtungen aufgrund der Grundfreiheiten und des Wettbewerbsrechts einer besonderen Rechtfertigung.[208]

I. Gesetzgebungskompetenz im Bereich des Gemeinnützigkeits- und Spendenrechts

Nach dem Prinzip der begrenzten Einzelermächtigung[209] darf der europäische Gesetzgeber grundsätzlich nur tätig werden, wenn er zu einem Handeln ermächtigt wird.[210] Für den Bereich des Gemeinnützigkeits- und Spendenrechts sieht der AEUV für die Europäische Union keine explizite Ermächtigungsgrundlage vor, auf deren Grundlage sie harmonisierende Regelungen erlassen könnte.[211]

Die Gesetzgebungskompetenz für die direkten Steuern – und damit auch das Gemeinnützigkeits- und Spendenrecht – ist bei den Mitgliedstaaten verblieben.[212] Als Ermächtigungsgrundlage für die Angleichung der direkten Steuern kommen lediglich die allgemeine Harmonisierungskompetenz[213] sowie die Vertragsabrundungsklausel[214] in Betracht.[215]

Unabhängig von einer Übertragung der Gesetzgebungskompetenz auf die Europäische Union sind die Mitgliedstaaten verpflichtet, die Auslegung ihrer nationalen Gesetze stets an den Grundfreiheiten zu orientieren.[216] Diese sind

---

abrufbar unter https://eur-lex.europa.eu/legal-content/DE/TXT/PDF/?uri=CELEX:51997DC0241&from=DE (zuletzt abgerufen am 30.03.2017).

208 Mitteilung der Kommission über die Förderung der Rolle gemeinnütziger Vereine und Stiftungen in Europa vom 06.06.1997, KOM (1997), 241 endg., S. 13, abrufbar unter https://eur-lex.europa.eu/legal-content/DE/TXT/PDF/?uri=CELEX:51997DC0241&from=DE (zuletzt abgerufen am 30.03.2017).

209 Art. 2 Abs. 1 und 2 AEUV.

210 Vgl. *Buschmann/Daiber*, DÖV 2011, 504.

211 *Lissner*, Das Gemeinnützigkeits- und Spendenrecht unter dem Einfluss der europäischen Grundfreiheiten, S. 21.

212 *Eicker*, in: Richter/Wachter (Hrsg.): Handbuch des internationalen Stiftungsrechts, § 18 Rn. 5.

213 Art. 115 AEUV.

214 Art. 352 AEUV.

215 Ausführlich dazu siehe Teil 4 A.

216 EuGH, Urt. v. 15.05.1997, Rs. C-250/95, Futura Participations, Slg. 1997, I-2471, Rn. 19; vgl. *Eicker*, in: Richter/Wachter (Hrsg.): Handbuch des internationalen Stiftungsrechts, § 18 Rn. 6.

in ihrem jeweiligen Anwendungsbereich unmittelbar anwendbar und haben grundsätzlich Anwendungsvorrang vor den nationalen Regelungen.[217]

Das Fehlen einer Regelungskompetenz für einen Sachbereich führt nicht zwingend zu einer Bereichsausnahme.[218] Eine vereinzelt noch vertretene Ansicht, nach der gemeinnützige Einrichtungen mangels einer der Europäischen Union übertragenen Kompetenz zur Harmonisierung des Gemeinnützigkeitsrechts nicht dem Anwendungsbereich des Unionsrechts unterfielen, hält daher nicht länger Stand.[219]

II. Supranationale Rechtsformen als Alternative für grenzüberschreitend tätige gemeinnützige Einrichtungen

Gemeinnützige Einrichtungen können in unterschiedlichen Rechtsformen auftreten. In vielen Mitgliedstaaten steht der Gemeinnützigkeitsstatus nicht nur den traditionell nicht wirtschaftlichen Akteuren, wie z. B. Vereinen und Stiftungen, offen. Auch wirtschaftlich tätige juristische Personen, wie z. B. Gesellschaften mit beschränkter Haftung oder Aktiengesellschaften, können den Status bei Erfüllung der jeweils entsprechenden Voraussetzungen erlangen.[220] Im Bestreben, den Binnenmarkt für eine Vielzahl unterschiedlicher Akteure zu öffnen und grenzüberschreitende Aktivitäten durch die Schaffung einheitlicher oder harmonisierter Rahmenbedingungen zu erleichtern, hat die Kommission verschiedene Vorschläge für neue supranationale Rechtsformen vorgelegt und teilweise bereits auch verabschiedet.[221]

---

217 *Schäfers*, Die steuerrechtliche Behandlung gemeinnütziger Stiftungen in grenzüberschreitenden Fällen, S. 288; *Stewen*, EuR 2008, 445 (446 f.).

218 EuGH, Urt. v. 21.09.1999, Rs. C-67/96, Albany, Slg. 1999, I-5751 (5880 f.); EuGH, Urt. v. 21.09.1999, Rs. C-115/97, Brentjens Handelsonderneming, Slg. 1999, I-6029; EuGH, Urt. v. 21.09.1999, Rs. C-219/97, Drijvende Bokken, Slg. 1999, I-6121; vgl. auch *Helios*, in: Schauhoff (Hrsg.): Handbuch der Gemeinnützigkeit, § 22 Rn. 11; *Forsthoff*, BB 2002, 318 (319); *Schäfers*, Die steuerrechtliche Behandlung gemeinnütziger Stiftungen in grenzüberschreitenden Fällen, S. 288 f.; *Heidenbauer*, Charity Crossing Borders, S. 104.

219 *Ipsen*, Soziale Dienstleistungen und EG-Recht, S. 32.

220 Vgl. ausführlich dazu Teil 4 B.I.

221 Vgl. *Helios*, in: Schauhoff (Hrsg.): Handbuch der Gemeinnützigkeit, § 22 Rn. 93.

1. *Europäische Wirtschaftliche Interessenvereinigung*

Aus dem Jahr 1985 stammt der Entwurf eines Statuts zur Schaffung einer Europäischen Wirtschaftlichen Interessenvereinigung (EWIV).[222] Die EWIV soll der Erleichterung und Verbesserung der wirtschaftlichen Tätigkeiten ihrer Mitglieder dienen und grenzüberschreitende Kooperationen der ansonsten selbstständig bleibenden Mitglieder fördern.[223] Einheitliche europäische Regelungen sollen rechtlichen und steuerlichen Problemen bei grenzüberschreitenden Aktivitäten, die sich bei der Anwendung nationaler Rechtsformen in der Regel ergeben, entgegenwirken.[224]

Die EWIV kann allerdings nur durch den Zusammenschluss bereits bestehender juristischer Personen entstehen, und nicht als Organisation zur grenzüberschreitenden Tätigkeit neu gegründet werden.[225] In Deutschland wird sie auch als „offene Handelsgesellschaft mit Fremdgeschäftsführung“ bezeichnet.[226] Darüber hinaus darf sie nur in begrenztem Umfang wirtschaftliche Tätigkeiten verfolgen, eine Beteiligung am Kapitalmarkt ist ihr ausdrücklich untersagt.[227]

Grundsätzlich können auch gemeinnützige Einrichtungen in der Rechtsform einer EWIV agieren.[228] Allerdings dürfen nur die Mitglieder der EWIV Spenden und Zustiftungen annehmen, nicht jedoch die EWIV selbst.[229]

Insbesondere das Verbot der Beteiligung am Kapitalmarkt, für die Finanzierung gemeinnütziger Einrichtungen nahezu unverzichtbar, stellt für die EWIV als Rechtsform für grenzüberschreitende gemeinnützige Tätigkeiten ein

---

222 Verordnung (EG) Nr. 1985/2137 des Rates vom 25. Juli 1985 über die Schaffung einer Europäischen wirtschaftlichen Interessenvereinigung (EWIV), ABl. EG 1985 L 199/1.

223 Art. 3 Abs. 1 der Verordnung (EG) Nr. 1985/2137 des Rates vom 25. Juli 1985 über die Schaffung einer Europäischen wirtschaftlichen Interessenvereinigung (EWIV), ABl. EG 1985 L 199/1; *Schwarz*, Europäisches Gesellschaftsrecht, Rn. 983; *Habersack/Verse*, Europäisches Gesellschaftsrecht, § 4 Rn. 37.

224 Erwägungsgrund 2 der Verordnung (EG) Nr. 1985/2137 des Rates vom 25. Juli 1985 über die Schaffung einer Europäischen wirtschaftlichen Interessenvereinigung (EWIV), ABl. EG 1985 L 199/1.

225 *Helios*, in: Schauhoff (Hrsg.): Handbuch der Gemeinnützigkeit, § 22 Rn. 97 f.; *Schlüter*, EuZW 2002, 589 (592).

226 So *Ganske*, DB 1985, Beilage Nr. 20, 1 (2); *Fleischer*, ZHR 174 (2010), 385 (389) m. w. N.

227 Art. 3 Abs. 2 der Verordnung (EG) Nr. 1985/2137 des Rates vom 25. Juli 1985 über die Schaffung einer Europäischen wirtschaftlichen Interessenvereinigung (EWIV), ABl. EG 1985 L 199/1.

228 *Helios*, in: Schauhoff (Hrsg.): Handbuch der Gemeinnützigkeit, § 22 Rn. 95.

229 *Schlüter/Stolte*, Stiftungsrecht, Rn. 519.

wesentliches Hindernis dar. Darüber hinaus sehen nicht alle Mitgliedstaaten Steuervergünstigungen für Genossenschaften und die EWIV vor.

2. Europäische Gesellschaft

Mit dem Statut über die Europäische Gesellschaft (SE)[230] schuf die Kommission 2001 Regelungen zur Gründung einer Europäischen Aktiengesellschaft. Die SE kann nicht durch natürliche Personen gegründet werden, Gründungsbeteiligte müssen immer juristische Personen sein. Darüber hinaus müssen die Gründungsmitglieder – mit Ausnahme der Gründung durch Ausgliederung – in mindestens zwei Mitgliedstaaten ansässig sein.[231]

Das Statut orientiert sich am niedrigsten gemeinsamen Nenner, dem alle Mitgliedstaaten zustimmen konnten.[232] Viele Verweise auf die nationalen Rechtsordnungen führen letztlich aber dazu, dass die SE keine einheitliche europäische Rechtsform ist, sondern in den jeweiligen Mitgliedstaaten verschiedenste Ausprägungen existieren.[233]

Zudem bestehen für sie keine speziellen steuerrechtlichen Regelungen.[234] Lediglich das allgemeine Steuerrecht, welches für die nach dem Recht der einzelnen Mitgliedstaaten gegründeten Aktiengesellschaften gilt, wird angewendet.[235]

Die Gründung einer gemeinnützigen SE ist durch die engen rechtlichen Vorgaben nur eingeschränkt möglich. Denkbar ist einzig ein zivilrechtlicher Zusammenschluss gemeinnütziger Einrichtungen, die bisher in der Rechtsform als Aktiengesellschaft oder Gesellschaft mit beschränkter Haftung aufgetreten sind, zu einer gemeinnützigen SE.[236]

Als weitere Voraussetzung kommt hinzu, dass die nationalen Steuerrechte der Mitgliedstaaten Aktiengesellschaften den Zugang zum Gemeinnützigkeitsstatus eröffnen müssen. Dies ist jedoch nicht in allen Mitgliedstaaten der Fall.

---

230 Verordnung (EG) Nr. 2001/2157 des Rates vom 8. Oktober 2001 über das Statut der Europäischen Gesellschaft (SE), ABl. EG 2001 L 294/1.

231 Art. 2 Abs. 1 bis 4, Art. 3 Abs. 2 der Verordnung (EG) Nr. 2001/2157 des Rates vom 8. Oktober 2001 über das Statut der Europäischen Gesellschaft (SE), ABl. EG 2001 L 294/1; vgl. *Grundmann*, Europäisches Gesellschaftsrecht, § 4 Rn. 130.

232 *Breen*, International Journal of Not-for-Profit-Law 2008, 50 (53).

233 Vgl. *Fleischer*, ZHR 174 (2010), 385 (391); *Grundmann*, Europäisches Gesellschaftsrecht, § 29 Rn. 1039 ff.

234 Vgl. *Grundmann*, Europäisches Gesellschaftsrecht, § 29 Rn. 1090 f.

235 Vgl. *Grundmann*, Europäisches Gesellschaftsrecht, § 29 Rn. 1091; *Breen*, International Journal of Not-for-Profit-Law 2008, 50 (54).

236 *Steiner*, Die Europäische Stiftung, S. 85 f.

Aus diesem Grund ist die SE keine Alternative für grenzüberschreitend tätige gemeinnützige Einrichtungen.

3. *Europäische Genossenschaft*

Im Jahr 2003 veröffentliche die Kommission das Statut über die Europäische Genossenschaft (SCE).[237] Die SCE soll genossenschaftlich organisierten Rechtsformen eine Möglichkeit für grenzüberschreitende Aktivitäten eröffnen.[238]

Ebenso wie bei der EWIV und der SE ist die steuerrechtliche Behandlung der SCE vollständig vom Regelungsbereich des Statuts ausgenommen und verbleibt in der alleinigen Verantwortung der Mitgliedstaaten.[239] Damit ist es auch für gemeinnützige Einrichtungen entscheidend, ob Genossenschaften in den nationalen Steuerrechten als gemeinnützig anerkannt werden und in der Folge von Steuervergünstigungen profitieren können. Dies ist jedoch nicht in allen Mitgliedstaaten möglich, sodass sie als alternative Rechtsform für grenzüberschreitendes gemeinnütziges Handeln ausscheidet.

4. *Europäische Privatgesellschaft*

Der Vorschlag der Kommission für eine Verordnung des Rates über das Statut der Europäischen Privatgesellschaft (SPE)[240] aus dem Jahr 2008 soll kleinen und mittleren Unternehmen, für welche die supranationale Rechtsform der SE nicht in Betracht kommt, einen Zugang zum Binnenmarkt eröffnen.[241] Sie soll sowohl durch natürliche als auch durch juristische Personen neu gegründet werden können.[242]

---

237 Verordnung (EG) Nr. 1435/2003 des Rates vom 22. Juli 2003 über das Statut der Europäischen Genossenschaft (SCE), ABl. EG 2003 L 207/1.

238 Vgl. Erwägungsgrund 6 der Verordnung (EG) Nr. 1435/2003 des Rates vom 22. Juli 2003 über das Statut der Europäischen Genossenschaft (SCE), ABl. EG 2003 L 207/1.

239 *Lutter/Bayer/Schmidt*, Europäisches Unternehmens- und Kapitalmarktrecht, § 42 Rn. 11.

240 Vorschlag für eine Verordnung des Rates über das Statut der Europäischen Privatgesellschaft [KOM (2008), 396 endg., abrufbar unter http://ec.europa.eu/internal_market/company/docs/epc/proposal_de.pdf (zuletzt abgerufen am 30.03.2017)].

241 Vgl. *Hasenauer/Prinz*, in: Lang/Weinzierl (Hrsg.): Festschrift für Friedrich Rödler, S. 323 (324); *Habersack/Verse*, Europäisches Gesellschaftsrecht, § 4 Rn. 38; *Hommelhoff/Teichmann*, GmbHR 2010, 337 ff.

242 Art. 5 Abs. 1 Buchst. a i. V. m. Art. 3 Abs. 1 Buchst. e des Vorschlags für eine Verordnung des Rates über das Statut der Europäischen Privatgesellschaft [KOM (2008),

Anknüpfung für die Besteuerung soll der satzungsmäßige Sitz oder der Ort ihrer Geschäftsführung sein.[243] Im Gegensatz zum SE-Statut mit seinen zahlreichen Verweisen in das nationale Recht ist beabsichtigt, das SPE-Statut als Vollstatut auszugestalten, um möglichst viele Rechtsfragen in einem Statut regeln zu können.[244]

Die Anwendbarkeit der SPE für gemeinnützige Einrichtungen hängt wie auch bei der EWIV, der SE und der SCE maßgeblich davon ab, ob die Mitgliedstaaten wirtschaftlich tätigen juristischen Personen des Privatrechts Steuerbefreiungen bei gemeinnütziger Tätigkeit gewähren. Nicht alle Mitgliedstaaten sehen dies jedoch vor, sodass sie als mögliche Rechtsform für gemeinnützige Einrichtungen ausscheidet. Darüber hinaus ist ein Inkrafttreten des Statuts über die SPE derzeit nicht absehbar.[245]

5. *Europäische Stiftung*

Den neuesten Vorschlag über eine supranationale Rechtsform veröffentlichte die Kommission im Jahr 2012. Dem Entwurf eines Statuts zur Schaffung der Rechtsform einer Europäischen Stiftung (FE)[246] liegt eine Machbarkeitsstudie der Kommission aus dem Jahr 2009 zugrunde.

Die Feasibility Study on a European Foundation Statute[247] bündelte die Anforderungen der zivil- und steuerrechtlichen Bedingungen für Stiftungen in den Mitgliedstaaten und stellte die Unterschiede heraus. Zudem wurden die

---

396 endg., abrufbar unter http://ec.europa.eu/internal_market/company/docs/epc/proposal_de.pdf (zuletzt abgerufen am 30.03.2017)].

243 Erwägungsgrund 6 des Vorschlags für eine Verordnung des Rates über das Statut der Europäischen Privatgesellschaft [KOM (2008), 396 endg., abrufbar unter http://ec.europa.eu/internal_market/company/docs/epc/proposal_de.pdf (zuletzt abgerufen am 30.03.2017)].

244 Vgl. Erwägungsgrund 6 des Vorschlags für eine Verordnung des Rates über das Statut der Europäischen Privatgesellschaft [KOM (2008), 396 endg., abrufbar unter http://ec.europa.eu/internal_market/company/docs/epc/proposal_de.pdf (zuletzt abgerufen am 30.03.2017)]; *Fleischer*, ZHR 174 (2010), 385 (415, 425 f.).

245 *Thomale*, ZEup 2015, 517 (539 f.).

246 Vorschlag für eine Verordnung des Rates über das Statut der Europäischen Stiftung (FE), KOM (2012), 35 endg.; abrufbar unter http://ec.europa.eu/internal_market/company/docs/eufoundation/proposal_de.pdf (zuletzt abgerufen am 30.03.2017).

247 Feasibility Study on a European Foundation Statute, abrufbar unter http://ec.europa.eu/internal_market/company/docs/eufoundation/feasibilitystudy_en.pdf (zuletzt abgerufen am 30.03.2017).

Hindernisse für grenzüberschreitende Stiftungen und deren wirtschaftliche Auswirkungen analysiert sowie Lösungsmöglichkeiten aufgezeigt.[248]

Die Rechtsgrundlagen zur Errichtung einer FE als eigenständige Rechtsform sollen mehrheitlich im Statut geregelt werden, wobei nationales Recht subsidiär herangezogen wird.[249] Erstmals wurden auch steuerrechtliche Regelungen in einem Statut über eine supranationale Rechtsform aufgenommen. Die Mitgliedstaaten sind verpflichtet, eine nach dem Statut ordnungsgemäß errichtete Europäische Stiftung auch steuerrechtlich uneingeschränkt als gemeinnützig anzuerkennen.[250]

Zwar soll sich die konkrete Besteuerung auch weiterhin nach den nationalen Vorschriften richten; eine Überprüfung des Aufnahmestaats, ob die FE die Voraussetzungen der nationalen Gemeinnützigkeitsrechte erfüllt, ist jedoch nicht statthaft.[251]

Das Statut fand dem Grunde nach überwiegend Zustimmung; auf massive Bedenken stießen dagegen die Regelungen zur einheitlichen Besteuerung der FE.[252] Die Beratungen über den Entwurf kamen aufgrund des Widerstands der Mitgliedstaaten gegen die steuerrechtliche Behandlung der FE jedoch zum Erliegen. Ohne diese bleiben die Hindernisse bei der grenzüberschreitenden

248 Feasibility Study on a European Foundation Statute, S. 105 ff., abrufbar unter http://ec.europa.eu/internal_market/company/docs/eufoundation/feasibilitystudy_en.pdf (zuletzt abgerufen am 30.03.2017); vgl. auch die Ausführungen bei *Jakob*, Stiftungsreport 2014, 19 (20 f.).

249 Erwägungsgrund 6 und Art. 3 des Vorschlags für eine Verordnung des Rates über das Statut der Europäischen Stiftung (FE), KOM (2012), 35 endg., abrufbar unter http://ec.europa.eu/internal_market/company/docs/eufoundation/proposal_de.pdf (zuletzt abgerufen am 30.03.2017); vgl. auch *Weitemeyer*, NZG 2012, 1001 (1003 f.).

250 Art. 49 ff. des Vorschlags für eine Verordnung des Rates über das Statut der Europäischen Stiftung (FE), KOM (2012), 35 endg., abrufbar unter http://ec.europa.eu/internal_market/company/docs/eufoundation/proposal_de.pdf (zuletzt abgerufen am 30.03.2017).

251 Erwägungsgrund 21 des Vorschlags für eine Verordnung des Rates über das Statut der Europäischen Stiftung (FE), KOM (2012), 35 endg., abrufbar unter http://ec.europa.eu/internal_market/company/docs/eufoundation/proposal_de.pdf (zuletzt abgerufen am 30.03.2017).

252 So z. B. *Weitemeyer*, NZG 2012, 1001 (1008 f.); *Hüttemann*, EuZW 2012, 441; *Schauhoff*, npoR 2013, 128 (129 f.); *Hopt/von Hippel*, ZEuP 2013, 235 (260 ff.); *Richter/Gollan*, ZGR 2013, 551 (594); *Hemels*, in: Vanistendael (Hrsg.): Taxation of Charities, S. 143 (173 f.).

Besteuerung gemeinnütziger Stiftungen aber weiterhin bestehen.[253] Ein europäisches Statut über eine FE würde damit sein Ziel deutlich verfehlen.

6. *Europäischer Verein*

Bereits im Jahr 1992 legte die Kommission einen Entwurf für ein Statut über den Europäischen Verein vor.[254] Auch nicht wirtschaftlichen Vereinen sollte eine Partizipation am europäischen Binnenmarkt ermöglicht werden.[255] Der Entwurf sollte insbesondere ideell agierenden und gemeinnützigen Vereinen offenstehen und zugleich wirtschaftliche Tätigkeiten erlauben.[256]

Das Statut betraf überwiegend organisationsrechtliche Fragen, steuerrechtliche Regelungen sollten einer separaten Richtlinie vorbehalten bleiben.[257] Im Jahr 2003 legte die Kommission einen überarbeiteten Entwurf vor: Der Schwerpunkt des Europäischen Vereins war nun eindeutig wirtschaftlich orientiert.[258] Bis heute wurde der Vorschlag jedoch nicht verabschiedet.[259]

7. *Ergebnis*

Die supranationalen Rechtsformen sind von der wirtschaftlichen Ausrichtung der Europäischen Union geprägt. Sowohl die EWIV, die SCE, die SE als auch die SPE zeigen, dass der Fokus auf unternehmerischen Tätigkeiten liegt.

Bis heute stehen den EU-Bürgern keine Rechtsformen zur Verfügung, mittels derer sie sich über die Grenzen der Mitgliedstaaten hinweg für gemeinnützige Tätigkeiten organisieren können. Die Schaffung dieser Möglichkeit sollte aus integrationspolitischen Gründen, insbesondere um das Ziel eines „Europa der Bürger" und eine aktive Teilnahme der Bürger Europas am Unionsleben zu erreichen, weiterverfolgt werden.

---

253 Vgl. auch *Weitemeyer*, in: Jakob (Hrsg.): Perspektiven des Stiftungsrechts in der Schweiz und in Europa, 73 (104).

254 Vorschlag für eine Verordnung (EWG) des Rates über das Statut des Europäischen Vereins [KOM (1991), 273 endg., ABl. EG 1992 C 99/1]; eingehend dazu *Vollmer*, ZHR 157 (1993), 373.

255 *Vollmer*, ZHR 157 (1993), 373 (383 f.); *Breen*, International Journal of Not-for-Profit-Law 2008, 50 (58).

256 *Vollmer*, ZHR 157 (1993), 373 (375).

257 Vorschlag für eine Verordnung (EWG) des Rates über das Statut des Europäischen Vereins [KOM (1991), 273 endg., ABl. EG 1992 C 99/1], S. 3.

258 *Nissel*, ZSt 2013, 89 (90).

259 *Rossi*, International Journal of Not-for-Profit-Law 2014, 24.

C. Rechtsprechung des EuGH

Die fehlenden Harmonisierungskompetenzen der Europäischen Union im Bereich der direkten Steuern als auch die unzureichende Berücksichtigung gemeinnütziger Einrichtungen im Rahmen des internationalen Steuerrechts haben dem EuGH als „Motor der Integration“[260] eine wichtige Rolle bei der Angleichung der nationalen Steuerrechte zukommen lassen.[261]

Den Ursprung der Anwendung europäischer Grundfreiheiten und des Diskriminierungsverbots im Bereich der direkten Steuern bildet die Entscheidung „avoir fiscal“[262] aus dem Jahr 1986. Sie markiert den Beginn der sog. „stillen Harmonisierung“ der nationalen Steuerregelungen durch den EuGH.[263]

In einer Reihe von Entscheidungen hat der EuGH bis heute weitreichende Änderungen in den Gemeinnützigkeits- und Spendenrechten der Mitgliedstaaten bewirkt.[264] Die mittlerweile als europäisches „Richter-Steuerrecht“ bezeichneten Entscheidungen[265] verpflichten die Mitgliedstaaten, ihre nationalen Vorschriften an das Unionsrecht bzw. die Rechtsprechung des EuGH anzupassen.[266]

I. Rs. Stauffer

Im Jahr 2006 wurde erstmals über die Frage der Anwendbarkeit von steuerlichen Vergünstigungen für inländische gemeinnützige Einrichtungen auf ausländische gemeinnützige Einrichtungen entschieden. Die Rs. Stauffer[267] betraf die Frage der Europarechtswidrigkeit des Ausschlusses von ausländischen und damit nur

---

260 *Weber-Grellet*, NJW 2004, 1617; *Weber-Grellet*, in: Brandt (Hrsg.): Erster Deutscher Finanzgerichtstag 2004, S. 39 ff.; *Droege*, Gemeinnützigkeit im offenen Steuerstaat, S. 478.

261 Vgl. *Lampert*, EuZW 2013, 493.

262 EuGH, Urt. v. 28.01.1986, Rs. 270/83, Kommission/Frankreich, Slg. 1986, 273.

263 *Kirchhof*, in: Brandt (Hrsg.): Achter und Neunter Deutscher Finanzgerichtstag 2011/2012, S. 23 (31); *Lampert*, EuZW 2013, 493 (495); *Wünschig*, Perspektiven eines europarechtskonformen Gemeinnützigkeits- und Zuwendungsrechts, S. 88 ff.

264 Vgl. *Kirchhof*, in: Brandt (Hrsg.): Achter und Neunter Deutscher Finanzgerichtstag 2011/2012, S. 23 (31 ff.).

265 *Droege*, Gemeinnützigkeit im offenen Steuerstaat, S. 482; *Jochum*, EuR 2006, Beiheft 2, S. 33 ff.

266 *Lang*, in: Tipke (Hrsg.): Festschrift für Joachim Lang, S. 1003 (1004 f.); *Rust*, IStR 2009, 382 ff.

267 EuGH v. 14.09.2006, Rs. C-386/04, Slg. 2006, S. I-8203; vgl. *von Hippel*, EuZW 2006, 614 ff.; *von Proff*, IStR 2007, 269 ff.; *Tiedtke/Möllmann*, IStR 2007, 599 ff.

beschränkt steuerpflichtigen gemeinnützigen juristischen Personen von Steuerbefreiungen für Einkünfte aus Vermögensverwaltung, die inländischen und folglich unbeschränkt steuerpflichtigen gemeinnützigen Einrichtungen in vergleichbaren Fällen gewährt werden.[268] Entscheidend für die Steuerbefreiungen war nicht der Ort der Erbringung gemeinnütziger Tätigkeiten, sondern allein der Sitz der Einrichtung.[269]

Der EuGH sieht in der Beschränkung der Steuerbefreiungen auf inländische gemeinnützige Einrichtungen einen Verstoß gegen die Kapitalverkehrsfreiheit.[270] In seinem Urteil gestand er den Mitgliedstaaten zwar zu, dass ihnen die Zuständigkeit darüber obliegt, welche Interessen der Allgemeinheit sie durch Steuervergünstigungen an gemeinnützige Einrichtungen fördern wollen.[271] Die Gewährung von Steuervergünstigungen muss jedoch unter Beachtung des Unionsrechts erfolgen, weshalb ein Ausschluss unter Berufung auf die bloße Ansässigkeit der gemeinnützigen Einrichtung in einem anderen Mitgliedstaat nicht gerechtfertigt und folglich europarechtswidrig ist.[272] Erfüllt die ausländische gemeinnützige Einrichtung die Voraussetzungen, die auch inländische gemeinnützige Einrichtungen erfüllen müssen, sind ihr dieselben Steuervergünstigungen zu gewähren.[273]

Über diese Feststellung hinaus hat der EuGH in einem *obiter dictum* aber auch verdeutlicht, dass die Mitgliedstaaten nicht verpflichtet sind, ausländische gemeinnützige Einrichtungen ohne Weiteres im Inland als gemeinnützig anzuerkennen.[274] Es bestehe kein Gegenseitigkeitsprinzip zur automatischen Anerkennung des in einem anderen Mitgliedstaat erworbenen Gemeinnützigkeitsstatus.[275] Dieser sei kein existenzieller Faktor einer gemeinnützigen Einrichtung.[276]

---

268 Vgl. *Fischer*, in: Brandt (Hrsg.): Dritter Deutscher Finanzgerichtstag 2006, S. 65 (83 ff.).

269 Vgl. *Möllmann*, Die steuerliche Privilegierung gemeinnütziger Körperschaften im Spannungsfeld von Verfassungsrecht und europäischen Grundfreiheiten, S. 66 f.

270 EuGH, Urt. v. 14.09.2006, Rs. C-386/04, Stauffer, Slg. 2006, I-8203, Rn. 28 ff.

271 EuGH, Urt. v. 14.09.2006, Rs. C-386/04, Stauffer, Slg. 2006, I-8203, Rn. 39.

272 EuGH, Urt. v. 14.09.2006, Rs. C-386/04, Stauffer, Slg. 2006, I-8203, Rn. 15, 40.

273 EuGH, Urt. v. 14.09.2006, Rs. C-386/04, Stauffer, Slg. 2006, I-8203, Rn. 46 ff.

274 EuGH, Urt. v. 14.09.2006, Rs. C-386/04, Stauffer, Slg. 2006, I-8203, Rn. 39.

275 *Helios*, in: Schauhoff (Hrsg.): Handbuch der Gemeinnützigkeit, § 22 Rn. 46; *von Proff*, IStR 2009, 371 (377); *Koele*, European Taxation 2010, 167 (172).

276 *Von Proff*, IStR 2007, 269 (271).

Die Mitgliedstaaten mussten in der Folge ihre Regelungen über Steuervergünstigungen für gemeinnützige Einrichtungen anpassen. Nunmehr können auch ausländische gemeinnützige Einrichtungen entsprechende Vergünstigungen in den mitgliedstaatlichen Körperschaft- oder Einkommensteuergesetzen in Anspruch nehmen, sofern sie die Voraussetzungen für inländische gemeinnützige Einrichtungen erfüllen.

II. Rs. Jundt

Die Rs. Jundt[277] betraf die Frage der Beschränkung der steuerlichen Befreiung von Entgelten für nebenberufliche Tätigkeiten zugunsten einer gemeinnützigen Einrichtung oder einer juristischen Person des öffentlichen Rechts.[278] Steuerlich berücksichtigt wurden nur solche Tätigkeiten, die zugunsten einer inländischen gemeinnützigen Einrichtung oder juristischen Person des öffentlichen Rechts erbracht wurden.[279]

Nach Ansicht des EuGH liegt ein Verstoß gegen die Dienstleistungsfreiheit vor, wenn die Tätigkeit Bereiche berührt, in denen die Mitgliedstaaten sich zu einer grenzüberschreitenden Zusammenarbeit verpflichtet haben.[280]

Eröffnen die Mitgliedstaaten Steuervergünstigungen für Personen, die nebenberufliche Tätigkeiten für juristische Person des öffentlichen Rechts erbringen, müssen diese Vergünstigungen auch gewährt werden, wenn die Tätigkeit zugunsten einer juristischen Person des öffentlichen Rechts erbracht wird, die in einem anderen Mitgliedstaat der Europäischen Union oder einem Vertragsstaat des Abkommens über den Europäischen Wirtschaftsraum ansässig ist.[281]

Die Frage, ob Steuervergünstigungen auch für die nebenberufliche Tätigkeit zugunsten einer ausländischen gemeinnützigen Einrichtung zu gewähren wären, war im vorliegenden Fall vom EuGH nicht zu entscheiden. Es spricht jedoch vieles dafür, dass auch diese Tätigkeiten anerkannt werden müssten.[282]

Die Entscheidung des EuGH führte ebenfalls zu Änderungen der mitgliedstaatlichen Steuergesetze. Einkünfte aus Tätigkeiten zugunsten einer juristischen Person des öffentlichen Rechts oder einer gemeinnützigen Einrichtung, die in

---

277 EuGH, Urt. v. 18.12.2007, Rs. C-281/06, Jundt, Slg. 2007, I-12231.

278 *Lang*, in: Tipke (Hrsg.): Festschrift für Joachim Lang, S. 1003 (1023).

279 *Lang*, in: Tipke (Hrsg.): Festschrift für Joachim Lang, S. 1003 (1023).

280 EuGH, Urt. v. 18.12.2007, Rs. C-281/06, Jundt, Slg. 2007, I-12231, Rn. 59 ff.

281 EuGH, Urt. v. 18.12.2007, Rs. C-281/06, Jundt, Slg. 2007, I-12231, Rn. 73, 89.

282 *Weitemeyer*, in: Saenger/Bayer/Koch/Körber (Hrsg.): Festschrift für Olaf Werner, S. 288 (298).

einem Mitgliedstaat der Europäischen Union oder in einem Mitgliedstaat des Abkommens über den Europäischen Wirtschaftsraum liegt, sind danach bis zu der für inländische Einrichtungen vorgesehenen Grenzen ebenfalls steuerbefreit.

III. Rs. Persche

Die Abzugsfähigkeit von Direktspenden an ausländische gemeinnützige Einrichtungen war Gegenstand der Rs. Persche[283]. Zur Entscheidung stand die Frage der Zulässigkeit einer Beschränkung der Abzugsfähigkeit von Spenden und Zuwendungen auf solche an inländische gemeinnützige Einrichtungen.[284]

Nach Ansicht des EuGH verstößt der generelle Ausschluss ausländischer gemeinnütziger Einrichtungen von der Abzugsfähigkeit gegen die Kapitalverkehrsfreiheit.[285] Dies gilt auch dann, wenn die ausländische Einrichtung die Voraussetzungen für die Anerkennung als gemeinnützige Einrichtung nach den nationalen Vorgaben erfüllen würde.[286]

Eine Ungleichbehandlung zwischen inländischen und ausländischen gemeinnützigen Einrichtungen unter Berufung auf die Entlastung der Mitgliedstaaten von bestimmten Aufgaben durch inländische gemeinnützige Einrichtungen sei unzulässig.[287] Auch könne sich der Mitgliedstaat zur Rechtfertigung nicht auf die fehlende Wirksamkeit der steuerlichen Kontrolle einer ausländischen gemeinnützigen Einrichtung berufen, wenn er es dem Steuerpflichtigen zugleich unmöglich mache, einen Nachweis über die tatsächliche Verwendung der Spende für gemeinnützige Zwecke zu erbringen.[288]

Zuwendungen sind nunmehr auch dann abzugsfähig, wenn die ausländische gemeinnützige Einrichtung, die in einem anderen Mitgliedstaat der Europäischen Union oder einem Vertragsstaat des Europäischen Wirtschaftsraums ansässig ist, die Voraussetzungen an inländische gemeinnützige Einrichtungen erfüllt.[289] Die Abzugsfähigkeit gilt sowohl für beschränkt steuerpflichtige

---

283 EuGH, Urt. v. 27.01.2009, Rs. C-318/07, Persche, Slg. 2009, I-359; vgl. auch *von Proff*, IStR 2009, 371 ff.; *Geserich*, DStR 2009, 1173 ff.

284 *Weitemeyer*, in: Jakob (Hrsg.): Perspektiven des Stiftungsrechts in der Schweiz und in Europa, S. 73 (79 f.).

285 EuGH, Urt. v. 27.01.2009, Rs. C-318/07, Persche, Slg. 2009, I-359, Rn. 72.

286 EuGH, Urt. v. 27.01.2009, Rs. C-318/07, Persche, Slg. 2009, I-359, Rn. 72.

287 EuGH, Urt. v. 27.01.2009, Rs. C-318/07, Persche, Slg. 2009, I-359, Rn. 43.

288 EuGH, Urt. v. 27.01.2009, Rs. C-318/07, Persche, Slg. 2009, I-359, Rn. 60.

289 EuGH, Urt. v. 27.01.2009, Rs. C-318/07, Persche, Slg. 2009, I-359, Rn. 49 ff.

gemeinnützige Einrichtungen als auch für ausländische gemeinnützige Einrichtungen ohne Einkünfte im Inland.[290]

IV. Rs. Missionswerk

Die Rs. Missionswerk[291] behandelte die Frage der Zulässigkeit des Ausschlusses von Steuervergünstigungen für Zuwendungen an ausländische gemeinnützige Einrichtungen im Rahmen der Erhebung der Erbschaft- und Schenkungsteuer. Nach Ansicht des EuGH stellt eine Gewährung von Steuervergünstigungen für Schenkungen und letztwillige Zuwendungen nur für im Inland gelegene gemeinnützige Einrichtungen einen Verstoß gegen die Kapitalverkehrsfreiheit dar.[292] Vergünstigungen dürfen zwar an formelle Voraussetzungen geknüpft werden, nicht jedoch ausschließlich inländischen Einrichtungen vorbehalten sein.[293]

Steuervergünstigungen für Schenkungen oder letztwillige Zuwendungen an ausländische gemeinnützige Einrichtungen müssen daher ebenfalls steuerlich berücksichtigt werden. Regelungen in den Erbschaft- und Schenkungsteuergesetzen der Mitgliedstaaten, die lediglich inländische Einrichtungen berücksichtigen, sind unwirksam.

V. Folgen der Entscheidungen/Umsetzung in den Mitgliedstaaten

Die Entscheidungen des EuGH trugen erheblich dazu bei, dass ausländische gemeinnützige Einrichtungen in den Mitgliedstaaten wie inländische gemeinnützige Einrichtungen behandelt werden müssen. Dies gilt allerdings nur unter der Voraussetzung, dass sie die dort bestehenden Anforderungen an inländische gemeinnützige Einrichtungen erfüllen.

Gleichwohl bedeuten diese Entscheidungen aber noch keine Harmonisierung der verschiedenen Rechtsordnungen. Sie bewirkten bisher nur punktuelle Änderungen der mitgliedstaatlichen Regelungen.[294]

Einige Mitgliedstaaten haben ihre Gesetze bis heute nicht an die Vorgaben des EuGH angepasst, andere Mitgliedstaaten versuchen nur solche gemeinnützigen Tätigkeiten anzuerkennen, welche sich auf ihr Territorium beschränken

---

290 Vgl. *Helios*, in: Schauhoff (Hrsg.): Handbuch der Gemeinnützigkeit, § 22 Rn. 50; *von Proff*, IStR 2009, 371 (376); *Geserich*, DStR 2009, 1173 (1174); *Weitemeyer*, in: Jakob (Hrsg.): Perspektiven des Stiftungsrechts in der Schweiz und in Europa, S. 73 (80 ff.).

291 EuGH, Urt. v. 10.02.2011, Rs. C-25/10, Missionswerk, Slg. 2011, I-497.

292 EuGH, Urt. v. 10.02.2011, Rs. C-25/10, Missionswerk, Slg. 2011, I-497, Rn. 24 ff.

293 EuGH, Urt. v. 10.02.2011, Rs. C-25/10, Missionswerk, Slg. 2011, I-497, Rn. 32 ff.

294 *Musil*, DB 2011, 2451; *Lampert*, EuZW 2013, 493 (496).

oder ihre Außendarstellung verbessern.[295] Oftmals bleiben – vermeintliche oder tatsächliche – Zweifelsfragen im Hinblick auf die Übertragbarkeit der Vorgaben des EuGH in das nationale Recht bestehen, welche die Mitgliedstaaten noch immer von einer Anpassung ihrer individuellen Regelungen abhalten.[296]

Es ist zu erwarten, dass der EuGH ein weiteres Mal über die Gemeinnützigkeits- und Spendenregelungen eines Mitgliedstaates entscheiden muss und – sofern ein Verstoß gegeben ist – die Mitgliedstaaten ihre Regelungen erneut anpassen müssen. Ein einheitlicher europäischer Rechtsrahmen für gemeinnützige Einrichtungen ist noch immer in weiter Ferne.[297]

D. Der Einfluss der europäischen Grundfreiheiten auf gemeinnützige Einrichtungen und ihre Förderer

Das Gemeinnützigkeits- und Spendenrecht ist für Einrichtungen mit steuerbegünstigten Intentionen von erheblicher Bedeutung. Mangels primärrechtlicher Ermächtigungsgrundlage[298] ist eine Harmonisierung des Gemeinnützigkeitsrechts als Teilgebiet der direkten Steuern nur durch sekundärrechtliche Handlungsakte[299] möglich.

Das Prinzip der Einstimmigkeit bei der Angleichung der direkten Steuern[300] schränkt den Handlungsspielraum der Europäischen Union jedoch deutlich ein. Sekundärrechtliche Handlungsformen zur Harmonisierung der direkten Steuern fehlen daher weitgehend.[301] Insbesondere die Grundfreiheiten und das Europäische Beihilfenrecht erlangten aus diesem Grund wesentlichen Einfluss.[302]

---

295 Vgl. *Weitemeyer/Bornemann*, FR 2016, 437 (438 ff.).

296 *Lampert*, EuZW 2013, 493 (496); vgl. auch *Georgopoulos*, European Law Journal 16 (2010), 458 (463).

297 *Schauhoff*, npoR 2013, 128 (129).

298 Vgl. *Seiler*, in: Grabitz/Hilf/Nettesheim (Hrsg.): Das Recht der Europäischen Union, Art. 113 AEUV Rn. 52; *Nettesheim*, in: Oppermann/Classen/Nettesheim (Hrsg.): Europarecht, § 35 Rn. 2.

299 Vgl. *Nettesheim*, in: Oppermann/Classen/Nettesheim (Hrsg.): Europarecht, § 35 Rn. 56.

300 Vgl. *Seiler*, in: Grabitz/Hilf/Nettesheim (Hrsg.): Das Recht der Europäischen Union, Art. 113 AEUV Rn. 52.

301 *Droege*, Gemeinnützigkeit im offenen Steuerstaat, S. 481.

302 *Eicker*, Grenzüberschreitende gemeinnützige Tätigkeit, S. 125.

I. Anwendbarkeit der Grundfreiheiten auf gemeinnützige Einrichtungen und ihre Förderer

Die Grundfreiheiten schützen grundsätzlich nur wirtschaftliche Marktteilnehmer.[303] Für die Eröffnung des Anwendungsbereichs ist aus diesem Grund eine Teilnahme am Wirtschaftsleben erforderlich.[304]

Gemeinnützige Einrichtungen verfolgen jedoch überwiegend altruistische Ziele und gehen nur nachrangig wirtschaftlichen Tätigkeiten nach; viele nationale Gemeinnützigkeitsrechte fordern in der Regel eine Tätigkeit ohne Gewinnerzielungsabsicht. Lediglich zur Finanzierung ihrer gemeinnützigen Zwecke dürfen sie in einigen Mitgliedstaaten Zweckbetriebe und wirtschaftliche Geschäftsbetriebe einrichten.[305]

1. Niederlassungsfreiheit

a) Persönlicher Anwendungsbereich

Die Niederlassungsfreiheit[306] begünstigt alle Gesellschaften, die entsprechend der Rechtsvorschriften der Mitgliedstaaten gegründet wurden und deren Sitz, Hauptverwaltung oder Hauptniederlassung in der Europäischen Union liegt.[307] Als solche gelten die Gesellschaften des bürgerlichen Rechts, des Handelsrechts, Genossenschaften sowie sonstige juristische Personen des öffentlichen oder des privaten Rechts, die einen Erwerbszweck verfolgen.[308]

Gemeinnützige Einrichtungen mit Sitz oder Hauptverwaltung in einem Mitgliedstaat treten regelmäßig in den vorgenannten Rechtsformen auf. Sie werden jedoch zumeist ohne Gewinnerzielungsabsicht tätig, sodass die Verfolgung eines Erwerbszwecks und damit der persönliche Anwendungsbereich der Niederlassungsfreiheit problematisch sind.[309]

---

303 Vgl. EuGH, Urt. v. 29.04.1999, Rs. C-311/97, Royal Bank of Scotland, Slg. 1999, I-2651, Rn. 19; EuGH, Urt. v. 07.09.2004, Rs. C-319/02, Manninen, Slg. 2004, I-7477, Rn. 19; vgl. auch *Kokott/Ost*, EuZW 2011, 496 (497); *Eicker*, in: Richter/Wachter (Hrsg.): Handbuch des internationalen Stiftungsrechts, § 18 Rn. 27.

304 Art. 2 AEUV.

305 Vgl. die Ausführungen unter Teil 4 B.IV.

306 Art. 49 AEUV.

307 Art. 49 Abs. 1 i. V. m. Art. 54 Abs. 1 AEUV.

308 Art. 49 Abs. 1 und 2 i. V. m. Art. 54 Abs. 2 AEUV.

309 So z. B. *Schweitzer/Hummer/Obwexer*, Europarecht, Rn. 1171; *Ipsen*, Soziale Dienstleistungen und EG-Recht, S. 55 ff., *Vollmer*, ZHR 157 (1993), 373 (380); *Tiedtke/Möllmann*, DStZ 2008, 69 (76).

Das Fehlen eines Erwerbszwecks bedeutet jedoch nicht von vornherein, dass alle Gesellschaften, die ausschließlich Verluste erzielen oder keine Gewinnerzielungsabsicht verfolgen, vom Schutz der Niederlassungsfreiheit ausgeschlossen sind.[310] Nach Ansicht der Kommission genießen auch gemeinnützige Einrichtungen den Schutz der Grundfreiheiten.[311]

Die Schaffung des Binnenmarktes soll jegliche Diskriminierungen im Rahmen wirtschaftlicher Betätigungen der Marktteilnehmer verhindern. Der generelle Ausschluss gemeinnütziger Einrichtungen ohne Rücksicht auf etwaige wirtschaftliche Tätigkeiten würde jedoch diesem Konzept widersprechen.[312]

Der Anwendungsbereich der Niederlassungsfreiheit erstreckt sich auf alle Einrichtungen, die eine wirtschaftliche Tätigkeit verfolgen, unabhängig davon, ob sie als gemeinnützige Einrichtungen organisiert sind oder nicht.[313] Das Erfordernis eines Erwerbszwecks dient vielmehr dazu, eine missbräuchliche Berufung auf den Schutz der Grundfreiheiten zu vermeiden, z. B. bei der Verfolgung unionsrechtswidriger Zwecke.[314]

Gemeinnützige Einrichtungen nutzen wirtschaftliche Tätigkeiten zur Einnahmeerzielung, um mit den Erlösen ihre gemeinnützigen Zwecke zu fördern, z. B. durch Vermögensverwaltung oder die Gründung von Zweckbetrieben oder wirtschaftlichen Geschäftsbetrieben. Das Abstellen auf einen lediglich in der Satzung oder im Gesellschaftsvertrag enthaltenen Erwerbszweck, ohne dass dieser tatsächlich verfolgt wird, ist nicht ausreichend.[315] Die Grundfreiheiten sollen

---

310 Ausführlich hierzu: *Heidenbauer*, Charity Crossing Borders, S. 124 ff.; *Koele*, International Taxation of Philanthropy, S. 317 ff.; *Schäfers*, Die steuerrechtliche Behandlung gemeinnütziger Stiftungen in grenzüberschreitenden Fällen, S. 300 ff.

311 Mitteilung der Kommission der Europäischen Gemeinschaften an den Rat über die Unternehmen der Éconimie sociale und die Schaffung eines europäischen Marktes ohne Grenzen, Slg. 1989, S. 2187 endg., Nr. 5.1 ii.

312 *Heidenbauer*, Charity Crossing Borders, S. 126 f.

313 Mitteilung der Kommission der Europäischen Gemeinschaften an den Rat über die Unternehmen der Éconimie sociale und die Schaffung eines europäischen Marktes ohne Grenzen, Slg. 1989, S. 2187 endg., Nr. 5.4 der Schlussfolgerungen; so auch *Schäfers*, Die steuerrechtliche Behandlung gemeinnütziger Stiftungen in grenzüberschreitenden Fällen, S. 303 ff.; *Traversa*, in: Vanistendael (Hrsg.): Taxation of Charities, S. 107 (116).

314 *Schäfers*, Die steuerrechtliche Behandlung gemeinnütziger Stiftungen in grenzüberschreitenden Fällen, S. 309 ff.; *Frotscher*, in: Lüdicke (Hrsg.): Fortentwicklung der Internationalen Unternehmensbesteuerung, S. 167 (184).

315 Vgl. *Koele*, International Taxation of Philanthropy, S. 318 f.; *Helios*, in: Schauhoff (Hrsg.): Handbuch des Gemeinnützigkeitsrechts, § 22 Rn. 27.

die freie Ausübung wirtschaftlicher Aktivitäten aller Marktteilnehmer ermöglichen.[316]

Der generelle Ausschluss gemeinnütziger Einrichtungen vom AEUV würde hingegen eine Schlechterstellung gegenüber kommerziellen Gesellschaften zur Folge haben. Dies zeigt sich jedoch dann als nicht mehr gerechtfertigt, wenn beide die gleichen Tätigkeiten verfolgen oder beide keine Gewinne erzielen.[317]

Vom Anwendungsbereich der Niederlassungsfreiheit ausgenommen werden lediglich solche Gesellschaften, die überhaupt nicht am Wirtschaftsleben beteiligt sind.[318] Dies betrifft gemeinnützige Einrichtungen nur dann, wenn sie ausschließlich karitative Zwecke und damit keinerlei Erwerbszwecke verfolgen.[319]

b) Sachlicher Anwendungsbereich

Die Niederlassungsfreiheit schützt die Freiheit der Aufnahme und Ausübung einer selbstständigen Erwerbstätigkeit innerhalb der Europäischen Union.[320] Erfasst werden neben der Gründung und Leitung von Gesellschaften auch die Gründung von Zweitniederlassungen oder Tochtergesellschaften in anderen Mitgliedstaaten sowie die Beteiligung an Unternehmen.[321] Voraussetzung sind stets Tätigkeiten, die dem Einkommenserwerb dienen und nicht ausschließlich karitativer, unentgeltlicher Natur sind.[322]

Zu den geschützten Tätigkeiten gemeinnütziger Einrichtungen zählen insbesondere die Gründung von Tochtereinrichtungen oder Zweigniederlassungen, um Zweckbetriebe oder wirtschaftliche Geschäftsbetriebe zu errichten.[323] Auch Beteiligungen an anderen Gesellschaften im Bereich der Vermögensverwaltung

---

316 *Schäfers*, Die steuerrechtliche Behandlung gemeinnütziger Stiftungen in grenzüberschreitenden Fällen, S. 310.

317 *Helios*, BB 2002, 1893 (1895); *Helios*, in: Schauhoff (Hrsg.): Handbuch der Gemeinnützigkeit, § 22 Rn. 27.

318 Vgl. *Heidenbauer*, Charity Crossing Borders, S. 126; *Kluth*, in: Calliess/Ruffert (Hrsg.): EUV/AEUV, Art. 54 AEUV Rn. 2.

319 *Schäfers*, Die steuerrechtliche Behandlung gemeinnütziger Stiftungen in grenzüberschreitenden Fällen, S. 311; *Helios*, in: Schauhoff (Hrsg.): Handbuch des Gemeinnützigkeitsrechts, § 22 Rn. 27; *Eicker*, in: Richter/Wachter (Hrsg.): Handbuch des internationalen Stiftungsrechts, § 18 Rn. 49; *Jachmann*, BB 2003, 990 (991).

320 *Bröhmer*, in: Calliess/Ruffert (Hrsg.): EUV/AEUV, Art. 49 AEUV Rn. 9.

321 *Bröhmer*, in: Calliess/Ruffert (Hrsg.): EUV/AEUV, Art. 49 AEUV Rn. 9.

322 *Schäfers*, Die steuerrechtliche Behandlung gemeinnütziger Stiftungen in grenzüberschreitenden Fällen, S. 291; *Helios/Müller*, BB 2004, 2332 (2334 f.).

323 Vgl. *Koele*, International Taxation of Philanthropy, S. 318; *Wünschig*, Perspektiven eines europarechtskonformen Gemeinnützigkeits- und Zuwendungsrechts, S. 111.

unterfallen der Niederlassungsfreiheit, wenn die gemeinnützige Einrichtung Einfluss auf die Geschäftsführung nehmen kann.[324]

Erfasst wird darüber hinaus die entgeltliche Vermietung und Verpachtung von Immobilien, sofern die gemeinnützige Einrichtung über eine dauerhafte Niederlassung in dem Mitgliedstaat verfügt, in dem die Immobilie liegt.[325] Wenn keine dauerhafte und feste Niederlassung vorliegt, unterfällt die entgeltliche Vermietung und Verpachtung der Dienstleistungs- und der Kapitalverkehrsfreiheit.[326]

Aktivitäten, die ausschließlich in den ideellen Bereich fallen, werden mangels Entgeltlichkeit nicht vom sachlichen Anwendungsbereich erfasst.[327] Dies gilt auch dann, wenn die gemeinnützige Einrichtung über eine dauerhafte Niederlassung in einem anderen Mitgliedstaat verfügt.[328] Leistungen gegen eine symbolische Aufwandsentschädigung, d. h., das Entgelt liegt deutlich unterhalb des marktüblichen Werts, stellen keine ausreichenden entgeltlichen wirtschaftlichen Tätigkeiten dar.[329]

In Bezug auf die Förderer gemeinnütziger Einrichtungen ist der sachliche Anwendungsbereich eröffnet, wenn sich z. B. ein selbstständig Tätiger in einem anderen als seinem Herkunftsstaat niederlassen will, um dort seine wirtschaftlichen Tätigkeiten auszuüben, aber infolge der Wohnsitzverlagerung keine Steuerprivilegien bei Zuwendungen an gemeinnützige Einrichtungen in seinen Herkunftsstaat mehr erhält.[330]

---

324 *Heidenbauer*, Charity Crossing Borders, S. 134 f.; *Lissner*, Das Gemeinnützigkeits- und Spendenrecht unter dem Einfluss der europäischen Grundfreiheiten, S. 63 ff.

325 EuGH, Urt. v. 14.09.2006, Rs. C-386-04, Stauffer, Slg. 2006, I-8203, Rn. 18 ff.; *Eicker*, Grenzüberschreitende gemeinnützige Tätigkeit, S. 187.

326 EuGH, Urt. v. 14.09.2006, Rs. C-386-04, Stauffer, Slg. 2006, I-8203, Rn. 19; vgl. *Koele*, International Taxation of Philanthropy, S. 319.

327 *Eicker*, in: Richter/Wachter (Hrsg.): Handbuch des internationalen Stiftungsrechts, § 18 Rn. 60; *Koele*, International Taxation of Philanthropy, S. 318.

328 Vgl. *Heidenbauer*, Charity Crossing Borders, S. 137.

329 Vgl. *Traversa*, in: Vanistendael (Hrsg.): Taxation of Charities, S. 107 (122 f.); *Heidenbauer*, Charity Crossing Borders, S. 148 ff. und S. 165; *Lackhoff*, Die Niederlassungsfreiheit des EGV, S. 37 ff.

330 *Heidenbauer*, Charity Crossing Borders, S. 163 f.

2. Dienstleistungsfreiheit

a) Persönlicher Anwendungsbereich

Die Dienstleistungsfreiheit[331] schützt die Staatsangehörigen eines Mitgliedstaates sowie die in den Mitgliedstaaten ansässigen Gesellschaften.[332] Auch dabei verbietet sich ein genereller Ausschluss gemeinnütziger Einrichtungen vom persönlichen Schutzbereich.[333] Es kommt nicht auf eine Gewinnerzielungsabsicht der geschützten Einrichtung selbst an, sondern auf die ausgeübte Tätigkeit.[334] Ausgenommen sind nur solche Gesellschaften, die ausschließlich karitativen Tätigkeiten nachgehen und damit keinen Erwerbszweck verfolgen.[335]

Gemeinnützige Einrichtungen werden sowohl im Rahmen ihrer Tätigkeiten im Bereich ihrer Zweckbetriebe und wirtschaftlichen Geschäftsbetriebe als auch im Bereich der Vermögensverwaltung geschützt. Die fehlende Gewinnerzielungsabsicht gemeinnütziger Einrichtungen führt nicht zum Ausschluss aus dem Schutzbereich. Nur wenn sie ausschließlich altruistischen Zielen ohne jeglichen Erwerbszweck nachgehen, sind sie vom persönlichen Anwendungsbereich ausgeschlossen.

b) Sachlicher Anwendungsbereich

Der sachliche Anwendungsbereich der Dienstleistungsfreiheit schützt die Erbringung und den Empfang entgeltlicher Dienstleistungen in einem anderen als dem Herkunfts- bzw. Ansässigkeitsstaat. Geschützt werden neben den Erbringern von Dienstleistungen auch deren Empfänger.[336] Dies gilt auch für die Erbringung von Dienstleistungen ohne einen Grenzübertritt von Erbringer oder Empfänger.[337]

Bei der Prüfung ist anhand einer funktionalen Sichtweise festzustellen, ob der Dienstleistungserbringer als Akteur am Markt auftritt. Eine Gewinnerzielungsabsicht des Dienstleistungserbringers ist wie bei der Niederlassungsfreiheit nicht

---

331 Art. 54 AEUV.

332 Art. 56 Abs. 1, Art. 62 i. V. m. Art. 54 Abs. 1 AEUV.

333 *Heidenbauer*, Charity Crossing Borders, S. 141 f.

334 *Heidenbauer*, Charity Crossing Borders, S. 142.

335 Vgl. *Heidenbauer*, Charity Crossing Borders, S. 140 ff.; *Kluth*, in: Calliess/Ruffert (Hrsg.): EUV/AEUV, Art. 54 AEUV Rn. 2.

336 *Traversa*, in: Vanistendael (Hrsg.): Taxation of Charities, S. 107 (121) m. w. N.

337 *Kluth*, in: Calliess/Ruffert (Hrsg.): EUV/AEUV, Art. 57 AEUV Rn. 9 f.; *Tiedje*, in: von der Groeben/Schwarze/Hartje (Hrsg.): EUV/AEUV, Art. 56 AEUV Rn. 26 ff.; *Traversa*, in: Vanistendael (Hrsg.): Taxation of Charities, S. 107 (121).

erforderlich.[338] Entscheidend ist vielmehr die Entgeltlichkeit der angebotenen oder in Anspruch genommenen Leistung.[339]

Unentgeltliche, rein karitative Dienstleistungen werden hingegen nicht geschützt.[340] Auch Dienstleistungen, die nur gegen eine symbolische Zahlung erbracht werden, d. h. ohne kostendeckendes Entgelt, unterfallen nicht dem Schutz der Dienstleistungsfreiheit.[341] Für entgeltliche Dienstleistungen ist es damit unerheblich, ob sie von einer kommerziellen oder einer gemeinnützigen Einrichtung erbracht bzw. empfangen werden.[342]

Bietet eine gemeinnützige Einrichtung Dienstleistungen gegen Entgelt im Rahmen eines Zweckbetriebs oder eines wirtschaftlichen Geschäftsbetriebs an, so unterfällt sie dem Schutz der Dienstleistungsfreiheit. Das Gleiche gilt für die Inanspruchnahme entgeltlicher Dienstleistungen, die alle Sphären der gemeinnützigen Einrichtung berühren können.

Nicht ausreichend für diesen Schutzstatus ist jedoch das Erbringen einer unentgeltlichen oder nur gegen eine geringe Aufwandsentschädigung abgegoltenen Dienstleistung, bei der die Verfolgung eines karitativen Zwecks im Vordergrund steht.[343] Auch der Erhalt von Zuwendungen, um Dritten gegenüber karitative Leistungen erbringen zu können, genügt für den Schutz der Dienstleistungsfreiheit nicht.[344]

Ebenso werden Beteiligungen an Gesellschaften ohne Stimmrecht bzw. ohne Einflussmöglichkeit nicht geschützt. Der bloße Bezug von Dividenden unterfällt der Kapitalverkehrsfreiheit.[345]

---

338 *Heidenbauer*, Charity Crossing Borders, S. 142 f.; *Wünschig*, Perspektiven eines europarechtskonformen Gemeinnützigkeits- und Zuwendungsrechts, S. 114 f.

339 *Kluth*, in: Calliess/Ruffert (Hrsg.): EUV/AEUV, Art. 57 AEUV Rn. 11 f.

340 *Tiedje*, in: von der Groeben/Schwarze/Hartje (Hrsg.): EUV/AEUV, Art. 57 AEUV Rn. 6; *Schäfers*, Die steuerrechtliche Behandlung gemeinnütziger Stiftungen in grenzüberschreitenden Fällen, S. 294; *Heidenbauer*, Charity Crossing Borders, S. 142 ff.

341 Vgl. *Lackhoff*, Die Niederlassungsfreiheit des EGV, S. 37 ff.; *Runggaldier*, in: Oetker/Preis (Hrsg.): Europäisches Arbeits- und Sozialrecht, Art. 56 AEUV Rn. 30.

342 Vgl. *Wünschig*, Perspektiven eines europarechtskonformen Gemeinnützigkeits- und Zuwendungsrechts, S. 115.

343 *Heidenbauer*, Charity Crossing Borders, S. 140 f.

344 *Heidenbauer*, Charity Crossing Borders, S. 148 ff. und S. 165; *Traversa*, in: Vanistendael (Hrsg.): Taxation of Charities, S. 107 (122 f.).

345 *Heidenbauer*, Charity Crossing Borders, S. 148.

3. *Kapitalverkehrsfreiheit*

a) *Persönlicher Anwendungsbereich*

Im Gegensatz zur Niederlassungs- oder Dienstleistungsfreiheit schützt der persönliche Anwendungsbereich der Kapitalverkehrsfreiheit[346] alle natürlichen Personen oder Gesellschaften unabhängig von ihrer Staatsangehörigkeit oder dem Staat der Ansässigkeit. Erfasst werden alle Staatsangehörigen und juristischen Personen aus den Mitglied- sowie aus Drittstaaten.[347]

Weder eine wirtschaftliche Tätigkeit noch eine entgeltliche Dienstleistung sind entscheidend. Anknüpfungspunkt ist das Kapital, nicht die juristische oder natürliche Person.[348] Der persönliche Anwendungsbereich schützt sowohl den Geber als auch den Empfänger von Kapital.[349]

Gemeinnützige Einrichtungen und ihre Förderer unterfallen uneingeschränkt dem persönlichen Anwendungsbereich der Kapitalverkehrsfreiheit. Dies gilt unabhängig davon, ob sie Kapital anlegen, Zuwendungen geben oder empfangen oder ob es sich bei den Förderern um juristische oder natürliche Personen handelt.

b) *Sachlicher Anwendungsbereich*

Der sachliche Anwendungsbereich der Kapitalverkehrsfreiheit schützt grundsätzlich jede grenzüberschreitende Wertübertragung von Sach- und Geldkapital, die nicht zur ausschließlichen Vermögensanlage oder aus anderen Anlagezwecken erfolgt.[350]

Mangels eindeutiger Definition des Begriffs „Kapital" im AEUV[351] wurden Spenden und Zuwendungen zunächst nicht als von der Kapitalverkehrsfreiheit

---

346 Art. 63 AEUV.

347 *Koele*, International Taxation of Philanthropy, S. 320; *Traversa*, in: Vanistendael (Hrsg.): Taxation of Charities, S. 107 (123).

348 *Wünschig*, Perspektiven eines europarechtskonformen Gemeinnützigkeits- und Zuwendungsrechts, S. 112; *Schäfers*, Die steuerrechtliche Behandlung gemeinnütziger Stiftungen in grenzüberschreitenden Fällen, S. 347; *Heidenbauer*, Charity Crossing Borders, S. 155; *Koele*, International Taxation of Philanthropy, S. 319 f.

349 *Schäfers*, Die steuerrechtliche Behandlung gemeinnütziger Stiftungen in grenzüberschreitenden Fällen, S. 345; *Traversa*, in: Vanistendael (Hrsg.): Taxation of Charities, S. 107 (123).

350 EuGH, Urt. v. 27.01.2009, Rs. C-318/07, Persche, Slg. 2009, I-359.

351 *Traversa*, in: Vanistendael (Hrsg.): Taxation of Charities, S. 107 (124); *Koele*, International Taxation of Philanthropy, S. 321.

geschützte Wertübertragungen betrachtet.[352] Spenden und Zuwendungen erfolgen regelmäßig nicht aus Anlage- oder Investitionsgründen, sondern dienen altruistischen Zwecken.[353]

Zivilrechtlich werden Spenden als Schenkungen bewertet.[354] Sie können daher unter die im Anhang der Richtlinie 88/361/EWG des Rates vom 24. Juni 1988 aufgezählten „Schenkungen und Stiftungen" gefasst werden.[355] Diese Richtlinie wurde zwar zur Regelung der Kapitalverkehrsfreiheit im ehemaligen EWG[356] erlassen, welche durch den Vertrag von Amsterdam im Jahr 1997 wieder aufgehoben wurde. Da jedoch die heutigen Regelungen der Kapitalverkehrsfreiheit auf früheren beruhen, gelten die wesentlichen Bestimmungen der Richtlinie 88/361/EWG fort und können zur Auslegung der Kapitalverkehrsfreiheit herangezogen werden.[357]

Gemeinnützige Einrichtungen verwalten oft große Vermögen, aus deren Erlösen sie ihre steuerbegünstigten Aktivitäten finanzieren.[358] Diese Erlöse können aus der Vermietung von Immobilien oder aus Beteiligungen an Gesellschaften stammen. Auch der Erwerb oder Verkauf von Immobilien in anderen Mitglied- oder Drittstaaten wird hiervon erfasst.[359] Gleiches gilt für Erbschaften oder Vermächtnisse.[360]

---

352 Vgl. die Ausführungen bei *von Hippel*, in: Walz/von Auer/von Hippel (Hrsg.): Spenden- und Gemeinnützigkeitsrecht in Europa, S. 677 (684 ff.).

353 *Eicker*, Grenzüberschreitende gemeinnützige Tätigkeit, S. 215; *Wünschig*, Perspektiven eines europarechtskonformen Gemeinnützigkeits- und Zuwendungsrechts, S. 112.

354 § 516 Abs. 1 BGB.

355 EuGH, Urt. v. 27.01.2009, Rs. C-318/07, Persche, Slg. 2009, I-359; *Wünschig*, Perspektiven eines europarechtskonformen Gemeinnützigkeits- und Zuwendungsrechts, S. 113.

356 Art. 67 ff. EWG.

357 EuGH, Urt. v. 23.02.2006, Rs. C-513/03, Hilten, Slg. 2006, I-1957, Rn. 39; EuGH, Urt. v. 11.09.2008, Rs. C-11/07, Eckelkamp, Slg. 2008, I-6845, Rn. 38; vgl. *Heidenbauer*, Charity Crossing Borders, S. 156 ff.

358 Vgl. *Wünschig*, Perspektiven eines europarechtskonformen Gemeinnützigkeits- und Zuwendungsrechts, S. 111.

359 EuGH, Urt. v. 11.02.2010, Rs. C-541/08, Fokus Invest, Slg. 2010, I-1025; EuGH, Urt. v. 14.09.2006, Rs. C-386-04, Stauffer, Slg. 2006, I-8203.

360 Vgl. *Wünschig*, Perspektiven eines europarechtskonformen Gemeinnützigkeits- und Zuwendungsrechts, S. 113 f.

4. *Arbeitnehmerfreizügigkeit*

a) *Persönlicher Anwendungsbereich*

Der Schutz der Arbeitnehmerfreizügigkeit[361] erfasst im persönlichen Anwendungsbereich alle in einem Dienst- oder Arbeitsverhältnis stehenden Staatsangehörigen der Mitgliedstaaten.[362] Im Gegensatz zur Dienstleistungsfreiheit ist im Rahmen der Arbeitnehmerfreizügigkeit die entgeltliche Erbringung weisungsgebundener Leistungen für einen anderen erforderlich.[363] Nicht vom persönlichen Schutzbereich erfasst werden allerdings Unternehmen, gemeinnützige Einrichtungen oder sonstige Dritte als Arbeitgeber.[364]

Das Entgelt muss nicht existenzsichernd sein.[365] Erhält ein Arbeitnehmer für seine Leistung allerdings nur ein sehr geringes oder gar kein Entgelt, symbolische Aufwandsentschädigungen oder Anerkennungsprämien, läuft dies den Anforderungen zuwider.[366] Letztere unterfallen vielmehr dem Schutz der Kapitalverkehrsfreiheit.[367]

Der persönliche Schutzbereich ist daher dann gegeben, wenn ein Arbeitnehmer weisungsgebundene Arbeitsleistungen gegen ein angemessenes Entgelt erbringt.

b) *Sachlicher Anwendungsbereich*

Der sachliche Anwendungsbereich der Arbeitnehmerfreizügigkeit ist eröffnet, wenn eine entgeltliche Tätigkeit eines Arbeitnehmers vorliegt, gleichgültig, für wen diese erbracht wird.[368] Staatliche Regelungen, die Arbeitnehmer direkt oder indirekt aufgrund ihrer Staatsangehörigkeit bei der Ausübung ihrer Tätigkeiten diskriminieren, sind ebenso untersagt wie Regelungen, die, unabhängig von der Staatsangehörigkeit des Arbeitnehmers, zumindest dessen Recht auf Freizügigkeit beeinträchtigen.[369]

---

361 Art. 45 AEUV.

362 Art. 57 Abs. 1 AEUV; *Brechmann*, in: Calliess/Ruffert (Hrsg.): EUV/AEUV, Art. 45 AEUV Rn. 11 f.; *Eicker*, Grenzüberschreitende gemeinnützige Tätigkeit, S. 219.

363 EuGH, Urt. v. 06.11.2003, Rs. C-413/01, Ninni-Orasche, Slg. 2003, I-12187, Rn. 28.

364 *Brechmann*, in: Calliess/Ruffert (Hrsg.): EUV/AEUV, Art. 45 AEUV Rn. 21.

365 *Tillmanns*, in: Henssler/Willemsen/Kalb (Hrsg.): Arbeitsrecht, Art. 45 AEUV Rn. 16.

366 *Kreuschitz*, in: von der Groeben/Schwarze/Hartje (Hrsg.): EUV/AEUV, Art. 57 AEUV Rn. 32 ff.

367 Vgl. *Heidenbauer*, Charity Crossing Borders, S. 163; *Igl*, Rechtliche Rahmenbedingungen bürgerschaftlichen Engagements, S. 526.

368 *Eicker*, Grenzüberschreitende gemeinnützige Tätigkeit, S. 219.

369 *Eicker*, Grenzüberschreitende gemeinnützige Tätigkeit, S. 219.

Vergleichbar den Ausführungen zum sachlichen Anwendungsbereich der Niederlassungsfreiheit bei Selbstständigen[370] ist der sachliche Anwendungsbereich der Arbeitnehmerfreizügigkeit erfüllt, wenn die Wahl des Arbeitsortes durch staatliche Reglementierungen beeinflusst wird. Gewährt der Mitgliedstaat, in dem eine entgeltliche weisungsgebundene Tätigkeit ausgeübt werden soll, dem Arbeitnehmer für Zuwendungen an gemeinnützige Einrichtungen in dessen Herkunftsstaat keine Steuervergünstigungen, kann dies die freie Wahl des Arbeitsplatzes beeinflussen.[371]

Erfasst werden aber auch die Fälle, in denen Mitgliedstaaten Steuervergünstigungen für Leistungen einräumen, die Arbeitnehmer für inländische gemeinnützige Einrichtungen erbringen, vergleichbare Vergünstigungen bei einer Tätigkeit für ausländische gemeinnützige Einrichtungen jedoch nicht gewährt werden.[372]

5. *Ergebnis*

Sowohl gemeinnützige Einrichtungen als auch ihre Förderer berühren in verschiedenen Bereichen die Grundfreiheiten. Tätigkeiten, die wirtschaftliche Bereiche betreffen, z. B. im Rahmen eines wirtschaftlichen Geschäftsbetriebs, eines Zweckbetriebs oder der Vermögensverwaltung, werden im Fall von grenzüberschreitenden Sachverhalten von der Niederlassungsfreiheit, der Dienstleistungsfreiheit oder der Kapitalverkehrsfreiheit erfasst.

Die fehlende Gewinnerzielungsabsicht gemeinnütziger Einrichtungen steht der Anwendung dieser Grundfreiheiten nicht entgegen. Entscheidend ist vielmehr die Entgeltlichkeit der Waren bzw. Leistungen, die nicht ausschließlich symbolischer Art sein dürfen.

Aber auch Angestellte und Arbeiter, gleich ob sie für gemeinnützige Einrichtungen oder für sonstige Personen und Unternehmen tätig werden, genießen den Schutz der Arbeitnehmerfreizügigkeit.

---

370 Vgl. die Ausführungen zu Teil 3 D.I.1.b).

371 *Heidenbauer*, Charity Crossing Borders, S. 163 f.; Kommission vom 10.07.2006 – IP/06/964; *Eicker*, Grenzüberschreitende gemeinnützige Tätigkeit, S. 219.

372 Vgl. § 3 Nr. 26 EStG; *Wünschig*, Perspektiven eines europarechtskonformen Gemeinnützigkeits- und Zuwendungsrechts, S. 114 f.; *Eicker*, Grenzüberschreitende gemeinnützige Tätigkeit, S. 220.

II. Beeinträchtigung/Diskriminierung

Das Unionsrecht untersagt jegliche offenen und versteckten Diskriminierungen aufgrund der Staatsangehörigkeit einer Person, des Sitzes einer Gesellschaft oder aus sonstigen Gründen.[373] Verboten sind ebenso Diskriminierungen oder Beschränkungen infolge anderer staatlicher Regelungen oder Maßnahmen.[374]

Eine Beeinträchtigung oder Diskriminierung einer im Ausland ansässigen gemeinnützigen Einrichtung liegt immer dann vor, wenn in einer vergleichbaren Situation mit inländischen gemeinnützigen Einrichtungen die ausländische gemeinnützige Einrichtung aufgrund ihrer Ansässigkeit in einem anderen Mitgliedstaat anders als eine inländische gemeinnützige Einrichtung behandelt wird.[375] Gleiches gilt für die Förderer gemeinnütziger Einrichtungen, wenn diese aufgrund ihrer ausländischen Staatsangehörigkeit oder der Ansässigkeit der gemeinnützigen Einrichtung in einem anderen Mitgliedstaat anderen Maßstäben unterworfen werden.[376]

Nach Ansicht des EuGH befinden sich inländische und ausländische gemeinnützige Einrichtungen in einer vergleichbaren Situation, wenn die ausländische gemeinnützige Einrichtung alle Voraussetzungen erfüllt, die auch die inländische Einrichtung zur Erlangung der Gemeinnützigkeit erfüllen muss.[377] Ungleichbehandlungen zwischen diesen beiden Gruppen dürfen nur auf objektiven, nicht diskriminierenden Gründen beruhen.[378] Wertentscheidungen sind für die Abgrenzung zwischen inländischer und ausländischer gemeinnütziger Einrichtung also unzulässig.[379]

373 *Eicker*, in: Richter/Wachter (Hrsg.): Handbuch des internationalen Stiftungsrechts, § 18 Rn. 36 ff.

374 *Kokott/Ost*, EuZW 2011, 496.

375 *Koele*, International Taxation of Philanthropy, S. 325 ff.; *Wünschig*, Perspektiven eines europarechtskonformen Gemeinnützigkeits- und Zuwendungsrechts, S. 116 ff.

376 *Hüttemann*, Gemeinnützigkeits- und Spendenrecht, Rn. 1.130; *Schäfers*, Die steuerrechtliche Behandlung gemeinnütziger Stiftungen in grenzüberschreitenden Fällen, S. 316 f.; *Koele*, International Taxation of Philanthropy, S. 325 ff.; *Wünschig*, Perspektiven eines europarechtskonformen Gemeinnützigkeits- und Zuwendungsrechts, S. 116 ff.

377 EuGH, Urt. v. 14.09.2006, Rs. C-386/04, Stauffer, Slg. 2006, I-8203, Rn. 49; EuGH, Urt. v. 27.01.2009, Rs. C-318/07, Persche, Slg. 2009, I-359, Rn. 49.

378 *Wünschig*, Perspektiven eines europarechtskonformen Gemeinnützigkeits- und Zuwendungsrechts, S. 118 f.

379 *Wünschig*, Perspektiven eines europarechtskonformen Gemeinnützigkeits- und Zuwendungsrechts, S. 118.

Regelungen, nach denen gemeinnützige Einrichtungen im Inland ansässig sein müssen, um von Steuerprivilegien profitieren zu können, erfüllen den Tatbestand der Diskriminierung.[380] Dürfen Förderer Zuwendungen an gemeinnützige Einrichtungen nur dann steuerlich geltend machen, wenn die gemeinnützige Einrichtung im Inland ansässig ist, liegt ebenfalls eine Diskriminierung vor.[381]

Erschweren oder behindern Regelungen die Aufnahme oder die Ausübung einer selbstständigen oder nicht selbstständigen Tätigkeit oder die Wahl des Niederlassungsortes, z. B. durch die steuerliche Abzugsfähigkeit von Tätigkeiten zugunsten einer gemeinnützigen Einrichtung, stellen diese Beschränkungen Beeinträchtigungen dar.[382]

III. Rechtfertigung

Nicht jede steuerliche Diskriminierung oder Beeinträchtigung ausländischer gemeinnütziger Einrichtungen oder ihrer Förderer verstößt zwangsläufig gegen das Unionsrecht.[383] Kann die Ungleichbehandlung inländischer und ausländischer gemeinnütziger Einrichtungen gerechtfertigt werden, liegt kein Verstoß gegen die Grundfreiheiten vor.

In seiner bisherigen Rechtsprechung stufte der EuGH die steuerliche Ungleichbehandlung ausländischer gemeinnütziger Einrichtungen im Vergleich zu im Inland ansässigen jedoch regelmäßig als unionsrechtswidrig ein.[384] Keiner der seitens der Mitgliedstaaten vorgetragenen Rechtfertigungsgründe konnte bisher tatsächlich greifen.

Rechtfertigungsgründe für diskriminierende Maßnahmen können sowohl geschriebene[385] als auch ungeschriebene Gründe[386] sein. Geschriebene Rechtfertigungsgründe des AEUV finden im Bereich steuerlicher Regelungen jedoch

---

380 EuGH, Urt. v. 14.09.2006, Rs. C-386/04, Stauffer, Slg. 2006, I-8203, Rn. 40.

381 EuGH, Urt. v. 27.01.2009, Rs. C-318/07, Persche, Slg. 2009, I-359, Rn. 40 ff.

382 *Schäfers*, Die steuerrechtliche Behandlung gemeinnütziger Stiftungen in grenzüberschreitenden Fällen, S. 292 m. w. N.

383 *Eicker*, in: Richter/Wachter (Hrsg.): Handbuch des internationalen Stiftungsrechts, § 18 Rn. 98.

384 Vgl. EuGH, Urt. v. 14.09.2006, Rs. C-386/04, Stauffer, Slg. 2006, I-8203; EuGH, Urt. v. 27.01.2009, Rs. C-318/07, Persche, Slg. 2009, I-359; EuGH, Urt. v. 10.02.2011, Rs. C-25/10, Missionswerk, Slg. 2011, I-497; EuGH, Urt. v. 18.12.2007, Rs. C-281/06, Jundt, Slg. 2007, I-12231.

385 Z. B. Art. 36 AEUV, Art. 45 Abs. 3 AEUV, Art. 52 Abs. 1 AEUV, Art. 62 AEUV.

386 Z. B. zwingende Gründe des Allgemeinwohls.

kaum Anwendung.[387] Der Schutz der öffentlichen Ordnung und Sicherheit oder der Gesundheit sind nur von untergeordneter Bedeutung.[388] Bisher wurden ausschließlich ungeschriebene Rechtfertigungsgründe vom EuGH zur Rechtfertigung steuerlicher Ungleichbehandlungen herangezogen.[389] Diese müssen stets zwingenden Erfordernissen des Allgemeinwohls und dem Schutz nationaler Belange dienen.[390]

Insbesondere die Kohärenz des Steuersystems sowie die Wirksamkeit staatlicher Kontrollen wurden vom EuGH als mögliche Rechtfertigungsgründe erörtert.[391] Daneben fanden aber vereinzelt auch die Verhinderung von Steuerumgehungen, Steuerflucht und Missbrauch, die Wahrung der Aufteilung der Besteuerungsbefugnisse sowie die Vermeidung mehrfacher Verlustberücksichtigungen Beachtung.[392] Letztere spielen in der Praxis aber keine große Rolle.[393] Rein fiskalische Erwägungen wurden regelmäßig nicht anerkannt.[394]

---

387 Vgl. *Droege*, Gemeinnützigkeit im offenen Steuerstaat, S. 498; *Schäfers*, Die steuerrechtliche Behandlung gemeinnütziger Stiftungen in grenzüberschreitenden Fällen, S. 297; *Thiel*, EU Case Law on Income Tax, S. 112 m. w. N.

388 Vgl. *Schäfers*, Die steuerrechtliche Behandlung gemeinnütziger Stiftungen in grenzüberschreitenden Fällen, S. 297.

389 Vgl. *Schäfers*, Die steuerrechtliche Behandlung gemeinnütziger Stiftungen in grenzüberschreitenden Fällen, S. 297.

390 *Eicker*, in: Richter/Wachter (Hrsg.): Handbuch des internationalen Stiftungsrechts, § 18 Rn. 99; *Schäfers*, Die steuerrechtliche Behandlung gemeinnütziger Stiftungen in grenzüberschreitenden Fällen, S. 297.

391 *Eicker*, in: Richter/Wachter (Hrsg.): Handbuch des internationalen Stiftungsrechts, § 18 Rn. 99; *Wünschig*, Perspektiven eines europarechtskonformen Gemeinnützigkeits- und Zuwendungsrechts, S. 95.

392 Vgl. *Eicker*, in: Richter/Wachter (Hrsg.): Handbuch des internationalen Stiftungsrechts, § 18 Rn. 98 ff.

393 *Wünschig*, Perspektiven eines europarechtskonformen Gemeinnützigkeits- und Zuwendungsrechts, S. 95.

394 Vgl. EuGH, Urt. v. 14.09.2006, Rs. C-386/04, Stauffer, Slg. 2006, I-8203, Rn. 59; EuGH, Urt. v. 27.01.2009, Rs. C-318/07, Persche, Slg. 2009, I-359, Rn. 46; *Schäfers*, Die steuerrechtliche Behandlung gemeinnütziger Stiftungen in grenzüberschreitenden Fällen, S. 320; *Reimer*, in: Lehner (Hrsg.): Grundfreiheiten im Steuerrecht der EU-Staaten, S. 39 (64); *Wünschig*, Perspektiven eines europarechtskonformen Gemeinnützigkeits- und Zuwendungsrechts, S. 145.

1. *Kohärenz des Steuersystems*

Die Kohärenz des Steuersystems wurde durch den EuGH erstmals in den Entscheidungen Bachmann[395] und Kommission/Belgien[396] zur Rechtfertigung steuerrechtlicher Diskriminierungen erörtert. Danach können die Mitgliedstaaten diskriminierende steuerrechtliche Regelungen unter Beachtung des Verhältnismäßigkeitsgrundsatzes anwenden, wenn die durch die Regelung ausgelösten Beeinträchtigungen an anderer Stelle wieder kompensiert werden.[397]

Für die Rechtfertigung ist ein unmittelbarer funktionaler Zusammenhang zwischen der Steuerbegünstigung einerseits und der Besteuerung bei demselben Steuerpflichtigen in Bezug auf dieselbe Steuerart andererseits erforderlich.[398] Eine nur zufällige Kompensation genügt nicht.[399] Ein solcher unmittelbarer funktionaler Zusammenhang liegt nach Ansicht des EuGH nicht vor, wenn einer ausländischen gemeinnützigen Einrichtung Steuerprivilegien verwehrt werden, die eine inländische gemeinnützige Einrichtung grundsätzlich in Anspruch nehmen kann.[400] Erforderlich sei vielmehr eine steuerliche Belastung, die durch eine steuerliche Entlastung an anderer Stelle wieder ausgeglichen werden muss.[401]

Auch der Gedanke der Staatsentlastung, der bei der Verfolgung gemeinnütziger Zwecke als Rechtfertigung für steuerliche Begünstigungen regelmäßig herangezogen wird, greift nicht.[402] Die bloße Erstattung

395 EuGH, Urt. v. 28.01.1992, Rs. C-204/90, Bachmann, Slg. 1992, I-249.

396 EuGH, Urt. v. 28.01.1992, Rs. C-300/90, Kommission/Belgien, Slg. 1992, I-305.

397 *Frotscher*, in: Kohl (Hrsg.): Gedächtnisschrift für Rainer Walz, S. 199 (203); *Schäfers*, Die steuerrechtliche Behandlung gemeinnütziger Stiftungen in grenzüberschreitenden Fällen, S. 325 f.

398 *Schäfers*, Die steuerrechtliche Behandlung gemeinnütziger Stiftungen in grenzüberschreitenden Fällen, S. 326; *Kube*, IStR 2005, 469 (473); *Helios/Müller*, BB 2004, 2332 (2335).

399 *Schäfers*, Die steuerrechtliche Behandlung gemeinnütziger Stiftungen in grenzüberschreitenden Fällen, S. 326; EuGH, Urt. v. 11.08.1995, Rs. C-80/94, Wielockx, Slg 1995, I-2493.

400 *Helios*, BB 2002, 1893 (1897); *Eicker*, in: Richter/Wachter (Hrsg.): Handbuch des internationalen Stiftungsrechts, § 18 Rn. 103.

401 Vgl. EuGH, Urt. v. 14.09.2006, Rs. C-386/04, Stauffer, Slg. 2006, I-8203, Rn. 55 ff.

402 *Hüttemann*, Gemeinnützigkeits- und Spendenrecht, Rn. 1.133; *Wünschig*, Perspektiven eines europarechtskonformen Gemeinnützigkeits- und Zuwendungsrechts, S. 128; *Stix-Hackl*, Schlussanträge vom 15.12.2005 in der Rs. C-386/04, Stauffer, Rn. 104.

der Steuerpflicht bei der Übernahme staatlicher Aufgaben reicht nicht aus.[403]

Dies gilt umso mehr, als in einigen Doppelbesteuerungsabkommen Regelungen enthalten sind, nach denen auch beschränkt steuerpflichtige gemeinnützige Einrichtungen aus einem Vertragsstaat Steuerprivilegien im anderen Staat in Anspruch nehmen können, wenn also die gemeinnützige Einrichtung im Herkunftsstaat steuerbefreit ist, ihre Einkünfte im anderen Staat aber nur dann steuerbefreit wären, wenn sie eine inländische gemeinnützige Einrichtung wäre.[404]

Die Möglichkeit zur vertraglichen Vereinbarung von Regelungen zur steuerlichen Behandlung beschränkt steuerpflichtiger gemeinnütziger Einrichtungen in Doppelbesteuerungsabkommen entkräftet auch das Argument der unüberwindbaren Verwaltungshürden bei der Prüfung ausländischer gemeinnütziger Einrichtungen.[405] Mit Zustimmung zu den betreffenden Regelungen in den Abkommen zeigen die beteiligten Mitgliedstaaten jedenfalls, dass eine Gleichstellung von inländischen und ausländischen gemeinnützigen Einrichtungen möglich ist.[406] Aus diesem Grund ist auch das Beharren auf der Erforderlichkeit einer generellen Ungleichbehandlung ausländischer gemeinnütziger Einrichtungen gegenüber inländischen Einrichtungen aufgrund des nationalen Rechtssystems nicht haltbar.[407]

---

403 EuGH, Urt. v. 14.09.2006, Rs. C-386/04, Stauffer, Slg. 2006, I-8203, Rn. 55 f.; EuGH, Urt. v. 27.01.2009, Rs. C-318/07, Persche, Slg. 2009, I-359, Rn. 46; *Wünschig*, Perspektiven eines europarechtskonformen Gemeinnützigkeits- und Zuwendungsrechts, S. 124 ff.

404 Vgl. die Ausführungen unter Teil 2 D.II.; *Eicker*, in: Richter/Wachter (Hrsg.): Handbuch des internationalen Stiftungsrechts, § 18 Rn. 108; *Schäfers*, Die steuerrechtliche Behandlung gemeinnütziger Stiftungen in grenzüberschreitenden Fällen, S. 326; *Helios/Müller*, BB 2004, 2332 (2335).

405 *Eicker*, in: Richter/Wachter (Hrsg.): Handbuch des internationalen Stiftungsrechts, § 18 Rn. 109.

406 *Eicker*, Grenzüberschreitende gemeinnützige Tätigkeit, S. 241.

407 *Cordewener*, Europäische Grundfreiheiten, S. 453; *Eicker*, in: Richter/Wachter (Hrsg.): Handbuch des internationalen Stiftungsrechts, § 18 Rn. 109.

2. *Wirksamkeit steuerlicher Kontrollen*

Die Wirksamkeit steuerlicher Kontrollen durch den Mitgliedstaat ist ein anerkannter Rechtfertigungsgrund in der Rechtsprechung des EuGH.[408] Danach haben die Mitgliedstaaten das Recht, solche Maßnahmen anzuwenden, die eine eindeutige Feststellung der in diesem Staat anfallenden Steuerhöhe ermöglichen sollen.[409] Das Territorialitätsprinzip beschränkt die Durchsetzbarkeit staatlicher Hoheitsakte jedoch auf das eigene Staatsgebiet, sodass Prüfungen von Steuerpflichtigen in anderen Mitgliedstaaten nicht ohne Weiteres möglich sind.[410]

Der Besteuerungsstaat ist aufgrund seiner beschränkten Handlungsmöglichkeiten, insbesondere bei der Überprüfung der Tätigkeiten oder der Mittelverwendung bei ausländischen gemeinnützigen Einrichtungen, auf andere Kontrollmechanismen angewiesen.[411] Im Vordergrund steht die Mitwirkungspflicht des Steuerpflichtigen, begrenzt durch die Grundsätze der Zumutbarkeit und Verhältnismäßigkeit.[412]

Über die EU-Amtshilfe-Richtlinie[413] können die zuständigen Behörden mit Ausnahme der Erbschaft- und Schenkungsteuer alle erforderlichen Informationen von den anderen Mitgliedstaaten einholen.[414] Außerdem stehen

---

408 Ständige Rechtsprechung des EuGH seit EuGH, Urt. v. 20.02.1979, Rs. C-120/78, REWE/Bundesmonopolverwaltung für Branntwein, Slg. 1979, 649 (Rn. 8, 14); EuGH, Urt. v. 15.05.1997, Rs. C-205/95, Futura Participations, Slg. 1997, I-2471.

409 EuGH, Urt. v. 15.05.1997, Rs. C-205/95, Futura Participations, Slg. 1997, I-2471, Rn. 31.

410 Hierunter fallen z. B. die Zustellung von Steuerbescheiden und Betriebsprüfungen; vgl. *Wünschig*, Perspektiven eines europarechtskonformen Gemeinnützigkeits- und Zuwendungsrechts, S. 101; *Eicker*, in: Richter/Wachter (Hrsg.): Handbuch des internationalen Stiftungsrechts, § 18 Rn. 113.

411 *Eicker*, in: Richter/Wachter (Hrsg.): Handbuch des internationalen Stiftungsrechts, § 18 Rn. 124; vgl. auch *Wünschig*, Perspektiven eines europarechtskonformen Gemeinnützigkeits- und Zuwendungsrechts, S. 129 f.

412 Vgl. EuGH, Urt. v. 28.01.1996, Rs. C-300/90, Kommission/Belgien, Slg 1992, I-305; *Eicker*, in: Richter/Wachter (Hrsg.): Handbuch des internationalen Stiftungsrechts, § 18 Rn. 113 ff.; *Schäfers*, Die steuerrechtliche Behandlung gemeinnütziger Stiftungen in grenzüberschreitenden Fällen, S. 321 ff.; *Weitemeyer/Bornemann*, FR 2016, 437 (444 ff.); *Thömmes/Nakhai*, IStR 2006, 164 (168).

413 Richtlinie 77/799/EWG des Rates vom 19.12.1977 über die gegenseitige Amtshilfe der Mitgliedstaaten im Bereich der direkten Steuern (ABl. EG 1977 L 366/15).

414 *Eicker*, in: Richter/Wachter (Hrsg.): Handbuch des internationalen Stiftungsrechts, § 18 Rn. 128.

Auskunftsklauseln in Doppelbesteuerungsabkommen zur Erbschaftsteuer, die Beitreibungs-Richtlinie[415] sowie nationale Regelungen[416] zum Informationsaustausch zur Verfügung.[417]

Angesichts der technischen Möglichkeiten zur Überwachung und Überprüfung ausländischer Sachverhalte ist die Rechtfertigung einer Ungleichbehandlung von inländischen und ausländischen gemeinnützigen Einrichtungen unter Berufung auf fehlende Kontrollmöglichkeiten nicht haltbar.[418] Nur wenn der Mitgliedstaat die erforderlichen Auskünfte trotz Ausschöpfung aller ihm zur Verfügung stehenden Möglichkeiten nicht erhält, kann der Spendenabzug verwehrt werden.[419]

3. Ergebnis

Weder die Kohärenz des Steuersystems noch die Wirksamkeit steuerlicher Kontrollen genügen zur Rechtfertigung der Ungleichbehandlung inländischer und ausländischer gemeinnütziger Einrichtungen oder ihrer Förderer bei der Gewährung von Steuerprivilegien. Den Mitgliedstaaten ist eine Berufung auf Regelungen, die ausländische gemeinnützige Einrichtungen von Steuervergünstigungen ausschließt, verwehrt, wenn diese zugleich gemeinnützigen Einrichtungen aus Staaten gewährt werden, mit denen Doppelbesteuerungsabkommen geschlossen wurden.

Auch die steuerliche Kontrolle von ausländischen gemeinnützigen Einrichtungen ist durch die Mitwirkungspflichten des Steuerpflichtigen sowie durch die diversen Möglichkeiten für Amtshilfe- und Auskunftsersuchen ausreichend gesichert.

---

415 Richtlinie 2010/24/EU des Rates vom 16. März 2010 über die Amtshilfe bei der Beitreibung von Forderungen in Bezug auf bestimmte Steuern, Abgaben und sonstige Maßnahmen (ABl. EU 2010 L 84/1).

416 Z. B. § 117 AO.

417 EuGH, Urt. v. 12.04.1994, Rs. C-1/93, Halliburton, Slg. 1994, I-1137; *Eicker*, in: Richter/Wachter (Hrsg.): Handbuch des internationalen Stiftungsrechts, § 18 Rn. 129; *Schäfers*, Die steuerrechtliche Behandlung gemeinnütziger Stiftungen in grenzüberschreitenden Fällen, S. 321 ff.; *Heger*, FR 2004, 1154 (1157).

418 EuGH, Urt. v. 26.06.2003, Rs. C-422/01, Ramstedt, Slg. 2003, I-6830, Rn. 42; vgl. auch *Thömmes/Nakhai*, IStR 2006, 164 (167 ff.); *von Proff*, IStR 2009, 371 (373).

419 EuGH, Urt. v. 27.01.2009, Rs. C-318/07, Persche, Slg. 2009, I-359, Rn. 70.

IV. Allgemeines Diskriminierungsverbot

Die Grundfreiheiten sind spezielle Ausprägungen des allgemeinen Diskriminierungsverbots.[420] Ist ihr Anwendungsbereich eröffnet, wird das allgemeine Diskriminierungsverbot verdrängt. Außerhalb der Grundfreiheiten dient es als Auffangtatbestand, wenn eine nationale Regelung zwar nicht den wirtschaftlichen Bereich berührt, gleichwohl aber geeignet ist, nicht wirtschaftliche Tätigkeiten zu beeinflussen.[421] Allerdings muss sie in der Mehrheit Staatsangehörige oder Einrichtungen[422] aus anderen Mitgliedstaaten treffen[423] und so eine diskriminierende Wirkung entfalten[424].

Im Bereich der Gemeinnützigkeit kommt das allgemeine Diskriminierungsverbot zur Anwendung, wenn mangels wirtschaftlicher Tätigkeit keine Grundfreiheiten einschlägig sind, aber dennoch der Anwendungsbereich des AEUV eröffnet ist.[425] Eine Verletzung kann z. B. in einer Regelung liegen, die ein quantitatives Erfordernis für die Besetzung des Vorstandes einer gemeinnützigen Einrichtung mit einer bestimmten Anzahl an Staatsangehörigen aus einem Mitgliedstaat enthält, das ausländische gemeinnützige Einrichtungen nicht erfüllen können.[426]

Ebenso ist eine Verletzung möglich, wenn ein Staatsbürger aus einem Mitgliedstaat sich aus nichtberuflichen Gründen in einem anderen Mitgliedstaat niederlässt, aber weiterhin Zuwendungen an gemeinnützige Einrichtungen in seinem Herkunftsstaat tätigen möchte, die im Aufnahmestaat nicht als steuerbegünstigt anerkannt werden.[427]

---

420 Art. 18 AEUV; *Rust*, in: von der Groeben/Schwarze/Hatje (Hrsg.): Europäisches Unionsrecht, Art. 18 AEUV Rn. 18 m. w. N.; *Epiney*, in: Calliess/Ruffert (Hrsg.): AEUV/EUV, Art. 18 Rn. 1.

421 EuGH, Urt. v. 26.09.1996, Rs. C-43/95, Data Delecta, Slg. 1996, I-4661, Rn. 13 ff.; *Holoubek*, in: Schwarze/Becker/Bär-Bouyssiére (Hrsg.): EU-Kommentar, Art. 18 Rn. 7 m. w. N.; *Eicker*, Grenzüberschreitende gemeinnützige Tätigkeit, S. 222 f.

422 Art. 54 Abs. 1 AEUV i. V. m. Art. 18 AEUV.

423 EuGH, Urt. v. 27.09.1988, Rs. C-318/86, Lenoir, Slg. 1988, I-5391, Rn. 16 ff.

424 *Holoubek*, in: Schwarze/Becker/Bär-Bouyssiére (Hrsg.): EU-Kommentar, Art. 18 Rn. 25 ff.

425 *Epiney*, in: Calliess/Ruffert (Hrsg.): AEUV/EUV, Art. 18 Rn. 4; EuGH, Urt. v. 27.10.1982, Rs. C-35/82, Morson, Slg. 1982, I-3723, Rn. 15; *Eicker*, Grenzüberschreitende gemeinnützige Tätigkeit, S. 222.

426 EuGH, Urt. v. 29.06.1998, Rs. C-172/98, Kommission/Belgien, Slg. 1999, I-3999, Rn. 9.

427 EuGH, Urt. v. 12.06.1997, Rs. C-151/96, Kommission/Irland, Slg. 1997, I-3327, Rn. 13; *Eicker*, Grenzüberschreitende gemeinnützige Tätigkeit, S. 224.

Eine Verletzung des allgemeinen Diskriminierungsverbots kann darüber hinaus in der Ausübung von ideellen Tätigkeiten ausländischer gemeinnütziger Einrichtungen auf einem Grundstück in einem anderen Mitgliedstaat vorliegen, wenn inländische gemeinnützige Einrichtungen regelmäßig von der entstehenden Grundsteuerpflicht befreit sind, die ausländischen gemeinnützigen Einrichtungen diese aber entrichten müssen.[428]

V. Allgemeine Freizügigkeit

Das allgemeine Freizügigkeitsrecht[429] sichert jedem Unionsbürger das Recht, sich im Hoheitsgebiet der Mitgliedstaaten frei zu bewegen und aufzuhalten. Nicht erforderlich ist eine wirtschaftliche Tätigkeit oder ein grenzüberschreitendes Moment.[430]

Vergleichbar dem deutschen Grundgesetz[431], nach dem die Grundrechte auch für juristische Personen gelten, soweit sie ihrem Wesen nach auf diese anwendbar sind, ist eine wachsende Mehrheit in der Literatur der Ansicht, dass die Wertungen des allgemeinen Freizügigkeitsrechts auf juristische Personen übertragbar seien.[432] Danach soll ihnen ein unionsrechtlicher Schutz gewährt werden, wenn sie sich aufgrund mangelnder wirtschaftlicher Tätigkeiten nicht auf den Schutz der Grundfreiheiten berufen können.[433] Sie sollen sich im Fall einer Ungleichbehandlung gegenüber inländischen juristischen Personen auf die allgemeine Freizügigkeit berufen können, wenn unionsrechtlich relevante Bereiche betroffen sind.[434]

Diese Wertungen sind auf gemeinnützige Einrichtungen übertragbar. Sind diese lediglich in ideellen Bereichen tätig und ist ihnen eine Berufung mangels wirtschaftsorientierter Tätigkeiten auf die Grundfreiheiten oder das allgemeine Diskriminierungsverbot verwehrt, steht ihnen gleichwohl der Schutz durch das

---

428 *Eicker*, Grenzüberschreitende gemeinnützige Tätigkeit, S. 224.

429 Art. 21 AEUV.

430 *Hatje*, in: von der Groeben/Schwarze/Hatje (Hrsg.): Europäisches Unionsrecht, Art. 18 AEUV Rn. 1.

431 Art. 19 Abs. 3 GG.

432 *Hatje*, in: von der Groeben/Schwarze/Hatje (Hrsg.): Europäisches Unionsrecht, Art. 18 AEUV Rn. 9.

433 *Eicker*, Grenzüberschreitende gemeinnützige Tätigkeit, S. 228; *Hatje*, in: von der Groeben/Schwarze/Hatje (Hrsg.): Europäisches Unionsrecht, Art. 18 AEUV Rn. 9.

434 *Cordewener*, Europäische Grundfreiheiten, S. 352 f.; *Eicker*, Grenzüberschreitende gemeinnützige Tätigkeit, S. 228.

allgemeine Freizügigkeitsrecht offen.[435] Kommt es durch die unterschiedliche Behandlung der ausländischen gemeinnützigen Einrichtung in den Mitgliedstaaten zu einer Einschränkung der Entscheidungsfreiheit in Bereichen, die Unionsrecht berühren, ist ein flankierender Schutz möglich.[436] Das allgemeine Freizügigkeitsrecht schützt ausländische gemeinnützige Einrichtungen zumindest dann, wenn sie Zwecke verfolgen, die unter die Ziele des AEUV[437] fallen.

VI. Ergebnis

Gemeinnützige Einrichtungen können sich im Rahmen ihrer wirtschaftlichen Tätigkeiten auf den Schutz der Grundfreiheiten berufen. Diese gebieten es, dass die Mitgliedstaaten im Ausland ansässige gemeinnützige Einrichtungen wie inländische gemeinnützige Einrichtungen behandeln müssen und ihnen dieselben steuerlichen Vergünstigungen gewähren. Aber auch in den ideellen Bereichen, in denen die gemeinnützigen Einrichtungen keinerlei Erwerbszwecken nachgehen, werden sie durch das allgemeine Freizügigkeitsrecht vor Diskriminierungen und Ungleichbehandlungen geschützt.

Darüber hinaus werden auch die Förderer gemeinnütziger Einrichtungen durch die Grundfreiheiten geschützt. Dies gilt insbesondere für den Bereich grenzüberschreitender Zuwendungen sowie für Tätigkeiten zugunsten gemeinnütziger Einrichtungen.

E. Gemeinnützigkeit und Europäisches Beihilfenrecht

Neben den Grundfreiheiten findet sich im Europäischen Beihilfenrecht ein weiterer Eckpfeiler des Binnenmarktes.[438] Durch die wachsende wirtschaftliche Bedeutung des gemeinnützigen Sektors[439] gewinnen auch die wettbewerbsrechtlichen Regelungen der Europäischen Union an Gewicht. Viele gemeinnützige

435 So *Unger*, DStZ 2010, 154 (160); *Haag*, in: von der Groeben/Schwarze/Hatje (Hrsg.): Europäisches Unionsrecht, Art. 21 AEUV Rn. 11; *Wollenschläger*, Grundfreiheit ohne Markt, S. 148.

436 *Eicker*, Grenzüberschreitende gemeinnützige Tätigkeit, S. 228; *Cordewener*, Europäische Grundfreiheiten, S. 352 f.

437 Art. 3 AEUV.

438 Vgl. *Helios*, Steuerliche Gemeinnützigkeit und EG-Beihilfenrecht, S. 234; *Droege*, Gemeinnützigkeit im offenen Steuerstaat, S. 512.

439 Siehe die Ausführungen unter Teil 2 A.III.

Einrichtungen sind mittlerweile in Bereichen tätig, die bisher überwiegend von wirtschaftlichen Marktteilnehmern bedient wurden, z. B. in der Wohlfahrt.[440]

Beihilfen erfassen neben positiven Leistungen wie Subventionen auch staatliche „Zuwendungen" wie steuerliche Vergünstigungen, die beispielsweise gemeinnützigen Einrichtungen oder ihren Förderern gewährt werden.[441] Verstößt eine mitgliedstaatliche Steuerprivilegierung gegen die Grundfreiheiten des AEUV, liegt zugleich eine Unvereinbarkeit der Steuervergünstigung mit dem unionsrechtlichen Beihilfenverbot vor. Dies gilt selbst dann, wenn der Verstoß der Steuerprivilegierung gegen die Grundfreiheiten gerechtfertigt gewesen wäre.[442]

Eine Bereichsausnahme vom Beihilfenrecht für gemeinnützige Einrichtungen, wie vereinzelt im Schrifttum vertreten[443], sieht das Unionsrecht nicht vor.[444] Lediglich die Bereiche, die sog. Dienstleistungen von allgemeinem wirtschaftlichem Interesse erfassen, d. h. Krankenhäuser, Alten- und Pflegeeinrichtungen, unterliegen Sonderregelungen.[445]

Die Folgen eines Verstoßes gegen das Beihilfenverbot unterscheiden sich danach, ob eine sog. Altbeihilfe, d. h. eine Beihilfe, die bereits zum Beitrittszeitpunkt des Mitgliedstaats in die Europäische Union bestand, oder ob eine sog. Neubeihilfe vorliegt, die erst nach dem Beitritt verabschiedet wurde.[446] Bei

---

440 Vgl. *Salamon/Anheier*, in: Strachwitz (Hrsg.): Dritter Sektor – dritte Kraft, S. 13 (15).

441 Vgl. Mitteilung der Kommission vom 6. Juni 1997 über die „Förderung der Rolle gemeinnütziger Vereine und Stiftungen in Europa" (KOM (1997), 241 endg., S. 13; abrufbar unter http://eur-lex.europa.eu/legal-content/DE/TXT/PDF/?uri=CELEX:51997DC0241&from=DE (zuletzt abgerufen am 30.03.2017); *Droege*, Gemeinnützigkeit im offenen Steuerstaat, S. 513.

442 EuGH, Urt. v. 21.05.1980, Rs. 73/79, Kommission/Italien, Slg. 1980, 1533, Rn. 11; EuGH, Urt. v. 15.06.1993, Rs. C-225/91, Matra/Kommission, Slg. 1993, I-3203, Rn. 41; *Helios*, Steuerliche Gemeinnützigkeit und EG-Beihilfenrecht, S. 234 ff.

443 Vgl. *Ipsen*, Soziale Dienstleistungen und EG-Recht, S. 32; *Isensee*, in: Jachmann (Hrsg.): DStJG Bd. 26, S. 93 (112 ff.).

444 *Hüttemann*, Gemeinnützigkeits- und Spendenrecht, Rn. 1.111; *Jachmann*, Gemeinnützigkeit in Europa, S. 42 f.; *Münder/Boetticher*, Gemeinnützigkeit und Gemeinschaftsrecht, S. 16 ff.

445 Beschluss der Kommission vom 20. Dezember 2011 über die Anwendung von Artikel 106 Absatz 2 des Vertrags über die Arbeitsweise der Europäischen Union auf staatliche Beihilfen in Form von Ausgleichsleistungen zugunsten bestimmter Unternehmen, die mit der Erbringung von Dienstleistungen von allgemeinem wirtschaftlichem Interesse betraut sind (ABl. EU 2012 L 7/3).

446 Vgl. *Grube*, Der Einfluss des unionsrechtlichen Beihilfenverbots auf das deutsche Steuerrecht, S. 30 f. m. w. N.

Neubeihilfen kann die Kommission ein Durchführungsverbot erlassen, welches ggf. in eine Rückforderung der erlangten Vorteile bei den betroffenen Unternehmen mündet.[447]

Altbeihilfen unterliegen einer fortlaufenden Kontrolle durch die Kommission, die im Fall der Unvereinbarkeit mit dem Unionsrecht zunächst zweckdienliche, unverbindliche Maßnahmen zur Abhilfe vorschlägt.[448] Lehnt ein Mitgliedstaat diese Maßnahmen jedoch ab, folgt in einem nächsten Schritt das Hauptprüfungsverfahren, das ggf. mit einer Rückforderung der Beihilfe endet.[449]

I. Gemeinnützige Einrichtungen als „Unternehmen"

Staatliche oder aus staatlichen Mitteln gewährte Beihilfen sind untersagt, wenn damit ausgewählte Unternehmen begünstigt werden und dies den Handel zwischen den Mitgliedstaaten beeinträchtigt.[450] Umstritten war lange Zeit, ob gemeinnützige Einrichtungen aufgrund ihrer primär nicht wirtschaftlichen Tätigkeiten dem Begriff „Unternehmen" unterfallen.[451]

1. Funktionaler Unternehmensbegriff

Der EuGH definiert den Begriff „Unternehmen" im Wege einer funktionalen Betrachtungsweise.[452] Danach ist ein „Unternehmen" jede wirtschaftlich tätige Einheit, unabhängig von ihrer Rechtsform oder Finanzierung.[453] Werden Güter oder Dienstleistungen auf einem Markt angeboten, handelt es sich auch dann um eine wirtschaftliche Tätigkeit, wenn damit keine Gewinnerzielungsabsicht verfolgt wird.[454] Maßgeblich ist, dass ein privater Anbieter dieselbe Tätigkeit auch mit Gewinnerzielungsabsicht verfolgen könnte.[455]

---

447 Art. 108 Abs. 3 Satz 3 AEUV; *Grube*, Der Einfluss des unionsrechtlichen Beihilfenverbots auf das deutsche Steuerrecht, S. 31.

448 Art. 108 Abs. 1 Satz 2 AEUV.

449 Art. 108 Abs. 2 AEUV.

450 Art. 107 Abs. 1 AEUV.

451 Vgl. *Helios*, Steuerliche Gemeinnützigkeit und EG-Beihilfenrecht, S. 81 ff.

452 So *Hüttemann*, Gemeinnützigkeits- und Spendenrecht, Rn. 1.112 m. w. N.; *Ipsen*, in: Drenseck/Seer (Hrsg.): Festschrift für Heinrich Wilhelm Kruse, S. 557 (565 f.).

453 EuGH, Urt. v. 12.09.2000, Rs. C-180/98–184/98, Pavlov, Slg. 2000, I-6451, Rn. 74; EuGH, Urt. v. 25.10.2000, Rs. C-475/99, Ambulanz Glöckner, Slg. 2001, I-8089; EuGH, Urt. v. 10.01.2006, Rs. C-222/04, Cassa di Risparmio, Slg. 2006, I-289.

454 EuGH, Urt. v. 12.09.2000, Rs. C-180/98–184/98, Pavlov, Slg. 2000, I-6451, Rn. 75.

455 EuGH, Urt. v. 17.06.1997, Rs. C-70/95, Sodemare, Slg. 1997, I-3395; EuGH, Urt. v. 25.10.2000, Rs. C-475/99, Ambulanz Glöckner, Slg. 2001, I-8089; *Helios*,

Folge dieses tätigkeits- und nicht institutionsbezogenen Verständnisses[456] vom Begriff „Unternehmen" ist, dass grundsätzlich auch gemeinnützige Einrichtungen erfasst werden, sofern sie in Bereichen agieren, in denen auch private Anbieter Leistungen mit Gewinnerzielungsabsicht erbringen.[457] Eine fehlende Gewinnerzielungsabsicht, die Verfolgung sozial begrüßenswerter Zwecke oder die Rechtsform der gemeinnützigen Einrichtung spielen hingegen keine Rolle.[458]

2. *Sphären der gemeinnützigen Einrichtung*

Bei der Einstufung der Tätigkeiten von gemeinnützigen Einrichtungen differenzieren der EuGH[459] und die Kommission[460] nach der Sphäre, in der die gemeinnützige Einrichtung diese Leistungen erbringt. Unter das Beihilfenrecht fallen unproblematisch solche Tätigkeiten, die im Rahmen von Zweckbetrieben oder wirtschaftlichen Geschäftsbetrieben erbracht werden.[461] Die in diesen Bereichen angebotenen Leistungen und Güter stehen regelmäßig im Wettbewerb mit den Leistungen und Gütern von nicht gemeinnützigen Anbietern.[462]

Problematisch ist die Einstufung von Tätigkeiten im Bereich der Vermögensverwaltung. Für die Bewertung vermögensverwaltender Aktivitäten als unternehmerische Tätigkeiten im Sinne des Beihilfenrechts ist entscheidend, ob tatsächlich eine Einflussnahme auf die Verwaltung einer Gesellschaft besteht.[463] Die bloße Ausübung von Rechten, die mit dem Innehalten von Aktien oder

---

in: Schauhoff (Hrsg.): Handbuch der Gemeinnützigkeit, § 22 Rn. 64; *Jachmann*, Gemeinnützigkeit in Europa, S. 43.

456 *Jachmann*, Gemeinnützigkeit in Europa, S. 44; *Helios*, in: Schauhoff (Hrsg.): Handbuch der Gemeinnützigkeit, § 22 Rn. 64 ff.

457 EuGH, Urt. v. 10.01.2006, Rs. C-222/04, Cassa di Risparmio, Slg. 2006, I-289, Rn. 113 ff.

458 EuGH, Urt. v. 26.09.1996, Rs. C-241/94, Frankreich/Kommission, Slg. 1996, I-4551, Rn. 21; EuGH, Urt. v. 13.02.2003, Rs. C-409/00, Spanien/Kommission, Slg. 2003, I-1487; vgl. auch *Helios*, in: Schauhoff (Hrsg.): Handbuch der Gemeinnützigkeit, § 22 Rn. 67.

459 EuGH, Urt. v. 29.10.1980, Rs. 209/78 u. a. Fedetab, Slg. 1980, 3125; EuGH, Urt. v. 17.06.1997, Rs. C-70/95, Sodemare, Slg. 1997, I-3395; EuGH, Urt. v. 25.10.2000, Rs. C-475/99, Ambulanz Glöckner, Slg. 2001, I-8089; EuGH, Urt. v. 10.01.2006, Rs. C-222/04, Cassa di Risparmio, Slg. 2006, I-289.

460 Kommission, Entscheidung v. 16.09.1997, K (1997) 2903, Gemeinnützige Abfallverwertung GmbH, ABl. EG 1998 L 159/58 (62).

461 *Helios*, Steuerliche Gemeinnützigkeit und EG-Beihilfenrecht, S. 92 ff.

462 *Hüttemann*, Gemeinnützigkeits- und Spendenrecht, Rn. 1.113.

463 EuGH, Urt. v. 10.01.2006, Rs. C-222/04, Cassa di Risparmio, Slg. 2006, I-289, Rn. 111 f.

Anteilen verbunden ist, ohne dass zugleich Einfluss auf die Entscheidungen der Gesellschaft genommen werden kann, genügt nicht.[464] Eine vergleichbare Abgrenzung zeigt sich bei der Frage, ob sich eine gemeinnützige Einrichtung im Bereich der Vermögensverwaltung auf den Schutz der Niederlassungsfreiheit berufen kann oder die Kapitalverkehrsfreiheit einschlägig ist.[465]

Tätigkeiten im ideellen Bereich, die aufgrund ihrer Finanzierung durch Spenden, Zuwendungen oder Zuschüssen unentgeltlich oder nur gegen eine geringe Aufwandsentschädigung erbracht werden, unterfallen regelmäßig nicht dem beihilfenrechtlich relevanten unternehmerischen Begriff.[466]

II. Steuervergünstigungen als staatliche Beihilfen

Die staatlichen Mittel müssen einen Leistungsempfänger begünstigen.[467] Beihilfen können in Form direkter, aber auch indirekter finanzieller Zuwendungen gewährt werden.[468] Direkte staatliche Zuwendungen können z. B. Subventionen oder Darlehen sein, denen keine marktgerechten Gegenleistungen gegenüber stehen.[469] Indirekte staatliche Zuwendungen liegen z. B. in der Entlastung oder Freistellung von einzelnen Kosten oder Gebühren.[470] Ausschlaggebend für die Einstufung einer staatlichen Zuwendung als Beihilfe ist, ob ein Unternehmen abweichend von der Regel- oder Normalbelastung selektiv begünstigt wird.[471]

1. *Steuerprivilegien für gemeinnützige Einrichtungen*

In steuerlichen Vergünstigungen, die ausschließlich gemeinnützigen Einrichtungen gewährt werden, liegt eine einseitige Besserstellung gegenüber anderen mit Gewinnerzielungsabsicht handelnden Marktteilnehmern, die diese Privilegierungen mangels Gemeinnützigkeit nicht erhalten.[472] Sie unterfallen als indirekte

---

464 EuGH, Urt. v. 10.01.2006, Rs. C-222/04, Cassa di Risparmio, Slg. 2006, I-289, Rn. 111.

465 Vgl. die Ausführungen unter Teil 3 D.I.1.

466 *Jachmann*, Gemeinnützigkeit in Europa, S. 45.

467 *Helios*, Steuerliche Gemeinnützigkeit und EG-Beihilfenrecht, S. 107.

468 EuGH, Urt. v. 10.01.2006, Rs. C-222/04, Cassa di Risparmio, Slg. 2006, I-289, Rn. 131.

469 *Helios*, in: Richter/Wachter (Hrsg.): Handbuch des internationalen Stiftungsrechts, § 19 Rn. 28.

470 EuGH, Urt. v. 10.01.2006, Rs. C-222/04, Cassa di Risparmio, Slg. 2006, I-289, Rn. 137 f.

471 EuGH, Urt. v. 15.12.2015, Rs. C-66/02, Italienische Republik/Kommission, Slg. 2005, I-10901, Rn. 78; *Jachmann*, Gemeinnützigkeit in Europa, S. 45 f.

472 *Helios*, in: Schauhoff (Hrsg.): Handbuch der Gemeinnützigkeit, § 22 Rn. 68; *Benicke*, EuZW 1996, 165 (169); *Helios*, in: Richter/Wachter (Hrsg.): Handbuch des internationalen Stiftungsrechts, § 19 Rn. 29.

Zuwendungen dem Beihilfenbegriff. Steuervergünstigungen für Einnahmen aus der Vermögensverwaltung sowie der Führung von Neben-, Zweck- oder wirtschaftlichen Geschäftsbetrieben bilden Abweichungen von der Regelbesteuerung nach den Einkommen-, Körperschaft- oder Gewerbesteuergesetzen.[473]

Die Förderung einer abgrenzbaren Gruppe – der gemeinnützigen Einrichtungen – bewirkt auch die für die Einstufung als Beihilfe geforderte Selektivität der Steuervergünstigungen.[474] Die Gründe für die Gewährung steuerlicher Privilegierungen für gemeinnützige Einrichtungen bleiben bei der Bewertung einer Beihilfe außer Betrachtung.[475]

2. *Steuerprivilegien für Förderer gemeinnütziger Einrichtungen*

Den Steuervergünstigungen für gemeinnützige Einrichtungen steht die Abzugsfähigkeit der Zuwendungen auf der Fördererseite gegenüber. Allerdings lassen die Förderer den gemeinnützigen Einrichtungen in der Regel private Mittel zukommen. Problematisch ist, ob das Merkmal der „staatlichen Mittel" dadurch erfüllt wird.[476]

Aufgrund der Abzugsfähigkeit von Zuwendungen an gemeinnützige Einrichtungen entsteht dem Staat ein Steuerausfall in Höhe des jeweils abziehbaren Betrags. Damit liegt eine – wenn auch nur mittelbare – Zuwendung aus staatlichen Mitteln an die gemeinnützigen Einrichtungen vor.[477] Darüber hinaus übt der Staat durch die steuerliche Begünstigung ausgewählter Einrichtungen indirekt Einfluss auf die Entscheidung der Förderer aus, indem er nur bei Zuwendungen an Einrichtungen mit einem bestimmten Tätigkeitsbereich einen Abzug gewährt.

Die Anerkennung der Gemeinnützigkeit ist für diese Einrichtungen ein wesentlicher Vorteil bei der Einwerbung von Zuwendungen.[478] Aus diesem Grund ist auch die steuerliche Abzugsfähigkeit von Zuwendungen eine indirekte staatliche

---

473 *Helios*, in: Schauhoff (Hrsg.): Handbuch der Gemeinnützigkeit, § 22 Rn. 69.

474 *Helios*, in: Richter/Wachter (Hrsg.): Handbuch des internationalen Stiftungsrechts, § 19 Rn. 31.

475 *Helios*, in: Schauhoff (Hrsg.): Handbuch der Gemeinnützigkeit, § 22 Rn. 68.

476 *Kube*, IStR 2005, 469 (475); *Benicke*, EuZW 1996, 165 (169); *Jachmann*, Gemeinnützigkeit in Europa, S. 51; *Frenz/Roth*, DStZ 2006, 465 (469).

477 *Rengeling*, in: Börner/Neundörfer (Hrsg.): Recht und Praxis der Beihilfen im Gemeinsamen Markt, S. 23 (27); *Hüttemann*, Gemeinnützigkeits- und Spendenrecht, Rn. 1.117; *Jachmann*, Gemeinnützigkeit in Europa, S. 51.

478 *Benicke*, EuZW 1996, 165 (169).

Beihilfe.[479] Die Steuervergünstigungen für Zuwendungen von natürlichen, aber auch juristischen Personen sind Abweichungen von der Regelbesteuerung nach den Einkommen-, Körperschaft-, Erbschaft- oder Schenkungsteuergesetzen.[480]

III. Wettbewerbsverfälschung

Die Gewährung von Steuervergünstigungen an gemeinnützige Einrichtungen und ihre Unterstützer müssen zu Wettbewerbsverzerrungen gegenüber privaten Marktteilnehmern und in der Folge zu Beeinträchtigungen des Binnenmarktes führen. Insbesondere Steuerprivilegierungen für Neben- oder Zweckbetriebe, aber auch für die wirtschaftlichen Geschäftsbetriebe gemeinnütziger Einrichtungen können Wettbewerbsverfälschungen bewirken.[481]

Sie verbessern die Einnahmen- und Ausgabensituation der gemeinnützigen Einrichtungen, sodass sie Leistungen und Güter zu einem geringeren Entgelt anbieten können, als es vergleichbaren privaten Anbietern möglich wäre.[482] Private Anbieter, die mit Gewinnerzielungsabsicht tätig werden müssen, können vergleichbare Leistungen und Güter nicht zu ähnlich niedrigen Entgelten anbieten.[483]

IV. Rechtfertigung

Steuervergünstigungen können einzelnen Unternehmen oder gemeinnützigen Einrichtungen gewährt werden, wenn sie gerechtfertigt sind. Dies gilt insbesondere für Beihilfen sozialer Art oder in Katastrophenfällen.[484] Aber auch Beihilfen zur Förderung der Wirtschaft unterentwickelter Gebiete oder sonstiger wichtiger Vorhaben sowie für die Entwicklung bestimmter Wirtschaftszweige oder der Kultur sind zulässig.[485] Daneben können Beihilfen für Unternehmen, die

---

479 Vgl. auch *Benicke*, EuZW 1996, 165 (169); *Jachmann*, Gemeinnützigkeit in Europa, S. 51.

480 *Helios*, in: Schauhoff (Hrsg.): Handbuch der Gemeinnützigkeit, § 22 Rn. 72.

481 *Jachmann*, Gemeinnützigkeit in Europa, S. 51 f.

482 *Helios*, in: Schauhoff (Hrsg.): Handbuch der Gemeinnützigkeit, § 22 Rn. 79.

483 EuGH, Urt. v. 16.06.1987, Rs. C-118/85, Kommission/Italien, Slg. 1987, 2599, Rn. 7; EuGH, Urt. v. 18.06.1998, Rs. C-35/96, Kommission/Italien, Slg. 1998, I-3851, Rn. 36; Kommission vom 22.08.2002, ABl. EG 2003 L 55/62 f., vgl. auch *Helios*, in: Schauhoff (Hrsg.): Handbuch der Gemeinnützigkeit, § 19 Rn. 26.

484 Art. 107 Abs. 2 AEUV.

485 Art. 107 Abs. 3 AEUV.

mit Dienstleistungen von allgemeinem wirtschaftlichem Interesse betraut sind, gewährt werden[486].

1. *Art. 107 Abs. 2 AEUV*

Ausgenommen vom allgemeinen Beihilfenverbot sind Beihilfen zugunsten solcher Einrichtungen, die zur Beseitigung von Schäden aufgrund von Naturkatastrophen oder sonstigen außergewöhnlichen Ereignissen tätig werden.[487] Diese Rechtfertigung greift allerdings nur bei Steuervergünstigungen für gemeinnützige Einrichtungen, die im Bereich des Katastrophenschutzes tätig sind.[488]

2. *Art. 107 Abs. 3 AEUV*

Staatliche Beihilfen können auch zur Förderung wichtiger Vorhaben, die von gemeinsamem europäischem Interesse sind, gewährt werden.[489] Dies sind Vorhaben, die mehrere Mitgliedstaaten gemeinsam verfolgen und der Union als Ganzes dienen.[490] Ein gemeinsames Interesse liegt insbesondere dann vor, wenn die Maßnahmen den Werten und Zielen der Union in Art. 2 und 3 EUV entsprechen.[491]

Die Förderung dieser Vorhaben durch staatliche Mittel muss jedoch von der Kommission bestätigt werden, die in der Frage der Zulässigkeit nach eigenem Ermessen urteilen kann.[492] Von den Mitgliedstaaten sind entsprechende Nachweise für das Vorliegen etwaiger Ermessensausnahmen vorzulegen.[493]

Im Rahmen der Rechtfertigung steuerlicher Privilegierungen berufen sich die Mitgliedstaaten regelmäßig auf die Förderung der Entwicklung von Wirtschaftszweigen oder Wirtschaftsgebieten.[494] Diese dürfen jedoch die Handelsbedingungen

---

486 Art. 106 Abs. 2 AEUV.

487 Art. 107 Abs. 2 Buchst. b AEUV; *Blumenberg/Kring*, Europäisches Beihilferecht und Besteuerung, S. 19.

488 *Hüttemann*, Gemeinnützigkeits- und Spendenrecht, Rn. 1.120.

489 Art. 107 Abs. 3 Buchst. b AEUV.

490 Vgl. *Cremer*, in: Calliess/Ruffert (Hrsg.): EUV/AEUV, Art. 107 AEUV Rn. 54; *Hüttemann*, Gemeinnützigkeits- und Spendenrecht, Rn. 1.120; *Helios*, in: Richter/Wachter (Hrsg.): Handbuch des internationalen Stiftungsrechts, § 19 Rn. 70.

491 *Helios*, in: Richter/Wachter (Hrsg.): Handbuch des internationalen Stiftungsrechts, § 19 Rn. 70.

492 *Grube*, Der Einfluss des unionsrechtlichen Beihilfenverbots auf das deutsche Steuerrecht, S. 38; *Hüttemann*, Gemeinnützigkeits- und Spendenrecht, Rn. 1.120.

493 *Blumenberg/Kring*, Europäisches Beihilferecht und Besteuerung, S. 19.

494 *Helios*, in: Richter/Wachter (Hrsg.): Handbuch des internationalen Stiftungsrechts, § 19 Rn. 75; *Helios*, Steuerliche Gemeinnützigkeit und EG-Beihilfenrecht, S. 219 ff.

nicht dahingehend verändern, dass sie den gemeinsamen Interessen zuwiderlaufen.[495] Zugelassen wurden durch die Kommission bisher u. a. Beihilfen zur Förderung von Forschung und Entwicklung, Umweltschutzmaßnahmen, Beschäftigung und Ausbildung und der Völkerverständigung.[496]

Auch andere klassische gemeinnützige Bereiche können dieser Ermessensausnahme untergeordnet werden, z. B. Wohlfahrt, Bildung, Erziehung, Wissenschaft, Jugend- und Altenhilfe.[497] Weitere bedeutende Ausnahmemöglichkeiten finden sich in Beihilfen zur Förderung der Kultur oder der Erhaltung des kulturellen Erbes.[498] Die Beihilfen dürfen allerdings nur für Mehrausgaben zum Ausgleich des Defizits, das mit Aktivitäten im Sinne des gemeinnützigen Zwecks einhergeht, gewährt werden.[499]

Aufgrund der Entscheidungen des EuGH, die mitgliedstaatlichen Gemeinnützigkeits- und Spendenrechte für grenzüberschreitende Sachverhalte zu öffnen, wäre eine Versagung mitgliedstaatlicher Beihilfen für europäische Interessen durch die Kommission aber widersprüchlich.[500] Unter der Bedingung, dass die gemeinnützige Einrichtung alle Einnahmen für die Verwirklichung des steuerbegünstigten Zwecks einzusetzen hat und Kosten der anderen Bereiche mit deren Einnahmen beglichen werden müssen, könnte das Erfordernis, dass nur die Mehrkosten bei der Aufgabenerfüllung ausgeglichen werden dürfen, erfüllt werden.[501] Eine Rechtfertigung staatlicher Beihilfen für gemeinnützige Einrichtungen ist auf dieser Rechtsgrundlage daher möglich.

---

495 Art. 107 Abs. 3 Buchst. c AEUV; vgl. auch *Cremer*, in: Calliess/Ruffert (Hrsg.): EUV/AEUV, Art. 107 AEUV Rn. 57.

496 *Hüttemann*, Gemeinnützigkeits- und Spendenrecht, Rn. 1.120; *Jachmann*, Gemeinnützigkeit in Europa, S. 54; *Cremer*, in: Calliess/Ruffert (Hrsg.): EUV/AEUV, Art. 107 AEUV Rn. 55; *Helios*, in: Schauhoff (Hrsg.): Handbuch der Gemeinnützigkeit, § 22 Rn. 87.

497 *Grube*, DStZ 2007, 371 (380); *Hüttemann*, DB 2006, 914 (920 f.); *Helios*, in: Schauhoff (Hrsg.): Handbuch der Gemeinnützigkeit, § 22 Rn. 89.

498 Art. 107 Abs. 3 Buchst. d AEUV.

499 *Hüttemann*, Gemeinnützigkeits- und Spendenrecht, Rn. 1.120; *Jachmann*, Gemeinnützigkeit in Europa, S. 54.

500 *Helios*, Steuerliche Gemeinnützigkeit und EG-Beihilfenrecht, S. 215 ff.; *Hüttemann*, DB 2006, 914 (920); *Jachmann*, Gemeinnützigkeit in Europa, S. 54.

501 Vgl. *Jachmann*, Gemeinnützigkeit in Europa, S. 54; *Helios*, Steuerliche Gemeinnützigkeit und EG-Beihilfenrecht, S. 215 ff.

3. *Art. 106 Abs. 2 AEUV*

Die Mitgliedstaaten können Unternehmen mit Dienstleistungen betrauen, die im allgemeinen wirtschaftlichen Interesse des Mitgliedstaates liegen.[502] Welche Aufgaben hierunter subsumiert werden, steht im Ermessen der Mitgliedstaaten.[503] Auch gemeinnützige Einrichtungen können grundsätzlich mit Dienstleistungen von allgemeinem wirtschaftlichem Interesse betraut werden.

Für deren Übertragung ist die Verabschiedung eines zeitlich befristeten Betrauungsaktes notwendig, in dem die zu erbringenden Leistungen der gemeinnützigen Einrichtung genau beschrieben werden müssen.[504] Darüber hinaus dürfen nur die entstehenden Mehrkosten ausgeglichen werden, ein etwaiger Überschuss ist zurückzuerstatten.[505]

Steuervergünstigungen können von den gemeinnützigen Einrichtungen unabhängig vom Nachweis eines Defizits in Anspruch genommen werden. Eine zeitliche Befristung von Steuervergünstigungen erscheint kaum umsetzbar. Auch der Erlass eines Betrauungsaktes ist aufgrund der Vielzahl gemeinnütziger Einrichtungen in den Mitgliedstaaten nicht erfüllbar. Aus diesem Grund ist die Anwendbarkeit dieser Ausnahmeregelung zur generellen Rechtfertigung von Steuervergünstigungen für gemeinnützige Einrichtungen und ihre Förderer ungeeignet.

V. Ergebnis

Nationale gemeinnützigkeitsrechtliche Sonderregelungen in Form von steuerlichen Privilegierungen sind grundsätzlich als staatliche Beihilfen einzustufen. Dies gilt zumindest dann, wenn die gemeinnützigen Einrichtungen in Bereichen tätig sind, in denen private Anbieter vergleichbare Güter oder Dienstleistungen mit Gewinnerzielungsabsicht erbringen. Ein generelles Verbot einer steuerlichen

---

502 Art. 106 Abs. 2 Satz 1 AEUV.

503 *Helios*, Steuerliche Gemeinnützigkeit und EG-Beihilfenrecht, S. 231.

504 Art. 4 des Beschlusses der Kommission vom 20. Dezember 2011 über die Anwendung von Artikel 106 Absatz 2 des Vertrags über die Arbeitsweise der Europäischen Union auf staatliche Beihilfen in Form von Ausgleichsleistungen zugunsten bestimmter Unternehmen, die mit der Erbringung von Dienstleistungen von allgemeinem wirtschaftlichem Interesse betraut sind (ABl. EU 2011 L 7/3).

505 Art. 5 des Beschlusses der Kommission vom 20. Dezember 2011 über die Anwendung von Artikel 106 Absatz 2 des Vertrags über die Arbeitsweise der Europäischen Union auf staatliche Beihilfen in Form von Ausgleichsleistungen zugunsten bestimmter Unternehmen, die mit der Erbringung von Dienstleistungen von allgemeinem wirtschaftlichem Interesse betraut sind (ABl. EU 2011 L 7/3).

Besserstellung gemeinnütziger Einrichtungen gegenüber wirtschaftlich tätigen Unternehmen besteht aber nicht.

Liegen gewichtige Gründe für eine bevorzugte Behandlung von gemeinnützigen Einrichtungen und ihren Förderern vor, können Steuervergünstigungen durch die Mitgliedstaaten jedoch gerechtfertigt sein. Insbesondere Zwecke von gemeinsamem europäischem Interesse erlauben die steuerliche Besserstellung gemeinnütziger Einrichtungen.

F. Ergebnis

Sowohl die Grundfreiheiten als auch das Beihilfenrecht berühren unmittelbar grenzüberschreitend tätige gemeinnützige Einrichtungen und ihre Förderer. Die mitgliedstaatlichen Gemeinnützigkeits- und Spendenrechte privilegieren vor allem inländische gemeinnützige Einrichtungen. Nur langsam öffnen sie sich auch für ausländische gemeinnützige Einrichtungen, wenngleich es noch immer viele Hindernisse und ungelöste Probleme gibt.

Die aufgrund der Entscheidungen des EuGH ergangenen Änderungen in den mitgliedstaatlichen Gemeinnützigkeits- und Spendenrechten bilden jedoch bestenfalls eine Art Flickenteppich, der nur in der Theorie zu einer Verbesserung der grenzüberschreitenden gemeinnützigen Tätigkeiten führt. Für eine gelingende grenzüberschreitende Gemeinnützigkeit sind zielgerichtete und umfassende Lösungen erforderlich, ein „Rundum-Paket", das nicht nur der Lückenfüllung dient.

An den elementaren Grundsätzen der Europäischen Union muss sich aber auch ein europäisches Gemeinnützigkeitsstatut messen lassen. Die Grundfreiheiten werden nur dann nicht verletzt, wenn das europäische Gemeinnützigkeitsstatut keine inhaltlichen Unterscheidungen zwischen dem Sitz der gemeinnützigen Einrichtung oder dem Ort der Verwirklichung gemeinnütziger Aktivitäten trifft. Gleiches gilt für die Förderer der gemeinnützigen Einrichtungen.

Auch die Regelungen des Beihilfenrechts sind zu beachten. Die steuerlichen Sonderregelungen für europäische gemeinnützige Einrichtungen dürfen nicht gegen das Beihilfenverbot verstoßen. Viele der in den einzelnen Mitgliedstaaten als gemeinnützig angesehenen Zwecke finden sich in den Gemeinnützigkeits- und Spendenrechten der anderen Mitgliedstaaten wieder.[506] Für diese Übereinstimmungen können zumindest ein gemeinsames europäisches Interesse anerkannt und steuerliche Privilegierungen gerechtfertigt werden.

506 Vgl. die Ausführungen unter Teil 4 B.II.

Teil 4 Rechtsvergleichende Darstellung der Voraussetzungen ausgewählter Mitgliedstaaten der Europäischen Union für die Anerkennung gemeinnütziger Einrichtungen

A. Gang der Untersuchung

Für die Erarbeitung eines europäischen Gemeinnützigkeitsstatuts soll mittels einer rechtsvergleichenden Darstellung der Gemeinsamkeiten und Unterschiede nationaler Gemeinnützigkeits- und Spendenrechte ein gemeinsamer Rahmen entwickelt werden. Als Grundlage dienen hierfür in erster Linie die steuerrechtlichen Voraussetzungen der Mitgliedstaaten für die Gewährung von Steuervergünstigungen an gemeinnützige Einrichtungen. Sofern jedoch nützlich und sinnvoll erscheinend, werden zusätzlich ausgewählte zivilrechtliche Regelungen mit aufgenommen.

Für eine Vergleichbarkeit der Anforderungen werden die nationalen Regelungen nach bestimmten Indikatoren untersucht. Diese gliedern sich in die steuerbegünstigten Rechtsformen, die steuerbegünstigten Zwecke, die Voraussetzungen an die Zweckverfolgung, die Möglichkeiten der Einnahmenerzielung, die Vorgaben für die Einnahmenverwendung, die Bildung von Rücklagen und die Auflösung. Zuletzt wird in einem kursorischen Überblick die Besteuerung der gemeinnützigen Einrichtungen und ihrer Förderer in den einzelnen Mitgliedstaaten verglichen.

Die nachfolgenden Ausführungen konzentrieren sich – den Rahmen dieser Arbeit wahrend – auf jeweils zwei Mitgliedstaaten, die exemplarisch für ihre geografische Lage innerhalb der Europäischen Union ausgewählt wurden.[507] Die Länder Großbritannien und Schweden stehen für Nordeuropa, Deutschland und Österreich repräsentieren Mitteleuropa. Frankreich und die Niederlande dienen als Vertreter westeuropäischer sowie Spanien und Italien als Vertreter südeuropäischer Länder. Tschechien und Polen vertreten Osteuropa, Rumänien und Ungarn stehen für Südosteuropa.

---

507 Die Auswahl erfolgte nach der Anzahl der Sitze im Europäischen Parlament: http://de.statista.com/statistik/daten/studie/6121/umfrage/sitzverteilung-im-europaeischen-parlament/ (zuletzt abgerufen am 30.03.2017).

B. Materielle und formelle Voraussetzungen für die Anerkennung gemeinnütziger Einrichtungen

I. Steuerbegünstigte Rechtsformen

1. Deutschland

Deutschland ermöglicht einer Vielzahl von Rechtsformen den Status einer gemeinnützigen Einrichtung zu erlangen.[508] Eine spezifische Rechtsform, die ausschließlich gemeinnützigen Einrichtungen vorbehalten ist, existiert nicht. Den Gemeinnützigkeitsstatus können neben den juristischen Personen des Privatrechts auch die juristischen Personen des öffentlichen Rechts erlangen, ausgenommen sind jedoch Personengesellschaften und natürliche Personen.[509]

Juristische Personen des Privatrechts werden insbesondere durch Kapitalgesellschaften, z. B. Gesellschaften mit beschränkter Haftung, Aktiengesellschaften, rechtsfähige Vereine und Stiftungen, verkörpert.[510] Auch nicht rechtsfähige Vereine, Anstalten des öffentlichen Rechts und nicht selbstständige Stiftungen können als gemeinnützig anerkannt werden.[511] Von größter Relevanz sind dabei rechtsfähige wie nicht rechtsfähige Vereine, selbstständige und nicht selbstständige Stiftungen sowie Gesellschaften mit beschränkter Haftung.[512]

2. Österreich

In Österreich können ebenfalls verschiedene Rechtsformen den Status der Gemeinnützigkeit erlangen. Neben Körperschaften können auch Personenvereinigungen und Vermögensmassen als gemeinnützige Rechtsformen anerkannt werden.[513] Als Körperschaften gelten Gesellschaften mit beschränkter Haftung, Aktiengesellschaften sowie rechtsfähige Vereine[514], darüber hinaus aber auch

508 § 5 Abs. 1 Nr. 9 KStG.

509 *Schauhoff*, in: Schauhoff (Hrsg.): Handbuch der Gemeinnützigkeit, § 6 Rn. 1; *Wedemann*, NZG 2016, 645 (646).

510 § 51 Abs. 1 Satz 2 AO i. V. m. § 1 Abs. 1 KStG.

511 § 51 Abs. 1 Satz 2 AO i. V. m. § 1 Abs. 1 KStG.

512 Siehe auch *Leisner-Egensperger*, in: HHSp. (Hrsg): AO/FGO, § 51 Rn. 21.

513 § 34 Abs. 1 und 2 BAO.

514 § 34 Abs. 1 Satz 1 BAO i. V. m. § 1 Abs. 2 Satz 2 Nr. 1 KStG 1988; VereinsR 2001, Rn. 1.1.1.2.

nicht wirtschaftliche nicht selbstständige Vereine, Stiftungen[515], Anstalten sowie andere Zweckvermögen[516], z. B. Trusts[517]. Ausgeschlossen sind natürliche Personen und Personengesellschaften.[518]

3. *Niederlande*

Das niederländische Recht enthält eine Liste mit abschließend aufgezählten Rechtsformen, die den Gemeinnützigkeitsstatus nicht erhalten können.[519] Diese umfasst Gesellschaften mit beschränkter Haftung, Aktiengesellschaften, Kooperationen, Versicherungsvereine sowie alle anderen Gesellschaften, die Teilnahmepapiere, Inhaberpapiere oder vergleichbare Papiere ausgeben. Als mögliche Rechtsformen für gemeinnützige Einrichtungen verbleiben daher der Verein und die Stiftung sowie die in der Praxis weniger relevanten kirchlichen Einrichtungen.[520] Öffentlich-rechtliche Einrichtungen werden bereits von Gesetzes wegen als gemeinnützig anerkannt.[521]

4. *Frankreich*

Frankreich unterscheidet zwischen Einrichtungen, die keinen Erwerbszweck verfolgen, und Einrichtungen, die ausdrücklich als gemeinnützig anerkannt sind.[522] Einrichtungen, die keinen Erwerbszweck verfolgen, können unabhängig von ihrer Rechtsform Steuervergünstigungen im Bereich der Handelssteuern, z. B. der Körperschaftsteuer oder der Umsatzsteuer, in Anspruch nehmen.[523]

---

515 Als Stiftungen gelten die Privatstiftungen nach dem Privatstiftungsgesetz, Stiftungen und Fonds nach dem Bundesstiftungsgesetz sowie Stiftungen und Fonds nach dem Landesstiftungsgesetz.

516 § 34 Abs. 1 Satz 1 BAO i. V. m. § 1 Abs. 2 Satz 2 Nr. 3 KStG 1988.

517 Vgl. *Urtz*, in: Vanistendael (Hrsg.): Taxation of Charities, S. 181 (183).

518 *Prinz/Prinz*, Gemeinnützigkeit im Steuerrecht, S. 21; *Achatz*, in: Walz/von Auer/von Hippel (Hrsg.): Spenden- und Gemeinnützigkeitsrecht in Europa, S. 395 (399).

519 Art. 5b Abs. 1 Buchst. a AWR 1994.

520 *Van der Ploeg*, in: Hopt/von Hippel (Hrsg.): Comparative corporate governance of non-profit organizations, S. 228 (231).

521 Art. 5b Abs. 2 AWR 1994.

522 Vgl. *Beltrame*, in: Walz/von Auer/von Hippel (Hrsg.): Spenden- und Gemeinnützigkeitsrecht in Europa, S. 283 (288 f).

523 *Deckert*, in: Hopt/von Hippel (Hrsg.): Comparative corporate governance of non-profit organizations, S. 265 (268).

Werden sie darüber hinaus im Allgemeininteresse tätig, sind sie zusätzlich berechtigt, steuerbegünstigte Spenden zu empfangen.[524]

Unter die Einrichtungen ohne Erwerbszweck fallen als klassische, nicht gewinnorientierte Einrichtungen Vereine und Stiftungen, erfasst werden aber auch Gegenseitigkeitsgesellschaften, Berufsverbände sowie kirchliche Organisationen.[525] Kapital- und Personengesellschaften scheiden als in der Regel gewinnorientierte Rechtsformen ebenso aus wie natürliche Personen.[526]

Den Status der Gemeinnützigkeit können hingegen nur Vereine und Stiftungen verliehen bekommen.[527] Dieser Status hat jedoch regelmäßig nur geringe Auswirkungen auf die Gewährung von Steuervergünstigungen. Gemeinnützige Einrichtungen erhalten dieselben steuerlichen Privilegien wie Einrichtungen, die keinen Erwerbszweck verfolgen. Nur wenige Ausnahmeregelungen existieren ausschließlich für gemeinnützige Einrichtungen, z. B. die Befreiung von der Erbschaft- und Schenkungsteuer.[528]

5. *Großbritannien (England und Wales)*

In Großbritannien muss zwischen den zivilrechtlichen und den steuerrechtlichen Anforderungen an gemeinnützige Einrichtungen unterschieden werden, wenngleich beide Definitionen nahezu identisch sind.[529] Nach dem Charities Act können viele verschiedene Rechtsformen im zivilrechtlichen Sinn als Charity auftreten, sofern sie für ausschließlich gemeinnützige Zwecke gegründet wurden.[530] Erfasst werden Gesellschaften mit beschränkter Haftung, nicht rechtsfähige Vereine, eingetragene Gesellschaften, eingetragene Wohltätigkeitsorganisationen sowie Trusts.[531] Ausgenommen sind hingegen Aktiengesellschaften, Partnerschaften, Partnerschaften mit Beschränkungen und Partnerschaften mit beschränkter Haftung.[532]

---

524 *Beltrame*, in: Walz/von Auer/von Hippel (Hrsg.): Spenden- und Gemeinnützigkeitsrecht in Europa, S. 283 (287).

525 *Mock*, Reformbedarf im Gemeinnützigkeits- und Spendenrecht, S. 61 m. w. N.

526 *Beltrame*, in: Walz/von Auer/von Hippel (Hrsg.): Spenden- und Gemeinnützigkeitsrecht in Europa, S. 283 (288).

527 *Mock*, Reformbedarf im Gemeinnützigkeits- und Spendenrecht, S. 69.

528 Vgl. *de Crouy-Chanel*, in: Vanistendael (Hrsg.): Taxation of Charities, S. 255 (268 ff.).

529 *Alexander*, Charity Governance, Rn. 11.5; *Bowler-Smith*, in: Vanistendael (Hrsg.): Taxation of Charities, S. 603.

530 § 1 Abs. 1 CA 2011; Sch. 6 § 1 Abs. 1 FA 2010; *Alexander*, Charity Governance, S. 17 ff.

531 § 1 Abs. 1 Buchst. a CA 2011.

532 *Alexander*, Charity Governance, S. 17 f.

Das Finance Act enthält eine für alle Einzelsteuergesetze gültige Definition für Einrichtungen, die aufgrund ihrer gemeinnützigen Tätigkeit Steuervergünstigungen in Anspruch nehmen können. Als gemeinnützige Einrichtung im steuerlichen Sinn anerkannt sind alle Zusammenschlüsse von Personen und Trusts.[533] Als Personenzusammenschlüsse gelten insbesondere wiederum Aktiengesellschaften, Gesellschaften mit beschränkter Haftung, sonstige wohltätige eingetragene Gesellschaften, eingetragene Vereine, Korporationen und nicht rechtsfähige Vereine.[534] Sowohl das Charities Act als auch das Finance Act erfassen damit die gleichen gemeinnützigen Rechtsformen.

6. *Schweden*

Der Gemeinnützigkeitsstatus steht in Schweden grundsätzlich nur Stiftungen, nicht wirtschaftlichen Vereinen und eingetragenen Religionsgemeinschaften offen.[535] Andere Rechtsformen, z. B. Kapitalgesellschaften, sonstige Personengesellschaften oder natürliche Personen, sind von den Steuerprivilegierungen ausgeschlossen.[536]

7. *Spanien*

Spanien bestimmt abschließend, welche Rechtsformen als gemeinnützig anerkannt werden können. Der Status kann neben Stiftungen, öffentlich-nützlichen Vereinen[537] und nicht staatlichen Entwicklungsorganisationen[538] auch im Stiftungsregister eingetragenen Niederlassungen ausländischer Stiftungen, diversen spanischen Sportverbänden sowie Föderationen und Verbänden der vorgenannten Rechtsformen verliehen werden.[539] Darüber hinaus können u. a. auch religiöse Einrichtungen sowie das Spanische Rote Kreuz Steuervergünstigungen erhalten.[540]

---

533 Sch. 6 § 1 Abs. 1 FA 2010.

534 *Alexander*, Charity Governance, S. 265.

535 Kap. 7 § 3 Abs. 1 ISL 1999.

536 *Lindencrona*, in: Walz/von Auer/von Hippel (Hrsg.): Spenden- und Gemeinnützigkeitsrecht in Europa, S. 419 (423).

537 Im Sinne des Art. 32 Ley 1/2002.

538 Im Sinne des Art. 1 Ley 23/1998.

539 Art. 2 Buchst. a-f Ley 49/2002.

540 *Báez/Pedreira*, in: Vanistendael (Hrsg.): Taxation of Charities, S. 511 (512); *Taboada*, in: Walz/von Auer/von Hippel (Hrsg.): Spenden- und Gemeinnützigkeitsrecht in Europa, S. 483 (486).

8. Italien

Wie Frankreich sieht auch Italien[541] grundsätzlich Steuervergünstigungen für alle nicht gewerblichen Einrichtungen (sog. ENTI) vor.[542] Als nicht gewerbliche Einrichtungen gelten insbesondere Vereine, Stiftungen, Komitees und Genossenschaften.[543] Gewerbliche Körperschaften, wie z. B. Aktiengesellschaften und Gesellschaften mit beschränkter Haftung, sind hingegen ausgeschlossen.[544]

Daneben können die nicht gewerblichen Einrichtungen, d. h. Vereine, Stiftungen, Komitees und Genossenschaften, seit dem Jahr 1998 den Status einer gemeinnützigen „organizzazioni non lucrative di utilita' sociale" (sog. ONLUS) annehmen und hierdurch weitere Steuervergünstigungen erhalten.[545] Nicht von diesem Status erfasst werden jedoch öffentliche und gewerbliche Körperschaften, Parteien, Arbeitgeber- und Berufsverbände sowie Gewerkschaften.[546]

9. Polen

Polen eröffnet einer Vielzahl an juristischen Personen mit Rechtsfähigkeit den Status der Gemeinnützigkeit.[547] In der überwiegenden Mehrzahl agieren sie als Vereine, Stiftungen, Aktiengesellschaften oder Gesellschaften mit beschränkter Haftung.[548] Personengesellschaften sind nicht steuerbegünstigt,[549] ebenso können politische Parteien sowie Gewerkschaften und Wirtschaftsvereine keinen Gemeinnützigkeitsstatus erlangen[550]. Die vorgenannten Rechtsformen sind

541 Italien gewährt in einer Vielzahl von Einzelregelungen weiteren Rechtsformen Steuervergünstigungen. Für die weitere Darstellung werden jedoch nur die Regelungen der am häufigsten auftretenden Formen der nichtgewerblichen Organisationen sowie der ONLUS betrachtet.

542 Art. 143 Abs. 1 i. V. m. Art. 73 Abs. 1 Buchst. c TUIR 1986.

543 *Tundo*, in: Gliksberg (Hrsg.): Cahiers de droit fiscal international, Volume LXXXIVa, S. 515 (518); *Bancone*, Le organizzazioni non profit, S. 17 ff.

544 *Runte/von Hippel*, in: Walz/von Auer/von Hippel (Hrsg.): Spenden- und Gemeinnützigkeitsrecht in Europa, S. 341 (347).

545 Art. 10 Abs. 1 DL 460/1997.

546 *Santuari*, Le ONLUS, S. 288 ff.

547 Art. 3 Abs. 2 und 3 Dz. U. 2016.239; *Majdańska*, in: Vanistendael (Hrsg.): Taxation of Charities, S. 413 (415).

548 *Majdańska*, in: Vanistendael (Hrsg.): Taxation of Charities, S. 413 (416).

549 *Majdańska*, in: Vanistendael (Hrsg.): Taxation of Charities, S. 413 (416).

550 *Piechota*, International Journal of Not-for-Profit Law 2015, 86.

automatisch steuerbegünstigt, wenn in den Einzelsteuergesetzen auf ihren Gemeinnützigkeitsstatus verwiesen wird.[551]

10. Tschechien

Tschechien ermöglichte bis Ende 2013 allen juristischen Personen den Status als gemeinnützige Einrichtung zu erlangen.[552] Ein im September 2013 in den Senat eingebrachter Gesetzentwurf[553] für eine Novellierung des Gemeinnützigkeitsgesetzes scheiterte allerdings.[554] Das geplante Gemeinnützigkeitsgesetz sollte das ebenfalls im Jahr 2013 beschlossene neue Zivilgesetzbuch[555] ergänzen, da die alte Fassung des Gemeinnützigkeitsgesetzes zum Ende des Jahres 2013 außer Kraft trat.[556] Seit Oktober 2016 liegt dem Senat ein neuer Gesetzentwurf zur Beschlussfassung vor.

Das tschechische Zivilgesetzbuch sieht mit dem Verein[557], der Stiftung[558], dem Fund[559] sowie dem sog. eingetragenen Institut[560] vier Rechtsformen vor, die gemeinnützige Einrichtungen annehmen können. Die Einrichtungen, die bisher in der Rechtsform eines gemeinnützigen Unternehmens[561] organisiert waren, müssen sich innerhalb einer Übergangsfrist in eine der im neuen Zivilgesetzbuch enthaltenen Rechtsformen für gemeinnützige Einrichtungen umwandeln.[562] Neugründungen nach den Regelungen des alten Gemeinnützigkeitsgesetzes sind nicht mehr möglich.[563]

---

551 Darüber hinaus sehen diverse Einzelsteuergesetze Steuervergünstigungen vor, wenn Einrichtungen, die keinen Gemeinnützigkeitsstatus besitzen, steuerbegünstigte Zwecke verfolgen.

552 Z 248/1995 Sb.

553 Vládní návrh zákona o statusu veřejné prospěšnosti, abrufbar unter: http://www.senat.cz/xqw/webdav/pssenat/original/69496/58411 (zuletzt abgerufen am 30.03.2017).

554 *Pajas*, International Journal of Not-for-Profit Law 2013, 34.

555 Z 89/2012 Sb.

556 *Pajas*, International Journal of Not-for-Profit Law 2013, 34; zur weiteren Betrachtung sollen dennoch die Regelungen des Gesetzentwurfs herangezogen werden, streitige Regelungen werden als solche gekennzeichnet.

557 § 214 Z 89/2012 Sb.

558 § 303 Z 89/2012 Sb.

559 § 394 Z 89/2012 Sb.

560 § 402 Z 89/2012 Sb.

561 Gegründet auf Grundlage des Z 248/1995 Sb.

562 *Adams*, Czech Republik, III. A. „Public Benefit Corporations (PBCs)".

563 *Adams*, Czech Republik, III. A. „Public Benefit Corporations (PBCs)".

11. Ungarn

Das ungarische Gemeinnützigkeitsrecht[564] listet abschließend alle Rechtsformen auf, die als gemeinnützige Einrichtung anerkannt werden können.[565] Zivilgesellschaften[566], eingetragene Vereine – mit Ausnahme von Gewerkschaften, politischen Parteien und Versicherungsvereinen auf Gegenseitigkeit – sowie Stiftungen, ausgenommen staatliche und politische Stiftungen, können den Gemeinnützigkeitsstatus erhalten.[567] Darüber hinaus werden auch Kapitalgesellschaften, z. B. Aktiengesellschaften und Gesellschaften mit beschränkter Haftung, sowie Personengesellschaften vom Status einer gemeinnützigen Einrichtung erfasst.[568]

12. Rumänien

In Rumänien können Vereine, Stiftungen oder Verbände von Vereinen oder Stiftungen als nicht gewinnorientierte Einrichtungen anerkannt werden und von Steuervergünstigungen profitieren.[569] Erfüllen sie darüber hinaus auch die Voraussetzungen des rumänischen Gemeinnützigkeitsrechts[570], können weitere Vergünstigungen hinzukommen.[571] Ausgenommen hiervon sind jedoch politische Parteien, Gewerkschaften und religiöse Verbindungen.[572] Gleiches gilt für gemeinwohlnützliche juristische Personen des öffentlichen Rechts, unabhängig davon, ob sie als Verein, Stiftung oder in einer anderen Rechtsform auftreten.[573]

13. Zusammenfassung

Der Vergleich der steuerbegünstigten Rechtsformen zeigt, dass in den untersuchten Mitgliedstaaten Steuervergünstigungen grundsätzlich nur juristischen Personen gewährt werden. Innerhalb der steuerbegünstigten Rechtsformen

---

564 CLXXV/2011.
565 § 2 Nr. 6 CLXXV/2011.
566 Nicht eingetragener Zusammenschluss von natürlichen Personen ohne eigene Rechtsfähigkeit.
567 § 2 Nr. 6 Buchst. a bis c CLXXV/2011.
568 § 9/F V/2006; *Erdös/Lakatos/Mihályi*, in: Vanistendael (Hrsg.): Taxation of Charities, S. 339 (340 f.).
569 Art. 7 Nr. 24 Legea 227/2015.
570 GO 26/2000.
571 Art. 1 Abs. 1 GO 26/2000.
572 Art. 1 Abs. 3 GO 26/2000.
573 Art. 85 GO 26/2000.

unterscheiden sie sich insofern, als dass einige Mitgliedstaaten abschließend alle begünstigten Rechtsformen nennen (Frankreich, Schweden, Spanien, Italien, Tschechien, Ungarn, Rumänien), während die Niederlande nur jene Rechtsformen aufführen, denen keine Vergünstigungen gewährt werden. Nur wenige Mitgliedstaaten (Deutschland, Österreich) grenzen die begünstigten Rechtsformen nicht näher ein.

Alle untersuchten Mitgliedstaaten gewähren den klassischen Rechtsformen für nicht wirtschaftliche Tätigkeiten, d. h. Vereinen, Stiftungen und vergleichbare Strukturen[574], Steuervergünstigungen. Darüber hinaus werden in Deutschland, Österreich, Großbritannien, Polen und Ungarn auch Kapitalgesellschaften, wie Aktiengesellschaften oder Gesellschaften mit beschränkter Haftung, erfasst, die trotz ihrer grundsätzlich wirtschaftlichen Ausrichtung Steuervergünstigungen im Fall gemeinnütziger Tätigkeiten in Anspruch nehmen können. Im Gegensatz zu diesen Ländern schließen die Niederlande, Frankreich, Schweden, Spanien, Italien, Tschechien und Rumänien wirtschaftlich tätige juristische Personen ausdrücklich von Steuervergünstigungen für gemeinnützige Tätigkeiten aus.

II. Steuerbegünstigte Zwecke

1. Deutschland

Steuerbegünstigt werden in Deutschland Einrichtungen, die darauf gerichtet sind, zugunsten der Allgemeinheit einen oder mehrere gemeinnützige, mildtätige oder kirchliche Zwecke zu verfolgen.[575] Der begünstigte Personenkreis darf zudem nicht fest begrenzt sein, z. B. nicht nur die Mitglieder einer Familie oder eines bestimmten Unternehmens erfassen oder durch seine starre Abgrenzung eine mögliche Erweiterung ausschließen.[576]

Die Förderung der Allgemeinheit setzt nicht zwingend voraus, ausschließlich das Wohl der Bevölkerung Deutschlands[577] oder der Menschheit insgesamt[578] zu begünstigen. Bei der Verwirklichung steuerbegünstigter Zwecke im Ausland müssen allerdings entweder natürliche Personen mit Wohnsitz oder gewöhnlichem Aufenthalt in Deutschland gefördert werden oder die Tätigkeit

---

574 Vgl. die Ausführungen zu Großbritannien, Italien, Polen und Tschechien, Teil 4 B.I. 5., 8., 9. und 10.

575 § 51 Abs. 1 Satz 1 AO.

576 § 52 Abs. 1 Satz 2 AO; vgl. *Richter*, in: Richter (Hrsg.): Stiftungsrechts-Handbuch, § 43 Rn. 31 ff.

577 *Schauhoff*, in: Schauhoff (Hrsg.): Handbuch der Gemeinnützigkeit, § 6 Rn. 29.

578 *Gersch*, in: Klein (Hrsg.): AO, § 52 Rn. 2.

selbst muss dem Ansehen der Bundesrepublik Deutschland im Ausland förderlich sein.[579]

Gemeinnützig ist ein Zweck, wenn er die Allgemeinheit auf materiellem, geistigem oder sittlichem Gebiet fördert.[580] Dies liegt insbesondere dann vor, wenn die Einrichtung in den Bereichen Wissenschaft und Forschung (Nr. 1), Religion (Nr. 2), im öffentlichen Gesundheitswesen (Nr. 3) oder der Jugend- und Altenhilfe (Nr. 4) tätig ist.[581] Dasselbe gilt für die Förderung von Kunst und Kultur (Nr. 5), des Denkmalschutzes und der Denkmalpflege (Nr. 6), der Erziehung, Volks- und Berufsbildung oder Studentenhilfe (Nr. 7) sowie des Naturschutzes, der Landschaftspflege, des Umwelt-, Küsten- und Hochwasserschutzes (Nr. 8).[582]

Außerdem werden das Wohlfahrtswesen (Nr. 9), die Unterstützung von Flüchtlingen, Vertriebenen, Aussiedlern, Spätaussiedlern, Kriegsopfern, Behinderten, Opfern von Straftaten und die Förderung des Andenkens (Nr. 10), die Rettung aus Lebensgefahr (Nr. 11) sowie der Feuer-, Arbeits-, Katastrophen- und Zivilschutz sowie die Unfallverhütung (Nr. 12) erfasst.[583] Die Förderung der internationalen Gesinnung, Toleranz und Völkerverständigung (Nr. 13), der Tierschutz (Nr. 14), die Entwicklungszusammenarbeit (Nr. 15), die Verbraucherberatung und der Verbraucherschutz (Nr. 16), die Fürsorge von (ehemaligen) Strafgefangenen (Nr. 17) sowie die Gleichberechtigung von Mann und Frau (Nr. 18) und der Schutz von Ehe und Familie (Nr. 19) fallen ebenfalls unter diese Zwecke.[584]

Weiter werden die Kriminalprävention (Nr. 20), der Sport (Nr. 21), die Heimatpflege und Heimatkunde (Nr. 22), die Tier- und Pflanzenzucht, Kleingärtnerei, das Brauchtum, der Karneval, die Soldaten- und Reservistenbetreuung sowie der Amateurfunk, Modellflug- und Hundesport (Nr. 23), das demokratische Staatswesen (Nr. 24) oder das bürgerschaftliche Engagement zugunsten gemeinnütziger, mildtätiger und kirchlicher Zwecke (Nr. 25) erfasst.[585]

Als mildtätiger Zweck gilt insbesondere die Unterstützung von Personen, die aufgrund ihrer körperlichen, geistigen, seelischen oder wirtschaftlichen Zustände auf die Hilfe anderer angewiesen sind.[586] Ist die Tätigkeit darauf

---

579 § 51 Abs. 2 AO.
580 § 52 Abs. 1 Satz 1 AO.
581 § 52 Abs. 2 Satz 1 Nr. 1–4 AO.
582 § 52 Abs. 2 Satz 1 Nr. 5–8 AO.
583 § 52 Abs. 2 Satz 1 Nr. 9–12 AO.
584 § 52 Abs. 2 Satz 1 Nr. 13–19 AO.
585 § 52 Abs. 2 Satz 1 Nr. 20–25 AO.
586 § 53 AO.

gerichtet, eine Religionsgemeinschaft, die Körperschaft des öffentlichen Rechts ist, zu fördern, liegt ein kirchlicher Zweck vor.[587] Erfasst werden dabei insbesondere die Errichtung, Ausschmückung und Unterhaltung von Gotteshäusern und kirchlichen Gemeindehäusern, die Abhaltung von Gottesdiensten, die Ausbildung von Geistlichen sowie die Erteilung von Religionsunterricht.[588]

2. Österreich

Österreich fördert ebenfalls die gemeinnützige, mildtätige oder kirchliche Zweckverwirklichung.[589] Rein wirtschaftlich oder eigennützig orientiertes Handeln führt zur Versagung des Gemeinnützigkeitsstatus.[590]

Eine Tätigkeit von geistigem, kulturellem, sittlichem und/oder materiellem Nutzen erfüllt die Voraussetzungen des gemeinnützigen Zwecks.[591] Das österreichische Gesetz enthält eine nicht abschließende Aufzählung anerkennungsfähiger gemeinnütziger Zwecke. Diese umfasst die Förderung der Kunst und Wissenschaft, der Gesundheitspflege, der Kinder-, Jugend- und Familienfürsorge sowie der Fürsorge für alte oder kranke Personen oder Menschen mit körperlichen Gebrechen.[592] Weiter werden darunter der Körpersport, das Volkswohnungswesen, die Schulbildung, Erziehung, Volksbildung und Berufsausbildung sowie die Denkmalpflege, der Natur-, Tier- und Höhlenschutz, die Heimatkunde und Heimatpflege und die Bekämpfung von Elementarschäden gefasst.[593]

Der verfolgte Zweck muss nicht zwingend wertneutral sein, sondern kann auch religiösen, weltanschaulichen, politischen oder sozialen Intentionen folgen.[594] Eine ausschließlich materielle Förderung ist nur anerkennungsfähig, wenn sie sich auf die Förderung in Notfällen oder das Wohlfahrtswesen beschränkt.[595]

Ein mildtätiger Zweck liegt insbesondere in der Unterstützung hilfsbedürftiger Personen, die an körperlichen, emotionalen oder psychischen Erkrankungen leiden oder mittellos sind.[596] Steuerbegünstigt sind außerdem die Verwirklichung kirchlicher Aktivitäten von gesetzlich anerkannten Kirchen

---

587 § 54 Abs. 1 AO.
588 § 54 Abs. 2 AO.
589 § 34 Abs. 1 Satz 1 BAO.
590 Vgl. VereinsR 2001, Rn. 21.
591 § 35 Abs. 2 Satz 1 BAO.
592 § 35 Abs. 2 Satz 2 BAO.
593 § 35 Abs. 2 Satz 2 BAO.
594 *Prinz/Prinz*, Gemeinnützigkeit im Steuerrecht, S. 46, 49.
595 *Prinz/Prinz*, Gemeinnützigkeit im Steuerrecht, S. 53.
596 § 37 BAO; *Prinz/Prinz*, Gemeinnützigkeit im Steuerrecht, S. 67.

und Religionsgesellschaften.[597] Hierunter fallen z. B. die Errichtung, Erhaltung und Ausschmückung von Gottes(Bet)häusern und kirchlichen Gemeinde(Pfarr)häusern, Gottesdienste, kirchliche Andachten und sonstige religiöse oder seelsorgliche Veranstaltungen sowie die Erteilung von Religionsunterricht.[598] Auch die Förderung religiöser Zwecke von gesetzlich nicht anerkannten Kirchen oder Religionsgemeinschaften ist anerkennungsfähig, sofern die Einstellung der Gemeinschaft zu dieser Religion, Weltanschauung oder Kirche überwiegend positiv ist.[599] Allerdings wird in diesen Fällen nur die Verwirklichung gemeinnütziger oder mildtätiger Zwecke anerkannt, nicht jedoch kirchlicher.[600]

3. *Niederlande*

Das niederländische Recht fördert die Verfolgung von abschließend aufgezählten steuerbegünstigten Zwecken.[601] Anerkannt sind die Förderung der Wohlfahrt (Buchst. a), der Kultur (Buchst. b), der Bildung, Wissenschaft und Forschung (Buchst. c) sowie des Umwelt- und Naturschutzes, einschließlich der Förderung der Nachhaltigkeit (Buchst. d).[602] Als steuerbegünstigt gelten weiter die Gesundheitsfürsorge (Buchst. e), die Fürsorge für Jugendliche und ältere Menschen (Buchst. f), die Entwicklungszusammenarbeit (Buchst. g), der Tierschutz (Buchst. h) sowie die Religion, Weltanschauung und Spiritualität (Buchst. i) und die Förderung der demokratischen Rechtsordnung (Buchst. j).[603]

Auch die Förderung von Sozialwohnungen (Buchst. k), die Kombination mehrerer der vorgenannten Zwecke (Buchst. l) sowie die finanzielle oder sonstige Unterstützung einer gemeinnützigen Einrichtung (Buchst. m) werden als steuerbegünstigt anerkannt.[604] Darüber hinausgehende Zwecke, z. B. Sport und Kunst, werden nur dann als gemeinnützig steuerlich berücksichtigt, wenn sie im Rahmen der Einzelsteuerarten zusätzlich aufgeführt sind.[605]

---

597 § 38 Abs. 1 BAO.
598 § 38 Abs. 2 BAO.
599 VereinsR 2011, Rn. 25.
600 *Prinz/Prinz*, Gemeinnützigkeit im Steuerrecht, S. 74; VereinsR 2001, Rn. 24.
601 § 5b Nr. 3 Buchst. a bis m AWR 1994; *Hemels*, in: Vanistendael (Hrsg.): Taxation of Charities, S. 375 (375 ff.).
602 § 5b Nr. 3 Buchst. a bis d AWR 1994.
603 § 5b Nr. 3 Buchst. e bis j AWR 1994.
604 § 5b Nr. 3 Buchst. k bis m AWR 1994.
605 *Hemels*, in: Vanistendael (Hrsg.): Taxation of Charities, S. 375 (377).

4. *Frankreich*

Frankreich gewährt Steuervergünstigungen für Zwecke, die im allgemeinen Interesse liegen. Diese können philanthropischer, pädagogischer, wissenschaftlicher, sozialer, humanitärer, sportlicher, familiärer oder kultureller Art sein.[606] Darüber hinaus werden die Förderung des künstlerischen Erbes, des Umweltschutzes sowie die Verbreitung der französischen Kultur, Sprache und wissenschaftlichen Erkenntnisse erfasst.[607] Die Zweckverwirklichung darf zudem nicht auf eine kleine, abgeschlossene Gruppe begrenzt sein.[608]

5. *Großbritannien (England und Wales)*

Großbritannien fördert wohltätige Zwecke[609], wenn sie zugleich im öffentlichen Interesse liegen.[610] Als wohltätiger Zweck anerkannt sind die Bekämpfung oder Linderung von Armut (Buchst. a), die Förderung von Bildung (Buchst. b), die Förderung der Religion (Buchst. c i. V. m. Abs. 2 Buchst. a) sowie die Förderung der Gesundheit oder die Rettung von Leben (Buchst. d).[611]

Darüber hinaus werden die Förderung der Staatsbürgerschaft oder die Entwicklung der Gemeinschaft (Buchst. e), die Förderung der Künste, Kultur, Denkmäler oder Wissenschaft (Buchst. f), die Förderung des Amateursports (Buchst. g), die Förderung der Menschenrechte, Konfliktlösung oder Aussöhnung oder die Förderung der religiösen und ethnischen Verständigung oder der Gleichheit und Vielfältigkeit (Buchst. h) erfasst.[612]

Als wohltätig gelten weiter die Förderung des Umweltschutzes oder des technischen Fortschritts (Buchst. i), die Unterstützung von Bedürftigen aufgrund ihrer Jugend, ihres Alters, von Krankheiten, Behinderungen, finanziellen Schwierigkeiten oder anderer Nachteile (Buchst. j) sowie die Förderung des Tierschutzes (Buchst. k) und die Unterstützung der königlichen Armee, der Polizei, Feuerwehr und des Rettungswesens (Buchst. l).[613] Andere Zwecke können ebenfalls

606 Art. 200 Nr. 1 Buchst. b CGI.

607 Art. 200 Nr. 1 Buchst. b CGI.

608 *Beltrame*, in: Walz/von Auer/von Hippel (Hrsg.): Spenden- und Gemeinnützigkeitsrecht in Europa, S. 283 (289).

609 § 3 Abs. 1 CA 2011.

610 § 2 Abs. 1 Buchst. a und b i. V. m. § 4 CA 2011.

611 § 3 Abs. 1 Buchst. a-d CA 2011.

612 § 3 Abs. 1 Buchst. e-h CA 2011; siehe auch *Bowler-Smith*, in: Vanistendael (Hrsg.): Taxation of Charities, S. 603 (604 f.).

613 § 3 Abs. 1 Buchst. i-l CA 2011.

als wohltätig anerkannt werden, sofern diese den ausdrücklich niedergeschriebenen Zwecken vergleichbar sind.[614]

Aktivitäten im Rahmen der vorgenannten Zwecke müssen zusätzlich im öffentlichen Interesse liegen.[615] Eine allgemeine Definition für einen öffentlich nützlichen Zweck existiert nicht; er liegt aber regelmäßig dann vor, wenn der Zweck der Allgemeinheit im Ganzen oder einer ausreichend großen Gruppe und nicht nur einem kleinen abgeschlossenen Personenkreis dient.[616]

6. *Schweden*

Das schwedische Recht enthält eine nicht abschließende Liste mit steuerbegünstigten Zwecken.[617] Diese umfasst den Sport, die Kultur, den Umweltschutz, die Fürsorge von Kindern und Jugendlichen sowie politische und religiöse Aktivitäten.[618] Als steuerbegünstigt gelten weiter die Krankenpflege, soziale Hilfstätigkeiten, die Förderung der Verteidigung Schwedens, die Krisenbereitschaft in Kooperation mit Behörden, die Ausbildung, die wissenschaftliche Forschung sowie andere den aufgeführten Zwecken in ihren Intentionen vergleichbare Tätigkeiten.[619]

7. *Spanien*

Eine nicht abschließende Liste von Zwecken, die eine Einrichtung verfolgen muss, um als gemeinnützig anerkannt zu werden, enthält das spanische Recht.[620] Diese Zwecke umfassen den Schutz der Menschenrechte und der Opfer von Terrorismus und Gewalt, die Sozialhilfe und soziale Inklusion, die Förderung von Bürgerpflichten sowie die Bildung, Kultur, Wissenschaft und den Sport.[621] Als steuerbegünstigt gilt auch die Verfolgung von Zwecken im Bereich der Gesundheit, der Arbeit, der Stärkung der Institutionen, der

---

614 § 3 Abs. 1 Buchst. m. Nr. i i. V. m. § 5 CA 2011.

615 § 4 Abs. 1 CA 2011; vgl. Angaben der Charity Commission UK (https://www.gov.uk/government/publications/charitable-purposes/charitable-purposes, zuletzt abgerufen am 30.03.2017).

616 *Alexander*, Charity Governance, 1.17, 1.31 ff.

617 Kap. 7 § 4 Satz 2 ISL 1999.

618 Kap. 7 § 4 Satz 2 ISL 1999.

619 Kap. 7 § 4 Satz 2 ISL 1999.

620 Art. 3 Abs. 1 Ley 49/2002.

621 Art. 3 Abs. 1 Ley 49/2002.

Entwicklungszusammenarbeit, der Förderung der Freiwilligenarbeit und der Förderung von sozialen Diensten.[622]

Anerkannt sind weiter der Umweltschutz, die Unterstützung und Betreuung von Personen, die aus physischen, sozialen oder kulturellen Gründen von Ausgrenzung bedroht sind, die Förderung der Verfassungswerte und der demokratischen Prinzipien sowie die Förderung der Toleranz.[623] Darüber hinaus gelten auch die Förderung der sozialen Wirtschaft, die Entwicklung der Informationsgesellschaft, die wissenschaftliche Forschung und die Entwicklung technischer Innovationen als anerkennungsfähige steuerbegünstigte Zwecke.[624]

8. *Italien*

Die italienische ONLUS muss einen oder mehrere in einer abschließenden Liste enthaltene steuerbegünstigte Zwecke verfolgen.[625] Die Liste beinhaltet die soziale Fürsorge und gesundheitliche Assistenz (Nr. 1), die Gesundheitsvorsorge (Nr. 2), die Wohlfahrt (Nr. 3), die Bildung (Nr. 4) sowie die berufliche (Weiter-)Bildung (Nr. 5).[626]

Als steuerbegünstigte Zwecke gelten zudem der Freizeitsport (Nr. 6), der Schutz und die Förderung von artistischen und kulturellen Aktivitäten (Nr. 7), der Schutz und die Pflege der Natur und Umwelt (Nr. 8), die Förderung von Kultur und Kunst (Nr. 9), die Verteidigung der Bürgerrechte (Nr. 10) sowie die Förderung der wissenschaftlichen Forschung von besonderem sozialem Interesse (Nr. 11).[627]

9. *Polen*

Das polnische Gemeinnützigkeitsrecht enthält eine nicht abschließende Liste von Zwecken, die als steuerbegünstigt anerkannt sind.[628] Diese gliedern sich einerseits in Zwecke, welche die gemeinnützige Einrichtung selbst verwirklicht, und andererseits in solche, die in Zusammenarbeit mit staatlichen Einrichtungen

---

622 Art. 3 Abs. 1 Ley 49/2002.

623 Art. 3 Abs. 1 Ley 49/2002.

624 Art. 3 Abs. 1 Ley 49/2002.

625 Art. 10 Abs. 1 Buchst. a DL 460/1997.

626 Art. 10 Abs. 1 Buchst. a Nr. 1 bis 5 DL 460/1997.

627 Art. 10 Abs. 1 Buchst. a Nr. 6 bis 11 DL 460/1997.

628 Art. 4 Abs. 1 Dz. U. 2016.239; *Majdańska*, in: Vanistendael (Hrsg.): Taxation of Charities, S. 413 (414 f.).

verfolgt werden.[629] Der polnische Ministerrat kann weitere Zwecke zulassen, wenn sie im besonderen öffentlichen Interesse liegen.[630]

Ausdrücklich anerkannte Zwecke sind Hilfen im sozialen Bereich (Nr. 1), die Unterstützung von Familien und Pflegesystem (Nr. 1a), die Bereitstellung von Prozesskostenhilfe und Sensibilisierung der Rechtsgemeinschaft (Nr. 1b) sowie die Unterstützung der beruflichen und sozialen (Re-) Integration von Personen, die von sozialer Ausgrenzung betroffen sind (Nr. 2).[631] Steuerbegünstigt sind weiter wohltätige Aktivitäten (Nr. 3), die Erhaltung und Verbreitung nationaler Traditionen, die Pflege der polnischen Identität und die Entwicklung eines nationalen, bürgerlichen und kulturellen Bewusstseins (Nr. 4).[632]

Ferner zählen dazu die Unterstützung von nationalen und ethnischen Minderheiten und regionalen Sprachen (Nr. 5) und die Unterstützung der Ausländerintegration (Nr. 5a).[633] Auch der Schutz und die Förderung der Gesundheit (Nr. 6), die Unterstützung für Menschen mit Behinderungen (Nr. 7), die Förderung von Beschäftigung und professioneller Betreuung von Arbeitslosen und Menschen, die von Entlassung bedroht sind (Nr. 8), sowie die Förderung der Gleichberechtigung von Frauen und Männern (Nr. 9) und Unterstützung von älteren Menschen (Nr. 10) werden als steuerbegünstigt anerkannt.[634]

Darüber hinaus erfasst die Liste die Förderung der wirtschaftlichen Entwicklung und des Unternehmertums (Nr. 11), die Förderung der Entwicklung von neuen Technologien, Erfindungen und Innovationen und deren Verbreitung (Nr. 12), die Förderung der Entwicklung regionaler Gemeinschaften (Nr. 13), Wissenschaft, Hochschulen, Bildung, Nachhilfe und Erziehung (Nr. 14) sowie die Unterstützung von Kindern und Jugendlichen (Nr. 15).[635] Daneben werden die Kultur, Kunst, der Schutz des kulturellen und nationalen Erbes (Nr. 16), die Förderung von Sport (Nr. 17), der Natur- und Tierschutz und der Schutz des Naturerbes (Nr. 18), der Tourismus und die Sehenswürdigkeiten (Nr. 19) sowie die öffentliche Ordnung und Sicherheit (Nr. 20) anerkannt.[636]

Ebenfalls von der Liste umfasst sind die Verteidigung des Staates und die Unterstützung der Streitkräfte Polens (Nr. 21), die Förderung und der Schutz

---

629 *Piechota*, International Journal of Not-for-Profit Law 2015, 86 (87).
630 Art. 4 Abs. 2 Dz. U. 2016.239.
631 Art. 4 Abs. 1 Nr. 1–2 Dz. U. 2016.239.
632 Art. 4 Abs. 1 Nr. 3–4 Dz. U. 2016.239.
633 Art. 4 Abs. 1 Nr. 5–5a Dz. U. 2016.239.
634 Art. 4 Abs. 1 Nr. 6–10 Dz. U. 2016.239.
635 Art. 4 Abs. 1 Nr. 11–15 Dz. U. 2016.239.
636 Art. 4 Abs. 1 Nr. 16–20 Dz. U. 2016.239.

der Freiheiten, der Menschen- und Bürgerrechte sowie Aktivitäten zur Unterstützung der Entwicklung der Demokratie (Nr. 22) und die Rettungsdienste und der Katastrophenschutz (Nr. 23).[637] Die Unterstützung der Opfer von Unglücken, Naturkatastrophen, bewaffneten Konflikten und Krieg im In- und Ausland (Nr. 24), die Förderung und der Schutz von Verbraucherrechten (Nr. 25), die Unterstützung der europäischen Integration, der Ausbau von Kontakten und die Zusammenarbeit zwischen den Völkern (Nr. 26) sowie die Förderung von Freiwilligendiensten (Nr. 27) gelten ebenso als steuerbegünstigte Zwecke.[638]

Die Unterstützung für polnische Staatsbürger und polnische Gemeinschaften im Ausland (Nr. 28), Aktivitäten für Veteranen und Opfer staatlicher Unterdrückung (Nr. 29) und die Förderung der polnischen Republik im Ausland (Nr. 30) werden genauso anerkannt wie die Unterstützung von Familien, der Mutter- und Elternschaft sowie die Förderung und der Schutz von Kinderrechten (Nr. 31).[639] Zuletzt unterfallen auch die Maßnahmen zur Suchtprävention und Gesundheitsvorsorge (Nr. 32) sowie die Unterstützung von Nichtregierungsorganisationen und Einrichtungen, die ebenfalls steuerbegünstigte Zwecke verfolgen, (Nr. 33) den steuerbegünstigten Zwecken.[640]

Erforderlich ist darüber hinaus auch in Polen die Begünstigung der Allgemeinheit oder eines ausreichend offenen Personenkreises.[641] Die Förderung von abgrenzbaren Gruppen ist nur gestattet, wenn diese einer besonders schwierigen Situation ausgesetzt sind oder einen generell schwierigen Status aufweisen.[642]

10. Tschechien

Der Entwurf des neuen tschechischen Gemeinnützigkeitsrechts enthält eine umfangreiche Liste von Zwecken, die als steuerbegünstigt anerkannt werden sollen.[643] Darunter fallen die Entwicklungszusammenarbeit und humanitäre Hilfe (Buchst. a), wohltätige Aktivitäten (Buchst. b), die Förderung der Gemeinschaft oder lokaler Zusammenschlüsse (Buchst. c), die Beseitigung von Diskriminierungen, insbesondere aufgrund der Rasse, ethnischer Herkunft, des Geschlechts,

---

637 Art. 4 Abs. 1 Nr. 21–23 Dz. U. 2016.239.
638 Art. 4 Abs. 1 Nr. 24–27 Dz. U. 2016.239.
639 Art. 4 Abs. 1 Nr. 28–31 Dz. U. 2016.239.
640 Art. 4 Abs. 1 Nr. 32–33 Dz. U. 2016.239.
641 Art. 20 Abs. 1 Nr. 1 Dz. U. 2016.239.
642 *Piechota*, International Journal of Not-for-Profit Law 2015, 86 (87).
643 § 5 Z SVP E.

der Religion oder einer Behinderung (Buchst. d) sowie der Schutz von Kindern und Jugendlichen (Buchst. e).[644]

Anerkannte Zwecke sollen darüber hinaus der Schutz und die Pflege des kulturellen Erbes (Buchst. f), der Schutz der Bürger- und Menschenrechte sowie nationaler Minderheiten (Buchst. g), der Schutz und die Pflege vom Aussterben bedrohter oder verletzter Tiere und anderer Spezien (Buchst. h), der Verbraucherschutz (Buchst. i) sowie der Schutz der Gesundheit und die Bereitstellung von Gesundheitsdiensten (Buchst. j) und der Umweltschutz (Buchst. k) sein.[645]

Auch die Pflege zwischenmenschlicher Beziehungen (Buchst. l), die Förderung oder der Schutz behinderter und benachteiligter Menschen (Buchst. m), die Unterstützung von Familien (Buchst. n), die Unterstützung bei und die Verhinderung von Naturkatastrophen sowie ähnlichen Ereignissen (Buchst. o) sollen als steuerbegünstigt anerkannt werden.[646]

Die Unterstützung ausländischer Bürger in der Tschechischen Republik (Buchst. p), die finanzielle Unterstützung gemeinnütziger Aktivitäten (Buchst. q), die Arbeit mit Kindern und Jugendlichen (Buchst. r), Prävention von Kriminalität und sozialen Missständen (Buchst. s), Sport (Buchst. t) sowie die Förderung der Demokratie und die Stärkung der Rechtsstaatlichkeit (Buchst. u) sind ebenfalls in der Liste enthalten.[647]

Darüber hinaus sollen auch die soziale, kulturelle und wirtschaftliche Entwicklung (Buchst. v), soziale Dienstleistungen (Buchst. w), die Bekämpfung von Armut (Buchst. x), Wissenschaft, Forschung und Entwicklung (Buchst. y) und kulturelle Veranstaltungen (Buchst. z) förderfähig sein.[648] Zuletzt werden auch das Bekenntnis zum religiösen Glauben und die Bereitstellung geistlicher Hilfe (Buchst. za) sowie die Bildung und Ausbildung (Buchst. zb) aufgeführt.[649]

11. Ungarn

Das ungarische Recht weist keine Auflistung von als steuerbegünstigt anerkannten Zwecken auf. Ein öffentlicher Nutzen liegt vor, wenn die entsprechende Tätigkeit direkt oder indirekt der Allgemeinheit dient und die gemeinsamen Interessen der Gesellschaft und des Einzelnen erfüllt.[650]

644 § 5 Buchst. a-e Z SVP E.
645 § 5 Buchst. e-k Z SVP E.
646 § 5 Buchst. l-o Z SVP E.
647 § 5 Buchst. p-u Z SVP E.
648 § 5 Buchst. v-z Z SVP E.
649 § 5 Buchst. za-zb Z SVP E.
650 § 2 Nr. 20 CLXXV/2011; *Móra*, Civil Szemle 2012, 181.

Die alte Fassung des ungarischen Gemeinnützigkeitsrechts enthielt noch eine Liste mit anerkannten steuerbegünstigten Zwecken.[651] Diese umfasste neben der Gesundheitsvorsorge, der Krankheitsprophylaxe, der Rehabilitation auch soziale Tätigkeiten, die Familienunterstützung sowie die Altenpflege.[652] Auch wissenschaftliche Tätigkeiten und Forschung sowie die Erziehung, Bildung, Entwicklung oder Verbreitung von Erkenntnissen, kulturelle Aktivitäten, der Schutz des kulturellen Erbes und der Denkmal-, Natur-, Tier- und Umweltschutz waren enthalten.[653]

Bei der Auslegung des unbestimmten Begriffs eines öffentlichen Nutzens können diese Zwecke ggf. als Orientierung dienen. Ob die in der Liste enthaltenen steuerbegünstigten Zwecke aber auch tatsächlich nach dem neuen Gemeinnützigkeitsrecht als steuerbegünstigt anerkennungsfähig sind, bleibt abzuwarten.

12. Rumänien

In Rumänien werden Zwecke als steuerbegünstigt anerkannt, wenn sie im allgemeinen oder gemeinschaftlichen Interesse liegen.[654] Eine explizite Auflistung steuerbegünstigter Zwecke existiert auch hier nicht.

Allerdings enthält das Gesetz zur Freiwilligenarbeit eine Definition für öffentlich nützliche Aktivitäten.[655] Danach sind Tätigkeiten in den Bereichen Kunst, Kultur, Sport, Erholung sowie in der Bildung, Forschung und der Umwelt öffentlich nützlich.[656] Ebenso fallen unter diesen Begriff Zwecke wie die Förderung der Gesundheit, die Sozialhilfe, die Religion, bürgerliches Engagement, die Förderung der Menschenrechte, humanitäre und philanthropische Hilfe sowie die Förderung der Gemeinschaft und soziale Dienste.[657]

Vergleichbar zu den Ausführungen über Ungarn[658] können die vorgenannten Zwecke auch für die Auslegung der im allgemeinen oder gemeinschaftlichen Interesse liegenden Zwecke herangezogen werden.

---

651 Vgl. *Erdös/Lakatos/Milhályi*, in: Vanistendael (Hrsg.): Taxation of Charities, S. 339 (339 f.).

652 *Erdös/Lakatos/Milhályi*, in: Vanistendael (Hrsg.): Taxation of Charities, S. 339 (339 f.).

653 *Erdös/Lakatos/Milhályi*, in: Vanistendael (Hrsg.): Taxation of Charities, S. 339 (339 f.).

654 Art. 38 Abs. 1 Buchst. a GO 26/2000.

655 Art. 3 Buchst. b Legea 78/2014.

656 Art. 3 Buchst. b Legea 78/2014.

657 Art. 3 Buchst. b Legea 78/2014.

658 Siehe Teil 4 B.II.1.

13. Zusammenfassung

Der Vergleich zeigt, dass die meisten Mitgliedstaaten entweder über abschließende (Niederlande, Frankreich, Italien) oder nicht abschließende (Deutschland, Österreich, Großbritannien, Schweden, Spanien, Polen, Tschechien) Listen mit steuerbegünstigten Zwecken verfügen. Lediglich zwei Mitgliedstaaten (Ungarn, Rumänien) führen keine ausdrücklich benannten steuerbegünstigten Zwecke auf. In diesen beiden Mitgliedstaaten können jedoch Rückschlüsse auf die möglicherweise anerkennungsfähigen Zwecke aufgrund von Regelungen in früheren oder anderen Gesetzen gezogen werden.

Allen untersuchten Mitgliedstaaten ist gemeinsam, dass sie zahlreiche Zwecke enthalten, die auch in allen anderen Mitgliedstaaten gleichermaßen als steuerbegünstigt anerkannt sind. Keiner der untersuchten Mitgliedstaaten schließt hingegen die Verwirklichung gemeinnütziger Aktivitäten im Ausland ausdrücklich aus.

Die steuerbegünstigten Zwecke können entsprechend ihrer inhaltlichen Orientierung zu einzelnen Gruppen zusammengefasst werden, z. B. „Erziehung/Bildung/Wissenschaft“, „Gesundheit/Wohlfahrt“, „Kunst/Kultur“, „Natur-, Tier- und Umweltschutz“ sowie „Förderung und Unterstützung bestimmter Personengruppen“ (z. B. Kinder, Jugendliche, Arme, Alte, Kranke, Behinderte, Ausländer, Minderheiten, Opfer von Straftaten, Krieg und Verfolgung). „Sport“, der zumeist nur den Amateur- oder Freizeitsport erfasst, wird mit Ausnahme von den Niederlanden ebenfalls in allen Mitgliedstaaten als steuerbegünstigt anerkannt.

Daneben existieren aber auch Zwecke, die nur in einigen Mitgliedstaaten als steuerbegünstigt anerkannt sind, z. B. „Entwicklungshilfe/-zusammenarbeit“ (Deutschland, Niederlande, Spanien, Tschechien, Rumänien), „Familie“ (Deutschland, Frankreich, Polen, Tschechien, Ungarn) oder „Staatsbürgerkunde/Demokratie“ (Deutschland, Niederlande, Spanien, Italien, Polen, Tschechien). Auch „Religion/Weltanschauung“ gilt nur in wenigen Mitgliedstaaten als steuerbegünstigt (Deutschland, Niederlande, Großbritannien, Schweden, Tschechien, Rumänien).

III. Zweckverfolgung

1. Deutschland

Gemeinnützige Einrichtungen in Deutschland müssen ihre steuerbegünstigten Zwecke selbstlos, ausschließlich und unmittelbar verfolgen.[659] Eine selbstlose

---

659 §§ 55–57 AO.

Tätigkeit liegt vor, wenn nicht in erster Linie eigennützige Interessen, d. h. gewerbliche oder ähnlich gelagerte Zwecke, verfolgt werden.[660]

Die gemeinnützige Einrichtung darf die ihr zur Verfügung stehenden Mittel nur zur Verwirklichung ihrer steuerbegünstigten Zwecke einsetzen.[661] Weder die Mitglieder oder Gesellschafter der gemeinnützigen Einrichtung noch sonstige Personen sind berechtigt, Gewinne oder sonstige Zuwendungen aus Mitteln der Einrichtung zu erhalten, sofern sie nicht zugleich dem Begünstigtenkreis angehören.[662] Auch im Fall der Auflösung einer gemeinnützigen Einrichtung oder bei Ausscheiden eines Mitglieds darf nur die Kapitaleinlage oder der gemeine Sachwert zurückgezahlt werden.[663]

Ausgaben, die dem Zweck der Organisation fremd sind, ihnen u. U. sogar zuwiderlaufen, oder unverhältnismäßig hohe Vergütungen sind untersagt.[664] Ebenso dürfen politische Parteien weder unmittelbar noch mittelbar gefördert oder unterstützt werden.[665] Wird die gemeinnützige Einrichtung aufgelöst oder entfällt der steuerbegünstigte Zweck, muss das Vermögen (mit Ausnahme der Anteile der Mitglieder bzw. deren Sacheinlagen) für steuerbegünstigte Zwecke verwendet werden.[666] Alternativ kann das verbleibende Vermögen an eine ebenfalls steuerbegünstigte Körperschaft oder eine juristische Person des öffentlichen Rechts, die diese Mittel für steuerbegünstigte Zwecke einsetzen muss, übertragen werden.[667]

Gemeinnützige Einrichtungen sind verpflichtet, ihre erhaltenen Mittel zeitnah zu verwenden. Innerhalb von zwei (Kalender- oder Wirtschafts-) Jahren nach dem Zufluss der Mittel müssen sie für die entsprechenden steuerbegünstigten Zwecke eingesetzt werden, z. B. zur Anschaffung oder Herstellung von Vermögensgegenständen, die den steuerbegünstigten Zwecken dienen.[668]

Die Aktivitäten hinsichtlich der steuerbegünstigten Zwecke erfordern Ausschließlichkeit.[669] Eine Tätigkeit in Verbindung mit nicht steuerbegünstigten oder eigennützigen Zwecken kann den Verlust der Gemeinnützigkeit zur Folge

---

660 § 55 Abs. 1 AO; vgl. dazu ausführlich *Leisner-Egensperger*, DStZ 2008, 292 ff.
661 § 55 Abs. 1 Nr. 1 Satz 1 AO.
662 § 55 Abs. 1 Nr. 1 Satz 2 AO.
663 § 55 Abs. 1 Nr. 2 AO.
664 § 55 Abs. 1 Nr. 3 AO.
665 § 55 Abs. 1 Nr. 1 Satz 3 AO.
666 § 55 Abs. 1 Nr. 4 Satz 1 AO.
667 § 55 Abs. 1 Nr. 4 Satz 2 AO.
668 § 55 Abs. 1 Nr. 5 AO.
669 § 56 AO.

haben.[670] Wenn eine gemeinnützige Einrichtung mehrere Aufgaben zugleich verwirklicht, muss jeder Zweck für sich steuerbegünstigt sein.[671]

Der steuerbegünstigte Zweck ist unmittelbar[672], d. h. durch die gemeinnützige Einrichtung selbst[673], zu verwirklichen. Hierzu darf sie sich aber Hilfspersonen, z. B. Angestellten, freiwilliger Helfer oder ehrenamtlich tätiger Personen, bedienen, wenn deren Wirken der Einrichtung zugerechnet werden kann.[674]

Zulässig ist die ausschließliche Mittelbeschaffung für die Verwirklichung der steuerbegünstigten Zwecke einer anderen Körperschaft oder einer juristischen Person des öffentlichen Rechts.[675] Auch die nur teilweise Mittelzuweisung an eine andere steuerbegünstigte Einrichtung ist gestattet, sofern diese die Mittel für ihre steuerbegünstigten Zwecke einsetzt.[676]

Überschüsse aus der Vermögensverwaltung, Gewinne aus wirtschaftlichen Geschäftsbetrieben und bis zu 15 % der fristgerecht zu verwendenden Mittel können anderen gemeinnützigen Einrichtungen zufließen, wenn die Empfängereinrichtung die Mittel für die gleichen steuerbegünstigten Zwecke verwendet wie die zuwendende Einrichtung.[677] Auch im Zur-Verfügung-Stellen von Arbeitskräften und Arbeitsmitteln[678] sowie in der Überlassung von Räumen oder Anlagen[679] an eine andere steuerbegünstigte Einrichtung für deren steuerbegünstigte Zwecke liegen keine Verstöße gegen das Unmittelbarkeitsgebot.

Gemeinnützige Stiftungen dürfen darüber hinaus bis zu einem Drittel ihres Vermögens für den Unterhalt des Stifters oder seiner nächsten Angehörigen, für die Pflege deren Grabmäler oder ihr Andenken aufwenden, sofern sich die Kosten in einem angemessenen Rahmen bewegen.[680] Die Veranstaltung geselliger Zusammenkünfte ist zulässig, solange diese von nur untergeordneter Bedeutung sind und dem eigentlichen Zweck der Einrichtung nicht zuwiderlaufen.[681]

---

670 Vgl. Nr. 1 AEAO zu § 56 AO.
671 Vgl. Nr. 2 Satz 1 und 2 AEAO zu § 56 AO.
672 § 57 Abs. 1 AO.
673 Vgl. Nr. 1 AEAO zu § 57 AO.
674 Vgl. Nr. 2 Satz 1 und 2 AEAO zu § 57 AO.
675 § 58 Nr. 1 AO.
676 § 58 Nr. 2 AO.
677 § 58 Nr. 3 AO.
678 § 58 Nr. 4 AO.
679 § 58 Nr. 5 AO.
680 § 58 Nr. 6 AO; vgl. auch Nr. 8 AEAO zu § 58 AO.
681 § 58 Nr. 7 AO.

Steuerunschädlich ist zudem die Förderung von bezahltem und unbezahltem Sport durch einen gemeinnützigen Verein.[682] Eine durch eine Gebietskörperschaft errichtete gemeinnützige Stiftung ist berechtigt, zur Erfüllung ihrer steuerbegünstigten Zwecke Zuschüsse an Wirtschaftsunternehmen zu leisten.[683] Auch die Verwendung von Mitteln zum Erwerb von Gesellschaftsrechten zur Beibehaltung der prozentualen Beteiligung an einer Kapitalgesellschaft ist steuerunschädlich.[684]

2. Österreich

Das österreichische Recht verlangt von gemeinnützigen Einrichtungen eine ausschließliche und unmittelbare Förderung ihrer steuerbegünstigten Zwecke.[685] Eine ausschließliche Förderung liegt vor, wenn nur steuerbegünstigte Zwecke verfolgt werden[686] und etwaige Nebenzwecke sich diesen völlig unterordnen, d. h. maximal einen Anteil von 10 % an den Gesamttätigkeiten ausmachen.[687] Die Verfolgung von wirtschaftlichen oder eigennützigen Zwecken kann wie in Deutschland den Verlust der Gemeinnützigkeit zur Folge haben.[688] Eine Teilung in eine steuerbegünstigte und eine nicht steuerbegünstigte Zweckverwirklichung ist nicht möglich.[689]

Darüber hinaus darf die gemeinnützige Einrichtung keine Gewinne anstreben[690] oder den Mitgliedern Gewinnanteile oder sonstige Zuwendungen aus Mitteln der Einrichtung auszahlen[691]. Scheiden Mitglieder aus oder wird die gemeinnützige Einrichtung aufgelöst oder aufgehoben, können den Mitgliedern nicht mehr als ihre eingezahlten Kapitalanteile und der gemeine Wert ihrer Sacheinlagen zurückerstattet werden.[692] Wertsteigerungen verbleiben in der gemeinnützigen Einrichtung und sind für den steuerbegünstigten Zweck zu verwenden.[693]

---

682 § 58 Nr. 8 AO.
683 § 58 Nr. 9 AO.
684 § 58 Nr. 10 AO.
685 § 34 Abs. 1 Satz 1 BAO.
686 § 39 Nr. 1 BAO.
687 VereinsR 2011, Rn. 114.
688 *Prinz/Prinz*, Gemeinnützigkeit im Steuerrecht, S. 87.
689 *Prinz/Prinz*, Gemeinnützigkeit im Steuerrecht, S. 88; VereinsR 2011, Rn. 107, 114.
690 § 39 Nr. 2 Satz 1 BAO.
691 § 39 Nr. 2 Satz 2 BAO.
692 § 39 Nr. 3 BAO.
693 *Prinz/Prinz*, Gemeinnützigkeit im Steuerrecht, S. 95.

Personen dürfen außerdem nicht durch Verwaltungsausgaben, die dem steuerbegünstigten Zweck der gemeinnützigen Einrichtung fremd sind, oder durch unverhältnismäßig hohe Vergütungen, z. B. Vorstandsgehälter oder Aufsichtsratsvergütungen, begünstigt werden.[694] Die Ausnahme bilden vertraglich vereinbarte Zahlungen an Dritte, die für die gemeinnützige Einrichtung Leistungen erbringen.[695]

Im Fall der Auflösung oder Aufhebung der gemeinnützigen Einrichtung oder bei Wegfall der steuerbegünstigten Zwecke darf das verbleibende Vermögen, soweit es die eingezahlten Kapitalanteile der Mitglieder und den gemeinen Wert der von den Mitgliedern geleisteten Sacheinlagen übersteigt, nur für andere steuerbegünstigte Zwecke eingesetzt werden.[696]

Die Verfolgung der steuerbegünstigten Zwecke muss unmittelbar erfolgen,[697] d. h., die gemeinnützige Einrichtung ist verpflichtet, ihre steuerbegünstigten Zwecke selbst zu verwirklichen[698]. Ausnahmsweise darf sie sich der Dienste Dritter bedienen, wenn deren Wirken dem der gemeinnützigen Einrichtung zuzurechnen ist.[699] Keine Unmittelbarkeit liegt vor, wenn die gemeinnützige Einrichtung anderen gemeinnützigen Einrichtungen Zuwendungen zukommen lässt oder sie finanziell unterstützt.[700] Ausgeschlossen vom Gemeinnützigkeitsstatus sind folglich insbesondere Spendensammelvereine.[701]

Für Dachverbände gemeinnütziger Einrichtungen gelten dieselben Voraussetzungen. Eine unmittelbare Förderung steuerbegünstigter Zwecke liegt nur dann vor, wenn alle Untereinrichtungen ebenfalls unmittelbar steuerbegünstigte Zwecke verfolgen und als gemeinnützig anerkannt sind.[702] Verliert eine der Untereinrichtungen ihren Gemeinnützigkeitsstatus, behält der Dachverband nur dann seine Gemeinnützigkeit, wenn er sofort Abhilfemaßnahmen ergreift, z. B. die Untereinrichtungen bei der Wiedererlangung des Gemeinnützigkeitsstatus unterstützt oder sie aus dem Dachverband ausschließt.[703]

---

694 § 39 Nr. 4 BAO.
695 VereinsR 2011, Rn. 116.
696 § 39 Nr. 5 BAO.
697 § 40 Abs. 1 Satz 1 BAO.
698 *Prinz/Prinz*, Gemeinnützigkeit im Steuerrecht, S. 89.
699 § 40 Abs. 1 Satz 2 BAO.
700 *Prinz/Prinz*, Gemeinnützigkeit im Steuerrecht, S. 90 f.; VereinsR 2011, Rn. 119.
701 *Prinz/Prinz*, Gemeinnützigkeit im Steuerrecht, S. 92; VereinsR 2011, Rn. 119.
702 § 40 Abs. 2 BAO; VereinsR 2011, Rn. 121.
703 VereinsR 2011, Rn. 122.

3. *Niederlande*

Das Gemeinnützigkeitsrecht der Niederlande enthält nur wenige Vorgaben für die Verwirklichung steuerbegünstigter Zwecke. Die gemeinnützige Einrichtung ist verpflichtet, ihr Vermögen zur Verwirklichung ihrer steuerbegünstigten Zwecke einzusetzen.[704] Etwaige Überschüsse aus einer wirtschaftlichen Betätigung oder aus der Vermögensverwaltung dürfen nicht an die Mitglieder oder Gesellschafter ausgeschüttet werden.[705] Außerdem müssen die Ausgaben für Fundraising und die Verwaltung in einem angemessenen Verhältnis zu den Ausgaben für die Verfolgung der steuerbegünstigten Zwecke stehen.[706]

Erforderlich ist zudem eine ausschließliche oder zumindest nahezu ausschließliche Verwirklichung der steuerbegünstigten Zwecke.[707] Die Aktivitäten der gemeinnützigen Einrichtung müssen überwiegend auf nicht wirtschaftliche Tätigkeiten ausgerichtet sein, eine Gewinnerzielungsabsicht ist untersagt.[708] Ausschließliche oder nahezu ausschließliche gemeinnützige Tätigkeiten liegen vor, wenn mindestens 90 % der Aktivitäten auf die steuerbegünstigten Zwecke ausgerichtet sind.[709]

Eine unmittelbare Verfolgung der steuerbegünstigten Zwecke durch die gemeinnützige Einrichtung selbst ist gesetzlich nicht erforderlich. Die finanzielle oder sonstige Unterstützung einer anderen gemeinnützigen Einrichtung ist zulässig.[710]

4. *Frankreich*

Gemeinnützige Einrichtungen in Frankreich müssen ihre steuerbegünstigten Zwecke uneigennützig verwirklichen.[711] Dies setzt insbesondere voraus, dass die Verwaltung der Einrichtungen Personen obliegt, die bei der Geschäftsführung weder direkt noch indirekt eigene Interessen verfolgen.[712] Außerdem dürfen die

---

704 *Van Ween*, in: Walz/von Auer/von Hippel (Hrsg.): Spenden- und Gemeinnützigkeitsrecht in Europa, S. 367 (376).

705 *Van Ween*, in: Walz/von Auer/von Hippel (Hrsg.): Spenden- und Gemeinnützigkeitsrecht in Europa, S. 367 (377).

706 Art. 1a Nr. 1 Buchst. g UAWR.

707 § 5b Abs. 1 Buchst. a Nr. 1 i. V. m. Abs. 7 Satz 1 Halbs. 1 AWR 1994.

708 Art. 1a Nr. 1 Buchst. a und b UAWR.

709 *Hemels*, in: Vanistendael (Hrsg.): Taxation of Charities, S. 375 (380).

710 Art. 5b Abs. 3 Buchst. m AWR 1994.

711 Art. 261 Abs. 7 Nr. 1 Buchst. a und d CGI; BOI-IS-CHAMP-10-50-10-20-20120912.

712 Art. 261 Abs. 7 Nr. 1 Buchst. d CGI; vgl. *de Crouy-Chanel*, in: Vanistendael (Hrsg.): Taxation of Charities, S. 255 (256).

erzielten Erlöse oder Kapitaleinlagen weder direkt noch indirekt an die Mitglieder, Gesellschafter oder sonstige Dritte ausgeschüttet werden.[713]

Den Mitgliedern, Gesellschaftern oder deren Angehörigen steht darüber hinaus kein Rückgewähranspruch über Vermögenswerte der gemeinnützigen Einrichtung zu.[714] Die Organe der gemeinnützigen Einrichtungen müssen ehrenamtlich tätig werden.[715] Auch die Kosten für die Verwaltung dürfen nicht unverhältnismäßig hoch sein.[716]

Die erhaltenen Spenden und die erzielten Gewinne der gemeinnützigen Einrichtung sind ausschließlich für steuerbegünstigte Zwecke einzusetzen.[717] Nicht erforderlich ist jedoch die unmittelbare Verwendung der Einnahmen für steuerbegünstigte Zwecke durch die gemeinnützige Einrichtung selbst.[718] Eine Ausschüttung der Einnahmen an andere gemeinnützige Einrichtungen ist somit zulässig.

5. *Großbritannien (England und Wales)*

Detaillierte Vorschriften für die Verfolgung der steuerbegünstigten Zwecke existieren in Großbritannien nicht. Gemeinnützige Einrichtungen sind verpflichtet, nur ihre steuerbegünstigten Zwecke zu verwirklichen.[719] Werden zusätzlich andere, nicht steuerbegünstigte Zwecke verfolgt, kann die Einrichtung ihren Gemeinnützigkeitsstatus verlieren.[720] Die Mittel der gemeinnützigen Einrichtung dürfen zudem ausschließlich für die steuerbegünstigten Zwecke eingesetzt werden.[721]

Gesetzlich ist nicht vorgeschrieben, dass die gemeinnützigen Einrichtungen ihre steuerbegünstigten Zwecke selbst verwirklichen müssen. Es ist ihnen

---

713 Art. 261 Abs. 7 Nr. 1 Buchst. d CGI; BOI-IS-CHAMP-10-50-10-20-20120912, Rn. 60.

714 Art. 261 Abs. 7 Nr. 1 Buchst. d CGI; vgl. *Mock*, Reformbesteuerung im Gemeinnützigkeits- und Spendenrecht, S. 64.

715 Art. 261 Abs. 7 Nr. 1 Buchst. d CGI; BOI-IS-CHAMP-10-50-10-20-20120912, Rn. 60.

716 *Beltrame*, in: Walz/von Auer/von Hippel (Hrsg.): Spenden- und Gemeinnützigkeitsrecht in Europa, S. 283 (294).

717 BOI-IS-CHAMP-10-50-10-20-20120912; vgl. auch *Beltrame*, in: Walz/von Auer/von Hippel (Hrsg.): Spenden- und Gemeinnützigkeitsrecht in Europa, S. 283 (292).

718 *Beltrame*, in: Walz/von Auer/von Hippel (Hrsg.): Spenden- und Gemeinnützigkeitsrecht in Europa, S. 283 (295).

719 § 1 Abs. 1 Buchst. a CA 2011.

720 *Alexander*, Charity Governance, Rn. 1.13.

721 § 524 Abs. 4 ITA 2007.

gestattet, andere gemeinnützige Einrichtungen mit der Wahrnehmung ihrer steuerbegünstigten Tätigkeiten zu beauftragen.[722]

6. *Schweden*

Schweden verpflichtet gemeinnützige Einrichtungen, ihre erzielten Einnahmen in einem angemessenen Umfang zur Verfolgung ihrer steuerbegünstigten Zwecke einzusetzen.[723] Gewinne dürfen nicht an die Organe oder Mitglieder der gemeinnützigen Einrichtungen oder an sonstige Personen ausgeschüttet werden.

Die gemeinnützigen Einrichtungen müssen ihre steuerbegünstigten Zwecke ausschließlich oder nahezu ausschließlich verwirklichen.[724] Eine nahezu ausschließliche Zweckverfolgung wird bei der Verwendung von etwa 90–95 % des Vermögens für die steuerbegünstigten Zwecke vermutet, die restlichen 5–10 % des Vermögens können für andere Zwecke eingesetzt werden.[725]

Regelungen, nach denen die gemeinnützige Einrichtung selbst ihre steuerbegünstigten Zwecke verfolgen muss, bestehen nicht. Von der gemeinnützigen Einrichtung unterstützte Einrichtungen müssen die erhaltenen Mittel jedoch für die Verfolgung solcher steuerbegünstigten Zwecke einsetzen, die auch die zuwendende gemeinnützige Einrichtung verfolgt.[726]

7. *Spanien*

Spanien verpflichtet gemeinnützige Einrichtungen, ihre Mittel ausschließlich zur Verfolgung ihrer steuerbegünstigten Zwecke einzusetzen. Mindestens 70 % der Einnahmen müssen unmittelbar den steuerbegünstigten Zwecken zugewendet werden.[727] Die verbleibenden maximal 30 % dürfen als Rücklagen in der gemeinnützigen Einrichtung verbleiben oder für die Ertragssteigerung eingesetzt, jedoch nicht den Organen oder Mitgliedern der gemeinnützigen Einrichtung ausgeschüttet werden.[728]

---

722 *Selbig*, in: Walz/von Auer/von Hippel (Hrsg.): Spenden- und Gemeinnützigkeitsrecht in Europa, S. 321 (330).

723 Kap. 7 §§ 4 Satz 2 und 6 Satz 1 ISL 1999.

724 Kap. 7 § 5 Satz 1 ISL 1999.

725 *Gunne/Löfgren*, Beskattning av stiftelser och ideella föreningar, S. 57 f.

726 *Lindencrona*, in: Walz/von Auer/von Hippel (Hrsg.): Spenden- und Gemeinnützigkeitsrecht in Europa, S. 419 (429).

727 Vgl. Art. 3 Abs. 2 Ley 49/2002.

728 Vgl. Art. 3 Abs. 2 Ley 49/2002.

Keine Vorschriften bestehen im Hinblick auf die Unmittelbarkeit der Zweckverfolgung.[729]

8. *Italien*

Gemeinnützige Einrichtungen in Italien müssen sämtliche Erlöse ihren steuerbegünstigten Zwecken zuführen, wenn sie als sog. ONLUS agieren.[730] Gewinne dürfen nur anderen gemeinnützigen Einrichtungen ausgeschüttet werden, die ebenfalls den Status einer ONLUS besitzen.[731]

Verboten sind offene und verdeckte Gewinnausschüttungen, z. B. in Form einer Leistungserbringung an Mitglieder der gemeinnützigen Einrichtung zu günstigeren Konditionen als gewöhnlich[732], des Empfangs von Gütern oder Leistungen von Mitgliedern zu einem höheren als dem marktüblichen Preis[733] und der Zahlung von Entgelten an Mitarbeiter, die mehr als 20 % über den Tariflöhnen von vergleichbaren Positionen liegen[734].

Die steuerbegünstigten Zwecke müssen von der ONLUS ausschließlich und exklusiv verwirklicht werden.[735] Zusätzliche Tätigkeiten sind nur gestattet, wenn diese mit den steuerbegünstigten Zwecken in Verbindung stehen.[736] Aktivitäten, welche die steuerbegünstigten Zwecke der ONLUS ergänzen, z. B. der Verkauf von Büchern in Museen, können ebenfalls nachgegangen werden.[737]

Die Verfolgung der steuerbegünstigten Zwecke muss im Verhältnis zu den Nebentätigkeiten jedoch stets die Haupttätigkeit darstellen.[738] Daraus folgt, dass die Erlöse aus den ergänzenden Tätigkeiten nicht mehr als 66 % der Gesamtausgaben der Einrichtung betragen dürfen.[739] Die ONLUS muss ihre steuerbegünstigten Zwecke unmittelbar selbst verfolgen, eine ausschließlich finanzielle Förderung einer anderen ONLUS ist nicht erlaubt.[740]

729 *Taboada*, in: Walz/von Auer/von Hippel (Hrsg.): Spenden- und Gemeinnützigkeitsrecht in Europa, S. 483 (492).
730 Art. 10 Abs. 1 Buchst. e DL 460/1997.
731 Art. 10 Abs. 1 Buchst. d DL 460/1997.
732 Art. 10 Abs. 6 Buchst. a DL 460/1997.
733 Art. 10 Abs. 6 Buchst. b DL 460/1997.
734 Art. 10 Abs. 6 Buchst. e DL 460/1997.
735 Art. 10 Abs. 1 Buchst. b DL 460/1997.
736 Art. 10 Abs. 1 Buchst. c DL 460/1997.
737 Art. 10 Abs. 5 DL 460/1997; vgl. auch *Dolce/Molinari*, in: Richter/Wachter (Hrsg.): Handbuch des internationalen Steuerrechts, Fn. 208.
738 Art. 10 Abs. 5 Satz 2 DL 460/1997.
739 Art. 10 Abs. 5 Satz 2 DL 460/1997.
740 Vgl. circolare Nr. 168/1998.

9. *Polen*

Gemeinnützige Einrichtungen in Polen müssen ihr Einkommen vollständig für die Verfolgung der steuerbegünstigten Zwecke einsetzen.[741] Die Verwirklichung von anderen als den steuerbegünstigten Zwecken ist nur gestattet, wenn diese Aktivitäten den gemeinnützigen Tätigkeiten dienlich sind.[742] Das Gesetz sieht darüber hinaus keine unmittelbare Zweckverfolgung durch die gemeinnützige Einrichtung vor. Die Unterstützung anderer gemeinnütziger Einrichtungen oder Nichtregierungsorganisationen ist ihr ausdrücklich gestattet.[743]

10. *Tschechien*

Tschechien verpflichtet gemeinnützige Einrichtungen, ihr gesamtes Vermögen für die Verwirklichung ihrer steuerbegünstigten Zwecke zu verwenden.[744] Nach dem Entwurf des neuen Gemeinnützigkeitsgesetzes ist die Zurückerstattung geleisteter Einlagen zulässig, wenn ein Mitglied aus einer gemeinnützigen Einrichtung ausscheidet.[745] Untersagt ist hingegen die Ausschüttung von Gewinnen an die Gründer, Mitglieder, Organe oder diesen nahestehenden Personen.[746]

Die Haupttätigkeit der gemeinnützigen Einrichtung muss die Verwirklichung der steuerbegünstigten Zwecke sein.[747] Wirtschaftliche Aktivitäten haben ausschließlich die Haupttätigkeit zu unterstützen.[748] Weder das neue Zivilgesetzbuch noch der Entwurf des neuen Gemeinnützigkeitsgesetzes enthalten Regelungen über eine unmittelbare Zweckverfolgung. Der Gesetzentwurf sieht allerdings die finanzielle Unterstützung anderer gemeinnütziger Einrichtungen als einen zulässigen steuervergünstigten Zweck vor.[749]

11. *Ungarn*

In Ungarn dürfen gemeinnützige Einrichtungen ihre Einnahmen nur für ihre steuerbegünstigten Zwecke einsetzen, eine Auszahlung an die Mitglieder der

---

741 Art. 20 Abs. 1 Nr. 3 Dz. U. 2016.239.

742 Art. 20 Abs. 1 Nr. 2 Dz. U. 2016.239.

743 Art. 4 Abs. 1 Nr. 33 Dz. U. 2016.239; vgl. auch *Piechota*, International Journal of Not-for-Profit Law 2015, 86 (87).

744 § 146 NOZ.

745 § 8 Abs. 1 Buchst. a Nr. 2 Z SVP E.

746 § 8 Abs. 1 Buchst. a Nr. 1 Z SVP E.

747 § 4 Abs. 1 Z SVP E.

748 § 2 Abs. 1 Buchst. b Z SVP E.

749 § 4 Abs. 2 Buchst. q Z SVP E.

Einrichtung ist nicht erlaubt.[750] Auch der Geschäftsführung der gemeinnützigen Einrichtung sind Gewinnausschüttungen untersagt.[751]

Der Hauptzweck der gemeinnützigen Einrichtung muss die Verwirklichung der steuerbegünstigten Zwecke sein, wirtschaftliche Tätigkeiten dürfen nur zur Unterstützung der steuerbegünstigten Zwecke dienen und deren Erfolg nicht gefährden.[752] Vorgaben, wonach es gemeinnützigen Einrichtungen untersagt ist, andere gemeinnützige Einrichtungen finanziell zu fördern, ohne selbst eigene steuerbegünstigte Zwecke unmittelbar zu verfolgen, enthält das ungarische Gemeinnützigkeitsrecht nicht.

12. Rumänien

Rumänische gemeinnützige Einrichtungen sind nicht verpflichtet, ihre gesamten Einnahmen ausschließlich zur Verwirklichung ihrer steuerbegünstigten Zwecke zu verwenden. Sie dürfen zudem wirtschaftlichen Tätigkeiten nachgehen, sofern diese nur untergeordneten Charakter haben und vor allem der Unterstützung der steuerbegünstigten Zwecke dienen.[753]

Daneben können sie auch ausschließlich wirtschaftlich tätige Tochterunternehmen gründen, deren Gewinne aber entweder in das Tochterunternehmen reinvestiert oder an die gemeinnützige „Mutter" zur Realisierung deren steuerbegünstigter Zwecke ausgeschüttet werden müssen.[754] Die finanzielle Unterstützung anderer gemeinnütziger Vereine oder Stiftungen als einziges steuerbegünstigtes Ziel ist ausschließlich gemeinnützigen Stiftungen erlaubt.[755]

13. Zusammenfassung

Alle untersuchten Mitgliedstaaten enthalten Regelungen, wonach die Mittel der gemeinnützigen Einrichtung ausschließlich oder nahezu ausschließlich zur Verwirklichung ihrer steuerbegünstigten Zwecke eingesetzt werden müssen. Anderen, nicht steuerbegünstigten Zwecken darf in der Regel nur zu einem deutlich untergeordneten Anteil nachgegangen werden. Dieser schwankt zwischen 5 % (Schweden) und 33 % (Italien).

750 § 34 Abs. 1 Buchst. c CLXXV/2011.
751 § 42 Abs. 1 CLXXV/2011.
752 § 34 Abs. 1 Buchst. b CLXXV/2011.
753 Art. 48 GO 26/2000.
754 Art. 47 GO 26/2000.
755 Art. 15 Abs. 3 GO/2000.

Darüber hinaus sehen nahezu alle Mitgliedstaaten vor, dass die Mittel der gemeinnützigen Einrichtung nicht an die Mitglieder oder Leitungsorgane der Einrichtungen ausgezahlt werden dürfen. Nur wenige Mitgliedstaaten (Deutschland, Österreich, Tschechien) gestatten die Rückzahlung von Einlagen bei einem Austritt aus der gemeinnützigen Einrichtung. Untersagt sind darüber hinaus regelmäßig zweckfremde oder überhöhte Aufwendungen für Löhne oder andere Verwaltungsausgaben.

Die Verwirklichung des steuerbegünstigten Zwecks muss in der Regel in allen Mitgliedstaaten unmittelbar durch die gemeinnützige Einrichtung selbst erfolgen. Einige Mitgliedstaaten (Deutschland, Niederlande, Frankreich, Großbritannien, Schweden, Polen, Rumänien) erlauben aber auch eine alleinige Tätigkeit als Mittelbeschaffungseinrichtung für andere gemeinnützige Einrichtungen. Österreich und Italien verbieten dies allerdings ausdrücklich.

IV. Einnahmeerzielung

1. Deutschland

Die Einnahmen gemeinnütziger Einrichtungen in Deutschland können vier Bereichen zugeordnet werden: dem ideellen Bereich, der Vermögensverwaltung, den Zweckbetrieben und den wirtschaftlichen Geschäftsbetrieben.[756] Einnahmen im ideellen Bereich sind z. B. Spenden, öffentliche Zuschüsse und Fördermittel, Mitgliedsbeiträge, Schenkungen, Zustiftungen, Erbschaften oder Vermächtnisse und werden unabhängig von einer wirtschaftlichen oder nicht wirtschaftlichen Betätigung erzielt.[757]

Zu den Einnahmen im Bereich der Vermögensverwaltung[758] zählen die verzinsliche Anlage von Kapitalvermögen und das Vermieten oder Verpachten unbeweglichen Vermögens.[759] Die Grenze zum steuerpflichtigen wirtschaftlichen Geschäftsbetrieb kann im Einzelfall schwierig zu ziehen sein.[760] In der Regel liegt eine steuerfreie Vermögensverwaltung vor, wenn bereits vorhandenes Vermögen eingesetzt wird.[761] Steht die Erzielung überwiegend neuen Vermögens

756 *Schauhoff*, in: Schauhoff (Hrsg.): Handbuch der Gemeinnützigkeit, § 7 Rn. 18.
757 *Richter*, in: Richter (Hrsg.): Stiftungsrechts-Handbuch, § 43 Rn. 154.
758 § 14 Satz 3 AO.
759 *Richter*, in: Richter (Hrsg.): Stiftungsrechts-Handbuch, § 43 Rn. 155.
760 Vgl. die Ausführungen bei *Richter*, in: Richter (Hrsg.): Stiftungsrechts-Handbuch, § 43 Rn. 159 ff.
761 *Schauhoff*, in: Schauhoff (Hrsg.): Handbuch der Gemeinnützigkeit, § 7 Rn. 18.

im Vordergrund, sind diese Einnahmen dem Bereich der wirtschaftlichen Geschäftsbetriebe zuzuordnen.[762]

Einnahmen aus sog. Zweckbetrieben unterfallen zwar grundsätzlich den wirtschaftlichen Einkünften, dienen aber regelmäßig zur Unterstützung der steuerbegünstigten Zwecke.[763] Können diese Zwecke nicht auch auf anderem Weg erreicht werden[764] und stehen zu anderen, nicht steuerbegünstigten wirtschaftlichen Geschäftsbetrieben nicht mehr als unbedingt erforderlich im Wettbewerb[765], sind Zweckbetriebe zulässig.[766] Einrichtungen der Wohlfahrtspflege[767], Krankenhäuser[768] sowie bestimmte sportliche Veranstaltungen[769] werden von Gesetzes wegen als Zweckbetriebe anerkannt.

Einnahmen aus wirtschaftlichen Geschäftsbetrieben[770], die keine Zweckbetriebe sind, sind zulässig, unterfallen jedoch der vollen Steuerpflicht.[771] Körperschaftsteuerfrei sind lediglich Einnahmen von bis zu 35.000 EUR im Jahr.[772]

2. Österreich

In Österreich werden die Einnahmen gemeinnütziger Einrichtungen fünf verschiedenen Bereichen zugeordnet: dem ideellen Bereich, der Vermögensverwaltung, den unentbehrlichen und den entbehrlichen Hilfsbetrieben sowie den wirtschaftlichen Geschäftsbetrieben. Spenden, Mitgliedsbeiträge, Erbschaften, Vermächtnisse, Schenkungen und Subventionen unterfallen dem ideellen Bereich.[773] Einnahmen aus der Vermögensverwaltung sind z. B. die verzinsliche Anlage von Vermögen oder die Vermietung, Verpachtung oder Veräußerung unbeweglicher Vermögen.[774]

---

762 Vgl. *Schauhoff*, in: Schauhoff (Hrsg.): Handbuch der Gemeinnützigkeit, § 7 Rn. 18; *Richter*, in: Richter (Hrsg.): Stiftungsrechts-Handbuch, § 43 Rn. 160.

763 §§ 65 ff. AO; vgl. *Richter*, in: Richter (Hrsg.): Stiftungsrechts-Handbuch, § 43 Rn. 174.

764 § 65 Nr. 2 AO.

765 § 65 Nr. 3 AO.

766 Vgl. auch *Richter*, in: Richter (Hrsg): Stiftungsrechts-Handbuch, § 43 Rn. 178.

767 § 66 AO.

768 § 67 AO.

769 § 67a AO.

770 § 14 Satz 1 AO.

771 § 64 Abs. 1 i. V. m. §§ 65 ff. AO.

772 § 64 Abs. 3 AO.

773 Vgl. *Urtz*, in: Vanistendael (Hrsg.): Taxation of Charities, S. 181 (186 f.).

774 § 47 BAO i. V. m. § 32 BAO; VereinsR 2001, Rn. 218.

Gemeinnützige Einrichtungen können Einnahmen außerdem durch wirtschaftliche Geschäftsbetriebe erzielen. Dabei ist zu unterscheiden, ob dieser Geschäftsbetrieb hilfreich und unverzichtbar[775] oder hilfreich, aber verzichtbar[776] ist.

Ein hilfreicher und unverzichtbarer Geschäftsbetrieb, ein sog. unentbehrlicher Hilfsbetrieb, muss in seiner Gesamtrichtung auf die Erfüllung der steuerbegünstigten Zwecke eingestellt sein.[777] Diese Zwecke dürfen nicht anders als durch den unentbehrlichen Hilfsbetrieb erzielt werden[778] und nicht mehr als unbedingt erforderlich in Wettbewerb zu vergleichbaren abgabepflichtigen Geschäftsbetrieben stehen[779].

Die ideelle und wirtschaftliche Tätigkeit der gemeinnützigen Einrichtung müssen übereinstimmen, d. h., die steuerbegünstigten Zwecke werden durch den Hilfsbetrieb unmittelbar verwirklicht und die erzielten Mittel ausschließlich für die angestrebten Zwecke eingesetzt.[780] Fallen der Hilfsbetrieb und der steuerbegünstigte Zweck auseinander oder fehlt eine der übrigen Voraussetzungen für einen unentbehrlichen Hilfsbetrieb, werden die erzielten Einnahmen einem hilfreichen, aber verzichtbaren Geschäftsbetrieb, dem sog. entbehrlichen Hilfsbetrieb, zugeordnet.[781] Dieser muss jedoch erkennbar im Zusammenhang mit dem steuerbegünstigten Zweck stehen und dessen Realisierung dienen.[782]

Sind weder die Voraussetzungen für einen unentbehrlichen noch für einen entbehrlichen Hilfsbetrieb erfüllt, werden die Einnahmen als aus einem wirtschaftlichen Geschäftsbetrieb erbrachte eingestuft.[783] Die Führung eines wirtschaftlichen Geschäftsbetriebs ist jedoch nur gestattet, wenn er für die steuerbegünstigten Zwecke unerlässlich ist.[784] Zudem benötigt die gemeinnützige Einrichtung eine Ausnahmegenehmigung, andernfalls droht ihr der Verlust ihres Gemeinnützigkeitsstatus.[785]

---

775 § 45 Abs. 2 BAO.

776 § 45 Abs. 1 BAO.

777 § 45 Abs. 2 Satz 2 Buchst. a BAO.

778 § 45 Abs. 2 Satz 2 Buchst. b BAO.

779 § 45 Abs. 2 Satz 2 Buchst. c BAO.

780 *Prinz/Prinz*, Gemeinnützigkeit im Steuerrecht, S. 136 f.; VereinsR 2001, Rn. 153.

781 *Prinz/Prinz*, Gemeinnützigkeit im Steuerrecht, S. 147; VereinsR 2001, Rn. 173.

782 VereinsR 2001, Rn. 174.

783 § 45 Abs. 3 i. V. m. § 44 Abs. 1 BAO.

784 § 44 Abs. 1 BAO.

785 § 44 Abs. 2 BAO; *Prinz/Prinz*, Gemeinnützigkeit im Steuerrecht, S. 125 f.; VereinsR 2001, Rn. 180 ff.

Von dieser Regelung ausgenommen sind lediglich Kleinbetriebe mit Umsätzen bis maximal 40.000 EUR pro Jahr.[786] Die wirtschaftliche Tätigkeit darf jedoch nicht der Hauptzweck der gemeinnützigen Einrichtung sein.[787]

3. *Niederlande*

Gemeinnützige Einrichtungen in den Niederlanden können Einnahmen im ideellen Bereich, durch Vermögensverwaltung oder aus wirtschaftlicher Betätigung erzielen. Einnahmen im ideellen Bereich sind z. B. Spenden, Mitgliedsbeiträge, Erbschaften oder Schenkungen.[788] Der Vermögensverwaltung können z. B. Zinsen und Dividenden zugeordnet werden, sofern sie nicht zugleich gewerblicher Natur sind.[789]

Einkünfte aus wirtschaftlichen Aktivitäten sind grundsätzlich zulässig, werden aber nicht nach Zweck-, Hilfs- oder wirtschaftlichen Geschäftsbetrieben unterschieden.[790] Die gemeinnützigen Einrichtungen müssen allerdings innerhalb eines angemessenen Zeitraums die hieraus erzielten Erlöse vollständig oder nahezu ausschließlich den steuerbegünstigten Zwecken zuführen.[791]

Wirtschaftliche Tätigkeiten oder Dienstleistungen dürfen zudem nur zu den handelsüblichen Preisen und mit dem Ziel, Gewinne zu erzielen, erbracht werden.[792] Sie müssen eindeutig die steuerbegünstigten Zwecke fördern, eine eigennützige Verfolgung wirtschaftlicher Zwecke ist nicht gestattet.[793]

4. *Frankreich*

Das französische Recht unterteilt die Einnahmen gemeinnütziger Einrichtungen in ideelle Einnahmen, Einnahmen aus Vermögensverwaltung sowie Einnahmen aus Zweckbetrieben und aus wirtschaftlichen Geschäftsbetrieben. Ideelle Einnahmen stammen z. B. aus immateriellen Rechten oder Kapitalbeteiligungen,

---

786 § 45a Satz 1 BAO; VereinsR 2001, Rn. 187, 198.

787 *Prinz/Prinz*, Gemeinnützigkeit im Steuerrecht, S. 92.

788 *Van Ween*, in: Walz/von Auer/von Hippel (Hrsg.): Spenden- und Gemeinnützigkeitsrecht in Europa, S. 367 (379 f.).

789 *Van Ween*, in: Walz/von Auer/von Hippel (Hrsg.): Spenden- und Gemeinnützigkeitsrecht in Europa, S. 367 (380).

790 *Van Ween*, in: Walz/von Auer/von Hippel (Hrsg.): Spenden- und Gemeinnützigkeitsrecht in Europa, S. 367 (381).

791 Art. 1a Abs. 2 UAWR; *Hemels*, in: Vanistendael (Hrsg.): Taxation of Charities, S. 375 (381).

792 Art. 1a Abs. 6 UAWR.

793 Art. 1a Abs. 5 Satz 1 und 2 UAWR.

Einkünfte aus Vermögensverwaltung können z. B. Vermietung, Verpachtung und Wertpapiere sein.[794]

Gemeinnützige Einrichtungen dürfen Einnahmen aus Zweckbetrieben erzielen, ohne dass diese den Gemeinnützigkeitsstatus gefährden.[795] Im Gegensatz dazu haben Einnahmen aus wirtschaftlichen Geschäftsbetrieben den Verlust des Gemeinnützigkeitsstatus zur Folge.[796] Entscheidend für die Zuordnung der Einkünfte zu einem Zweckbetrieb oder einem wirtschaftlichen Geschäftsbetrieb ist die Wettbewerbsrelevanz der Tätigkeiten.[797]

Liegt eine uneigennützige Verwaltung vor, steht die steuerbegünstigte Zweckverfolgung deutlich im Vordergrund zu den gewinnorientierten Tätigkeiten, und werden im Jahr nicht mehr als 60.000 EUR erzielt, können diese Einnahmen den Zweckbetrieben zugeordnet werden.[798] Erzielt die gemeinnützige Einrichtung jedoch höhere Einnahmen, ist eine uneigennützige Verwaltung unentbehrlich, und ihr wirtschaftlicher Bereich darf nicht mit anderen Einrichtungen im Wettbewerb stehen; andernfalls liefe dies der Bewertung als Zweckbetrieb zuwider.[799]

Ob ein Wettbewerb zwischen der gemeinnützigen Einrichtung und anderen Marktteilnehmern besteht, wird anhand des sog. „4 P-Test" beurteilt: Die angebotenen Produkte müssen ein Verlangen der Öffentlichkeit befriedigen, das durch den privaten Sektor nicht erfüllt werden kann („Produit"), die Allgemeinheit kann sich die vom privaten Sektor angebotenen Produkte nicht leisten („Public"), die Preise liegen unter denen des privaten Sektors („Prix"), und die Werbemaßnahmen der gemeinnützigen Einrichtung sind nicht mit denen des privaten Sektors vergleichbar („Publicité").[800]

---

794 Vgl. *Beltrame*, in: Walz/von Auer/von Hippel (Hrsg.): Spenden- und Gemeinnützigkeitsrecht in Europa, S. 283 (299 f.).

795 *Beltrame*, in: Walz/von Auer/von Hippel (Hrsg.): Spenden- und Gemeinnützigkeitsrecht in Europa, S. 283 (300).

796 *Beltrame*, in: Walz/von Auer/von Hippel (Hrsg.): Spenden- und Gemeinnützigkeitsrecht in Europa, S. 283 (301).

797 Vgl. *de Crouy-Chanel*, in: Vanistendael (Hrsg.): Taxation of Charities, S. 255 (258 f.); *Beltrame*, in: Walz/von Auer/von Hippel (Hrsg.): Spenden- und Gemeinnützigkeitsrecht in Europa, S. 283 (300 f.).

798 Art. 206 Abs. 1 bis CGI.

799 Art. 261 Abs. 7 Nr. 1 CGI.

800 BOI-IS-CHAMP-10-50-10-20-20120912, Rn. 570 ff.

5. Großbritannien (England und Wales)

Gemeinnützige Einrichtungen in Großbritannien können Einnahmen im ideellen Bereich und aus Vermögensverwaltung erzielen. Darüber hinaus sind Einnahmen aus wirtschaftlichen Nebentätigkeiten erlaubt, sofern diese aus Tätigkeiten in direktem Zusammenhang mit der Verwirklichung des steuerbegünstigten Zwecks stammen.[801]

Einnahmen, die nur indirekt im Zusammenhang mit der steuerbegünstigten Zweckverwirklichung stehen oder die durch Tätigkeiten erzielt wurden, die keine signifikanten Risiken für die gemeinnützige Einrichtung verursachen, sind ebenfalls zulässig.[802] Alle Einnahmen müssen jedoch dem steuerbegünstigten Zweck zufließen.[803] Wirtschaftliche Tätigkeiten, die keine der vorgenannten Voraussetzungen erfüllen, sind zulässig, sollten jedoch auf Tochtergesellschaften auslagert werden.[804]

6. Schweden

Schweden gliedert die Einkünfte gemeinnütziger Einrichtungen in den ideellen Bereich sowie in die Vermögensverwaltung. Als ideelle Einnahmen gelten z. B. Spenden, Mitgliedsbeiträge, Erbschaften und Vermächtnisse; Einnahmen aus Vermögensverwaltung sind z. B. Erlöse aus Kapitalanlagen sowie – für gemeinnützige Vereine – aus Vermietung und Verpachtung. Die Einnahmen aus Vermietung und Verpachtung müssen jedoch im Zusammenhang mit dem steuerbegünstigten Zweck des Vereins erzielt werden.[805]

Gemeinnützige Vereine, nicht jedoch gemeinnützige Stiftungen dürfen zudem Einnahmen aus Zweckbetrieben sowie aus wirtschaftlichen Geschäftsbetrieben erlangen. Einnahmen aus einem Zweckbetrieb müssen entweder den steuerbegünstigten Zweck direkt fördern oder in einem natürlichen Zusammenhang mit diesem stehen.[806]

---

801 *Selbig*, in: Walz/von Auer/von Hippel (Hrsg.): Spenden- und Gemeinnützigkeitsrecht in Europa, S. 321 (332).

802 Vgl. *Alexander*, Charity Governance, 13.21 ff.

803 *Selbig*, in: Walz/von Auer/von Hippel (Hrsg.): Spenden- und Gemeinnützigkeitsrecht in Europa, S. 321 (332).

804 *Alexander*, Charity Governance, 13.28.

805 Kap. 7 §§ 3 und 7 ISL 1999; *Arvidsson*, in: Vanistendael (Hrsg.): Taxation of Charities, S. 541 (546 ff.); *Lindencrona*, in: Walz/von Auer/von Hippel (Hrsg.): Spenden- und Gemeinnützigkeitsrecht in Europa, S. 419 (430 f.).

806 Kap. 7 § 3 Satz 2 Nr. 1 ISL 1999.

Dies ist z. B. gegeben, wenn die Einnahmen aus dem Verkauf gespendeter Waren stammen und für einen steuerbegünstigten Zweck eingesetzt werden oder wenn sie üblicherweise der Förderung des steuerbegünstigten Zwecks dienen.[807]

„Üblicherweise" zur Finanzierung eingesetzt werden z. B. Einnahmen aus dem Verkauf von Postkarten, Büchern oder aus Konzerterlösen.[808] Einnahmen aus Zweckbetrieben müssen die Einnahmen aus wirtschaftlichen Geschäftsbetrieben deutlich übersteigen, d. h. ca. 70–80 % der Gesamteinnahmen ausmachen.[809]

7. Spanien

In Spanien können gemeinnützige Einrichtungen Einkünfte aus dem ideellen Bereich, aus Vermögensverwaltung, durch Zweckbetriebe und wirtschaftliche Geschäftsbetriebe erlangen. Ideelle Einnahmen sind z. B. Spenden, Schenkungen, Stiftungen und Zustiftungen, Zuschüsse, Subventionen sowie Mitgliedsbeiträge und Gebühren, sofern diesen keine Gegenleistung der gemeinnützigen Einrichtung gegenübersteht.[810] Einnahmen aus Vermögensverwaltungen können z. B. Dividenden, Gewinnanteile aus Gesellschaften oder Mieten aus beweglichen und unbeweglichen Vermögen[811], aber auch Wertsteigerungen aus Verkäufen[812] sein.

Zweckbetriebe sind zulässig, sofern die erzielten Einnahmen der Erreichung des steuerbegünstigten Zwecks dienen.[813] Hierunter fallen insbesondere solche Betriebe, die vorwiegend in den Bereichen Soziales, Pflege, Bildung und Erziehung[814] tätig sind, aber auch Krankenhäuser[815], Wissenschafts- und Forschungseinrichtungen[816] sowie kulturelle Zweckbetriebe[817].

---

807 Kap. 7 § 3 Satz 2 Nr. 1 ISL 1999.

808 *Gunne/Löfgren*, Beskattning av stiftelser och ideella föreningar, S. 105 ff.; *Lindencrona*, in: Walz/von Auer/von Hippel (Hrsg.): Spenden- und Gemeinnützigkeitsrecht in Europa, S. 419 (431).

809 Kap. 7 § 3 Satz 2 ISL 1999; *Arvidsson*, in: Vanistendael (Hrsg.): Taxation of Charities, S. 541 (552 f.).

810 Vgl. Art. 6 Nr. 1 Ley 49/2002.

811 Art. 6 Nr. 2 Ley 49/2002.

812 Art. 6 Nr. 3 Ley 49/2002.

813 Art. 7 Satz 1 Ley 49/2002.

814 Art. 7 Nr. 7 Ley 49/2002.

815 Art. 7 Nr. 2 Ley 49/2002.

816 Art. 7 Nr. 3 Ley 49/2002.

817 Art. 7 Nr. 4, 5 und 8 Ley 49/2002.

Darüber hinaus dürfen Einnahmen aus wirtschaftlichen Nebenbetrieben stammen, sofern diese einen lediglich untergeordneten Stellenwert haben, nicht mehr als 20 % des gesamten Jahresumsatzes der gemeinnützigen Einrichtung ausmachen und maximal Einnahmen in Höhe von jährlich 20.000 EUR erzielt werden.[818] Überschreitet die gemeinnützige Einrichtung diese Grenzwerte, werden die Einnahmen wie solche aus wirtschaftlichen Geschäftsbetrieben gewertet.[819]

Einnahmen aus wirtschaftlichen Geschäftsbetrieben, die nicht im Zusammenhang mit dem steuerbegünstigten Zweck stehen, sind grundsätzlich nicht gestattet. Diese Voraussetzung gilt aber als noch nicht erfüllt, wenn die Umsätze aus diesen Geschäftsbetrieben maximal 40 % des Gesamtumsatzes der gemeinnützigen Einrichtung ausmachen und nicht wettbewerbswidrig sind.[820]

8. *Italien*

Italien gliedert die Einnahmen der gemeinnützigen ONLUS in Einnahmen des ideellen Bereichs, aus der Vermögensverwaltung sowie aus Zweckbetrieben und wirtschaftlichen Geschäftsbetrieben.

Einnahmen des ideellen Bereichs können z. B. Spenden oder Einnahmen aus Veranstaltungen sein, ebenso sind ohne Gegenleistung erbrachte Mitgliedsbeiträge von Vereinen zulässig.[821] Kapitaleinkünfte gelten als Einnahmen im Bereich der Vermögensverwaltung, sofern die gemeinnützige Einrichtung keinen unternehmerischen Einfluss auf das Unternehmen ausübt.[822]

Stammen die Einkünfte der ONLUS aus individuellen Mitgliedsbeiträgen für bestimmte Leistungen, werden diese als Einnahmen aus einem wirtschaftlichen Geschäftsbetrieb eingestuft.[823] Dies betrifft insbesondere innerbetriebliche Verkaufsstellen, Ferienreisen, Verkaufsveranstaltungen oder Werbeeinnahmen[824], es sei denn, die Leistungen werden von Vereinen erbracht, die im Bereich Soziales

818 Art. 7 Nr. 11 und 12 Ley 49/2002.

819 *Báez/Pedreira*, in: Vanistendael (Hrsg.): Taxation of Charities, S. 511 (522).

820 Art. 3 Nr. 3 Ley 49/2002.

821 Art. 148 Abs. 1 TUIR 1986.

822 *Runte/von Hippel*, in: Walz/von Auer/von Hippel (Hrsg.): Spenden- und Gemeinnützigkeitsrecht in Europa, S. 341 (355).

823 Art. 148 Abs. 2 TUIR 1986.

824 Art. 148 Abs. 3 TUIR 1986; *Hilpold*, Die Nonprofit-Organisationen im italienischen Steuerrecht, S. 29 f.

oder Wohlfahrt tätig sind.[825] Diese Einkünfte dürfen zudem höchstens marginaler Natur sein.[826]

ONLUS können Zweckbetriebe unterhalten, sofern diese in direktem Zusammenhang mit den steuerbegünstigten Zwecken stehen oder sie ergänzen.[827] Ergänzende Tätigkeiten müssen funktionell mit den satzungsmäßigen Zwecken verbunden sein und der Finanzierung steuerbegünstigter Zwecke dienen.[828] Der steuerbegünstigte Zweck hat jedoch immer die Haupttätigkeit zu sein, während die wirtschaftlichen Tätigkeiten nur ergänzend bzw. diesen unterstützend ausgeführt werden dürfen.[829]

Maximal 66 % der Gesamtausgaben der gemeinnützigen Einrichtung sind mit den Erlösen aus wirtschaftlichen Tätigkeiten abdeckbar.[830] Einnahmen aus Zweckbetrieben dürfen ausschließlich für die steuerbegünstigten Zwecke der ONLUS verwendet werden.[831]

9. *Polen*

Ideelle Einnahmen, Einnahmen aus Vermögensverwaltung sowie aus Zweck- und gewerblichen Nebenbetrieben sind gemeinnützigen Einrichtungen in Polen gestattet. Ideelle Einnahmen, z. B. Spenden, Erbschaften und Zustiftungen, sind ebenso zulässig wie Einnahmen aus Vermögensverwaltung. Alle Einnahmen dürfen nur für die steuerbegünstigten Zwecke eingesetzt werden.[832]

Einkünfte aus Zweckbetrieben müssen im Zusammenhang mit dem steuerbegünstigten Zweck stehen und für dessen Verwirklichung verwendet werden.[833] Die Leistungen oder Güter sind gegen Entgelt von Personen zu erbringen oder zu verkaufen, die von der gemeinnützigen Einrichtung unterstützt werden.[834]

---

825 Art. 148 Abs. 4 TUIR 1986; *Hilpold*, Die Nonprofit-Organisationen im italienischen Steuerrecht, S. 30.

826 *Runte/von Hippel*, in: Walz/von Auer/von Hippel (Hrsg.): Spenden- und Gemeinnützigkeitsrecht in Europa, S. 341 (356).

827 Art. 10 Abs. 1 Buchst. c i. V. m. Abs. 5 DL 460/1997; *Dolce/Molinari*, in: Richter/Wachter (Hrsg.): Handbuch des internationalen Steuerrechts, Rn. 185 ff.

828 Circolare del 26.06.1998, Nr. 168/1998, S. 8.

829 Art. 10 Abs. 5 Satz 2 DL 460/1997.

830 *Runte/von Hippel*, in: Walz/von Auer/von Hippel (Hrsg.): Spenden- und Gemeinnützigkeitsrecht in Europa, S. 341 (357).

831 Art. 10 Abs. 1 Buchst. e DL 460/1997.

832 Art. 17 Abs. 1e i. V. m. Abs. 1 Nr. 6c Dz. U. 1992.86.

833 Art. 8 Abs. 2, Art. 20 Abs. 2 Dz. U. 2016.239.

834 Art. 6 i. V. m. Art. 8 Abs. 1 Nr. 1 Dz. U. 2016.239.

Erfasst werden hierunter auch Erlöse aus Verkäufen von Gütern, die der gemeinnützigen Einrichtung für diesen Zweck gespendet wurden.[835] Übersteigen die Entgelte für die Güter die Kosten der Herstellung oder liegen die Entgelte für die Angestellten der gemeinnützigen Einrichtung über dem Dreifachen des durchschnittlichen Einkommens für Angestellte von nicht steuerbegünstigten Einrichtungen im jeweiligen Bereich, können die Einnahmen nicht mehr den steuerfreien Zweckbetrieben zugeordnet werden.[836]

Eine Führung gewerblicher Nebenbetriebe ist zulässig, sofern sie steuerbegünstigten Zwecken dienen.[837]

10. Tschechien

In Tschechien werden die Einnahmen gemeinnütziger Einrichtungen in ideelle Einnahmen, Einnahmen aus Vermögensverwaltung sowie Einnahmen aus Zweckbetrieben und wirtschaftlichen Geschäftsbetrieben gegliedert. Ideelle Einnahmen, z. B. Spenden, Mitgliedsbeiträge und staatliche Zuschüsse, dürfen nur für den steuerbegünstigten Zweck verwendet werden.[838] Einnahmen aus Vermögensverwaltung können z. B. Kapitalerträge oder Einnahmen aus Vermietung und Verpachtung sein.[839]

Gemeinnützige Einrichtungen dürfen Zweckbetriebe unterhalten, sofern diese Einnahmen ausschließlich für ihre steuerbegünstigten Zwecke sowie für die Kosten der Verwaltung eingesetzt werden.[840] Die Führung wirtschaftlicher Geschäftsbetriebe ist zulässig, aber auch diese erwirtschafteten Einnahmen müssen ausschließlich den steuerbegünstigten Zwecken und der Kostendeckung für die Verwaltung dienen.[841] Zudem darf der wirtschaftliche Geschäftsbetrieb die steuerbegünstigten Zwecke in keiner Weise beeinträchtigen.[842]

---

835 Art. 6 i. V. m. Art. 8 Abs. 1 Nr. 1 und 2 Dz. U. 2016.239.

836 Art. 9 Abs. 1 Dz. U. 2016.239.

837 Art. 20 Abs. 1 Nr. 2 Dz. U. 2016.239.

838 § 18a Abs. 1 Z 586/1992 Sb.

839 § 18a Abs. 2 Z 586/1992 Sb.

840 §§ 217 Abs. 2, 307 Abs. 1 Satz 1 und 403 Satz 1 Z 89/2012 Sb.

841 §§ 217 Abs. 3, 307 Abs. 1 Satz 1 und 403 Satz 2 Z 89/2012 Sb.

842 *Ronovská*, in: Hopt/von Hippel (Hrsg.): Comparative corporate governance of non-profit organizations, S. 379 (420).

11. Ungarn

Gemeinnützige Einrichtungen in Ungarn können ideelle Einnahmen, solche aus Vermögensverwaltung sowie aus Zweckbetrieben und aus wirtschaftlichen Geschäftsbetrieben erzielen.

Ideelle Einnahmen sind z. B. Spenden, Zuwendungen, staatliche Zuschüsse und Mitgliedsbeiträge. Einkünfte aus Vermögensverwaltung können z. B. Dividenden aus Tochterunternehmen umfassen.[843] Die Führung von Zweckbetrieben ist zulässig, wenn dies den steuerbegünstigten Zwecken dient.[844] Priorität müssen aber auch hier stets die steuerbegünstigten Zwecke haben und durch den Zweckbetrieb nicht gefährdet werden.[845]

Erzielt die gemeinnützige Einrichtung mehr als 60 % ihrer Gesamteinnahmen aus Zweckbetrieben, handelt es sich stets um Einkünfte aus wirtschaftlicher Tätigkeit, auch wenn diese im Zusammenhang mit dem steuerbegünstigten Zweck stehen.[846] Einnahmen ohne Bezug zu den steuerbegünstigten Zwecken dürfen maximal 10 Mio. HUF (ca. 32.000 EUR) bzw. jährlich 10 % der Gesamteinnahmen betragen.[847]

12. Rumänien

Rumänien unterscheidet bei den Einnahmen gemeinnütziger Einrichtungen ebenfalls zwischen ideellen Einnahmen, Einnahmen aus Vermögensverwaltung sowie Einnahmen aus Zweckbetrieben und wirtschaftlichen Geschäftsbetrieben.

Einnahmen im ideellen Bereich können z. B. Spenden, Mitgliedsbeiträge (nur bei Vereinen)[848], Sponsoreneinnahmen oder Vermächtnisse sein. Dem Bereich der Vermögensverwaltung sind z. B. Zinsen und Dividenden aus Kapitalanlagen[849] oder aus wirtschaftlichen Ausgründungen der gemeinnützigen Einrichtungen zuzuordnen.[850]

Gemeinnützige Einrichtungen dürfen unmittelbar nur dann wirtschaftlichen Tätigkeiten nachgehen, wenn es sich um untergeordnete Nebenzwecke handelt,

843 *Csehi*, in: Walz/von Auer/von Hippel (Hrsg.): Spenden- und Gemeinnützigkeitsrecht in Europa, S. 511 (539).
844 § 17 Abs. 3 CLXXVI/2011.
845 § 17 Abs. 3 CLXXVI/2011.
846 § 2 Abs. 7 CLXXV/2011.
847 § 20 Abs. 1 Buchst. a LXXXI/1996.
848 Art. 46 Abs. 1 Buchst. a GO 26/2000.
849 Art. 46 Abs. 1 Buchst. b GO 26/2000.
850 Art. 46 Abs. 1 Buchst. c GO 26/2000; Art. 46 Abs. 1 Buchst. e GO 26/2000.

die eng mit dem Hauptzweck der Einrichtung verbunden sind.[851] Einnahmen hieraus dürfen jedoch jährlich 68.000 RON (ca. 15.000 EUR) nicht überschreiten bzw. maximal 10 % der Gesamteinnahmen umfassen.[852]

Höhere Einnahmen aus Nebentätigkeiten sowie alle Einnahmen aus wirtschaftlichen Tätigkeiten, die keine Verbindung zum steuerbegünstigten Zweck aufweisen, sind aber dennoch zulässig.[853] Die Dividenden aus der Führung von eigenen Unternehmen müssen allerdings entweder in das Unternehmen reinvestiert oder für steuerbegünstigte Zwecke eingesetzt werden.[854]

13. *Zusammenfassung*

Alle untersuchten Mitgliedstaaten gruppieren die Einnahmen von gemeinnützigen Einrichtungen in verschiedene Bereiche. Spenden, Zustiftungen, Schenkungen oder Mitgliedsbeiträge gelten regelmäßig als Einkünfte im ideellen Bereich. Einnahmen aus Vermögensverwaltung umfassen häufig z. B. Kapitalanlagen oder die Vermietung oder Verpachtung.

Zweck- oder Hilfsbetriebe sind in der Regel nur erlaubt, wenn mit diesen unmittelbar steuerbegünstigte Zwecke verwirklicht und die erzielten Erlöse für deren Realisierung eingesetzt werden. Einige Mitgliedstaaten begrenzen den Anteil an Einnahmen aus Zweck- oder Hilfsbetrieben. In Italien dürfen diese nicht mehr als 66 % der Einnahmen betragen, in Ungarn liegt die Grenze bei 60 %.

Wirtschaftliche Geschäftsbetriebe, die nicht im Zusammenhang mit den steuerbegünstigten Zwecken stehen, sind in einigen Mitgliedstaaten gänzlich untersagt (Frankreich, Großbritannien). Einige Mitgliedstaaten gestatten hingegen nur die Erzielung von geringfügigen Einkünften, z. B. maximal 10 % in Ungarn. Nur in wenigen Mitgliedstaaten dürfen wirtschaftliche Geschäftsbetriebe ohne Einschränkungen geführt werden.

V. Einnahmeverwendungsvorgaben und -verbote

1. *Deutschland*

Gemeinnützige Einrichtungen in Deutschland müssen ihre Mittel grundsätzlich für ihre steuerbegünstigten Zwecke einsetzen.[855] Ausgaben für andere Zwecke

851 Art. 15 Abs. 2 Buchst. i Legea 227/2015; Art. 48 GO 26/2000.

852 Art. 15 Abs. 3 Satz 1 Legea 227/2015.

853 Art. 15 Abs. 3 Satz 2 Legea 227/2015; *Adams*, Romania, IV. D. 2. „Economic Activities".

854 Art. 47 GO 26/2000.

855 § 55 Abs. 1 Nr. 1 Satz 1 AO.

sind nur zulässig, wenn diese wirtschaftlich sinnvoll sind und der Förderung der steuerbegünstigten Zwecke dienen.[856]

Die Kosten für die Verwaltung als auch für die Spendeneinwerbung dürfen nicht mehr als 50 % der Gesamteinnahmen ausmachen.[857] Aufwendungen für das Personal müssen zur Verhinderung verdeckter Gewinnausschüttungen angemessen sein[858], d. h., für eine vergleichbare Tätigkeit bei einer nicht steuerbegünstigten Einrichtung würde ein vergleichbares Entgelt gezahlt werden.[859]

Gestattet ist die Weitergabe von Mitteln an andere gemeinnützige Einrichtungen für deren steuerbegünstigte Zwecke[860] oder zur Vermögensausstattung.[861] Maximal ein Drittel der Einnahmen einer Stiftung dürfen für die Unterhaltung des Stifters und seiner Angehörigen bzw. zur Grabpflege aufgewendet werden.[862]

Gewinne aus Zweckbetrieben und wirtschaftlichen Geschäftsbetrieben können im Zweckbetrieb oder wirtschaftlichen Geschäftsbetrieb verbleiben, sofern dies die fortdauernde Existenz des Betriebs sichert.[863] Der Einsatz ideeller Mittel etwa für Verlustausgleiche des wirtschaftlichen Geschäftsbetriebs ist nicht zulässig.[864]

Das Gebot der zeitnahen Mittelverwendung erfordert darüber hinaus die Verwendung der eingenommenen Mittel innerhalb von zwei Jahren nach dem Zufluss.[865] Ausgenommen sind die Mittel, die einer Rücklage zugeführt werden sollen[866], z. B. für die Wiederbeschaffung von Wirtschaftsgütern[867] oder als freie Rücklage[868]. Nicht eingesetzt werden müssen darüber hinaus solche Mittel, die zur Erhöhung des Vermögens der gemeinnützigen Einrichtung bestimmt sind.[869]

---

856 § 55 Abs. 1 Nr. 3 AO; vgl. *Musil*, in: HHSp. (Hrsg.): AO/FGO, § 55 Rn. 25; *Schauhoff*, in: Schauhoff (Hrsg.): Handbuch der Gemeinnützigkeit, § 9 Rn. 19.

857 AEAO Nr. 18–21 zu § 55 AO.

858 Vgl. *Musil*, in: HHSp. (Hrsg.): AO/FGO, § 55 Rn. 213; *Schauhoff*, in: Schauhoff (Hrsg.): Handbuch der Gemeinnützigkeit, § 9 Rn. 22.

859 Vgl. *Musil*, in: HHSp. (Hrsg.): AO/FGO, § 55 Rn. 213; *Schauhoff*, in: Schauhoff (Hrsg.): Handbuch der Gemeinnützigkeit, § 9 Rn. 21.

860 § 58 Nr. 1 und 2 AO.

861 § 58 Nr. 3 AO.

862 § 58 Nr. 6 AO.

863 *Musil*, in: HHSp. (Hrsg.): AO/FGO, § 55 Rn. 170 ff.

864 *Seer*, in: Tipke/Kruse (Hrsg.): AO, § 55 Rn. 12.

865 § 55 Abs. 1 Nr. 5 AO.

866 § 62 Abs. 1 Nr. 1 AO.

867 § 62 Abs. 1 Nr. 2 AO.

868 § 62 Abs. 1 Nr. 3 AO.

869 § 62 Abs. 3 Nr. 2 und Nr. 3 AO.

Zuwendungen oder Gewinne der gemeinnützigen Einrichtung dürfen weder Mitgliedern noch Gesellschaftern oder Stiftern noch deren Angehörigen ausgeschüttet werden, wenn diese nicht zugleich Begünstigte der gemeinnützigen Einrichtung sind.[870] Zweckfremde oder der gemeinnützigen Einrichtung zuwiderlaufende Ausgaben[871] sind ebenso untersagt wie solche, die der Unterstützung politischer Parteien dienen[872].

2. *Österreich*

Das österreichische Recht sieht eine strenge Bindung der Mittel für die Verwirklichung steuerbegünstigter Zwecke vor.[873] Spenden sind grundsätzlich zweckgebunden einzusetzen.[874] Überschüsse aus den ideellen Einnahmen können in Rücklagen fließen, sofern mit diesen keine Vermögensmehrung der gemeinnützigen Einrichtung verbunden ist.[875] Die Ansammlung unangemessen hohen Vermögens – in Relation zu den mit der Ansammlung verfolgten Zielen – ist gemeinnützigkeitsschädlich.[876] Gewinne aus den entbehrlichen und unentbehrlichen Hilfsbetrieben müssen für die steuerbegünstigten Zwecke verwendet werden, sofern sie nicht zur wirtschaftlichen Erfolgssicherung des Hilfsbetriebs erforderlich sind.[877]

Den Mitgliedern der gemeinnützigen Einrichtung dürfen weder offene noch verdeckte Gewinne ausgeschüttet werden.[878] Verboten sind z. B. die unentgeltliche Überlassung von Gegenständen sowie die unentgeltliche Erbringung von Dienstleistungen der gemeinnützigen Einrichtung gegenüber den Mitgliedern.[879]

Bei Ausscheiden eines Mitglieds oder der Auflösung der gemeinnützigen Einrichtung darf den Mitgliedern nicht mehr als der ursprüngliche Wert ihrer

---

870 § 55 Abs. 1 Nr. 1 Satz 2 AO; *Schauhoff*, in: Schauhoff (Hrsg.): Handbuch der Gemeinnützigkeit, § 9 Rn. 114.

871 § 55 Abs. 1 Nr. 3 AO.

872 § 55 Abs. 1 Nr. 1 Satz 3 AO.

873 *Prinz/Prinz*, Gemeinnützigkeit im Steuerrecht, S. 93.

874 *Achatz*, in: Walz/von Auer/von Hippel (Hrsg.): Spenden- und Gemeinnützigkeitsrecht in Europa, S. 395 (403).

875 *Prinz/Prinz*, Gemeinnützigkeit im Steuerrecht, S. 93.

876 VereinsR 2001, Rn. 129.

877 *Prinz/Prinz*, Gemeinnützigkeit im Steuerrecht, S. 99 ff.

878 § 39 Nr. 2 Satz 2 BAO.

879 *Achatz*, in: Walz/von Auer/von Hippel (Hrsg.): Spenden- und Gemeinnützigkeitsrecht in Europa, S. 395 (403); *Prinz/Prinz*, Gemeinnützigkeit im Steuerrecht, S. 94.

Kapital- oder Sacheinlage erstattet werden.[880] Etwaige Wertsteigerungen sind dem steuerbegünstigten Zweck zu widmen.[881]

Weder die Mitglieder der gemeinnützigen Einrichtung noch Dritte dürfen durch Verwaltungsausgaben, die dem steuerbegünstigten Zweck fremd oder unverhältnismäßig hoch sind, begünstigt werden.[882] Diese müssen den Grundsätzen von Wirtschaftlichkeit und Sparsamkeit entsprechen.[883]

3. *Niederlande*

Gemeinnützige Einrichtungen in den Niederlanden sind verpflichtet, die ihnen zur Verfügung stehenden Mittel überwiegend für ihre steuerbegünstigten Zwecke einzusetzen. Für die Verwirklichung eigennütziger Interessen dürfen nur geringfügige Teile der Mittel verwendet werden.[884] Auch die Ausgaben für die Verwaltung und die Ausgaben für die Realisierung des steuerbegünstigten Zwecks müssen in einem angemessenen Verhältnis stehen.[885] Die Mitglieder des Leitungsbereichs der gemeinnützigen Einrichtung haben ihre Tätigkeit ehrenamtlich auszuüben, ihnen steht lediglich ein moderater Aufwendungsersatz zu.[886] Andere Mitglieder oder Dritte dürfen nur dann Mittel von der gemeinnützigen Einrichtung erhalten, wenn sie zugleich zu den Begünstigten zählen.[887] Den Rücklagen können Mittel nur zugeführt werden, sofern diese konkreten Zielen dienen, jedoch nicht mehr, als für deren Erreichung erforderlich ist.[888]

4. *Frankreich*

In Frankreich müssen gemeinnützige Einrichtungen ebenfalls alle Mittel für die steuerbegünstigten Zwecke einsetzen.[889] Direkte oder indirekte

---

880 § 39 Nr. 3 BAO.

881 *Prinz/Prinz*, Gemeinnützigkeit im Steuerrecht, S. 94.

882 § 39 Nr. 4 BAO; VereinsR 2001, Rn. 116.

883 *Prinz/Prinz*, Gemeinnützigkeit im Steuerrecht, S. 95.

884 Vgl. *Hemels*, in: Vanistendael (Hrsg.): Taxation of Charities, S. 375 (376).

885 Art. 1a Abs. 1 Nr. 1 Buchst. g UAWR.

886 Art. 1a Abs. 1 Nr. 1 Buchst. e UAWR.

887 *Van Ween*, in: Walz/von Auer/von Hippel (Hrsg.): Spenden- und Gemeinnützigkeitsrecht in Europa, S. 367 (377).

888 Art. 1a Abs. 1 Nr. 1 Buchst. d UAWR; *van Ween*, in: Walz/von Auer/von Hippel (Hrsg.): Spenden- und Gemeinnützigkeitsrecht in Europa, S. 367 (377 f.).

889 *Beltrame*, in: Walz/von Auer/von Hippel (Hrsg.): Spenden- und Gemeinnützigkeitsrecht in Europa, S. 283 (292); *Mock*, Reformbedarf im Gemeinnützigkeits- und Spendenrecht, S. 68.

Gewinnausschüttungen an Mitglieder, Mitarbeiter oder sonstige Dritte sind untersagt.[890] Eine indirekte Vorteilsgewährung liegt z. B. vor, wenn der Geschäftsführer einer gemeinnützigen Einrichtung zugleich eine leitende Funktion in einem Wirtschaftsunternehmen ausübt, das Leistungen für die gemeinnützige Einrichtung erbringt.[891] Ausnahmen sieht das Gesetz nicht vor.[892]

Die Tätigkeit in einem Organ der gemeinnützigen Einrichtung ist grundsätzlich ehrenamtlich wahrzunehmen.[893] Auch für leitende Angestellte gilt das Erfordernis der ehrenamtlichen Tätigkeit.[894] Lediglich die Zahlung von Aufwandsentschädigungen ist zulässig, die jedoch eine Höhe von maximal drei Viertel des französischen Mindestlohns nicht übersteigen dürfen und in der Satzung der gemeinnützigen Einrichtung vorgesehen sein müssen.[895]

Bei einem Eigenkapital in Höhe von mindestens 200.000 EUR darf die gemeinnützige Einrichtung einen Geschäftsführer beschäftigen, bei Eigenkapital von mehr als 500.000 EUR sind zwei Geschäftsführer und bei Eigenkapital von über 1.000.000 EUR drei Geschäftsführer zulässig.[896] Andere Mitarbeiter können ohne Beschränkungen angestellt werden, sofern der Lohn in einem angemessenen Verhältnis zu ihrer Tätigkeit, Arbeitszeit und Qualifikation steht.[897] Im Übrigen sind unangemessen hohe Ausgaben für Güter oder Dienstleistungen untersagt.[898]

Die Bildung angemessener Rücklagen für steuerbegünstigte Zwecke ist zulässig.[899] Ein Gebot der zeitnahen Mittelverwendung existiert nicht.[900]

---

890 Art. 267 Abs. 7 Nr. 1 Buchst. d CGI.

891 *Beltrame*, in: Walz/von Auer/von Hippel (Hrsg.): Spenden- und Gemeinnützigkeitsrecht in Europa, S. 283 (293).

892 *Beltrame*, in: Walz/von Auer/von Hippel (Hrsg.): Spenden- und Gemeinnützigkeitsrecht in Europa, S. 283 (293).

893 *Mock*, Reformbedarf im Gemeinnützigkeits- und Spendenrecht, S. 63 f.

894 *Mock*, Reformbedarf im Gemeinnützigkeits- und Spendenrecht, S. 64.

895 BOI-IS-CHAMP-10-50-10-20-20120912, Rn. 100 und 180.

896 BOI-IS-CHAMP-10-50-10-20-20120912, Rn. 300 ff.

897 BOI-IS-CHAMP-10-50-10-20-20120912, Rn. 430 ff.

898 BOI-IS-CHAMP-10-50-10-20-20120912, Rn. 120.

899 BOI-IS-CHAMP-10-50-10-20-20120912, Rn. 630 und 640; *Beltrame*, in: Walz/von Auer/von Hippel (Hrsg.): Spenden- und Gemeinnützigkeitsrecht in Europa, S. 283 (295).

900 *Beltrame*, in: Walz/von Auer/von Hippel (Hrsg.): Spenden- und Gemeinnützigkeitsrecht in Europa, S. 283 (295).

5. *Großbritannien (England und Wales)*

In Großbritannien darf leitenden Personen grundsätzlich kein Entgelt gezahlt werden, sofern entsprechende Zahlungen nicht ausdrücklich durch die Satzung der gemeinnützigen Einrichtung vorgesehen sind oder die Charity Commission einer nachträglichen Einführung zustimmt.[901] Aufwandsentschädigungen müssen den Umständen entsprechend angemessen sein und vertraglich festgehalten werden.

Für besondere Dienstleistungen oder Waren von Mitgliedern der gemeinnützigen Einrichtungen dürfen Entgelte geleistet werden, wenn dies nicht durch die Satzung ausgeschlossen ist und es sich dabei um eine Minderheit von Mitgliedern handelt, sodass der Ausnahmestatus gewahrt bleibt.[902]

Förderer haben die Möglichkeit, sich Rechte an ihren Zuwendungen vorzubehalten. Dies gilt z. B. dann, wenn die gemeinnützige Einrichtung die mit der Zuwendung verfolgten Zwecke unabhängig von der Zuwendung bereits erfüllt hat[903] oder nicht mehr erfüllen kann bzw. will[904]. Tritt das mit der Zuwendung verbundene Ziel nicht ein, ist der Förderer berechtigt, seine Zuwendung zurückzuverlangen.[905]

6. *Schweden*

Schweden gestattet gemeinnützigen Einrichtungen bis zu 10 % ihrer Einnahmen anderen, nicht steuerbegünstigten Zwecken zu widmen.[906] Diese Zwecke müssen aber ebenso wie die steuerbegünstigten Zwecke in der Satzung festgeschrieben sein.[907] Etwa 75–80 % der Einnahmen einer gemeinnützigen Einrichtung aus den letzten fünf Jahren sind für die steuerbegünstigten Zwecke zu verwenden.[908] Aus den verbleibenden 20–25 % ist die Bildung von Rücklagen möglich.[909]

---

901 *Picarda*, in: Hopt/von Hippel (Hrsg.): Comparative corporate governance of non-profit organizations, S. 170 (190).

902 § 185 CA 2011.

903 § 62 Abs. 1 Buchst. a Nr. i CA 2011.

904 § 62 Abs. 1 Buchst. a Nr. ii CA 2011.

905 § 62 CA 2011.

906 Kap. 7 § 5 Abs. 1 ISL 1999; *Arvidsson*, in: Vanistendael (Hrsg.): Taxation of Charities, S. 541 (550).

907 *Lindencrona*, in: Walz/von Auer/von Hippel (Hrsg.): Spenden- und Gemeinnützigkeitsrecht in Europa, S. 419 (427).

908 *Arvidsson*, in: Vanistendael (Hrsg.): Taxation of Charities, S. 541 (548 ff.).

909 *Arvidsson*, in: Vanistendael (Hrsg.): Taxation of Charities, S. 541 (550).

Gewinnausschüttungen an die Mitglieder der gemeinnützigen Einrichtung sind nicht zulässig.[910] Das schwedische Gemeinnützigkeitsrecht enthält im Übrigen keine weiteren Vorgaben zur Mittelverwendung.

7. *Spanien*

In Spanien gilt für alle gemeinnützigen Einrichtungen ein Gewinnausschüttungsverbot.[911] Mindestens 70 % der erzielten Einnahmen sind innerhalb von vier Jahren ab dem Zufluss der Mittel für die Verwirklichung des steuerbegünstigten Zwecks zu verwenden, die verbleibenden 30 % können zum Aufbau des Vermögens oder der Bildung von Rücklagen eingesetzt werden.[912]

Weder die Gründer, Vorstands- oder Verwaltungsmitglieder noch deren Ehepartner oder sonstige Angehörige dürfen Begünstigte der gemeinnützigen Einrichtungen sein.[913] Den Mitgliedern der Leitungsorgane steht außer einer Aufwandsentschädigung kein Anspruch auf ein Entgelt für die Ausübung ihrer Ämter zu.[914] Besteht ein Vertrag über die Erbringung weitergehender Leistungen, ist eine angemessene Vergütung zulässig.[915] Vertreter der gemeinnützigen Einrichtung in Tochtergesellschaften können für diese Tätigkeit ein angemessenes Entgelt erhalten, sofern sie dieses an die gemeinnützige Einrichtung ausschütten.[916]

8. *Italien*

Für die italienische ONLUS gilt ebenfalls ein generelles Gewinnausschüttungsverbot.[917] Vorgaben bezüglich einer zeitnahen Mittelverwendung oder der maximalen Höhe der Ausgaben für die Verwaltung bestehen nicht.

Die Gesamtvergütung der Vorstandsmitglieder pro Jahr ist auf das jährliche Durchschnittseinkommen eines Aufsichtsratsvorsitzenden einer italienischen Aktiengesellschaft beschränkt.[918] Aufwandsentschädigungen an die Mitglieder

---

910 *Lindencrona*, in: Walz/von Auer/von Hippel (Hrsg.): Spenden- und Gemeinnützigkeitsrecht in Europa, S. 419 (427).
911 Art. 3 Abs. 5 Ley 49/2002; Art. 13 Abs. 2 Ley 1/2002; Art. 1 Abs. 3 Ley 50/2002.
912 Art. 3 Abs. 2 Ley 49/2002.
913 Art. 3 Abs. 4 Satz 1 Ley 49/2002.
914 Art. 3 Abs. 5 Satz 1 Ley 49/2002.
915 Art. 3 Abs. 5 Satz 3 Ley 49/2002.
916 Art. 3 Abs. 5 Satz 5 Ley 49/2002.
917 Art. 10 Abs. 1 Buchst. d DL 460/1997.
918 Art. 10 Abs. 6 Buchst. c DL 460/1997.

der Organe müssen sich in einem angemessenen Rahmen bewegen.[919] Auch die Entgelte für die übrigen Angestellten dürfen nicht mehr als 20 % über der für die jeweilige Tätigkeit vorgesehenen durchschnittlichen Vergütung nach dem jeweils geltenden Tarifvertrag liegen.[920]

9. Polen

Polen begrenzt die Entgelte der Beschäftigten gemeinnütziger Einrichtungen auf das Dreifache des jeweils vorjährigen durchschnittlichen Monatseinkommens.[921] Bei Überschreitung dieser Grenze innerhalb eines Zeitraums von drei Monaten wird die Tätigkeit der gemeinnützigen Einrichtung automatisch als wirtschaftliche Tätigkeit eingestuft und löst eine Steuerpflicht aus.[922] Der Status einer gemeinnützigen Einrichtung bleibt ihr jedoch erhalten.[923]

Die Mitglieder des satzungsmäßigen Aufsichts- oder Kontrollgremiums der gemeinnützigen Einrichtung dürfen nur für ihre tatsächlich entstandenen Kosten entschädigt werden.[924] Zulässig ist zudem die Zahlung einer Aufwandsentschädigung, die aber auf den durchschnittlichen monatlichen Betrag für Aufwandsentschädigungen für vergleichbare Tätigkeiten im unternehmerischen Bereich begrenzt wird.[925]

10. Tschechien

In Tschechien müssen gemeinnützige Einrichtungen ihre Einnahmen für steuerbegünstigte Zwecke einsetzen.[926] Darüber hinaus sind durch diese Einkünfte die Verwaltungskosten zu decken.[927]

Nach dem Entwurf des neuen tschechischen Gemeinnützigkeitsgesetzes dürfen gemeinnützige Einrichtungen weder an ihre Gründungsmitglieder noch an Mitglieder, Beschäftigte, Organe oder sonstige Personen Gewinne ausschütten.[928] Erhalten diese Personen ein Entgelt, das den Umsatz des Vorjahres um

---

919 Art. 10 Abs. 6 Buchst. c DL 460/1997.
920 Art. 10 Abs. 6 Buchst. e DL 460/1997.
921 Art. 9 Abs. 1 Nr. 2 Dz. U. 2016.239.
922 Art. 9 Abs. 1 Dz. U. 2016.239.
923 Art. 9 Abs. 1a Dz. U. 2016.239.
924 Art. 20 Abs. 1 Nr. 4 Buchst. c Dz. U. 2016.239.
925 Art. 20 Abs. 1 Nr. 4c Dz. U. 2016.239.
926 § 146 Z 89/2012 Sb.
927 § 217 Abs. 2 und 3 Z 89/2012 Sb.
928 § 8 Abs. 1 Buchst. a Z SVP E.

mehr als 5 % übersteigt, ist ein Nachweis zu erbringen, der die Höhe des Entgelts für die zu erbringende Tätigkeit entsprechend rechtfertigt.[929] Gleiches gilt bei einer entsprechenden Entgeltzahlung für eine Warenlieferung durch diesen Personenkreis.[930]

11. Ungarn

Gemeinnützige Einrichtungen in Ungarn sind verpflichtet, ihre Mittel, die mindestens 1 Mio. HUF (ca. 3.200 EUR) im Jahr betragen müssen, für steuerbegünstigte Zwecke einzusetzen.[931] Die Ausgaben für das Personal dürfen maximal ein Viertel der Gesamtausgaben ausmachen.[932] Für die steuerbegünstigten Zwecke sind mindestens 50 % der Gesamtausgaben aufzuwenden.[933]

12. Rumänien

In Rumänien dürfen die Mitglieder gemeinnütziger Einrichtungen keine Gewinnausschüttungen für ihre Einlagen erhalten.[934] Auch eine Rückzahlung der Kapitaleinlagen ist nicht gestattet.[935]

Erlaubt ist allerdings die Zahlung von Entgelten an die Vorstandsmitglieder gemeinnütziger Einrichtungen für ihre Leitungstätigkeit.[936] Richtlinien zur Beschäftigung von Personal oder zur Maximalhöhe der Verwaltungskosten bestehen nicht.

13. Zusammenfassung

Grundsätzlich müssen in allen Mitgliedstaaten die erzielten Einnahmen vorrangig für steuerbegünstigte Zwecke eingesetzt werden. Darüber hinaus begrenzen einige Mitgliedstaaten die Entgelte der Angestellten und/oder die Verwaltungskosten. Diese Grenzen werden zum Teil quantitativ bestimmt (Deutschland, Italien, Polen, Ungarn), zum Teil müssen sie lediglich „angemessen" sein (Österreich, Niederlande, Frankreich, Großbritannien).

---

929 § 15 Abs. 1 Z SVP E.
930 § 15 Abs. 2 Z SVP E.
931 §§ 32 Abs. 4 Buchst. a, 34 Abs. 1 Buchst. c CLXXV/2011.
932 § 32 Abs. 4 Buchst. b CLXXV/2011.
933 § 32 Abs. 5 Buchst. b CLXXV/2011.
934 Art. 4 GO 26/2000.
935 Art. 60 Abs. 1 GO 26/2000.
936 Art. 6 Abs. 3 Buchst. f GO 26/2000.

Soweit Vorgaben für die Verwendung der Mittel von gemeinnützigen Einrichtungen existieren, untersagen alle Mitgliedstaaten die Ausschüttung von Mitteln an die Mitglieder. Einige Mitgliedstaaten fordern darüber hinaus eine unentgeltliche Ausübung der Vorstandstätigkeit bzw. gestatten nur Aufwandsentschädigungen (Niederlande, Frankreich, Spanien, Polen). Nur wenige Mitgliedstaaten setzen zeitliche Fristen zur Verwendung der erzielten Einnahmen (Deutschland, Spanien).

VI. Bildung von Rücklagen

1. Deutschland

Deutschland erlaubt die Bildung von Rücklagen für eine nachhaltige Erfüllung der steuerbegünstigten Zwecke[937], Rücklagen zur Wiederbeschaffung von Wirtschaftsgütern für die Verwirklichung der steuerbegünstigten Zwecke[938] sowie freie Rücklagen[939]. Darüber hinaus dürfen Mittel in Rücklagen für den Erwerb von Gesellschaftsanteilen fließen, um eine gleichbleibende prozentuale Beteiligung an einer Gesellschaft zu gewährleisten.[940] Freie Rücklagen sind auf ein Drittel der Überschüsse aus der Vermögensverwaltung begrenzt und dürfen maximal 10 % der sonstigen zeitnah zu verwendenden Mittel, z. B. aus Zweckbetrieben, wirtschaftlichen Geschäftsbetrieben oder ideellen Einnahmen, ausmachen.[941]

Eine Begrenzung der Rücklagen für die Zweckverfolgung oder zur Wiederbeschaffung von Wirtschaftsgütern besteht nicht.[942] Allerdings müssen über die mit den Rücklagen verfolgten Zwecke bereits konkrete Vorstellungen bestehen.[943] Gestattet sind außerdem Rücklagen für periodisch wiederkehrende Ausgaben, z. B. Gehälter oder Mieten.[944]

Die Rücklagen müssen innerhalb zweier Kalenderjahre nach dem Zufluss der Mittel gebildet werden.[945] Entfällt der Grund für die Rücklagen, sind diese

---

937 § 62 Abs. 1 Nr. 1 AO.

938 § 62 Abs. 1 Nr. 2 AO.

939 § 62 Abs. 1 Nr. 3 AO.

940 § 62 Abs. 1 Nr. 4 AO.

941 § 62 Abs. 1 Nr. 3 AO; *Richter*, in: Richter (Hrsg.): Stiftungsrechts-Handbuch, § 43 Rn. 69.

942 Nr. 3 AEAO zu § 62 Abs. 1 Nr. 1 AO.

943 Nr. 4 AEAO zu § 62 Abs. 1 Nr. 1 AO.

944 Nr. 4 AEAO zu § 62 Abs. 1 Nr. 1 AO.

945 § 62 Abs. 2 Satz 1 i. V. m. § 55 Abs. 1 Nr. 5 Satz 3 AO.

unverzüglich aufzulösen und die frei gewordenen Mittel innerhalb von zwei Jahren für die steuerbegünstigten Zwecke zu verwenden.[946]

2. *Österreich*

Die Bildung von Rücklagen ist in Österreich in einem angemessenen Umfang gestattet.[947] Diese Angemessenheit bestimmt sich nach dem Zweck der Rücklagenbildung. Eine gesetzliche Höchstgrenze existiert nicht.[948] In Höhe eines Jahresbedarfs für Betriebsmittel sind Rücklagen zulässig, darüber hinausgehende Beträge bedürfen aber der Angabe eines konkreten Grundes.[949]

Werden Rücklagen für bestimmte Zwecke gebildet, muss deren Realisierung auf absehbare Zeit möglich sein.[950] In die Rücklagen können alle Einnahmen, d. h. Mitgliedsbeiträge, Spenden, Zuwendungen sowie Erträge aus der Vermögensverwaltung oder Wirtschaftsbetrieben, fließen.[951]

3. *Niederlande*

Gemeinnützige Einrichtungen in den Niederlanden dürfen nicht mehr Vermögen anhäufen als für ihre steuerbegünstigten Zwecke erforderlich ist.[952] Gemeinnützigen Stiftungen ist darüber hinaus die Ansammlung von Rücklagen gestattet, sofern eine spätere Verwendung für den steuerbegünstigten Zweck sichergestellt wird.[953]

4. *Frankreich*

Grundsätzlich existieren in Frankreich keine Vorgaben für die Bildung von Rücklagen. Zulässig sind Rücklagen für die zukünftige Verwirklichung der steuerbegünstigten Zwecke, sofern diese durch Überschüsse erzielt wurden und Ausdruck einer gesunden und vorausschauenden Verwaltung sind.[954]

---

946 § 62 Abs. 2 Satz 2 AO.

947 VereinsR 2001, Rn. 129; *Prinz/Prinz*, Gemeinnützigkeit im Steuerrecht, S. 97.

948 *Prinz/Prinz*, Gemeinnützigkeit im Steuerrecht, S. 97.

949 VereinsR 2001, Rn. 129.

950 *Prinz/Prinz*, Gemeinnützigkeit im Steuerrecht, S. 98.

951 *Prinz/Prinz*, Gemeinnützigkeit im Steuerrecht, S. 97.

952 Art. 1a Abs. 1 Buchst. d UAWR.

953 *Van Ween*, in: Walz/von Auer/von Hippel (Hrsg.): Spenden- und Gemeinnützigkeitsrecht in Europa, S. 367 (377 f.).

954 BOI-IS-CHAMP-10-50-10-20-20120912, Rn. 630 und 640.

Unabhängig davon müssen gemeinnützige Stiftungen ein Zehntel ihrer jährlichen Überschüsse in Rücklagen einstellen.[955] Gemeinnützige Vereine können satzungsmäßige Rücklagen bilden.[956]

5. *Großbritannien (England und Wales)*

Großbritannien sieht grundsätzlich die Verwendung aller Einnahmen innerhalb eines angemessenen Zeitraums vor.[957] Als angemessen gilt auch ein längerer Zeitraum, in dem Mittel für die Verwirklichung steuerbegünstigter Zwecke angesammelt werden, wenn sich ohne diese Rücklagen eine sinnvolle Zweckverfolgung als nicht möglich erweist.[958]

Die Rücklagenbildung muss dabei Ausdruck einer leistungsfähigen Verwaltung der gemeinnützigen Einrichtung sein.[959] Rücklagenfähig sind nur ungebundene Einnahmen, keinesfalls jedoch z. B. zweckgebundene Schenkungen oder Zustiftungen.[960]

6. *Schweden*

Nach dem schwedischen Gemeinnützigkeitsrecht sind gemeinnützige Einrichtungen verpflichtet, ca. 75–80 % ihrer Einnahmen für steuerbegünstigte Zwecke zu verwenden.[961] Der verbleibende Rest darf den Rücklagen zugeführt werden.[962] Maßgeblich für die Bestimmung der Werte sind die durchschnittlichen Einnahmen der zurückliegenden fünf Jahre.[963] Bei der Ausgabenberechnung für die Verwirklichung des steuerbegünstigten Zwecks können die Kosten für Personal oder Verwaltung berücksichtigt werden.[964]

---

955 *Beltrame*, in: Walz/von Auer/von Hippel (Hrsg.): Spenden- und Gemeinnützigkeitsrecht in Europa, S. 283 (295).

956 *Beltrame*, in: Walz/von Auer/von Hippel (Hrsg.): Spenden- und Gemeinnützigkeitsrecht in Europa, S. 283 (295).

957 *Selbig*, in: Walz/von Auer/von Hippel (Hrsg.): Spenden- und Gemeinnützigkeitsrecht in Europa, S. 321 (330 f.).

958 Vgl. *Alexander*, Charity Governance, 9.70.

959 *Alexander*, Charity Governance, 9.71.

960 *Alexander*, Charity Governance, 9.74 f.

961 Kap. 7 § 6 ISL 1999.

962 *Arvidsson*, in: Vanistendael (Hrsg.): Taxation of Charities, S. 541 (550).

963 *Lindencrona*, in: Walz/von Auer/von Hippel (Hrsg.): Spenden- und Gemeinnützigkeitsrecht in Europa, S. 419 (428).

964 *Gunne/Löfgren*, Beskattning av stiftelser och ideella föreningar, S. 59.

7. Spanien

Gemeinnützige Einrichtungen in Spanien müssen 70 % ihrer Einnahmen innerhalb von vier Jahren ab der Erzielung der Einnahmen für ihre steuerbegünstigten Zwecke einsetzen.[965] Die restlichen 30 % ihrer Einnahmen können zur Vermögensanwachsung oder zur Rücklagenbildung verwendet werden.[966] Unberücksichtigt bleiben bei der Berechnung die Einnahmen aus Zustiftungen und Spenden.[967]

8. Italien

Italien sieht für die ONLUS keine Vorschriften zur Rücklagenbildung vor, schließt diese aber auch nicht explizit aus.[968]

9. Polen

Das polnische Gemeinnützigkeitsrecht enthält ebenfalls keine Regelungen hinsichtlich der Bildung von Rücklagen.[969]

10. Tschechien

Auch das geplante tschechische Gemeinnützigkeitsrecht verfügt derzeit über keine Vorgaben für die Rücklagenbildung. Das neue Zivilgesetzbuch schließt die Ansammlung von Rücklagen ebenfalls nicht explizit aus.

11. Ungarn

Das ungarische Gemeinnützigkeitsgesetz enthält ebenso keine Vorgaben, die die Bildung von Rücklagen durch die gemeinnützigen Einrichtungen untersagen.[970]

---

965 Art. 3 Abs. 2 Satz 3 Ley 49/2002.

966 Art. 3 Abs. 2 Satz 2 Ley 49/2002.

967 Art. 3 Abs. 2 Satz 1 Buchst. c Satz 3 Ley 49/2002; *Báez/Pedreira*, in: Vanistendael (Hrsg.): Taxation of Charities, S. 511 (516).

968 *Runte/von Hippel*, in: Walz/von Auer/von Hippel (Hrsg.): Spenden- und Gemeinnützigkeitsrecht in Europa, S. 341 (352).

969 Art. 20 Abs. 1 Nr. 3 Dz. U. 2016.239.

970 § 34 Abs. 1 Buchst. c CLXXV/2011.

12. Rumänien

Die Bildung von Rücklagen durch gemeinnützige Einrichtungen ist in Rumänien zulässig.[971] Nähere Regelungen, für welche Zwecke und in welcher Höhe Rücklagen gebildet werden können oder wann sie wieder aufgelöst werden müssen, existieren nicht.

13. Zusammenfassung

Die Regelungen in den untersuchten Mitgliedstaaten zur Bildung von Rücklagen unterscheiden sich deutlich. Zum Teil bestehen detaillierte Vorgaben über die Art und Höhe der Rücklagen sowie den Zeitraum, innerhalb dessen sie gebildet werden müssen (Deutschland, Österreich). Andere Mitgliedstaaten erlauben die Bildung angemessener oder erforderlicher Rücklagen ohne weitere Einschränkungen (Niederlande, Großbritannien).

Einige Mitgliedstaaten (Frankreich, Schweden, Spanien) verfügen nur über quantitative Richtwerte zur Höhe der erlaubten Rücklagen, jedoch nicht über detailliertere Anforderungen zum Zweck der Rücklagenbildung. In den übrigen Mitgliedstaaten wird die Bildung von Rücklagen weder ausdrücklich gestattet noch ausgeschlossen.

VII. Auflösung

1. Deutschland

Für den Fall der Auflösung einer gemeinnützigen Einrichtung oder bei Wegfall des steuerbegünstigten Zwecks ist in Deutschland aufgrund des Grundsatzes der Vermögensbindung das verbleibende Vermögen ausschließlich steuerbegünstigten Zwecken zuzuwenden.[972] Lediglich die eingezahlten Kapitalanteile der Mitglieder oder der gemeine Wert geleisteter Sacheinlagen bei Kapitalgesellschaften sind erstattbar.[973] Daneben kann das verbleibende Vermögen einer anderen gemeinnützigen Einrichtung oder einer juristischen Person des öffentlichen Rechts übertragen werden, die es jedoch für eigene steuerbegünstigte Zwecke einzusetzen hat.[974]

---

971 Art. 38 Abs. 1 Buchst. d GO 26/2000.

972 *Schauhoff*, in: Schauhoff (Hrsg.): Handbuch der Gemeinnützigkeit, § 6 Rn. 102.

973 § 55 Abs. 1 Nr. 4 Satz 1 AO.

974 § 55 Abs. 1 Nr. 4 Satz 2 AO.

2. *Österreich*

Das österreichische Recht bestimmt für den Fall der Auflösung oder der Aufhebung einer gemeinnützigen Einrichtung sowie eines Wegfalls des steuerbegünstigten Zwecks die Verwendung des verbleibenden Vermögens ebenfalls für vergleichbare steuerbegünstigte Zwecke.[975] Nicht zum zweckgebundenen Vermögen zählen die eingezahlten Kapitalanteile der Mitglieder und der gemeine Wert von Sacheinlagen in eine Kapitalgesellschaft, die an die Mitglieder zurückgezahlt werden dürfen.[976]

3. *Niederlande*

Das niederländische Recht verpflichtet die gemeinnützige Einrichtung für den Fall ihrer Auflösung, das verbleibende Vermögen an eine andere gemeinnützige Einrichtung auszuzahlen, die vergleichbare steuerbegünstigte Zwecke wie die sich auflösende gemeinnützige Einrichtung verfolgt.[977]

4. *Frankreich*

Gemeinnützige Einrichtungen in Frankreich müssen ihr verbleibendes Vermögen im Fall der Auflösung anderen gemeinnützigen Einrichtungen mit vergleichbaren steuerbegünstigten Zwecken zukommen lassen.[978] Eine Rückzahlung an die Mitglieder der Einrichtungen ist nicht zulässig.[979]

Darüber hinaus kann es auch an Vereine und Stiftungen, die ausschließlich wohltätige Zwecke verfolgen, oder an öffentliche Einrichtungen ausgeschüttet werden.[980] Die empfangende Einrichtung muss jedoch durch ihre Satzung ermächtigt sein, Liquidationserlöse anderer gemeinnütziger Einrichtungen entgegennehmen zu dürfen.[981]

---

975 § 39 Nr. 5 BAO.

976 *Prinz/Prinz*, Gemeinnützigkeit im Steuerrecht, S. 81.

977 Art. 1a Abs. 1 Buchst. h UAWR.

978 Art. 9 Loi du 1901; Art. 19-12 Loi du 1987; *Mock*, Reformbedarf im Gemeinnützigkeits- und Spendenrecht, S. 66.

979 *Mock*, Reformbedarf im Gemeinnützigkeits- und Spendenrecht, S. 66.

980 Die Zuwendung an andere gemeinnützige Einrichtungen ist Ausdruck des uneigennützigen Managements der aufzulösenden gemeinnützigen Einrichtung, Bulletin 4 H-5-06, Nr. 208 vom 18. Dezember 2006, Rn. 12.

981 *De Crouy-Chanel*, in: Vanistendael (Hrsg.): Taxation of Charities, S. 255 (268).

5. *Großbritannien (England und Wales)*

Im Fall der Auflösung einer gemeinnützigen Einrichtung in Großbritannien muss das verbleibende Vermögen an eine oder mehrere andere gemeinnützige Einrichtungen übertragen werden, die der sich auflösenden gemeinnützigen Einrichtung vergleichbare steuerbegünstigte Zwecke verfolgen.[982]

6. *Schweden*

Das schwedische Gemeinnützigkeitsrecht enthält keine ausdrücklichen Vorgaben zur Verwendung der verbleibenden Mittel bei der Auflösung einer gemeinnützigen Einrichtung. Aufgrund der Voraussetzung der (nahezu) ausschließlichen Verwendung der Mittel für den steuerbegünstigten Zweck[983] ist es naheliegend, dass auch im Fall der Auflösung oder Beendigung einer gemeinnützigen Einrichtung das verbleibende Vermögen an vergleichbare gemeinnützige Einrichtungen ausgeschüttet oder für vergleichbare steuerbegünstigte Zwecke verwendet werden muss.

7. *Spanien*

Spanien fordert für den Fall der Auflösung einer gemeinnützigen Einrichtung die Übertragung des verbleibenden Vermögens an eine andere gemeinnützige Einrichtung oder eine öffentlich-rechtliche Anstalt, die steuerbegünstigte Zwecke verfolgt.[984] Eine Rückzahlung des Vermögens an die Mitglieder, Gründer oder Stifter ist nicht zulässig.[985]

8. *Italien*

Im Fall der Auflösung einer ONLUS muss das restliche Vermögen an eine andere gemeinnützige ONLUS ausgeschüttet werden.[986] Eine Ausschüttung des verbleibenden Vermögens an die Mitglieder ist ausdrücklich untersagt.[987]

---

982 § 263 Abs. 4 CA 2011.

983 Kap. 7 § 6 ISL 1999.

984 Art. 3 Abs. 6 Satz 1 Ley 49/2002.

985 Art. 3 Abs. 6 Satz 2 Ley 49/2002; vgl. *Taboada*, in: Walz/von Auer/von Hippel (Hrsg.): Spenden- und Gemeinnützigkeitsrecht in Europa, S. 483 (490).

986 Art. 10 Abs. 1 Buchst. f DL 460/1997.

987 Art. 148 Abs. 8 Buchst. b TUIR 1986.

9. Polen

Das polnische Vereins- bzw. Stiftungsgesetz sieht jeweils für den Fall der Auflösung von gemeinnützigen Einrichtungen vor, dass ein verbleibendes Vermögen an eine andere gemeinnützige Einrichtung ausgezahlt werden muss.[988] Kommt die Einrichtung dieser Pflicht nicht innerhalb von sechs Monaten nach der Auflösung nach, ist der Sozialminister befugt, das Vermögen an eine andere gemeinnützige Einrichtung auszuschütten.[989]

10. Tschechien

Nach dem Entwurf des tschechischen Gemeinnützigkeitsrechts ist im Fall der Auflösung einer gemeinnützigen Einrichtung das verbleibende Vermögen an eine andere gemeinnützige Einrichtung mit vergleichbaren steuerbegünstigten Zwecken auszuschütten.[990]

11. Ungarn

In Ungarn richtet sich die Verwendung des verbleibenden Vermögens einer gemeinnützigen Einrichtung im Fall der Auflösung nach den Vorgaben der jeweiligen Rechtsform.[991] Gemeinnützige Vereine müssen ihr verbleibendes Vermögen an andere gemeinnützige Einrichtungen ausschütten, die den gleichen oder zumindest einen vergleichbaren steuerbegünstigten Zweck verfolgen.[992]

Bei der Auflösung gemeinnütziger Stiftungen ist das verbleibende Vermögen an die Personen auszureichen, die in der Satzung als Empfänger bestimmt wurden.[993] Enthält die Satzung keine Vorgaben, kann eine Auszahlung an Vereine oder Stiftungen erfolgen, die gleichen oder vergleichbaren steuerbegünstigten Zwecken dienen wie die sich auflösende Stiftung.[994]

Verliert die gemeinnützige Einrichtung ihren Gemeinnützigkeitsstatus, lebt die Steuerpflicht wieder auf.[995] Zudem muss sie ihre Pflichten aus Verträgen im Rahmen des steuerbegünstigten Zwecks erfüllen.[996]

---

988 *Majdańska*, in: Vanistendael (Hrsg.): Taxation of Charities, S. 413 (430 f.).
989 Art. 33 Abs. 5 Dz. U. 2016.239.
990 § 8 Abs. 1 Buchst. a Nr. 3 Z SVP E.
991 Vgl. § 10/A Abs. 1 Satz 1 CLXXV/2011.
992 § 3:85 Abs. 1 Satz 1 V/2003.
993 § 3:404 Abs. 1 V/2003.
994 § 3:404 Abs. 2 V/2003.
995 § 50 CLXXV/2011.
996 § 50 CLXXV/2011.

12. Rumänien

Rumänien verpflichtet gemeinnützige Einrichtungen, Vermögen aus öffentlichen Mitteln oder öffentlichen Einnahmen im Fall der Auflösung an andere gemeinnützige Einrichtungen, Vereine, Stiftungen oder öffentliche Institutionen auszuschütten, die vergleichbaren steuerbegünstigten Zwecken nachgehen.[997] Sonstiges Vermögen aus nichtöffentlichen Quellen kann auch an andere juristische Personen mit gleichen oder zumindest vergleichbaren steuerbegünstigten Zwecken ausgezahlt werden.[998] Eine Ausreichung des verbleibenden Vermögens an natürliche Personen ist ebenso untersagt wie die Rückzahlung an die Mitglieder der sich auflösenden gemeinnützigen Einrichtung.[999]

Erfolgt innerhalb von sechs Monaten nach der Liquidation keine Auszahlung des verbliebenen Vermögens[1000] oder enthält die Satzung keine Vorgabe hinsichtlich eines Empfängers oder verstößt diese Festlegung gegen das Gesetz oder die öffentliche Ordnung[1001], kann das zuständige Gericht einen Empfänger des Vermögens bestimmen.

13. Zusammenfassung

Alle untersuchten Mitgliedstaaten sehen im Fall der Auflösung oder Beendigung einer gemeinnützigen Einrichtung vor, dass ein verbleibendes Vermögen an eine andere gemeinnützige Einrichtung, die in der Regel vergleichbare steuerbegünstigte Zwecke verfolgen muss, auszuschütten ist. Eine Rückzahlung des Vermögens an die Mitglieder der gemeinnützigen Einrichtung ist – mit Ausnahme der Rückzahlung von Kapitaleinlagen bei Kapitalgesellschaften in Deutschland, Österreich und Tschechien – nicht erlaubt.

VIII. Weitere Anforderungen

1. Deutschland

Das deutsche Gemeinnützigkeitsrecht enthält umfangreiche Anforderungen an die Satzungen von gemeinnützigen Einrichtungen.[1002] Die Satzung muss so präzise formuliert sein, dass das Finanzamt bei der Prüfung der gemeinnützigen

---

997 Art. 43 Abs. 1 GO 26/2000.
998 Art. 43 Abs. 2 i. V. m. Art. 60 Abs. 2 GO 26/2000.
999 Art. 60 Abs. 1 GO 26/2000.
1000 Art. 60 Abs. 2 GO 26/2000.
1001 Art. 60 Abs. 3 GO 26/2000.
1002 §§ 59 ff. AO.

Einrichtung keine weiteren Unterlagen zur Feststellung, ob die gemeinnützigkeitsrechtlichen Anforderungen erfüllt werden, hinzuziehen muss (sog. formelle Satzungsmäßigkeit).[1003]

Dazu gehören z. B. die Art und Weise der Verwirklichung des steuerbegünstigten Zwecks[1004] oder die Verwendung des Vermögens im Fall der Auflösung der gemeinnützigen Einrichtung bzw. bei Wegfall des steuerbegünstigten Zwecks.[1005] Darüber hinaus hat die tatsächliche Geschäftsführung der gemeinnützigen Einrichtung mit den Satzungsbestimmungen übereinzustimmen (sog. materielle Satzungsmäßigkeit).[1006]

Für die Anerkennung der Gemeinnützigkeit ist kein gesondertes Anerkennungs- oder Feststellungsverfahren vorgesehen. Ob eine Einrichtung den Gemeinnützigkeitsstatus erhält, wird grundsätzlich von Amts wegen im Rahmen des Veranlagungsverfahrens geprüft.[1007] Ein einmal erteilter Freistellungsbescheid gilt regelmäßig auch für die anderen Steuerarten.[1008]

Außerhalb des Veranlagungszeitraums besteht die Möglichkeit, auf Antrag die formelle Satzungsmäßigkeit vom zuständigen Finanzamt feststellen zu lassen.[1009] Eine Überprüfung der Freistellung erfolgt in der Regel nach drei Jahren.[1010] Für wirtschaftliche Geschäftsbetriebe ist eine jährliche Steuererklärung anzufertigen.[1011]

2. *Österreich*

Gemeinnützige Einrichtungen in Österreich haben neben der Art und Weise der Verfolgung ihrer steuerbegünstigten Zwecke auch Regelungen zur Verwendung der Mittel im Fall der Auflösung oder bei einem Wegfall der steuerbegünstigten Zwecke in ihre Satzung aufzunehmen.[1012] Die Prüfung der Voraussetzungen für

---

1003 Nr. 1 AEAO zu § 60 AO.
1004 § 59 Halbs. 1 AO.
1005 §§ 55 Abs. 1 Nr. 4, 61 Abs. 1 AO.
1006 § 59 Halbs. 2 AO; *Richter*, in: Richter (Hrsg.): Stiftungsrechts-Handbuch, § 43 Rn. 108.
1007 § 60a Abs. 2 Nr. 2 AO.
1008 *Buchna/Leichinger/Seeger/Brox*, Gemeinnützigkeit im Steuerrecht, S. 486.
1009 § 60a Abs. 2 Nr. 1 AO.
1010 Vgl. Nr. 3 AEAO zu § 63 AO.
1011 §§ 5 Abs. 1 Nr. 9 Satz 2, 31 KStG i. V. m. § 25 Abs. 1 EStG.
1012 § 41 Abs. 1 und 2 BAO; VereinsR 2001, Rn. 105 ff.; *Prinz/Prinz*, Gemeinnützigkeit im Steuerrecht, S. 75 ff.

die Anerkennung der Gemeinnützigkeit muss aufgrund der Angaben in der Satzung möglich sein.[1013]

Werden neben den steuerbegünstigten Zwecken auch nicht steuerbegünstigte Zwecke verfolgt, dürfen diese erkennbar nur untergeordnet sein.[1014] Die tatsächliche Geschäftsführung der gemeinnützigen Einrichtung hat mit den Vorgaben der Satzung übereinzustimmen.[1015] Entsprechende Nachweise, z. B. durch die Aufzeichnung von Einnahmen und Ausgaben oder Tätigkeitsberichte, sind vorzulegen.[1016]

Österreich sieht kein spezielles Anerkennungsverfahren für gemeinnützige Einrichtungen vor. Der Gemeinnützigkeitsstatus wird im Rahmen des abgabenrechtlichen Verfahrens von Amts wegen durch die zuständige Abgabenbehörde als Vorfrage geprüft.[1017] Eine Befreiung für eine Steuerart hat allerdings keine Bindungswirkung für die Entscheidung über eine Befreiung oder Vergünstigung für andere Steuerarten im selben Zeitraum.[1018] Die Überprüfung der Steuerbegünstigungen erfolgt jährlich gesondert für jede Steuerart.[1019]

3. *Niederlande*

Niederländische Einrichtungen müssen einmalig eine Registrierung als gemeinnützige Einrichtung beim Finanzamt beantragen[1020], ohne die selbst bei Vorliegen aller Voraussetzungen keine Steuervergünstigungen geltend gemacht werden können.[1021] Die Eintragung kann versagt oder entzogen werden, wenn ein Vorstandsmitglied, Geschäftsführer oder eine andere leitende Person in den zurückliegenden vier Jahren strafrechtlich verurteilt worden ist.[1022]

Nach der Registrierung sind Unterlagen und Informationen zu den gemeinnützigkeitsrechtlichen Voraussetzungen nur nach Aufforderung vorzulegen.[1023] Eine regelmäßige Überprüfung der gemeinnützigen Einrichtung oder die regelmäßige

---

1013 VereinsR 2001, Rn. 106.
1014 VereinsR 2001, Rn. 107, 114; *Prinz/Prinz*, Gemeinnützigkeit im Steuerrecht, S. 76.
1015 § 42 BAO.
1016 VereinsR 2001, Rn. 133; *Prinz/Prinz*, Gemeinnützigkeit im Steuerrecht, S. 78.
1017 VereinsR 2001, Rn. 10; *Prinz/Prinz*, Gemeinnützigkeit im Steuerrecht, S. 28.
1018 *Prinz/Prinz*, Gemeinnützigkeit im Steuerrecht, S. 28.
1019 *Urtz*, in: Vanistendael (Hrsg.): Taxation of Charities, S. 181 (184).
1020 Art. 5b Abs. 6 Satz 1 AWR 1994.
1021 *Hemels*, in: Vanistendael (Hrsg.): Taxation of Charities, S. 375 (379).
1022 Art. 5b Abs. 8 AWR 1994.
1023 *Hemels*, in: Vanistendael (Hrsg.): Taxation of Charities, S. 375 (379).

Einreichung bestimmter Nachweise ist nicht erforderlich.[1024] Bestimmte Angaben zu den gemeinnützigen Einrichtungen sind jedoch zu veröffentlichen.[1025] Der Status der Gemeinnützigkeit muss weder regelmäßig erneuert werden noch erlischt er nach Ablauf eines bestimmten Zeitraums.[1026]

Die gemeinnützigen Einrichtungen sind verpflichtet, bestimmte Vorgaben für die Gestaltung der Satzung und die tatsächliche Geschäftsführung einzuhalten. Sowohl aus der Satzung als auch aus der tatsächlichen Geschäftsführung muss die nahezu ausschließlich im öffentlichen Interesse liegende Zweckverfolgung erkennbar sein.[1027] Zudem hat die Satzung Angaben für den Fall der Auflösung der gemeinnützigen Einrichtung zu enthalten.[1028] Darüber hinaus sind regelmäßige Geschäftsberichte zu erstellen, die Einblick in ihre Aktivitäten, die Vermögensverwaltung und Mittelverwendung gewähren.[1029]

4. *Frankreich*

Vereine und Stiftungen in Frankreich können nur durch eine Regierungsverordnung als gemeinnützig anerkannt werden,[1030] für die eine Stellungnahme des Staatsrats eingeholt werden muss[1031]. Zur Legitimation der zu verfolgenden steuerbegünstigten Zwecke sind eine Tätigkeit zugunsten der Allgemeinheit und die dazu erforderliche finanzielle Ausstattung nachzuweisen.[1032]

Für die Anerkennung der Gemeinnützigkeit gelten Mustersatzungen.[1033] In die Satzungen gemeinnütziger Vereine sind Angaben zu den steuerbegünstigten Zwecken und Vorgaben für den Fall der Auflösung aufzunehmen.[1034] Eine Anerkennung des Gemeinnützigkeitsstatus kann frühestens drei Jahre nach einer Vereinsgründung erfolgen.[1035]

1024 *Hemels*, in: Vanistendael (Hrsg.): Taxation of Charities, S. 375 (379).
1025 Art. 1a Abs. 1 Nr. 1 Buchst. j i. V. m. Abs. 7 UAWR.
1026 *Hemels*, in: Vanistendael (Hrsg.): Taxation of Charities, S. 375 (379).
1027 Art. 1a Abs. 1 Buchst. a bis c UAWR.
1028 Art. 1a Abs. 1 Buchst. h UAWR.
1029 Art. 1a Abs. 1 Buchst. f UAWR.
1030 Art. 10 Abs. 1 Loi du 1901; Art. 5 Abs. 2 Satz 4 Loi du 1987.
1031 *Beltrame*, in: Walz/von Auer/von Hippel (Hrsg.): Spenden- und Gemeinnützigkeitsrecht in Europa, S. 283 (289).
1032 Art. 10 Loi du 1901; *Beltrame*, in: Walz/von Auer/von Hippel (Hrsg.): Spenden- und Gemeinnützigkeitsrecht in Europa, S. 283 (289 f.).
1033 *Beltrame*, in: Walz/von Auer/von Hippel (Hrsg.): Spenden- und Gemeinnützigkeitsrecht in Europa, S. 283 (312).
1034 Art. 11 Décret du 1901.
1035 Art. 10 Abs. 1 Loi du 1901.

Nach der Anerkennung unterliegen alle gemeinnützigen Einrichtungen einer intensiven und regelmäßigen Kontrolle durch den Staat.[1036] Jährlich sind dem zuständigen Präfekt und dem Innenministerium ein Tätigkeitsbericht und der Jahresabschluss vorzulegen, ebenso müssen jährlich Nachweise über die Verwendung der öffentlichen Zuschüsse eingereicht werden.[1037] Gemeinnützige Einrichtungen sind zudem zu einer doppelten Buchführung verpflichtet.[1038]

Besonderheiten bestehen in Bezug auf die Annahme von Spenden. Nur gemeinnützige Einrichtungen sind berechtigt, neben Handschenkungen auch notariell beurkundete Schenkungen und Vermächtnisse anzunehmen.[1039] Schenkungen und Spenden von Gebäuden und Grundstücken bedürfen einer vorherigen Genehmigung durch den Präfekten oder den Staatsrat.[1040]

5. *Großbritannien (England und Wales)*

Gemeinnützige Einrichtungen in Großbritannien sind grundsätzlich bei der Charity Commission registrierungspflichtig.[1041] Nur in Ausnahmefällen kann eine Eintragung unterbleiben, z. B. bei einem jährlichen Bruttoeinkommen der gemeinnützigen Einrichtungen unter 5.000 GBP (ca. 5.600 EUR).[1042]

Für die Registrierung ist die Vorlage der Satzung erforderlich, die u. a. Vorgaben zu den steuerbegünstigten Zwecken sowie für die Vergütung von leitenden Personen enthalten sollte.[1043] Diese Registrierung beeinflusst jedoch nur die formale Anerkennung der Gemeinnützigkeit, für die Gewährung von Steuervergünstigungen ist eine weitere Registrierung bei der zuständigen Steuerbehörde erforderlich.[1044]

1036 *Deckert*, in: Hopt/von Hippel (Hrsg.): Comparative corporate governance of non-profit organizations, S. 265 (309 ff.).

1037 *Deckert*, in: Hopt/von Hippel (Hrsg.): Comparative corporate governance of non-profit organizations, S. 265 (309 ff.).

1038 *Beltrame*, in: Walz/von Auer/von Hippel (Hrsg.): Spenden- und Gemeinnützigkeitsrecht in Europa, S. 283 (312).

1039 *Beltrame*, in: Walz/von Auer/von Hippel (Hrsg.): Spenden- und Gemeinnützigkeitsrecht in Europa, S. 283 (290).

1040 *Beltrame*, in: Walz/von Auer/von Hippel (Hrsg.): Spenden- und Gemeinnützigkeitsrecht in Europa, S. 283 (313).

1041 § 30 Abs. 1 CA 2011.

1042 § 30 Abs. 2 Buchst. d CA 2011.

1043 § 35 Abs. 2 Buchst. a CA 2011.

1044 *Alexander*, Charity Governance, Rn. 1.54.

Bei einem Bruttojahreseinkommen von über 10.000 GBP (ca. 11.300 EUR) ist die gemeinnützige Einrichtung grundsätzlich verpflichtet, der Charity Commission jährlich einen Jahresbericht vorzulegen[1045], bei weniger als 25.000 GBP (ca. 28.000 EUR) ist der Jahresbericht nur auf Anforderung zu übermitteln[1046].

Darüber hinaus bestehen in Abhängigkeit von den Bruttojahreseinnahmen unterschiedliche Buchführungspflichten. Bei Einnahmen bis 250.000 GBP (ca. 285.000 EUR) genügt eine Übersicht zu den Einnahmen und Ausgaben, bei höheren Jahreseinnahmen ist eine Bilanz erforderlich.[1047] Ab einem Bruttojahreseinkommen von 500.000 GBP (ca. 570.000 EUR) oder einem Vermögen von mehr als 3,26 Mio. GBP (ca. 3,7 Mio. EUR) muss zusätzlich eine Rechnungsprüfung erfolgen.[1048]

6. *Schweden*

Schweden verpflichtet nicht zur Registrierung oder Eintragung einer gemeinnützigen Einrichtung.[1049] Die Gewährung von Steuerbegünstigungen erfolgt auf Antrag im Rahmen des Veranlagungsverfahrens.

7. *Spanien*

Gemeinnützige Einrichtungen müssen sich in Spanien, je nachdem, ob sie nur regional oder aber landesweit tätig werden wollen, in ein regionales oder das nationale Register eintragen lassen.[1050] Für die Anerkennung des Gemeinnützigkeitsstatus ist die Vermögensverwendung im Fall der Auflösung der gemeinnützigen Einrichtung in der Satzung ausdrücklich zu regeln.[1051]

Erfüllt die Einrichtung alle gemeinnützigkeitsrechtlichen Anforderungen, erhält sie eine Steuerbefreiung für das folgende Steuerjahr.[1052] Ein ausdrücklicher Antrag ist nicht erforderlich, es genügt eine formlose Mitteilung, dass ein Gemeinnützigkeitsstatus angestrebt wird.[1053]

1045 § 169 Abs. 1 CA 2011.
1046 § 169 Abs. 2 und 4 CA 2011.
1047 *Alexander*, Charity Governance, Rn. 14.18 ff.
1048 *Alexander*, Charity Governance, Rn. 14.21.
1049 *Arvidsson*, in: Vanistendael (Hrsg.): Taxation of Charities, S. 541 (543).
1050 Art. 3 Abs. 7 Ley 49/2002.
1051 Art. 3 Abs. 6 Ley 49/2002.
1052 Art. 14 Abs. 1 Satz 2 Ley 49/2002.
1053 *Báez/Pedreira*, in: Vanistendael (Hrsg.): Taxation of Charities, S. 511 (520 f.).

Die als gemeinnützig anerkannten Einrichtungen müssen jährlich eine Steuererklärung[1054] sowie einen Jahresabschluss einreichen[1055]. Für sie gelten dieselben Buchführungspflichten wie für wirtschaftliche Unternehmen.[1056]

8. *Italien*

In Italien sind gemeinnützige Einrichtungen verpflichtet, sich innerhalb von 30 Tagen nach ihrer Errichtung als sog. ONLUS in einem vom Finanzministerium geführten Register eintragen zu lassen[1057], was im Regelfall rückwirkend zum Tag der Errichtung bzw. Umwandlung geschieht.[1058] Erst dann können die Steuererleichterungen in Anspruch genommen werden.[1059] In die Satzung der ONLUS sind ausschließlich Aktivitäten im Sinne der steuerbegünstigten Zwecke, das Gewinnausschüttungsverbot sowie die Ausschüttung des Vermögens im Fall der Auflösung an eine andere ONLUS zwingend aufzunehmen.[1060]

Die ONLUS ist zudem zur jährlichen Rechnungslegung verpflichtet.[1061] Abhängig von der Höhe der Einnahmen genügt entweder die Vorlage einer vereinfachten Einnahme-Ausgabe-Übersicht[1062] oder es ist eine doppelte Buchführung erforderlich[1063]. Darüber hinaus muss eine Bilanz vorgelegt werden.[1064] Die Bezeichnung „ONLUS" ist stets zu verwenden.[1065]

9. *Polen*

In Polen müssen gemeinnützige Einrichtungen in einem nationalen Gerichtsregister erfasst werden.[1066] Die Eintragung darf erst erfolgen, wenn die Einrichtung

---

1054 Art. 13 Ley 49/2002.

1055 Art. 3 Abs. 9 und 10 Ley 49/2002.

1056 Art. 3 Abs. 8 Ley 49/2002.

1057 Art. 11 Abs. 1 Satz 1 und 2 DL 460/1997.

1058 *Runte*, ZErb 2005, 283 (284).

1059 Art. 11 Abs. 2 DL 460/1997.

1060 Art. 10 Abs. 1 Buchst. a-f DL 460/1997.

1061 Art. 10 Abs. 1 Buchst. g DL 460/1997.

1062 Bei Einnahmen von bis zu 185.924,48 EUR für Dienstleistungen bzw. 516.457,50 EUR für alle sonstigen Leistungen.

1063 *Runte/von Hippel*, in: Walz/von Auer/von Hippel (Hrsg.): Spenden- und Gemeinnützigkeitsrecht in Europa, S. 341 (362).

1064 Art. 25 DL 460/1997.

1065 Art. 10 Abs. 1 Buchst. i DL 460/1997.

1066 Art. 22 Abs. 2 Dz. U. 2016.239.

nachweislich mindestens zwei Jahre durchgehend erfolgreich tätig war.[1067] Steuervergünstigungen erhalten gemeinnützige Einrichtungen erst ab dem Tag der Eintragung.[1068]

Die Satzung von gemeinnützigen Einrichtungen hat neben den steuerbegünstigten Zwecken[1069] ein Gewinnausschüttungsverbot[1070] sowie die Anfertigung und Veröffentlichung jährlicher Tätigkeits- und Rechnungslegungsberichte zu enthalten.[1071] Darüber hinaus sind in der Satzung die Gewährung von Darlehen an Mitglieder und Angestellte der Einrichtung und deren Angehörige ausdrücklich zu untersagen.[1072] Ebenso müssen der Verkauf von Waren, die Übertragung von Eigentum und die zweckfremde Nutzung von Eigentum der gemeinnützigen Einrichtung zu nicht marktüblichen Preisen ausgeschlossen werden.[1073]

Dem Vorstand und dem Kontrollorgan dürfen nur nicht vorbestrafte Personen angehören.[1074] Den Mitgliedern des Kontrollorgans können Aufwandsentschädigungen für ihre Tätigkeiten gewährt werden, die jedoch nicht über dem monatlichen Durchschnittsgehalt des Vorjahres liegen dürfen.[1075]

Verfolgt die gemeinnützige Einrichtung ausschließlich nicht wirtschaftliche Tätigkeiten oder erzielt weniger als 100.000 PLN (ca. 23.000 EUR) an Einnahmen, genügt die Anwendung vereinfachter Rechnungslegungsprinzipien.[1076] Bei gewerblichen Tätigkeiten werden die Regelungen für wirtschaftliche Unternehmen angewendet.[1077] Beide Berichte sind zu veröffentlichen.[1078]

Darüber hinaus müssen alle gemeinnützigen Einrichtungen eine jährliche Steuererklärung einreichen.[1079] Dieser ist eine Liste aller institutionellen und gewerblichen Spender beizufügen, die Einzelspenden von mindestens 15.000 PLN (ca. 3.500 EUR) oder Gesamtspenden von mindestens 35.000 PLN (ca. 8.000 EUR) geleistet haben.[1080]

1067 Art. 22 Abs. 1 Dz. U. 2016.239.
1068 Art. 22 Abs. 2 Dz. U. 2016.239.
1069 Art. 4 Abs. 1 Dz. U. 2016.239.
1070 Art. 20 Abs. 6 Dz. U. 2016.239.
1071 Art. 23 Abs. 1, 2 und 6 Dz. U. 2016.239.
1072 Art. 20 Abs. 7 Dz. U. 2016.239.
1073 Art. 20 Abs. 7 Dz. U. 2016.239.
1074 Art. 20 Abs. 4 Buchst. b Dz. U. 2016.239.
1075 Art. 20 Abs. 4 Buchst. c Dz. U. 2016.239.
1076 Art. 23 Abs. 6 Buchst. c bis e Dz. U. 2016.239.
1077 Art. 23 Abs. 6 Buchst. c bis e Dz. U. 2016.239.
1078 *Piechota*, International Journal of Not-for-Profit Law 2015, 86 (88).
1079 Art. 27 Abs. 1 Buchst. a Dz. U. 1992.86.
1080 *Majdańska*, in: Vanistendael (Hrsg.): Taxation of Charities, S. 413 (424).

10. Tschechien

Gemeinnützige Einrichtungen in Tschechien werden auf Antrag in ein Register eingetragen.[1081] Der Entwurf des neuen tschechischen Gemeinnützigkeitsrechts enthält zwingende Vorgaben an die Satzung der gemeinnützigen Einrichtung. In dieser müssen die Verfolgung eines steuerbegünstigten Zwecks, ein Gewinnausschüttungsverbot mit Ausnahme der Rückzahlung von Einlagen zum Gegenwert sowie die Verwendung der Mittel im Fall einer Auflösung enthalten sein.[1082]

Außerdem sind Regelungen für die Einrichtung eines Aufsichtsrats sowie die nur untergeordnete Bedeutung wirtschaftlicher Tätigkeiten, die ausschließlich der Finanzierung der Haupttätigkeit dienen dürfen, aufzunehmen.[1083]

Für die Anerkennung des Gemeinnützigkeitsstatus müssen Nachweise vorgelegt werden, dass die Einrichtung bereits seit mehr als zwei Jahren erfolgreich tätig ist.[1084] Für den Fall, dass sie seit weniger als zwei Jahren existiert, sind umfangreiche Dokumente über die beabsichtigte steuerbegünstigte Zweckverfolgung, Mittelerzielung und Mittelverwendung einzureichen.[1085] Zudem darf ein in den zurückliegenden fünf Jahren gestellter Antrag auf Eintragung in das Register nicht versagt worden sein.[1086]

Gemeinnützige Einrichtungen müssen jährlich Berichte anfertigen, die insbesondere Angaben zu Einnahmen und Ausgaben für den steuerbegünstigten Zweck und der Verwaltung der Einrichtung enthalten.[1087] Bei einem Umsatz von mehr als 5 Mio. CZK (ca. 185.000 EUR) ist eine Rechnungsprüfung erforderlich.[1088] Die Jahresberichte sind im Register zu veröffentlichen.[1089]

11. Ungarn

Auch in Ungarn müssen gemeinnützige Einrichtungen in ein öffentliches Register eingetragen werden.[1090] Erst ab dem Tag der Eintragung können Steuervergünstigungen in Anspruch genommen werden.[1091]

1081 § 147 Z 89/2012 Sb.; § 12 Z SVP E.
1082 § 8 Z SVP E.
1083 § 8 Z SVP E.
1084 § 9 Abs. 1 Z SVP E.
1085 § 9 Abs. 2 Z SVP E.
1086 § 3 Z SVP E.
1087 § 14 Abs. 1 Z SVP E.
1088 § 14 Abs. 3 Z SVP E.
1089 § 14 Abs. 1 Z SVP E.
1090 §§ 13 Abs. 1 i V. m. 15 Abs. 1 und 2 CLXXV/2011.
1091 § 5 Abs. 7 LXXXI/1996.

In die Satzungen der gemeinnützigen Einrichtungen sind insbesondere die steuerbegünstigten Zwecke sowie die Art und Weise ihrer Verwirklichung aufzunehmen, ferner die damit verbundenen wirtschaftlichen Tätigkeiten sowie ein Gewinnausschüttungsverbot.[1092] Die Einnahmen aus der 1 %-Regelung, nach der natürliche Personen 1 % ihrer Einkommensteuerschuld an gemeinnützige Einrichtungen zuwenden können[1093], müssen mindestens 2 % der Gesamteinnahmen der gemeinnützigen Einrichtung betragen.[1094]

Den gemeinnützigen Einrichtungen ist es untersagt, leitende Personen zu beschäftigen, die in den letzten drei Jahren vor der Eintragung in das Register wegen eines Steuerdelikts verurteilt worden sind.[1095] Zudem sind jährlich mindestens zehn ehrenamtlich tätige Personen für die Unterstützung der gemeinnützigen Tätigkeit nachzuweisen.[1096]

Bei jährlichen Einnahmen von mehr als 50 Mio. HUF (ca. 15,5 Mio. EUR) muss ein Aufsichtsrat eingerichtet werden.[1097] Die Einrichtungen unterliegen im Rahmen der zivilrechtlichen Prüfung der Aufsicht durch den Staatsanwalt[1098], in steuerlichen Angelegenheiten obliegt die Kontrolle den Steuerbehörden[1099].

12. Rumänien

Alle Vereine und Stiftungen in Rumänien sind in einem Register für nicht wirtschaftlich tätige juristische Personen einzutragen.[1100] Die Anerkennung der Gemeinnützigkeit erfolgt auf Antrag für einen unbegrenzten Zeitraum[1101] durch eine Regierungsentscheidung[1102]. Sie kann widerrufen werden, wenn eine oder mehrere Voraussetzungen für die Eintragung nicht mehr vorliegen.[1103]

Nachzuweisen sind z. B. eine mindestens dreijährige erfolgreiche Verfolgung ihrer steuerbegünstigten Zwecke, eine angemessene Verwaltung für die

1092 § 34 Abs. 1 CLXXV/2011.
1093 § 1 Abs. 4 Buchst. a i. V. m. § 4 Abs. 1 Buchst. a Doppelbuchst. aa CXXVI/1996.
1094 § 32 Abs. 5 Buchst. a CLXXV/2011.
1095 § 39 CLXXV/2011.
1096 § 32 Abs. 5 Buchst. c CLXXV/2011.
1097 § 40 Abs. 1 CLXXV/2011.
1098 § 11 Abs. 2 CLXXV/2011.
1099 § 47 CLXXV/2011.
1100 Art. 73 Abs. 1 i. V. m. Art. 5 Abs. 1, Art. 17 Abs. 1 GO 26/2000.
1101 Art. 42 Abs. 1 GO 26/2000.
1102 Art. 39 Abs. 1 GO 26/2000.
1103 Art. 42 Abs. 2 GO 26/2000.

gemeinnützigen Tätigkeiten sowie Kooperationen mit staatlichen Einrichtungen, Vereinen oder Stiftungen.[1104]

Für anerkannte gemeinnützige Einrichtungen besteht eine Mitteilungspflicht über alle Änderungen an ihrer Gründungsurkunde und Satzung sowie eine Vorlagepflicht für den jährlichen Tätigkeits- und Finanzbericht.[1105] Darüber hinaus sind anerkannte gemeinnützige Einrichtungen zur Veröffentlichung von gesetzlich vorgeschriebenen Abschnitten aus diesen Berichten im Amtsblatt Rumäniens und im Register innerhalb von drei Monaten nach dem Ende des Kalenderjahres verpflichtet.[1106]

13. Zusammenfassung

Gemeinnützige Einrichtungen müssen in allen untersuchten Mitgliedstaaten über eine mehr oder weniger detaillierte Satzung verfügen. Großbritannien, Schweden und Spanien geben nur wenige Inhalte vor. Im Gegensatz dazu enthalten die Gesetze in Deutschland, Österreich, den Niederlanden, Frankreich, Italien, Polen und Tschechien zahlreiche Vorgaben an die Satzungen.

Die Form der Anerkennung unterscheidet sich in den Mitgliedstaaten. Deutschland, Österreich und Spanien prüfen im Rahmen des Veranlagungsverfahrens von Amts wegen oder aufgrund einer formlosen Mitteilung, ob die jeweilige Einrichtung als gemeinnützig anerkannt werden kann. Großbritannien, Schweden, Italien, Polen und Rumänien wiederum verlangen einen förmlichen Antrag.

Eine Registrierung oder Eintragung der gemeinnützigen Einrichtung ist in der Mehrheit der untersuchten Mitgliedstaaten erforderlich, z. B. in den Niederlanden, Großbritannien, Spanien, Italien, Polen, Tschechien, Ungarn und Rumänien. Lediglich vier Mitgliedstaaten – Deutschland, Österreich, Frankreich, Schweden – sehen dies nicht vor.

Die Regelungen zur Aufsicht über bestehende gemeinnützige Einrichtungen variieren ebenfalls stark. Während Frankreich, Großbritannien, Polen und Ungarn über zum Teil strenge Vorgaben verfügen, verfahren die übrigen Mitgliedstaaten weniger rigide hinsichtlich der Aufsicht über die gemeinnützigen Einrichtungen außerhalb des Veranlagungsverfahrens.

1104 Art. 38 GO 26/2000.

1105 Art. 41 Abs. 2 Buchst. e GO 26/2000.

1106 Art. 41 Abs. 2 Buchst. f i. V. m. Art. 74 Abs. 2 GO 26/2000.

C. Regelungen zur Besteuerung der gemeinnützigen Einrichtungen und ihrer Förderer in den Mitgliedstaaten

I. Steuerliche Behandlung der gemeinnützigen Einrichtungen

1. Deutschland

In Deutschland unterfallen die Einnahmen des ideellen Bereichs gemeinnütziger Einrichtungen, d. h. Mitgliedsbeiträge, Spenden, Zustiftungen oder Zuschüsse, nicht der Körperschaftsteuer.[1107] Mangels eines Leistungsaustauschs entfällt auch die Zahlung der Umsatzsteuer.[1108]

Für Zuwendungen an gemeinnützige Einrichtungen sind zudem weder eine Erbschaft- noch eine Schenkungsteuer zu leisten.[1109] Der Status der Gemeinnützigkeit entfällt allerdings innerhalb von zehn Jahren nach der Zuwendung, wenn das Vermögen nicht den steuerbegünstigten Zwecken zugeführt wird.[1110]

Von der Körperschaftsteuer befreit sind zudem die Einnahmen aus der Vermögensverwaltung, für sie ist jedoch der ermäßigte Umsatzsteuersatz i. H. v. 7 % zu zahlen.[1111] Einnahmen aus wirtschaftlichen Geschäftsbetrieben, welche die Voraussetzungen an Zweckbetriebe erfüllen[1112], sind ebenfalls von der Körperschaftsteuer[1113] befreit. Für die Umsätze aus Zweckbetrieben gilt der ermäßigte Steuersatz i. H. v. 7 %.[1114]

Unterhält eine gemeinnützige Einrichtung einen wirtschaftlichen Geschäftsbetrieb und erzielt aus diesem ein jährliches Nettoeinkommen von weniger als 35.000 EUR, entfällt die Körperschaftsteuer.[1115] Bei höheren Einnahmen[1116] ist der normale Körperschaftsteuersatz i. H. v. 15 %[1117] bzw., sofern es sich um eine gewerbliche Tätigkeit handelt, der normale Gewerbesteuersatz zu zahlen.[1118] Für

1107 § 5 Nr. 9 Satz 1 KStG, § 13 Abs. 1 Nr. 16 Buchst. b ErbStG.
1108 Vgl. § 1 Abs. 1 i. V. m. § 3 UStG.
1109 § 13 Abs. 1 Nr. 16 Buchst. b Satz 1 ErbStG.
1110 § 13 Abs. 1 Nr. 16 Buchst. b Satz 2 ErbStG.
1111 § 12 Abs. 2 Nr. 8 Buchst. a Satz 1 UStG.
1112 Vgl. die Ausführungen unter Teil 4 B.IV.1.
1113 § 5 Abs. 1 Nr. 9 Satz 1 KStG.
1114 § 12 Abs. 2 Nr. 8 Buchst. a Satz 3 UStG.
1115 § 64 Abs. 3 AO.
1116 § 64 Abs. 3 AO.
1117 § 1 Abs. 1 i. V. m. §§ 5 Abs. 1 Nr. 9 Satz 2, 23 Abs. 1 KStG.
1118 § 2 Abs. 3 i. V. m. Abs. 1 und § 3 Nr. 6 Satz 2 GewStG.

die Umsätze aus wirtschaftlichen Geschäftsbetrieben gilt der normale Steuersatz in Höhe von 19 %.[1119]

Ausländische gemeinnützige Einrichtungen erhalten dieselben Steuerbefreiungen wie inländische, wenn sie die Anforderungen für die Anerkennung des Gemeinnützigkeitsstatus nach deutschem Recht erfüllen. Hierzu gehört aber auch das Erfordernis der Förderung deutscher Staatsbürger im Ausland oder dass die Tätigkeit dem Ansehen Deutschlands dient.[1120] Eine Gegenseitigkeitserklärung mit dem Staat, in dem die ausländische gemeinnützige Einrichtung sitzt, ist für den Empfang von Erbschaften und Schenkungen hingegen nicht mehr erforderlich.[1121]

2. Österreich

Österreich befreit ideelle Einkünfte, z. B. Mitgliedsbeiträge, Spenden, Subventionen, Erbschaften und Vermächtnisse, von der Körperschaftsteuer.[1122] Darüber hinaus entfällt aufgrund fehlender umsatzsteuerpflichtiger Leistungen die Umsatzsteuer.[1123] Für gemeinnützige Einrichtungen fällt zudem keine Schenkungsteuer an.[1124] Eine Erbschaftsteuer existiert nicht mehr.[1125]

Einnahmen aus der Vermögensverwaltung, z. B. aus Kapitalvermögen, Vermietung und Verpachtung oder der Veräußerung von Beteiligungen an Unternehmen, sind ebenfalls körperschaftsteuerbefreit.[1126] Die Einnahmen sind grundsätzlich auch von der Umsatzsteuer befreit.[1127] Auf diese Befreiung kann jedoch verzichtet werden[1128]. Für unentbehrliche Hilfsbetriebe entfällt ebenfalls die Körperschaftsteuer.[1129]

Einkünfte aus entbehrlichen Hilfsbetrieben unterliegen der Körperschaftsteuer i. H. v. 25 %.[1130] Es besteht aber ein Freibetrag i. H. v. 10.000 EUR je

---

1119 § 12 Abs. 1 i. V. m. Abs. 2 Nr. 8 Buchst. a Satz 2 UStG.

1120 *Oertzen*, IStR 2016, 443 (444).

1121 *Oertzen*, IStR 2016, 443 (444 ff.).

1122 § 1 Abs. 3 Nr. 3 i. V. m. § 5 Nr. 6 KStG 1988.

1123 § 1 Abs. 1 Nr. 1 i. V. m. § 6 Abs. 1 Nr. 14 UStG 1994, § 47 BAO.

1124 § 121a BAO.

1125 Vgl. *Jülicher*, in: Troll/Gebel/Jülicher (Hrsg.): ErbStG, § 21 Rn. 121.

1126 § 21 Abs. 2 i. V. m. § 1 Abs. 3 Nr. 3 KStG 1988, § 47 BAO.

1127 § 6 Abs. 1 Nr. 14, 16, 17 UStG 1994.

1128 § 6 Abs. 2 Satz 1 UStG 1994.

1129 § 1 Abs. 3 Nr. 3 i. V. m. § 5 Abs. 1 Nr. 6 und § 21 Abs. 2 und 3 KStG 1988 i. V. m. § 45 Abs. 2 BAO.

1130 § 1 Abs. 2 i. V. m. § 22 Abs. 1 KStG 1988.

Kalenderjahr.[1131] Für Leistungen im Bereich der entbehrlichen und unentbehrlichen Hilfsbetriebe ist – soweit keine Ausnahmeregelung einschlägig ist[1132] – eine Umsatzsteuer i. H. v. 10 % zu zahlen.[1133]

Im Übrigen können Einnahmen aus wirtschaftlichen Geschäftsbetrieben, die weder die Voraussetzungen für einen unentbehrlichen noch für einen entbehrlichen Hilfsbetrieb erfüllen, zum Verlust der Steuerbegünstigungen führen, sofern der erstrebte Zweck auch ohne den wirtschaftlichen Geschäftsbetrieb zu verwirklichen ist.[1134] Die Führung wirtschaftlicher Geschäftsbetriebe bedarf einer Erlaubnis des zuständigen Finanzamts.[1135]

Unabhängig von dieser Erlaubnis sind allerdings Umsätze in Höhe von bis zu 40.000 EUR pro Jahr zulässig, für die lediglich der normale Umsatzsteuersatz i. H. v. 20 % zu zahlen ist, aber keine Körperschaftsteuer.[1136] Nach Erteilung der Erlaubnis ist für alle Einnahmen aus dem wirtschaftlichen Geschäftsbetrieb der normale Körperschaftsteuersatz i. H. v. 25 % zu zahlen.[1137] Auch hier besteht ein Freibetrag i. H. v. 10.000 EUR je Kalenderjahr.[1138] Zudem ist der normale Umsatzsteuersatz i. H. v. 20 % zu leisten[1139], sofern keine Ausnahmeregelung einschlägig ist[1140].

Ausländische gemeinnützige Einrichtungen ohne Sitz oder Geschäftsleitung in Österreich können dieselben Steuerbefreiungen wie inländische in Anspruch nehmen, wenn sie dieselben Anforderungen für die Anerkennung des Gemeinnützigkeitsstatus erfüllen wie inländische Einrichtungen.[1141]

1131 § 23 Abs. 1 KStG 1988.

1132 § 6 Abs. 1 Nr. 12, 14 und 25 UStG 1994; erfasst werden insbesondere Umsätze aus wissenschaftlichen Veranstaltungen (§ 6 Abs. 1 Nr. 12 UStG 1994), Umsätze von Amateursportvereinen (§ 6 Abs. 1 Nr. 14 UStG 1994) sowie Umsätze der Kranken- und Pflegeanstalten, der Alters-, Blinden- und Siechenheime (§ 6 Abs. 1 Nr. 18 UStG 1994), Leistungen der Jugend-, Erziehungs-, Ausbildungs-, Fortbildungs- und Erholungsheime an Personen, die das 27. Lebensjahr nicht vollendet haben (§ 6 Abs. 1 Nr. 23 UStG 1994) und Leistungen, die mit dem Betrieb eines Theaters, Musik- und Gesangsaufführungen oder dem Betrieb von Museen, Gärten oder Parks verbunden sind (§ 6 Abs. 1 Nr. 24 UStG 1994).

1133 § 10 Abs. 2 Nr. 4 Satz 1 UStG 1994.

1134 *Urtz*, in: Vanistendael (Hrsg.): Taxation of Charities, S. 181 (185).

1135 § 45 Abs. 3 i. V. m. § 44 Abs. 1 und 2 BAO.

1136 § 45a BAO.

1137 § 22 Abs. 1 KStG 1988.

1138 § 23 Abs. 1 KStG 1988.

1139 § 10 Abs. 1 i. V. m. Abs. 2 Nr. 4 Satz 2 UStG 1994.

1140 § 10 Abs. 3 UStG 1994.

1141 § 34 Abs. 1 Satz 2 BAO.

3. *Niederlande*

In den Niederlanden entsteht eine Steuerpflicht unabhängig vom Status einer gemeinnützigen Einrichtung nur bei der Führung eines Zweck- oder eines wirtschaftlichen Geschäftsbetriebs.[1142] Steuerfrei sind damit alle Einnahmen aus ideellen Tätigkeiten oder aus der Vermögensverwaltung. Eingetragene gemeinnützige Einrichtungen sind zudem von einer Zahlung der Erbschaft- oder Schenkungsteuer befreit.[1143]

Gemeinnützige Vereine und Stiftungen müssen für Unternehmen[1144] oder wirtschaftliche Tätigkeiten, die im Wettbewerb zu anderen nicht steuerbegünstigten Unternehmen stehen, Körperschaftsteuer zahlen.[1145] Stets körperschaftsteuerfrei sind allerdings Gewinne von maximal 15.000 EUR im Jahr bzw. maximal 75.000 EUR im laufenden Jahr und den letzten vier Jahren zusammen.[1146] Darüber hinaus werden bestimmte gemeinnützige Einrichtungen bereits von Gesetzes wegen von der Körperschaftsteuer befreit, wenn sie z. B. in Bereichen der Gesundheit und Pflege tätig sind.[1147]

Bei Gewinnen von bis zu 200.000 EUR pro Jahr wird ein Körperschaftsteuersatz i. H. v. 20 % fällig, bei Gewinnen von mehr als 200.000 EUR im Jahr i. H. v. 25 %.[1148] Steuerpflichtig ist nur der Gewinn aus diesen Unternehmen bzw. Tätigkeiten, andere Einkünfte bleiben unberücksichtigt.[1149]

Eine Umsatzsteuer fällt ebenfalls unabhängig vom Gemeinnützigkeitsstatus der Einrichtung an.[1150] Die Befreiungstatbestände[1151] betreffen zahlreiche Leistungen, die im öffentlichen Interesse liegen, aber sowohl von gemeinnützigen Einrichtungen als auch von anderen Akteuren erbracht werden können. Voraussetzung ist, dass grundsätzlich kein Gewinn angestrebt wird und keine Konkurrenz mit anderen Einrichtungen besteht.[1152] Unter diese Leistungen fallen z. B.

1142 *Van Ween*, in: Walz/von Auer/von Hippel (Hrsg.): Spenden- und Gemeinnützigkeitsrecht in Europa, S. 367 (381).

1143 Art. 32 Abs. 1 Nr. 3, Art. 33 Nr. 4 SW 1956.

1144 Art. 2 Abs. 1 Buchst. e VpB 1969.

1145 Art. 4 Buchst. a VpB 1969.

1146 Art. 6 Abs. 1 VpB 1969.

1147 Art. 5 Abs. 1 VpB 1969.

1148 Art. 22 VpB 1969.

1149 *Hemels*, in: Vanistendael (Hrsg.): Taxation of Charities, S. 375 (383).

1150 *Hemels*, in: Vanistendael (Hrsg.): Taxation of Charities, S. 375 (387).

1151 Art. 11 OB 1968.

1152 Art. 11 Abs. 2 OB 1968.

Leistungen für allgemeine soziale und kulturelle Dienste[1153], Dienstleistungen im medizinischen Bereich durch Ärzte, medizinisches Personal und Zahnärzte[1154] oder Leistungen im Bereich Kinder- und Jugendbildung, Schulen und Universitäten[1155]. Im Übrigen gilt der normale Steuersatz i. H. v. 21 %.[1156]

Sind die Voraussetzungen entsprechend des niederländischen Einkommensteuergesetzes gegeben, können auch gemeinnützige Einrichtungen aus den Mitgliedstaaten Steuervergünstigungen erhalten.[1157]

4. *Frankreich*

Gemeinnützige Einrichtungen und Einrichtungen ohne Erwerbszweck sind in Frankreich grundsätzlich von der Zahlung der Körperschaft- und Umsatzsteuer befreit[1158], womit insbesondere Einkünfte wie Schenkungen, Zuschüsse oder Kapitalgewinne erfasst werden.[1159]

Einnahmen aus Zweckbetrieben gemeinnütziger Einrichtungen werden mit einer Körperschaftsteuer i. H. v. 24 % belastet[1160], Einkünfte bis zu einer Höhe von ca. 61.000 EUR im Jahr sind steuerfrei[1161]. Darüber hinaus entfällt für Einnahmen aus wirtschaftlichen Tätigkeiten die Körperschaftsteuer, sofern die Leistungen zugleich umsatzsteuerbefreit sind.[1162]

Leistungen in den Bereichen Soziales, Bildung, Kultur und Sport, mit Ausnahme des Betreibens von Herbergen, Restaurants, Bars und Catering[1163], sowie Veranstaltungen von gemeinnützigen Einrichtungen aus sozialen oder philanthropischen Gründen sind umsatzsteuerbefreit[1164]. Im Übrigen wird der normale Umsatzsteuersatz i. H. v. 20 % fällig[1165], sofern nicht der reduzierte Steuersatz

---

1153 Art. 11 Abs. 1 Buchst. f OB 1968.

1154 Art. 11 Abs. 1 Buchst. g OB 1968.

1155 Art. 11 Abs. 1 Buchst. o OB 1968.

1156 Art. 9 Abs. 1 OB 1968.

1157 Art. 5b Abs. 1 Buchst. b AWR 1994.

1158 Vgl. BOI-IS-CHAMP-10-50-10-20-20120912, Nr. 1; die ausdrückliche Befreiung bestimmter Einrichtungen, die keinen Erwerbszweck verfolgen, von der Körperschaftsteuer in Art. 207 Abs. 1 CGI hat nur deklaratorische Wirkung.

1159 *De Crouy-Chanel*, in: Vanistendael (Hrsg.): Taxation of Charities, S. 255 (259).

1160 Art. 219 bis CGI.

1161 Art. 206 Abs. 1 bis CGI.

1162 Art. 207 Abs. 1 Nr. 5 bis i. V. m. Art. 261 Abs. 7 Nr. 1 CGI.

1163 Art. 261 Abs. 7 Nr. 1 Buchst. a CGI.

1164 Art. 261 Abs. 7 Nr. 1 Buchst. b CGI.

1165 Art. 278 CGI.

i. H. v. 5,5 % greift[1166]. Für bestimmte Leistungen gelten Besteuerungsfreigrenzen.[1167]

Für Einkünfte aus Vermögensverwaltung, die weder dem Bereich ohne Erwerbszweck noch dem steuerpflichtigen Geschäftsbetrieb zugeordnet werden können, z. B. aus der Vermietung und Verpachtung von Grundstücken, aus Land- und Forstwirtschaft, sowie Investmenteinkommen, das nicht der Kapitalsteuer unterfällt[1168], gilt ein ermäßigter Körperschaftsteuersatz zwischen 10 % und 25 %[1169].

Von der Erbschaft- und Schenkungsteuer befreit sind notariell beurkundete Zuwendungen an gemeinnützige Einrichtungen in den Bereichen Wissenschaft, Kultur oder Artistik[1170] sowie wissenschaftliche und medizinische Einrichtungen[1171] und Einrichtungen in den Bereichen Umwelt- und Tierschutz sowie andere Hilfseinrichtungen[1172]. Handschenkungen sind ebenfalls nicht schenkungsteuerpflichtig.[1173] Im Übrigen gilt für gemeinnützige Einrichtungen ein reduzierter Steuersatz i. H. v. 35 % bei einem Wert der Schenkung oder Zuwendung von bis zu 24.430 EUR, darüber hinaus wird ein Steuersatz i. H. v. 45 % fällig.[1174]

Gemeinnützige Einrichtungen aus Mitgliedstaaten profitieren nicht automatisch von den Steuervergünstigungen, auch wenn sie die Anforderungen erfüllen, die auch für französische gemeinnützige Einrichtungen gelten. Steuervergünstigungen werden nur solchen ausländischen gemeinnützigen Einrichtungen gewährt, mit deren Staaten Frankreich entsprechende Doppelbesteuerungsabkommen geschlossen hat.[1175]

5. *Großbritannien (England und Wales)*

Der Erhalt ideeller Einnahmen, z. B. Zuwendungen in Form von steuerlich geförderten Spenden[1176], durch Lohnabzug[1177] oder Zuwendungen von Unternehmen,

---

1166 Art. 278-0 bis CGI.

1167 Art. 293 B CGI.

1168 Art. 119 bis CGI.

1169 Art. 206 Abs. 5 CGI i. V. m. Art. 219 bis CGI.

1170 Art. 795 Nr. 2 CGI.

1171 Art. 795 Nr. 5 CGI.

1172 Art. 795 Nr. 4 CGI.

1173 *Beltrame*, in: Walz/von Auer/von Hippel (Hrsg.): Spenden- und Gemeinnützigkeitsrecht in Europa, S. 283 (297).

1174 Art. 777 CGI.

1175 Art. 244 bis A Abs. 5 CGI.

1176 § 521 ITA 2007; §§ 472, 475 CTA 2010.

1177 § 521 Abs. 2 ITA 2007; § 472A CTA 2010.

die keine gemeinnützigen Einrichtungen sind,[1178] sowie von anderen gemeinnützigen Einrichtungen[1179], ist steuerfrei, sofern diese Mittel für steuerbegünstigte Zwecke verwendet werden.[1180] Für die Gewährung der Steuerbefreiung ist ein entsprechender Antrag auf Steuerbefreiung erforderlich.[1181]

Für Einnahmen aus Vermögensverwaltung fällt ebenfalls keine Körperschaftsteuer an.[1182] Darüber hinaus sind gemeinnützige Einrichtungen von der Erbschaft- und Schenkungsteuer befreit.[1183]

Auch für Einkünfte aus Zweckbetrieben und aus Nebengewerben ist keine Körperschaftsteuer zu leisten, wenn sie ausschließlich für steuerbegünstigte Zwecke verwendet werden.[1184] Einkünfte aus Nebengewerben von gemeinnützigen Einrichtungen dürfen bei Gesamteinkünften von maximal 20.000 GBP (ca. 22.800 EUR) pro Jahr nicht mehr als 5.000 GBP (ca. 5.600 EUR) betragen. Bei Gesamteinkünften zwischen 20.000 GBP (ca. 22.800 EUR) und 200.000 GBP (ca. 228.000 EUR) im Jahr können die Einkünfte aus Nebengewerben bis zu 25 % ausmachen, bei Gesamteinkünften von mehr als 200.000 GBP (ca. 228.000 EUR) pro Jahr liegt die Grenze bei maximal 50.000 GBP (ca. 57.000 EUR).[1185] Im Übrigen unterliegen die Einnahmen aus wirtschaftlichen Geschäftsbetrieben der vollen Steuerpflicht. Werden wirtschaftliche Tätigkeiten allerdings auf eine Tochtergesellschaft ausgelagert und schüttet diese ihre Gewinne vollständig an den gemeinnützigen Mutterbetrieb für dessen steuerbegünstigte Zwecke aus, entfällt die Steuerpflicht für die Tochtergesellschaft.[1186]

Umsatzsteuerbefreit sind z. B. ideelle Einnahmen, der Verkauf oder die Vermietung gespendeter Waren oder die Lieferungen an gemeinnützige Einrichtungen im Bereich der Medizin oder Forschung.[1187] Darüber hinaus bestehen

---

1178 § 522 Abs. 3 ITA 2007; §§ 473 Abs. 1, 476 Abs. 1 CTA 2010.

1179 § 523 Abs. 3 ITA 2007; § 474 Abs. 2 CTA 2010.

1180 §§ 521 Abs. 4, 522 Abs. 5, 523 Abs. 5 ITA 2007; §§ 473 Abs. 2, 474 Abs. 3, 476 Abs. 2 CTA 2010.

1181 §§ 521 Abs. 4, 522 Abs. 5, 523 Abs. 5 ITA 2007; §§ 473 Abs. 2, 474 Abs. 3, 476 Abs. 2 CTA 2010.

1182 *Bowler Smith*, in: Vanistendael (Hrsg.): Taxation of Charities, S. 603 (613).

1183 § 23 Abs. 1 IHTA.

1184 § 524 Abs. 1 und 4 ITA 2007; § 478 Abs. 1 und 3 CTA 2010.

1185 § 526 Abs. 1 und 5 i. V. m. § 528 Abs. 6 ITA 2007; § 480 Abs. 1 und 5 i. V. m. § 482 Abs. 6 CTA 2010.

1186 *Dilger*, in: Gliksberg (Hrsg.): Cahiers de droit fiscal international, Volume LXXXIVa, S. 753 (767).

1187 § 30 Abs. 1 und 2 VATA 1994 i. V. m. Anhang 8, Gruppe 15 VATA 1994.

Befreiungen für die Bereiche Bildung, Forschung, Gesundheit, Sport und Kultur.[1188] Im Übrigen gilt der normale Umsatzsteuersatz i. H. v. 20 %[1189], sofern nicht der ermäßigte Steuersatz i. H. v. 5 % geltend gemacht werden kann[1190] oder die Umsätze 83.000 GBP (ca. 94.000 EUR) im Jahr nicht übersteigen[1191].

Erfüllen ausländische gemeinnützige Einrichtungen die Voraussetzungen des britischen Steuerrechts[1192] an inländische gemeinnützige Einrichtungen, sind sie befugt, dieselben Steuerprivilegierungen in Anspruch zu nehmen wie inländische gemeinnützige Einrichtungen.

6. *Schweden*

Einkünfte des ideellen Bereichs, z. B. Spenden, Erbschaften oder Schenkungen, sind in Schweden unabhängig von der Anerkennung als gemeinnützige Einrichtung steuerfrei.[1193] Steuerbefreit sind auch Einkünfte aus Vermögensverwaltung.[1194] Eine Erbschaft- oder Schenkungsteuer existiert nicht mehr.[1195] Gemeinnützige Stiftungen unterliegen mit ihren Einkünften aus Zweckbetrieben und aus wirtschaftlicher Betätigung, d. h. aus unbeweglichen Vermögen oder wirtschaftlichen Aktivitäten, der Einkommensteuer.[1196] Für gemeinnützige Vereine besteht eine Steuerbefreiung für Einkünfte aus Zweckbetrieben, wenn diese im direkten Zusammenhang mit den steuerbegünstigten Zwecken stehen, z. B. Eintrittsgelder oder Erlöse aus dem Verkauf von Artikeln.[1197] Steuerfrei sind zudem Einkünfte, die aus Tätigkeiten oder aus Finanzierungsquellen stammen, die üblicherweise zur Finanzierung von gemeinnützigen Tätigkeiten verwendet werden.[1198]

1188 § 31 Abs. 1 VATA 1994 i. V. m. Anhang 9 VATA 1994.
1189 § 2 Abs. 1 VATA 1994.
1190 § 29A Abs. 1 VATA 1994.
1191 § 3 Abs. 2 VATA 1994 i. V. m. Art. 1 Anhang 1 VATA 1994.
1192 Sch. 6 § 1 Abs. 1 FA 2010.
1193 Kap. 8 § 2 ISL 1999.
1194 *Lindencrona*, in: Walz/von Auer/von Hippel (Hrsg.): Spenden- und Gemeinnützigkeitsrecht in Europa, S. 419 (431).
1195 *Kleist*, Trust & Trustees 2011, 622 (623).
1196 Kap. 7 § 3 Satz 1 i. V. m. Kap. 13 § 1 ISL 1999.
1197 Kap. 7 § 3 Satz 2 Nr. 1 i. V. m. Kap. 13 § 1 ISL 1999.
1198 Kap. 7 § 3 Satz 2 ISL 1999; *Lindencrona*, in: Walz/von Auer/von Hippel (Hrsg.): Spenden- und Gemeinnützigkeitsrecht in Europa, S. 419 (431 f.); *Arvidsson*, in: Vanistendael (Hrsg.): Taxation of Charities, S. 541 (552 f.).

Im Übrigen unterfallen wirtschaftliche Tätigkeiten von gemeinnützigen Einrichtungen dem normalen Steuersatz i. H. v. 26,3 %. Bilden steuerpflichtige Einkünfte nur einen kleinen Anteil der Gesamteinkünfte (20–30 %), entfällt die Steuerpflicht.[1199] Umgekehrt wird zunächst steuerfreies Einkommen steuerpflichtig, wenn dessen Anteil am Gesamteinkommen auf weniger als 30 % sinkt.[1200] Es erfolgt keine Trennung zwischen steuerfreien und steuerpflichtigen Einkünften.[1201]

Alle Einnahmen aus Zweckbetrieben und wirtschaftlichen Tätigkeiten sind grundsätzlich umsatzsteuerpflichtig.[1202] Lediglich Einkünfte aus Zweckbetrieben gemeinnütziger Vereine werden von der Umsatzsteuer befreit.[1203]

Schweden gewährt ausländischen gemeinnützigen Einrichtungen unabhängig von ihrem Sitz in einem Mitgliedstaat oder einem Drittstaat dieselben Steuervergünstigungen wie inländischen gemeinnützigen Einrichtungen.[1204]

7. Spanien

Für ideelle Einnahmen gemeinnütziger Einrichtungen, z. B. Spenden, Subventionen, Sponsoringeinnahmen und Mitgliedsbeiträge, entfällt in Spanien die Körperschaftsteuer.[1205] Auch Einnahmen aus beweglichem und unbeweglichem Vermögen, z. B. Dividenden oder Gewinnanteilen an Unternehmen, Steuern, Lizenzgebühren oder Renten[1206] sowie für Erlöse aus dem Verkauf von Waren und Rechten[1207], sind körperschaftsteuerfrei. Zuwendungen und Erbschaften an juristische Personen sind darüber hinaus von der Erbschaft- und Schenkungsteuer befreit.[1208]

Einkünfte aus Zweckbetrieben werden ebenfalls von der Körperschaftsteuer befreit, wenn die erzielten Einnahmen im Zusammenhang mit den steuerbegünstigten Zwecken stehen.[1209] Dies gilt z. B. für soziale Dienstleistungen, das

---

1199 Kap. 7 § 7 Satz 1 ISL 1999.
1200 *Arvidsson*, in: Vanistendael (Hrsg.): Taxation of Charities, S. 541 (553).
1201 *Arvidsson*, in: Vanistendael (Hrsg.): Taxation of Charities, S. 541 (552).
1202 *Arvidsson*, in: Vanistendael (Hrsg.): Taxation of Charities, S. 541 (559).
1203 Kap. 4 § 8 MSL 1994.
1204 Kap. 6 § 7 und § 11 ISL 1999.
1205 Art. 6 Abs. 1 Ley 49/2002.
1206 Art. 6 Abs. 2 Ley 49/2002.
1207 Art. 6 Abs. 3 Ley 49/2002.
1208 Art. 16 Buchst. a Ley 49/2002.
1209 Art. 7 Ley 49/2002.

Betreiben von Krankhäusern, Forschungs- oder Technologieeinrichtungen, kulturelle Veranstaltungen oder Tätigkeiten im Bereich von Bildung und Sport.[1210]

Darüber hinaus ist für wirtschaftliche Tätigkeiten keine Körperschaftsteuer zu entrichten, sofern sie nur eine Nebentätigkeit darstellen und die erzielten Einkünfte nicht mehr als 20 % der Gesamteinkünfte ausmachen[1211] oder im Jahr nicht mehr als 20.000 EUR erzielt werden[1212]. Im Übrigen sind wirtschaftliche Tätigkeiten, die nicht im Zusammenhang mit dem steuerbegünstigten Zweck stehen, nur bis zu einem Anteil in Höhe von maximal 40 % an den Gesamteinkünften zulässig.[1213] Diese unterfallen einem ermäßigten Steuersatz i. H. v. 10 %.[1214]

Eine generelle Umsatzsteuerbefreiung für gemeinnützige Einrichtungen besteht nicht.[1215] Befreit werden gemeinnützige Einrichtungen, die Geschäftsbeziehungen zu anderen gemeinnützigen Einrichtungen zur Verwirklichung von Projekten im öffentlichen Interesse unterhalten.[1216]

Darüber hinaus ist für bestimmte Leistungen keine Umsatzsteuer zu zahlen, z. B. für Leistungen von Krankenhäusern und medizinischen Einrichtungen[1217] oder für Leistungen, die ausschließlich gegenüber Begünstigten steuerbefreiter Einrichtungen zur Verwirklichung ihrer steuerbegünstigten Zwecke erbracht werden.[1218] Befreit werden außerdem Leistungen sozialer Einrichtungen[1219], Leistungen zu Bildungs- oder Erziehungszwecken[1220], Leistungen gemeinnütziger Einrichtungen an eigene Mitglieder[1221] oder für kulturelle Leistungen[1222].

Ausländische gemeinnützige Einrichtungen können diese Steuervergünstigungen nur in Anspruch nehmen, wenn sie über eine Niederlassung in Spanien verfügen, ihren steuerbegünstigten Zwecken in Spanien nachgehen und die Anforderungen des spanischen Gemeinnützigkeitsrechts erfüllen.[1223]

1210 Art. 7 Ley 49/2002.
1211 Art. 7 Nr. 11 Ley 49/2002.
1212 Art. 7 Nr. 12 Ley 49/2002.
1213 Art. 3 Abs. 3 Ley 49/2002.
1214 Art. 10 Ley 49/2002.
1215 *Báez/Pedreira*, in: Vanistendael (Hrsg.): Taxation of Charities, S. 511 (531).
1216 Art. 25 Abs. 1 Ley 49/2002.
1217 Art. 20 Abs. 1 Nr. 2 Ley 37/1992.
1218 Art. 20 Abs. 1 Nr. 6 Ley 37/1992.
1219 Art. 20 Abs. 1 Nr. 7 und 8 Ley 37/1992.
1220 Art. 20 Abs. 1 Nr. 9 und 10 Ley 37/1992.
1221 Art. 20 Abs. 1 Nr. 12 Ley 37/1992.
1222 Art. 20 Abs. 1 Nr. 14 Ley 37/1992.
1223 Art. 16 Satz 1 Buchst. a Ley 49/2002.

8. *Italien*

Italien gewährt den gemeinnützigen Einrichtungen Befreiungen von der Körperschaftsteuer für Einnahmen im ideellen Bereich, z. B. für Schenkungen, Spenden oder Vermächtnisse.[1224] Einkünfte aus Zweckbetrieben der gemeinnützigen ONLUS sind ebenso steuerfrei[1225] wie Einkünfte aus wirtschaftlichen Geschäftsbetrieben, die aus direkt mit dem steuerbegünstigten Zweck verbundenen Tätigkeiten stammen.[1226]

Hierunter fallen z. B. gelegentliche Verkäufe von Speisen und Getränken bei Veranstaltungen oder der Weiterverkauf von gespendeten Waren.[1227] Steuerpflichtig sind ausschließlich Einkünfte aus Grund- und Kapitalvermögen[1228] sowie aus wirtschaftlichen Geschäftsbetrieben, die nicht im Zusammenhang mit dem steuerbegünstigten Zweck stehen[1229].

Nicht gewerbliche Einrichtungen unterfallen mit ihren wirtschaftlichen Nebeneinkünften sowie ihren Einkünften aus Grund- und Kapitalvermögen[1230] der Körperschaftsteuer.[1231] Für Einkünfte aus Dienstleistungen bis maximal 15.493,71 EUR im Jahr ist ein Körperschaftsteuersatz i. H. v. 15 % zu leisten, bei Einkünften bis zu 400.000 EUR fällt ein Steuersatz i. H. v. 25 % an.[1232] Einkünfte aus sonstigen Tätigkeiten bis zu einer Höhe von 25.822,84 EUR pro Jahr werden mit einem Steuersatz i. H. v. 10 % belastet, für Einkünfte bis zu 700.000 EUR beträgt der Steuersatz 15 %.[1233]

Leistungen im Rahmen von wirtschaftlichen Nebenbetrieben sind grundsätzlich umsatzsteuerpflichtig.[1234] Von der Umsatzsteuer befreit werden dagegen Leistungen im Gesundheits- und Pflegewesen[1235], in der Bildung und Erziehung[1236] sowie im kulturellen Bereich[1237]. Im Übrigen fällt der normale Umsatzsteuersatz

---

1224 *Amatucci*, in: Vanistendael (Hrsg.): Taxation of Charities, S. 353 (356).
1225 Art. 150 Abs. 1 TUIR 1986.
1226 Art. 150 Abs. 2 TUIR 1986.
1227 *Runte/von Hippel*, in: Walz/von Auer/von Hippel (Hrsg.): Spenden- und Gemeinnützigkeitsrecht in Europa, S. 341 (357).
1228 Art. 143 Abs. 1 TUIR 1986.
1229 Art. 143 Abs. 1 TUIR 1986.
1230 Art. 67 TUIR 1986.
1231 Art. 143 Abs. 1 TUIR 1986.
1232 Art. 145 Abs. 1 Buchst. a Nr. 1 und 2 TUIR 1986.
1233 Art. 145 Abs. 1 Buchst. b Nr. 1 und 2 TUIR 1986.
1234 Art. 4 Abs. 2 Buchst. b i. V. m. Abs. 4 und 7 DPR 633/1972.
1235 Art. 10 Nr. 15, 18, 19, 24 und 27ter DPR 633/1972.
1236 Art. 10 Nr. 20 DPR 633/1972.
1237 Art. 10 Nr. 22 DPR 633/1972.

i. H. v. 22 % an[1238], sofern keine Ausnahmen geltend gemacht werden[1239]. Umsatzsteuerfrei sind zudem Leistungen bis zu einer Höhe von 10.000 EUR pro Jahr.[1240]

Schenkungen und Vermächtnisse an die gemeinnützige ONLUS werden von der Schenkung- und Erbschaftsteuer befreit.[1241] Gleiches gilt für Schenkungen und Erbschaften an Stiftungen und Vereine, die ausschließlich in den Bereichen Hilfe, Bildung, Forschung, Erziehung oder anderen im öffentlichen Interesse liegenden Bereichen tätig sind, jedoch nicht den Status einer ONLUS besitzen.[1242]

Ausländische gemeinnützige Einrichtungen können dieselben Steuervergünstigungen erhalten wie inländische gemeinnützige ONLUS, sofern sie ebenfalls die Voraussetzungen zur Erlangung des Status als ONLUS erfüllen.[1243]

9. Polen

Gemeinnützige Einrichtungen in Polen werden mit allen Einkünften, die aus ihren steuerbegünstigten Tätigkeiten stammen, von der Körperschaftsteuer befreit.[1244] Auch Einnahmen aus Vermögensverwaltung, z. B. Dividenden oder Erlöse aus Vermietung und Verpachtung, sind steuerfrei.[1245]

Nicht befreit werden nur die Einkünfte aus wirtschaftlichen Geschäftsbetrieben, wenn diese nicht für die Verfolgung der steuerbegünstigten Zwecke erforderlich sind.[1246] Die Erbschaft- und Schenkungsteuer gilt nicht für juristische Personen.[1247]

Für bestimmte Leistungen der gemeinnützigen Einrichtungen wird keine Umsatzsteuer fällig, z. B. für Spenden in Form von Gütern, die für die steuerbegünstigten Zwecke verwendet werden[1248], Leistungen in den Bereichen

1238 Art. 16 Satz 1 DPR 633/1972.

1239 Art. 16 Satz 2 DPR 633/1972; 4 % fallen im Wesentlichen für Grundnahrungsmittel, landwirtschaftliche Erzeugnisse, Bücher, Presseartikel an, vgl. Tabelle A Teil II zu Art. 16 Satz 2 DRP 633/1972; mit einer ermäßigten Umsatzsteuer i. H. v. 10 % werden im Wesentlichen Dienstleistungen oder Kunstgegenstände besteuert, vgl. Tabelle A Teil III zu Art. 16 Satz 2 DPR 633/1972.

1240 Art. 72 Abs. 5 DPR 633/1972.

1241 Art. 3 Abs. 1 DL 346/1990.

1242 Art. 3 Abs. 1 DL 346/1990.

1243 Circolare n. 24 del 26.06.2006.

1244 Art. 17 Abs. 1 Nr. 6c Dz. U. 1992.86 i. V. m. Art. 24 Abs. 1 Nr. 1 Dz. U. 2016.239.

1245 Art. 17b Abs. 1 Dz. U. 1992.86.

1246 Art. 17 Abs. 1a Nr. 2 Dz. U. 1992.86.

1247 *Majdańska*, in: Vanistendael (Hrsg.): Taxation of Charities, S. 413 (440).

1248 Art. 43 Abs. 1 Nr. 16 Dz. U. 2004.535.

Gesundheit, Wohlfahrt und Soziales[1249], Forschung und Entwicklung[1250], Bildung und Erziehung[1251], Sport[1252] und Kultur[1253]. Alle anderen Leistungen werden regelmäßig mit einem Umsatzsteuersatz i. H. v. 22 % belastet.[1254]

Für einige Leistungen gelten ermäßigte Umsatzsteuersätze.[1255] Kleingewerbetreibende mit einem Umsatz von bis zu 150.000 PLN (ca. 30.000 EUR) pro Jahr sind von der Zahlung der Umsatzsteuer befreit.[1256]

Polen gewährt ausländischen gemeinnützigen Einrichtungen dieselben Steuervergünstigungen wie inländischen Einrichtungen, sofern sie die Anforderungen an inländische gemeinnützige Einrichtungen erfüllen und mit ihren jeweiligen Herkunftsstaaten Amtshilfeabkommen bestehen.[1257]

10. Tschechien

Das tschechische Einkommensteuerrecht sieht für gemeinnützige Einrichtungen gesonderte Voraussetzungen vor, die von den Regelungen des Gesetzentwurfs zum neuen Gemeinnützigkeitsrecht unabhängig sind.[1258] Eine gemeinnützige Einrichtung erfüllt die Vorgaben des Einkommensteuergesetzes, wenn sie in Übereinstimmung mit den Gründungsrechtsakten, der Satzung, den Statuten, einem Gesetz oder einer behördlichen Entscheidung gegründet wurde und ihre Haupttätigkeit nicht wirtschaftlich ist.[1259]

Einnahmen aus nicht wirtschaftlichen Aktivitäten sowie Zuwendungen und Zuschüsse aus öffentlichen Mitteln gelten als einkommensteuerfrei.[1260] Steuerpflichtig sind hingegen Einkünfte aus Kapitalanlagen sowie aus Vermietung und Verpachtung.[1261]

1249 Art. 43 Abs. 1 Nr. 18, 22 und 23 Dz. U. 2004.535.

1250 Anlage 4 zu Dz. U. 2004.535.

1251 Art. 43 Abs. 1 Nr. 24, 26 bis 30 Dz. U. 2004.535.

1252 Art. 43 Abs. 1 Nr. 32 Dz. U. 2004.535.

1253 Art. 43 Abs. 1 Nr. 33 Dz. U. 2004.535.

1254 Art. 41 Abs. 1 Dz. U. 2004.535.

1255 Art. 41 Abs. 2 und Abs. 2a Dz. U. 2004.535.

1256 Art. 113 Abs. 1 Dz. U. 2004.535.

1257 Art. 17 Abs. 1 Nr. 6c, Abs. 4 Dz. U. 1992.86 *Majdańska*, in: Vanistendael (Hrsg.): Taxation of Charities, S. 413 (418 f.).

1258 § 17a i. V. m. § 18a Z 586/1992 Sb.

1259 § 17a Abs. 1 Z 586/1992 Sb.

1260 §§ 18a Abs. 1 Buchst. a und b, 19 Abs. 1 Z 586/1992 Sb.

1261 § 18a Abs. 2 Z 586/1992 Sb.

Für Vereine gilt zudem eine Steuerbefreiung für Mitgliedsbeiträge, die entsprechend ihrer Satzung erhoben werden.[1262] Darüber hinaus sind Einnahmen gemeinnütziger Stiftungen aus der wirtschaftlichen Verwertung ihres Eigentums, wenn dieses im Sinne des Stiftungszwecks verwendet wurde[1263], sowie Einnahmen aus öffentlichen Sammlungen[1264] von der Einkommensteuer befreit.

Einkünfte aus Nebenbetrieben, die im Zusammenhang mit den steuerbegünstigten Zwecken stehen, unterfallen nicht der Einkommensteuer, sofern die Ausgaben für diese Tätigkeiten höher sind als die Einnahmen.[1265] Einnahmen aus wirtschaftlichen Tätigkeiten sind bis maximal 300.000 CZK (ca. 11.000 EUR) im Jahr steuerfrei, Einnahmen bis maximal 1.000.000 CZK (ca. 36.000 EUR) im Jahr werden vor der Besteuerung um 30 % reduziert.[1266] Im Übrigen gilt ein Steuersatz i. H. v. 19 %.[1267]

Der regelmäßige Umsatzsteuersatz beträgt 21 %[1268]. Es existieren zwei ermäßigte Steuersätze (15 % und 10 %) für bestimmte Leistungen, z. B. medizinische, pharmazeutische oder kulturelle Leistungen.[1269] Umsatzsteuerbefreit sind Leistungen in den Bereichen Aus- und Weiterbildung[1270], Gesundheit[1271], Soziales[1272], Bildung und Erziehung[1273] sowie Sport[1274]. Bei Umsätzen von bis zu 1.000.000 CZK (ca. 36.000 EUR) im Jahr kann eine Befreiung von der Umsatzsteuer erfolgen.[1275]

Erbschaften und Schenkungen sind steuerfrei, sofern diese für die steuerbegünstigten Zwecke eingesetzt werden.[1276]

Gemeinnützige Einrichtungen aus anderen Mitgliedstaaten können dieselben Steuerprivilegierungen wie inländische gemeinnützige Einrichtungen in

1262 § 19 Abs. 1 Buchst. a Z 586/1992 Sb.
1263 § 19 Abs. 1 Buchst. r Z 586/1992 Sb.
1264 § 19 Abs. 1 Buchst. y Z 586/1992 Sb.
1265 § 18a Abs. 3 Z 586/1992 Sb.
1266 § 20 Abs. 7 Z 586/1992 Sb.
1267 § 21 Abs. 1 Z 586/1992 Sb.
1268 § 47 Abs. 1 Buchst. a Z 235/2004 Sb.
1269 § 47 Abs. 1 Buchst. b und c Z 235/2004 Sb.
1270 § 51 Abs. 1 Buchst. h i. V. m. § 57 Z 235/2004 Sb.
1271 § 51 Abs. 1 Buchst. i i. V. m. § 58 Z 235/2004 Sb.
1272 § 51 Abs. 1 Buchst. j i. V. m. § 59 Z 235/2004 Sb.
1273 § 61 Buchst. b Z 235/2004 Sb.
1274 § 61 Buchst. d Z 235/2004 Sb.
1275 § 6 Abs. 1 Z 235/2004 Sb.
1276 § 19b Abs. 2 Buchst. b Z 235/2004 Sb.

Anspruch nehmen, sofern diese Einrichtungen die Vorgaben an inländische gemeinnützige Einrichtungen erfüllen.[1277]

11. Ungarn

Gemeinnützige Einrichtungen in Ungarn sind grundsätzlich nur mit ihren Einkünften aus wirtschaftlichen Tätigkeiten körperschaftsteuerpflichtig.[1278] Ideelle Einnahmen, Einkünfte aus Vermögensverwaltung und Erlöse aus wirtschaftlichen Betätigungen, die in Verbindung mit den steuerbegünstigten Zwecken stehen, sind körperschaftsteuerbefreit.[1279] Im Übrigen wird ein Körperschaftsteuersatz i. H. v. 19 % erhoben.[1280]

Einkünfte aus wirtschaftlichen Aktivitäten gemeinnütziger Einrichtungen sind bis zu einer Höhe von maximal 20 Mio. HUF (ca. 61,5 Mio. EUR) im Jahr[1281] bzw. bis zu maximal 15 % der Gesamteinnahmen im Jahr steuerfrei.[1282] Darüber hinaus unterliegen Einnahmen bis zu einer Höhe von 500 Mio. HUF (ca. 1,5 Mrd. EUR) im Jahr einem ermäßigten Körperschaftsteuersatz i. H. v. 10 %.[1283]

Gemeinnützige Einrichtungen sind zur Umsatzsteuerzahlung verpflichtet.[1284] Der normale Umsatzsteuersatz beträgt 27 %[1285], die ermäßigten Steuersätze liegen bei 18 %[1286] und 5 %[1287]. Umsatzsteuerbefreit sind z. B. medizinische[1288] und soziale Leistungen[1289], Leistungen in den Bereichen Bildung und Erziehung[1290], Sport[1291] sowie Kultur[1292], sofern sie von den gemeinnützigen Einrichtungen selbst erbracht werden[1293].

1277 § 20 Abs. 12 Z 586/1992 Sb.
1278 Vgl. § 2 Abs. 1 i. V. m. Abs. 2 Buchst. a und g LXXXI/1996.
1279 § 9 Abs. 1a LXXXI/1996; § 2 Nr. 11 CLXXV/2011.
1280 § 19 Abs. 1 LXXXI/1996.
1281 § 20 Abs. 1 Buchst. a LXXXI/1996.
1282 § 20 Abs. 1 Buchst. a LXXXI/1996.
1283 § 19 Abs. 7 LXXXI/1996.
1284 Vgl. § 5 Abs. 1 CXXVII/2007.
1285 § 82 Abs. 1 CXXVII/2007.
1286 § 82 Abs. 3 CXXVII/2007.
1287 § 82 Abs. 2 CXXVII/2007.
1288 § 85 Abs. 1 Buchst. b bis e CXXVII/2007.
1289 § 85 Abs. 1 Buchst. f bis h CXXVII/2007.
1290 § 85 Abs. 1 Buchst. i und j CXXVII/2007.
1291 § 85 Abs. 1 Buchst. m bis mb CXXVII/2007.
1292 § 85 Abs. 1 Buchst. n CXXVII/2007.
1293 § 85 Abs. 1 i. V. m. Abs. 4 CXXVII/2007.

Der Handel von Gütern ist umsatzsteuerfrei, wenn diese für umsatzsteuerbefreite Leistungen eingesetzt werden.[1294] Bei Umsätzen bis maximal 6 Mio. HUF (ca. 18,5 Mio. EUR) pro Jahr kann eine Umsatzsteuerbefreiung geltend gemacht werden.[1295]

Für Schenkungen[1296] und Vermächtnisse[1297] fällt keine Erbschaft- oder Schenkungsteuer an.[1298]

Ungarn gewährt ausländischen gemeinnützigen Einrichtungen unabhängig von ihrem Sitz dieselben Steuervergünstigungen wie inländischen gemeinnützigen Einrichtungen unter der Voraussetzung, dass diese die Anforderungen an inländische gemeinnützige Einrichtungen erfüllen.[1299]

12. Rumänien

Das rumänische Körperschaftsteuergesetz sieht keine Steuerpflicht für Mitgliedsbeiträge, Zuschüsse, Zuwendungen, Registrierungsgebühren, Spenden, Sponsoring sowie für Einnahmen aus Vermögensverwaltung vor.[1300] Dividenden aus der Führung von eigenen Unternehmen sind allerdings steuerpflichtig.[1301]

Einnahmen aus Nebentätigkeiten bis maximal 15.000 EUR pro Jahr, die jedoch nicht mehr als 10 % des steuerfreien Gesamteinkommens der gemeinnützigen Einrichtung ausmachen dürfen, werden von der Körperschaftsteuer befreit.[1302] Auch Einnahmen aus gelegentlichen wirtschaftlichen Tätigkeiten der gemeinnützigen Einrichtung unterliegen keiner Steuerpflicht, wenn solche Fälle auf jährlich zwei- oder dreimal beschränkt bleiben, z. B. aus Festivals und Konferenzen.[1303] Das verbleibende Einkommen wird mit einem Körperschaftsteuersatz i. H. v. 16 % belastet.[1304]

Für Umsätze aus wirtschaftlichen Tätigkeiten fällt grundsätzlich ein Umsatzsteuersatz i. H. v. 19 % an.[1305] Bestimmte Leistungen unterliegen einem ermäßigten Steuersatz i. H. v. 9 %, insbesondere für medizinische Leistungen sowie

1294 § 87 Buchst. a CXXVII/2007.
1295 § 188 Abs. 2 CXXVII/2007.
1296 § 17 Abs. 1 Buchst. a und i XCIII/1990.
1297 § 16 Abs. 1 Buchst. a XCIII/1990.
1298 § 5 Abs. 1 Buchst. d und m XCIII/1990.
1299 Vgl. § 2 Abs. 1 i. V. m. Abs. 4 LXXXI/1996.
1300 Art. 15 Abs. 2 Buchst. a bis n i. V. m. Art. 7 Abs. 1 Nr. 18 Legea 227/2015.
1301 *Adams*, Romania, V. A. "Tax Exemptions".
1302 Art. 15 Abs. 3 Satz 1 Legea 227/2015.
1303 Art. 15 Abs. 2 Buchst. i Legea 227/2015.
1304 Art. 15 Abs. 3 Satz 2 i. V. m. Art. 17 Legea 227/2015.
1305 Art. 268 Abs. 9 Buchst. a i. V. m. Art. 291 Abs. 1 Buchst. a Legea 227/2015.

Nahrungsmittel[1306]. Ein ermäßigter Steuersatz i. H. v. 5 % wird z. B. für Eintrittsgelder für Veranstaltungen und Museen fällig.[1307] Umsatzsteuerbefreit sind hingegen Leistungen in den Bereichen Medizin und Pflege, Erziehung und Bildung, Soziales, Sport und Kultur.[1308] Für Umsätze in Höhe von bis zu 35.000 EUR pro Jahr fällt generell keine Umsatzsteuer an.[1309] Gemeinnützige Einrichtungen können zudem bei Umsätzen bis zu 100.000 EUR um eine Umsatzsteuerbefreiung ersuchen, bei höheren Umsätzen ist die Umsatzsteuerzahlung zwingend erforderlich.[1310]

Eine Erbschaft- oder Schenkungsteuer existiert in Rumänien nicht. Einnahmen durch Schenkungen oder Erbschaften unterfallen den steuerfreien Einkünften.[1311]

Ausländische gemeinnützige Einrichtungen können diese Steuervergünstigungen nur erlangen, wenn sie steuerbegünstigte Aktivitäten in Rumänien verfolgen, die Voraussetzungen des rumänischen Gemeinnützigkeitsgesetzes erfüllen und sich amtlich registrieren lassen.[1312]

13. Zusammenfassung

Alle untersuchten Mitgliedstaaten befreien die Einnahmen gemeinnütziger Einrichtungen im ideellen Bereich grundsätzlich von der Körperschaft-, Einkommen- oder Umsatzsteuer. Auch Erbschaft- oder Schenkungsteuer ist in der Regel nicht abzuführen. Lediglich in Frankreich unterliegen Schenkungen und Erbschaften der Steuerpflicht, wenn keine spezielle Befreiung davon geltend gemacht werden kann.

Einnahmen aus Vermögensverwaltung sind ebenfalls in den meisten Mitgliedstaaten von der Zahlung der Körperschaft- oder Gewerbesteuer befreit. Auch hier sieht Frankreich als einziger Mitgliedstaat eine Steuerpflicht vor. Die Pflicht zur Umsatzsteuerzahlung für Einnahmen aus Vermögensverwaltung differiert zwischen den Mitgliedstaaten. Sie richtet sich in der Regel nach der jeweiligen Leistung; eine generelle Befreiung für gemeinnützige Einrichtungen existiert nur in Schweden.

1306 Art. 268 Abs. 9 Buchst. a i. V. m. Art. 291 Abs. 2 Legea 227/2015.
1307 Art. 268 Abs. 9 Buchst. a i. V. m. Art. 291 Abs. 3 Legea 227/2015.
1308 Art. 268 Abs. 9 Buchst. a i. V. m. Art. 291 Abs. 2 Buchst. a bis r Legea 227/2015.
1309 Art. 47 Buchst. c Legea 227/2015.
1310 Art. 15 Abs. 2 Buchst. e i. V. m. Art. 7 Abs. 1 Nr. 18 Legea 227/2015.
1311 Art. 15 Abs. 2 Buchst. b und e Legea 227/2015.
1312 Art. 235 Legea 227/2015.

Die Regelungen zur Besteuerung der Einkünfte aus Zweck- oder Hilfsbetrieben unterscheiden sich erheblich. Einige Mitgliedstaaten befreien diese Einnahmen von der Körperschaftsteuer (Deutschland, Großbritannien, Spanien, Italien, Polen), andere sehen lediglich ermäßigte Steuersätze oder zumindest Freibeträge vor (Österreich, Niederlande, Frankreich, Tschechien, Rumänien). Die Umsatzsteuerzahlung für die Leistungen in diesen Bereichen folgt den allgemeinen Regelungen, eine generelle Befreiung sieht ebenfalls nur Schweden vor.

Eine ähnliche Situation zeigt die Besteuerung der Einkünfte aus wirtschaftlichen Geschäftsbetrieben. Zum Teil werden Freibeträge gewährt (Deutschland, Österreich, Niederlande, Frankreich, Spanien, Ungarn, Rumänien), andere Mitgliedstaaten sehen bei Einkünften bis zu einer bestimmten Höhe einen ermäßigten Körperschaftsteuersatz vor (Niederlande, Spanien, Tschechien). Im Übrigen fällt für diese Einnahmen der normale Steuersatz an. Die Besteuerung der Umsätze richtet sich ebenfalls in der Regel nach den allgemeinen Regelungen. Freibeträge existieren regelmäßig unabhängig von der Anerkennung als gemeinnützige Einrichtung für Kleingewerbetreibende.

II. Steuerliche Behandlung Zuwendungen leistender Personen

1. Deutschland

Juristische Personen in Deutschland können Zuwendungen an gemeinnützige Einrichtungen zur Förderung steuerbegünstigter Zwecke im Rahmen ihrer Körperschaftsteuerveranlagung geltend machen.[1313] Abzugsfähig sind Zuwendungen bis zu einer Höhe von 20 % des Einkommens[1314] oder 4 Promille der Summe aus den gesamten Umsätzen und den im Kalenderjahr aufgewendeten Löhnen und Gehältern[1315].

Bei Zuwendungen an ausländische gemeinnützige Einrichtungen muss diese in einem Mitgliedstaat der Europäischen Union oder in einem Vertragsstaat des Abkommens über den Europäischen Wirtschaftsraum liegen.[1316] Wird steuerbegünstigten Zwecken ausschließlich im Ausland nachgegangen, muss entweder eine Person mit gewöhnlichem Aufenthalt in Deutschland gefördert werden oder die Tätigkeit dem Ansehen der Bundesrepublik Deutschland dienen.[1317]

1313 § 9 Abs. 1 Nr. 2 Satz 1 i. V. m. Satz 2 Buchst. b KStG.

1314 § 9 Abs. 1 Nr. 2 Satz 1 Buchst. a KStG.

1315 § 9 Abs. 1 Nr. 2 Satz 1 Buchst. b KStG.

1316 § 9 Abs. 1 Nr. 2 Satz 2 Buchst. c KStG.

1317 § 9 Abs. 1 Nr. 2 Satz 6 KStG.

Natürliche Personen können Zuwendungen in Höhe von bis zu 20 % ihrer Einkünfte oder vier Promille der Summe aus den gesamten Umsätzen und den im Kalenderjahr aufgewendeten Löhnen und Gehältern als Sonderausgaben steuerlich geltend machen.[1318] Für Zuwendungen an ausländische gemeinnützige Einrichtungen gelten dieselben Voraussetzungen wie für juristische Personen.[1319] Nicht abzugsfähig sind Mitgliedsbeiträge an gemeinnützige Einrichtungen in den Bereichen Sport, Freizeitgestaltung, Heimatpflege und Heimatkunde sowie Brauchtum, Zucht und Kleingärten.[1320]

2. *Österreich*

Österreich sieht nur bei ausdrücklich im Gesetz enthaltenen Tatbeständen eine Abzugsfähigkeit für Zuwendungen an gemeinnützige Einrichtungen vor. Eine generelle Abzugsmöglichkeit wie in Deutschland existiert nicht.[1321]

Zuwendungen natürlicher und juristischer Personen an Universitäten oder Hochschulen zu Forschungszwecken oder für Aufgaben der Erwachsenenbildung sind ebenso von der Einkommen- bzw. Körperschaftsteuer abziehbar wie Zuwendungen an gemeinnützige Einrichtungen mit steuerbegünstigten Zweckorientierungen in den Bereichen Forschung und Wissenschaft.[1322]

Daneben können Zuwendungen an die Österreichische Nationalbibliothek, österreichische Museen, Dachverbände zur Förderung des österreichischen Behindertensports oder Einrichtungen zur Förderung von Kunst und Kultur steuerlich berücksichtigt werden.[1323] Abzugsfähig sind weiter Zuwendungen an mildtätige Einrichtungen[1324], zur Bekämpfung von Armut und Not

1318 Vgl. § 10b Abs. 1 Satz 1 EStG.

1319 § 10b Abs. 1 Satz 2 Nr. 3, Satz 6 EStG.

1320 § 9 Abs. 1 Nr. 2 Satz 9 KStG; § 10b Abs. 1 Nr. 2 Satz 8 EStG.

1321 § 18 Abs. 1 Nr. 7 EStG 1988; § 12 Abs. 1 Nr. 5 KStG 1988.

1322 § 4a Abs. 1 Satz 1, Abs. 2 Nr. 1 i. V. m. Abs. 3 EStG 1988; § 18 Abs. 1 Nr. 7 Satz 1 Buchst. a i. V. m. § 4a Abs. 1 Satz 1, Abs. 2 Nr. 1, Abs. 3 EStG 1988; § 12 Abs. 1 Nr. 5 KStG 1988 i. V. m. § 4a Abs. 1 Satz 1, Abs. 2 Nr. 1, Abs. 3 EStG 1988.

1323 § 4a Abs. 1 Satz 1, Abs. 2 Nr. 2 i. V. m. Abs. 4 EStG 1988; § 18 Abs. 1 Nr. 7 Satz 1 Buchst. a i. V. m. § 4a Abs. 1 Satz 1, Abs. 2 Nr. 1, Abs. 4 EStG 1988; § 12 Abs. 1 Nr. 5 KStG 1988 i. V. m. 4a Abs. 1 Satz 1, Abs. 2 Nr. 1, Abs. 4 EStG 1988.

1324 § 4a Abs. 1 Satz 1 i. V. m. Abs. 2 Nr. 3 Buchst. a EStG 1988; § 12 Abs. 1 Nr. 5 KStG 1988 i. V. m. 4a Abs. 1 Satz 1, Abs. 2 Nr. 3 Buchst. a EStG 1988.

in Entwicklungsländern[1325], zur Katastrophenhilfe[1326] und für den Umwelt- und Tierschutz[1327].

Für die Berechtigung zur Spendenannahme müssen die gemeinnützigen Einrichtungen – mit Ausnahme der ausdrücklich im Gesetz genannten – in einer Liste des Finanzamts Wien verzeichnet werden, um einen Spendenbegünstigungsbescheid zu erhalten.[1328] Abzugsfähig sind Zuwendungen bis zur einer Höhe von 10 % des Gewinns[1329] oder als Sonderausgabe bis zu einer Höhe von 10 % des Jahreseinkommens[1330].

Zuwendungen an ausländische gemeinnützige Einrichtungen sind berücksichtigungsfähig, wenn die Einrichtung in einem Mitgliedstaat liegt, die Voraussetzungen an österreichische gemeinnützige Einrichtungen erfüllt und beim Finanzamt Wien erfasst ist.[1331]

3. Niederlande

Zuwendungen von juristischen Personen in den Niederlanden an gemeinnützige Einrichtungen sind bis zu einer Höhe von 50 % des Jahreseinkommens bzw. einem Maximalbetrag i. H. v. 100.000 EUR als Betriebsausgaben abzugsfähig.[1332] Zuwendungen für kulturelle Zwecke können zudem um 50 % des Betrags bis zu einer maximalen Höhe von 5.000 EUR erhöht werden.[1333] Ein schriftlicher Nachweis über die geleistete Zuwendung ist erforderlich.[1334]

1325 § 4a Abs. 1 Satz 1 i. V. m. Abs. 2 Nr. 3 Buchst. b EStG 1988; § 12 Abs. 1 Nr. 5 KStG 1988 i. V. m. 4a Abs. 1 Satz 1, Abs. 2 Nr. 3 Buchst. b EStG 1988.

1326 § 4a Abs. 1 Satz 1 i. V. m. Abs. 2 Nr. 3 Buchst. c EStG 1988; § 12 Abs. 1 Nr. 5 KStG 1988 i. V. m. 4a Abs. 1 Satz 1, Abs. 2 Nr. 3 Buchst. c EStG 1988.

1327 § 4a Abs. 1 Satz 1 i. V. m. Abs. 2 Nr. 3 Buchst. d und e EStG 1988; § 12 Abs. 1 Nr. 5 KStG 1988 i. V. m. 4a Abs. 1 Satz 1, Abs. 2 Nr. 3 Buchst. d und e EStG 1988.

1328 § 4a Abs. 7 Nr. 1 EStG 1988; § 12 Abs. 1 Nr. 5 KStG 1988 i. V. m. § 4a Abs. 7 Nr. 1 EStG 1988.

1329 § 4a Abs. 1 Satz 1 EStG 1988; § 12 Abs. 1 Nr. 5 KStG 1988 i. V. m. § 4a Abs. 1 Satz 1 EStG 1988.

1330 § 18 Abs. 1 Nr. 7 Satz 1 EStG 1988; § 12 Abs. 1 Nr. 5 KStG 1988 i. V. m. § 18 Abs. 1 Nr. 7 Satz 1 EStG 1988.

1331 § 4a Abs. 5 Nr. 3 EStG 1988; § 12 Abs. 1 Nr. 5 KStG 1988 i. V. m. § 4a Abs. 5 Nr. 3 EStG 1988.

1332 Art. 16 Abs. 1 VpB.

1333 Art. 16 Abs. 3 VpB.

1334 Art. 16 Abs. 1 VpB.

Natürliche Personen können einmalige, aber auch regelmäßig wiederkehrende Zuwendungen an gemeinnützige Einrichtungen von der Steuer absetzen.[1335] Regelmäßige Zuwendungen sind unbegrenzt abzugsfähig[1336] und erfordern eine notarielle Vereinbarung über eine mindestens einmal jährlich zu leistende Zuwendung über einen Zeitraum von mindestens fünf Jahren zu Lebzeiten des Zuwendenden[1337].

Einmalige Zuwendungen sind bis zu einem Anteil von 10 % des Jahreseinkommens abzugsfähig, sofern sie mindestens 60 EUR bzw. 1 % des Jahreseinkommens betragen.[1338] Zuwendungen an kulturelle gemeinnützige Einrichtungen können um 25 % des Betrags bis zu einem Maximalbetrag i. H. v. 1.250 EUR erhöht werden.[1339]

Erfüllen gemeinnützige Einrichtungen aus den Mitgliedstaaten die Anforderungen des niederländischen Einkommensteuergesetzes, können auch Zuwendungen an diese Einrichtungen steuerlich berücksichtigt werden.[1340]

4. *Frankreich*

In Frankreich können Zuwendungen von juristischen Personen an gemeinnützige Einrichtungen in Höhe von 60 % des Betrags bis zu einer maximalen Höhe von 0,5 % des Jahresumsatzes von ihrer Steuerschuld abgezogen werden.[1341] Übersteigt die Zuwendung den maximal anrechenbaren Betrag oder besteht keine Steuerschuld, kann der Anteil auf die nächsten fünf Jahre übertragen werden.[1342]

Natürliche Personen sind berechtigt, Zuwendungen in Höhe von 66 % des Betrags bis zu einer maximalen Höhe von 20 % des steuerpflichtigen Jahreseinkommens steuerlich geltend zu machen.[1343] Ein Übertrag verbleibender Anteile auf die folgenden fünf Jahre ist ebenso möglich.[1344] Die Zuwendung muss schriftlich nachgewiesen werden.[1345]

1335 Art. 6.32 Abs. 1 i. V. m. Art. 6.33 Buchst. b IB 2001.

1336 *Hemels*, in: Vanistendael (Hrsg.): Taxation of Charities, S. 375 (385).

1337 Art. 6.34 i. V. m. Art. 6.38 Abs. 1 IB 2001.

1338 Art. 6.39 Abs. 1 IB 2001.

1339 Art. 6.39a Abs. 1 IB 2001.

1340 Art. 6.32 i. V. m. Art. 6.33 Buchst. c IB 2001.

1341 Art. 238 bis Abs. 1 Buchst. a CGI.

1342 Art. 238 bis Abs. 1 Buchst. a CGI.

1343 Art. 200 Abs. 1 Buchst. a CGI.

1344 Art. 200 Abs. 1 Buchst. a CGI.

1345 Art. 200 Abs. 5 CGI.

Zuwendungen an ausländische gemeinnützige Einrichtungen sind abzugsfähig, wenn diese die Voraussetzungen an französische gemeinnützige Einrichtungen erfüllen.[1346] Die steuerbegünstigten Zwecke müssen nicht – auch nicht teilweise – in Frankreich verwirklicht werden.[1347]

Die gleichen Steuervergünstigungen werden für Zuwendungen französischer Staatsbürger an gemeinnützige Einrichtungen aus den Mitgliedstaaten gewährt, wenn diese Einrichtungen die Anforderungen an französische gemeinnützige Einrichtungen erfüllen.[1348]

5. *Großbritannien (England und Wales)*

Natürliche Personen können in Großbritannien Zuwendungen in Form steuerlich bezuschusster Spenden leisten.[1349] Die gemeinnützige Einrichtung kann für die Zuwendung, die aus bereits versteuertem Einkommen stammt, die vom Förderer bereits entrichtete Einkommensteuer von der Finanzverwaltung zurückverlangen.[1350] Darüber hinaus können Zuwendungen an eine oder mehrere gemeinnützige Einrichtungen durch monatliche Abzüge vom Bruttolohn erfolgen.[1351]

Die Höhe der steuerlich anrechenbaren Zuwendungen ist unbegrenzt.[1352] Eine Ausnahme bilden Kleinspenden bis 20 GBP (ca. 20 EUR).[1353] Die Höchstgrenze für abziehbare Kleinspenden liegt bei insgesamt 8.000 GBP (ca. 9.000 EUR) pro Jahr.[1354]

Juristische Personen können ebenfalls Zuwendungen aus bereits versteuerten Einkommen leisten, jedoch besteht für die gemeinnützige Einrichtung keine Möglichkeit, die entrichtete Körperschaftsteuer erstattet zu bekommen; lediglich die juristische Person kann die Zuwendung als Ausgabe verbuchen.[1355] Es besteht weder eine Mindesthöhe für eine Zuwendung noch ein Höchstbetrag, allerdings können Zuwendungen nur bis zur Höhe des zu versteuernden Gewinns angerechnet werden.[1356]

1346 Art. 200 Abs. 4 bis CGI; Art. 238 bis Abs. 4 bis CGI.
1347 *De Crouy-Chanel*, in: Vanistendael (Hrsg.): Taxation of Charities, S. 255 (278).
1348 Art. 200 Abs. 4 CGI.
1349 §§ 413 ff. ITA 2007.
1350 § 413 Abs. 1 und 2 i. V. m. § 494 ITA 2007.
1351 § 521 i. V. m. § 414 ITA 2007; § 713 ITEPA 2003.
1352 § 713 Abs. 3 ITEPA 2003.
1353 § 1 Abs. 1 des Anhangs zu § 3 SCDA 2012.
1354 § 1 Abs. 6 SCDA 2012.
1355 § 189 Abs. 1 CTA 2010.
1356 § 189 Abs. 3 CTA 2010.

Zuwendungen an gemeinnützige Einrichtungen aus den Mitgliedstaaten sind ebenfalls steuerlich abziehbar. Voraussetzung ist allerdings, dass diese Einrichtungen die Anforderungen an inländische gemeinnützige Einrichtungen erfüllen und bei „Her Majesty's Revenue and Customs" registriert sind.[1357]

6. *Schweden*

Bis Ende 2015 bestand für natürliche Personen die Möglichkeit, 25 % des Betrages ihrer Zuwendungen an schwedische gemeinnützige Einrichtungen – mindestens 200 SEK (ca. 25 EUR), maximal 6.000 SEK (ca. 650 EUR) – steuerlich geltend zu machen.[1358] Juristische Personen konnten Zuwendungen als abziehbare Aufwendungen steuerlich anrechnen lassen, sofern eine Gegenleistung der gemeinnützigen Einrichtung erfolgte.[1359]

Diese Regelungen wurden mit Wirkung zum 1. Januar 2016 abgeschafft. Zuwendungen können seitdem nicht mehr auf die Einkommen- oder Körperschaftsteuer der natürlichen und juristischen Personen angerechnet werden.

7. *Spanien*

In Spanien sind Zuwendungen natürlicher Personen steuerlich abziehbar, wenn sie unwiderruflich und unbedingt an gemeinnützige Einrichtungen geleistet wurden.[1360] Sie können 25 % des zugewendeten Betrags bei der Bemessungsgrundlage ihrer Einkommensteuer anrechnen, sofern der Abzug 10 % des steuerpflichtigen Einkommens nicht übersteigt.[1361] Ein Übertrag in folgende Jahre ist nicht möglich.

Abzugsfähig sind Geld- und Sachspenden, Mitgliedsbeiträge an Vereine, sofern keine Gegenleistung für eine gegenwärtige oder zukünftige Leistung geltend gemacht werden kann, sowie die unentgeltliche Bestellung eines Nießbrauchs an Gütern oder Rechten.[1362] Berücksichtigung finden ferner Zuwendungen von kulturellen Gütern an Museen mit künstlerischer oder historischer Bedeutung.[1363] Nicht abzugsfähig sind hingegen Dienstleistungen zugunsten gemeinnütziger Einrichtungen.[1364]

1357 *Bowler Smith*, in: Vanistendael (Hrsg.): Taxation of Charities, S. 603 (605 f.).
1358 *Arvidsson*, in: Vanistendael (Hrsg.): Taxation of Charities, S. 541 (557 f.).
1359 *Arvidsson*, in: Vanistendael (Hrsg.): Taxation of Charities, S. 541 (558).
1360 Art. 17 Abs. 1 Ley 49/2002.
1361 Art. 19 Abs. 1 Ley 49/2002 i. V. m. Art. 69 Abs. 1 Ley 35/2006.
1362 Art. 17 Abs. 1 Buchst. a und b i. V. m. Art. 19 Abs. 1 Ley 49/2002.
1363 Art. 17 Abs. 1 Buchst. d und e i. V. m. Art. 19 Abs. 1 Ley 49/2002.
1364 Art. 17 Abs. 1 Buchst. a bis e Ley 49/2002.

Juristische Personen können 35 % des Betrags der Zuwendung bis zu einer Grenze von 10 % des steuerpflichtigen Einkommens von ihrem steuerpflichtigen Einkommen abziehen.[1365] Eine mangels ausreichenden steuerpflichtigen Einkommens nicht abziehbare Zuwendung darf in den folgenden zehn Jahren steuerlich geltend gemacht werden.[1366] Bei Zuwendungen zugunsten eines im Haushaltsgesetz als vorrangig eingestuften steuerbegünstigten Zwecks erhöhen sich die Grenzen um jeweils 5 %.[1367]

Zuwendungen an ausländische gemeinnützige Einrichtungen sind nicht abzugsfähig, solange diese über keine Niederlassung in Spanien verfügen und dort steuerbegünstigte Zwecke ausüben.[1368] Eine Registrierung ist jedoch nur möglich, wenn die ausländische gemeinnützige Einrichtung die Anforderungen des spanischen Gemeinnützigkeitsrechts erfüllt.[1369]

8. *Italien*

Sowohl natürliche als auch juristische Personen können Sach- oder Geldzuwendungen an eine gemeinnützige ONLUS in Höhe von maximal 10 % ihres steuerpflichtigen Einkommens bis zu einem Betrag in Höhe von 70.000 EUR im Jahr abziehen.[1370] Alternativ sind natürliche Personen berechtigt, 26 % des Betrags ihrer Zuwendung an eine ONLUS bis zu einem maximal Wert von 30.000 EUR von ihrer Steuerschuld abzuziehen.

Berücksichtigt werden können Zuwendungen von bis zu 7.800 EUR jährlich. Als Nachweis ist eine Banküberweisung vorzulegen.[1371] Juristische Personen dürfen Zuwendungen an gemeinnützige ONLUS in Höhe von bis zu 30.000 EUR pro Jahr, jedoch nicht mehr als 2 % des steuerpflichtigen Jahreseinkommens, steuerlich absetzen.[1372]

Steuerlich berücksichtigungsfähig sind auch Zuwendungen an ausländische gemeinnützige Einrichtungen, sofern diese die Anforderungen an entsprechende italienische Einrichtungen mit dem Status der ONLUS erfüllen.[1373] Eine Registrierung ausländischer gemeinnütziger Einrichtungen ist nicht erforderlich.[1374]

1365 Art. 20 Abs. 1 und 2 Satz 1 Ley 49/2002.

1366 Art. 20 Abs. 2 Satz 2 Ley 49/2002.

1367 Art. 22 Ley 49/2002.

1368 Art. 16 Satz 1 Buchst. a Ley 49/2002.

1369 Art. 2 ff. Ley 49/2002.

1370 Art. 14 Abs. 1 DL 35/2005.

1371 Art. 15 Abs. 1.1 TUIR 1986.

1372 Art. 100 Abs. 2 Buchst. h TUIR 1986.

1373 *Amatucci*, in: Vanistendael (Hrsg.): Taxation of Charities, S. 353 (360).

1374 *Amatucci*, in: Vanistendael (Hrsg.): Taxation of Charities, S. 353 (360).

9. Polen

Zuwendungen von juristischen Personen an gemeinnützige Einrichtungen sind nach polnischem Recht bis zu einer Höhe von 10 % des steuerpflichtigen Einkommens der juristischen Person abziehbar.[1375] Natürliche Personen können Zuwendungen bis zu einer Höhe von 6 % des steuerpflichtigen Einkommens steuerlich geltend machen.[1376] Daneben besteht für sie die Möglichkeit, 1 % der individuellen Steuerschuld gemeinnützigen Einrichtungen zuzuwenden.[1377]

Zuwendungen an ausländische gemeinnützige Einrichtungen sind ebenfalls abziehbar, sofern diese polnischen gemeinnützigen Einrichtungen vergleichbar sind und aus den Mitgliedstaaten stammen.[1378]

10. Tschechien

Das tschechische Einkommensteuerrecht sieht keine generelle Abzugsfähigkeit von Zuwendungen an gemeinnützige Einrichtungen vor. Ein Spendenabzug ist nur möglich, wenn der Empfänger steuerbegünstigte Zwecke in den Bereichen Wissenschaft, Forschung und Entwicklung, Kultur, Bildung, Polizei oder Feuerprävention und Feuerschutz verwirklicht.[1379]

Anerkannt werden auch die Unterstützung und der Schutz von jungen Menschen, Tierschutz und Tiergesundheit, Sozial- und Pflegehilfe, ökologische, humanitäre und wohltätige Zwecke, religiöse Zwecke anerkannter Kirchen und Glaubensgemeinschaften sowie Sport und politische Parteien.[1380]

Juristische Personen können unter diesen Voraussetzungen bis zu 10 % ihres steuerpflichtigen Einkommens bzw. 2 % der Besteuerungsgrundlage für Zuwendungen mit einem Mindestbetrag i. H. v. 2.000 CZK (ca. 74 EUR) bei ihrer Körperschaftsteuererklärung geltend machen.[1381] Natürliche Personen sind berechtigt, Zuwendungen in Höhe von mindestens 1.000 CZK (ca. 37 EUR) bzw. 2 % des steuerpflichtigen Einkommens bis maximal 15 % des besteuerungspflichtigen Einkommens abzuziehen.[1382]

1375 Art. 18 Abs. 1 Nr. 1 Dz. U. 1992.86.

1376 Art. 26 Abs. 1 Nr. 9 Buchst. a Dz. U. 2012.361.

1377 Art. 45c Abs. 1 Dz. U. 2012.361.

1378 Art. 18 Abs. 1 Nr. 1 i. V. m. Abs. 1j Dz. U. 1992.86; Art. 26 Abs. 1 Nr. 9 Buchst. a i. V. m. Abs. 6e Dz. U. 2012.361.

1379 §§ 15 Abs. 1 Satz 1, 20 Abs. 8 Satz 1 Z 586/1992 Sb.

1380 §§ 15 Abs. 1 Satz 1, 20 Abs. 8 Satz 1 Z 586/1992 Sb.

1381 § 20 Abs. 8 Satz 1 und 4 Z 586/1992 Sb.

1382 § 15 Abs. 1 Satz 1 und 3 Z 586/1992 Sb.

Abgezogen werden können auch Zuwendungen an gemeinnützige Einrichtungen aus anderen Mitgliedstaaten, sofern diese Einrichtungen die Vorgaben des tschechischen Rechts an gemeinnützige Einrichtungen erfüllen.[1383]

11. Ungarn

Juristische Personen in Ungarn können 20 % des Betrags ihrer Zuwendungen an gemeinnützige Einrichtungen von ihrem steuerpflichtigen Einkommen abziehen.[1384] Besteht ein langfristiger Vertrag über mindestens drei Jahre zwischen der juristischen Person und der gemeinnützigen Einrichtung und wird auf dessen Grundlage mindestens einmal jährlich eine gleichbleibende oder ansteigende Summe zugewendet, sind 40 % der Zuwendung vom steuerpflichtigen Einkommen abziehbar.[1385]

Eine schriftliche Bestätigung über den Erhalt der Zuwendung ist vorzulegen.[1386] Zuwendungen an gemeinnützige Einrichtungen aus Mitgliedstaaten werden ebenfalls von diesen Steuervergünstigungen erfasst.[1387]

Für natürliche Personen besteht grundsätzlich keine Möglichkeit, Zuwendungen an gemeinnützige Einrichtungen geltend zu machen. Ihnen steht lediglich die Möglichkeit offen, 1 % ihrer Einkommensteuerschuld gemeinnützigen Einrichtungen zuzuwenden.[1388]

12. Rumänien

In Rumänien können natürliche Personen 2 % ihrer jährlichen Steuerschuld einer gemeinnützigen Einrichtung zuwenden.[1389] Freiberufler können darüber hinaus weitere 5 % ihrer Steuerschuld geltend machen.[1390]

Zuwendungen von juristischen Personen sind nur berücksichtigungsfähig, wenn die Zuwendung auf Grundlage des Gesetzes über das Sponsoring[1391] erfolgt. Danach können sie entweder bis zu 0,5 % ihres Jahresumsatzes oder bis

1383 § 15 Abs. 1 Z 586/1992 Sb.
1384 § 7 Abs. 1 Buchst. z Doppelbuchst. za LXXXI/1996.
1385 § 7 Abs. 1 Buchst. z Doppelbuchst. za LXXXI/1996.
1386 § 7 Abs. 7 LXXXI/1996.
1387 § 7 Abs. 1 Buchst. z Doppelbuchst. za LXXXI/1996.
1388 § 1 Abs. 4 Buchst. a i. V. m. § 4 Abs. 1 Buchst. a Doppelbuchst. aa CXXVI/1996.
1389 Art. 57 Abs. 4 Legea 227/2015; Art. 82 Abs. 6 Legea 227/2015.
1390 Art. 48 Abs. 5 Buchst. a Legea 227/2015; Art. 68 Abs. 5 Buchst. a i. V. m. Abs. 6 Legea 227/2015.
1391 Lege 32/1994.

zu 20 % ihrer Steuerschuld – der jeweils geringere Betrag ist entscheidend – bei der Körperschaftsteuer ansetzen.[1392]

Ein Sponsoring i. S. d. Gesetzes über das Sponsoring liegt vor, wenn eine juristische Person oder ein Angehöriger eines freien Berufs sich durch einen schriftlichen Vertrag mit einer gemeinnützigen Einrichtung verpflichtet, einen Gegenstand oder Geldbetrag ohne direkte Gegenleistung auf die gemeinnützige Einrichtung zu übertragen.[1393] Die gemeinnützige Einrichtung muss in den Bereichen Kultur, Artistik, Bildung oder der grundlegenden bzw. angewandten Wissenschaften in Rumänien tätig sein.[1394]

Außerdem werden auch humanitäre, religiöse, philanthropische oder sportliche Zwecke anerkannt sowie der Schutz der Menschenrechte, medizinische, sanitäre und soziale Hilfen sowie der Umweltschutz.[1395] Gleiches gilt für Aktivitäten in sozialen und gemeinschaftlichen Bereichen sowie in der Pflege, Restaurierung, Aufbewahrung und Erhaltung historischer Güter.[1396] Sind diese Voraussetzungen gegeben, können bis zu 5 % von der Bemessungsgrundlage des steuerpflichtigen Einkommens abgezogen werden.[1397]

Ausländische gemeinnützige Einrichtungen fallen nur in den Anwendungsbereich dieses Gesetzes, wenn sie steuerbegünstigte Aktivitäten in Rumänien verfolgen, die Voraussetzungen an inländische gemeinnützige Einrichtungen erfüllen und in Rumänien amtlich registriert sind.[1398]

13. Zusammenfassung

Die Abzugsfähigkeit von Zuwendungen an gemeinnützige Einrichtungen unterscheidet sich erheblich zwischen den Mitgliedstaaten. Während Schweden keinerlei Abzugsmöglichkeit mehr gewährt, ermöglicht Österreich den Abzug nur zugunsten bestimmter steuerbegünstigter Zwecke.

Einige Mitgliedstaaten begrenzen die Abzugsfähigkeit auf einen prozentualen Anteil am Jahreseinkommen (Deutschland, Niederlande, Polen, Tschechien), andere Mitgliedstaaten bemessen den Abzug nach dem Anteil der Zuwendung

1392 Art. 21 Abs. 4 Buchst. p i. V. m. Art. 25 Abs. 4 Buchst. i Nr. 1 und 2 Legea 227/2015.
1393 Art. 1 i. V. m. Art. 2 und 4 Abs. 1 Buchst. a Lege 32/1994.
1394 Art. 4 Abs. 1 Buchst. a Lege 32/1994.
1395 Art. 4 Abs. 1 Buchst. a Lege 32/1994.
1396 Art. 4 Abs. 1 Buchst. a Lege 32/1994.
1397 Art. 8 Abs. 1 Lege 32/1994.
1398 Art. 8 Abs. 4 Lege 32/1994.

(Spanien, Italien), wieder andere bestimmen die Abzugsfähigkeit anhand der individuellen Steuerschuld (Polen, Ungarn, Rumänien).

D. Gesamtauswertung

Der Vergleich der Anforderungen an Einrichtungen in zwölf ausgewählten Mitgliedstaaten, unter denen sie als gemeinnützig anerkannt werden können, zeigt viele Gemeinsamkeiten auf. Grundsätzlich profitieren in allen Mitgliedstaaten gemeinnützige Einrichtungen von Steuervergünstigungen. Das Gleiche gilt in den meisten Mitgliedstaaten auch für die Unterstützer gemeinnütziger Einrichtungen.

I. Gemeinsamkeiten und Unterschiede im Rahmen der materiellen und formellen Voraussetzungen

Größere Übereinstimmungen finden sich bei den als steuerbegünstigt anerkannten Zwecken. Auch wenn die rechtliche Ausgestaltung zwischen den Mitgliedstaaten variiert – abschließende oder nicht abschließende Liste, Generalklausel –, sind viele in allen Mitgliedstaaten gleichermaßen steuerbegünstigte Zwecke identifizierbar. Dies betrifft insbesondere mit den Bereichen „Erziehung", „Bildung", „Wohlfahrt", „Entwicklungshilfe", „Familie", „Kunst und Kultur", „Natur-, Tier- und Umweltschutz" sowie „Förderung von benachteiligten Personen" klassische Tätigkeitsfelder gemeinnütziger Einrichtungen.

Unterschiedliche Regelungen bestehen jedoch im Hinblick auf die als gemeinnützig anerkennungsfähigen Rechtsformen. Übereinstimmend können in allen Mitgliedstaaten Stiftungen und Vereine den Gemeinnützigkeitsstatus erlangen. Gewinnorientierten Einrichtungen, wie z. B. Kapitalgesellschaften, sowie natürlichen Personen bleibt der Zugang zu diesen Regelungen hingegen in den meisten Mitgliedstaaten verwehrt.

Auch die Vorgaben zur Verwirklichung der steuerbegünstigten Zwecke überschneiden sich. In der Regel müssen die gemeinnützigen Einrichtungen weit überwiegend steuerbegünstigten Zwecken nachgehen. Die Verfolgung eigennütziger Zwecke hat hingegen deutlich im Hintergrund zu stehen. Die von den gemeinnützigen Einrichtungen eigenommenen Mittel müssen in allen Mitgliedstaaten mehrheitlich für die steuerbegünstigten Zwecke eingesetzt werden.

Wirtschaftliche Tätigkeiten sind den gemeinnützigen Einrichtungen in den untersuchten Mitgliedstaaten regelmäßig nur in Form von Zweck- oder Hilfsbetrieben gestattet, die unmittelbar der Verwirklichung der steuerbegünstigten Zwecke dienen müssen. Wirtschaftliche Geschäftsbetriebe ohne Bezug zu den steuerbegünstigten Zwecken oder diese nur mittelbar finanziell unterstützend, werden zumeist nur in engen Grenzen zugelassen oder sogar gänzlich untersagt.

Eine Registrierung sehen die meisten der untersuchten Mitgliedstaaten vor. Allerdings variieren die Regelungen zur Aufsicht bzw. Kontrolle der als gemeinnützig anerkannten Einrichtungen in den Mitgliedstaaten sehr. Zum Teil genügt eine einmalige Registrierung, zum Teil erfolgen regelmäßige Überprüfungen.

II. Gemeinsamkeiten und Unterschiede im Rahmen der Besteuerung

Die als gemeinnützig anerkannten Einrichtungen werden in allen untersuchten Mitgliedstaaten vollständig oder zumindest teilweise von der Einkommens- bzw. Körperschaftsteuer befreit. Die tatsächliche Besteuerung der Einnahmen richtet sich in der Regel nach den Bereichen, in denen diese erzielt werden.

Je nach Sphäre finden sich verschiedene Steuervergünstigungen, die sich jedoch erheblich zwischen den Mitgliedstaaten unterscheiden. Die Harmonisierung der Mehrwertsteuer[1399] hat bereits für eine erste Anpassung der mehrwertsteuerrechtlichen Behandlung gemeinnütziger Einrichtungen in den Mitgliedstaaten geführt.

Im Gegensatz zu den Steuervergünstigungen für gemeinnützige Einrichtungen ermöglichen nicht alle Mitgliedstaaten auch deren Förderern steuerliche Privilegierungen für ihre Zuwendungen. Zwar sehen die meisten der untersuchten Mitgliedstaaten Steuererleichterungen bei der Einkommensteuer der Förderer vor, allerdings gewähren einzelne Mitgliedstaaten gar keine Befreiungen für Zuwendungen oder nur für Zuwendungen von juristischen, nicht aber von natürlichen Personen.

III. Auswirkungen auf das europäische Gemeinnützigkeitsstatut

Die Ausgestaltung des europäischen Gemeinnützigkeitsstatuts sollte sowohl formelle als auch materielle Voraussetzungen berücksichtigen, die alle Einrichtungen gleichermaßen erfüllen müssen. Bei der Festlegung dieser Voraussetzungen gilt es jedoch, sich nicht am kleinsten gemeinsamen Nenner aller Mitgliedstaaten oder am jeweils restriktivsten Mitgliedstaat zu orientieren. Dies würde den Anwendungsbereich des europäischen Gemeinnützigkeitsstatuts deutlich beschränken und im Ergebnis nur einen geringen Zuspruch bewirken.

1399 Richtlinie 2006/112/EG des Rates vom 28. November 2006 über das gemeinsame Mehrwertsteuersystem (ABl. EG 2006 L 347/1).

Allerdings wird die Einführung eines europäischen Gemeinnützigkeitsstatuts nur bei gleichzeitiger Verpflichtung der Mitgliedstaaten zur steuerlichen Gleichbehandlung von inländischen und europäischen gemeinnützigen Einrichtungen Erfolg haben. Die massiven Widerstände der Mitgliedstaaten bei Fragen zur Harmonisierung steuerlicher Regelungen lassen eine Einigung auf gemeinsame steuerliche Vorgaben für europäische gemeinnützige Einrichtungen ungewiss erscheinen. Umsetzbar erscheint daher lediglich die Gleichbehandlung von inländischen und europäischen gemeinnützigen Einrichtungen im Rahmen der Besteuerung nach den Regelungen der jeweiligen Mitgliedstaaten.

Die Mitgliedstaaten sollten aus diesem Grund verpflichtet werden, alle Einrichtungen, die die Anforderungen des europäischen Gemeinnützigkeitsstatuts erfüllen, als gemeinnützig im Sinne ihres nationalen Rechts anzuerkennen. Darüber hinausgehende nationale Anforderungen, die die europäischen gemeinnützigen Einrichtungen zusätzlich erfüllen müssen, um von den mitgliedstaatlichen Steuervergünstigungen profitieren zu können, sind nicht zulässig. Dies sollte selbst dann gelten, wenn für inländische gemeinnützige Einrichtungen strengere Vorgaben für die Erlangung der Gemeinnützigkeit gelten.

Teil 5 Lösungsvorschlag

A. Anwendungsbereich

Ein europäisches Gemeinnützigkeitsstatut soll vor allem grenzüberschreitend tätigen gemeinnützigen Einrichtungen und ihren Förderern angemessene Rahmenbedingungen für ihre Aktivitäten zur Verfügung stellen. In einem ersten Schritt ist daher zu klären, unter welchen Umständen das supranationale Statut gewählt werden kann. Der mögliche Anwendungsbereich muss sowohl in persönlicher als auch in sachlicher, räumlicher und/oder zeitlicher Hinsicht näher definiert werden.

I. Persönlicher Anwendungsbereich

Der Vergleich der gemeinnützigkeitsrechtlichen Voraussetzungen in den Mitgliedstaaten zeigt, dass die begünstigten Rechtsformen zum Teil deutlich differieren. Als Ausgangspunkt für die Festlegung, welche Rechtsformen von einem europäischen Gemeinnützigkeitsstatut erfasst werden sollen, dient das Ergebnis des Rechtsvergleichs zu den begünstigten Rechtsformen in den zwölf Mitgliedstaaten.

In einigen Mitgliedstaaten bieten sich nur wenigen Rechtsformen Möglichkeiten, Steuervergünstigungen aufgrund ihrer gemeinnützigen Tätigkeiten in Anspruch zu nehmen. Andere Mitgliedstaaten gewähren diese hingegen rechtsformübergreifend oder haben eigenständige Rechtsformen für gemeinnützige Einrichtungen eingeführt. Gemeinsam ist allen Mitgliedstaaten, dass die Gemeinnützigkeits- und Spendengesetze nur juristische Personen begünstigen, nicht jedoch Personengesellschaften oder natürliche Personen.

1. Beschränkung der begünstigten Rechtsformen

Das europäische Gemeinnützigkeitsstatut könnte, unter Berufung auf den nahezu kleinsten gemeinsamen Nenner, die in allen untersuchten Mitgliedstaaten als steuerbegünstigt anerkannten Rechtsformen erfassen. Mitgliedstaatsübergreifend gelten Vereine und Stiftungen als die traditionellen Hauptrechtsformen für gemeinnütziges Handeln.[1400] Der persönliche Anwendungsbereich des Statuts könnte sich daher auf diese beiden Rechtsformen beschränken.

1400 Vgl. die Ausführungen unter Teil 4 B.I.

Ergänzend sollten jedoch bereits jetzt auch die perspektivisch zu erwartenden supranationalen Rechtsformen für den Europäischen Verein und die Europäische Stiftung einbezogen werden. Zwar ist deren Verabschiedung derzeit nicht absehbar, eine spätere Änderung des europäischen Gemeinnützigkeitsstatuts wäre hierdurch dann aber nicht erforderlich.

Gegen eine Beschränkung auf einige wenige Rechtsformen sprechen jedoch die möglichen Auswirkungen auf die gemeinnützigen Einrichtungen aus den Mitgliedstaaten, die über großzügigere Regelungen verfügen. Die meisten nationalen Gemeinnützigkeitsregelungen sind rechtsformübergreifend konzipiert oder erfassen mehr Rechtsformen als nur Vereine und Stiftungen. Würden gemeinnützige Einrichtungen nach einigen Jahren den Beschluss fassen, ihre Tätigkeiten über die Staatsgrenzen hinweg auszuweiten, könnten sie vor dem Problem stehen, ihre bisherige Rechtsform in eine andere, vom europäischen Gemeinnützigkeitsstatut anerkannte Rechtsform umzuwandeln. Ein Aufwand, der viel Zeit und Kosten binden würde, welche dann nicht mehr für die gemeinnützigen Zwecke zur Verfügung stünden.

Allerdings müssen bei einer Beschränkung der möglichen Rechtsformen auch die über das reine Gemeinnützigkeitsstatut hinausgehenden nationalen Anforderungen an die zur Auswahl stehenden Rechtsformen bedacht werden. Die Mitgliedstaaten verfügen zwar über eigene Gesetze für Vereine und Stiftungen, diese unterscheiden sich aber ebenfalls voneinander.

Eine Harmonisierung von Regelungen in nicht wirtschaftlichen Bereichen erfolgte bisher nur unzureichend,[1401] weshalb die europäischen Vereins- und Stiftungsgesetze noch einem Flickenteppich gleichen.[1402] Solange jedoch für Vereine und Stiftungen keine Rechtssicherheit bei der Ausweitung ihrer Tätigkeiten in das Ausland besteht, insbesondere im Hinblick auf den drohenden Verlust ihrer Rechtsfähigkeit, werden diese bei grenzüberschreitenden gemeinnützigen Tätigkeiten zurückhaltend sein.

2. Zulässigkeit aller nationalen begünstigten Rechtsformen

Alternativ zu einer Beschränkung der Rechtsformen könnten dem europäischen Gemeinnützigkeitsstatut alle in einem Mitgliedstaat rechtmäßig gegründeten juristischen Personen, die in diesem zugleich als gemeinnützig anerkennungsfähig sind, unterfallen.

1401 Vgl. die Ausführungen unter Teil 3 B.

1402 Vgl. auch *Jakob/Studen*, ZHR 174 (2010), 61 (65).

Der Vorteil eines rechtsformübergreifenden Statuts liegt in der Erfassung aller nationalen gemeinnützigen Einrichtungen ohne Beschränkung auf die Rechtsformen, die in allen Mitgliedstaaten gleichermaßen anerkannt sind. Einrichtungen müssen sich während der Anerkennung ihrer Gemeinnützigkeit noch nicht entscheiden, ob sie – von Beginn an oder zu einem späteren Zeitpunkt – grenzüberschreitende Tätigkeiten anstreben, was bereits in diesem frühen Moment mit der Beachtung entsprechender europäischer Regelungen verbunden wäre. Eine spätere Umwandlung in eine oder die Neugründung einer bestimmten Rechtsform wäre in dieser Variante nicht erforderlich.

Zu bedenken ist jedoch, dass die dem europäischen Gemeinnützigkeitsstatut unterfallenden Rechtsformen in allen Mitgliedstaaten als steuerbegünstigt anerkannt werden müssen, während dieselben Steuervergünstigungen nicht alle nationalen Rechtsformen erhalten. Dies betrifft insbesondere Aktiengesellschaften oder Gesellschaften mit beschränkter Haftung, die nur in einigen Mitgliedstaaten den Gemeinnützigkeitsstatus erhalten können, während das in anderen Mitgliedstaaten explizit ausgeschlossen ist.

Die Folge wäre z. B., dass eine in Deutschland gegründete und als gemeinnützig anerkannte Aktiengesellschaften mit europäischem Gemeinnützigkeitsstatus in Polen wie eine polnische gemeinnützige Einrichtung zu behandeln ist und ihr dieselben Steuervergünstigungen gewährt werden müssen wie polnischen gemeinnützigen Einrichtungen. Da aber Polen nur Vereinen und Stiftungen den Status als gemeinnützige Einrichtungen zuerkennt, nicht aber Aktiengesellschaften, kommt es zu einer Besserstellung der ausländischen gemeinnützigen Einrichtung gegenüber der inländischen.

3. *Europäische Rechtsformen*

Als dritte Variante ist eine Beschränkung auf ausschließlich europäische Rechtsformen als Begünstigte eines europäischen Gemeinnützigkeitsstatuts denkbar. Diese supranationalen Rechtsformen hätten den Vorteil, in allen Mitgliedstaaten gleichermaßen anerkannt zu sein und unter nahezu denselben Voraussetzungen gegründet werden zu können.

Es würde die weite Auslegung, dass alle Rechtsformen in den Genuss des Statuts kommen können, die in den einzelnen Mitgliedstaaten als steuerbegünstigte Einrichtungen anerkannt werden können, umgehen. Zudem würde damit das Problem einer Inländerdiskriminierung vermieden.

Im Hinblick auf die bereits bestehenden oder als Entwürfe vorliegenden supranationalen Rechtsformen kommen jedoch lediglich die Europäische Stiftung sowie der Europäische Verein als Rechtsformen für gemeinnütziges Handeln in Erwägung. Beide Entwürfe wurden von der Kommission allerdings wieder zurückgezogen. Eine Einbringung überarbeiteter Vorschläge sowie deren zeitnahe Verabschiedung sind derzeit nicht absehbar. Die bereits existierenden supranationalen Rechtsformen sind für gemeinnützige Einrichtungen hingegen nicht geeignet.[1403]

4. *Ergebnis*

Ein europäisches Gemeinnützigkeitsstatut sollte unter Berücksichtigung der vorstehenden Ausführungen auf die Rechtsformen Verein und Stiftung beschränkt werden. Diese beiden Rechtsformen bilden die am weitesten verbreiteten Rechtsformen für gemeinnützige Tätigkeiten und sind in annähernd allen Mitgliedstaaten als steuerbegünstigte Rechtsformen anerkennungsfähig. Als die traditionellen Akteure im Gemeinnützigkeitsbereich werden sie gleichermaßen von Privatpersonen als auch vom öffentlichen Sektor und Wirtschaftsunternehmen anerkannt.

Regelmäßig gewähren die Mitgliedstaaten diesen Rechtsformen und ihren Förderern Steuervergünstigungen. Bei der Einführung eines europäischen Gemeinnützigkeitsstatuts und der damit einhergehenden Gleichbehandlung europäischer gemeinnütziger Einrichtungen mit inländischen gemeinnützigen Einrichtungen kommt es so zu fast keiner Besser- oder Schlechterstellung einzelner gemeinnütziger Akteure in den Mitgliedstaaten. Die unterschiedlichen Anforderungen an die Rechtsformen des Vereins und der Stiftung in den einzelnen Mitgliedstaaten sollten vor dem Hintergrund der mittelfristig nicht zu erwartenden Verabschiedung der Statute für eine Europäische Stiftung oder einen Europäischen Verein hingenommen werden.

Perspektivisch sollte das Statut zudem vor dem Hintergrund der künftigen Weiterentwicklung supranationaler Rechtsformen bereits von Beginn an auch für solche Rechtsformen offen sein, mit denen gemeinnützige Einrichtungen steuerbegünstigten Zwecken nachgehen können. Dies betrifft insbesondere die Europäische Stiftung und den Europäischen Verein, auch wenn ein Inkrafttreten entsprechender Regelungen gegenwärtig nicht abzuschätzen ist.

II. Sachlicher Anwendungsbereich

Ein europäisches Statut für ein Gemeinnützigkeitsrecht bedingt zwingend, dass nur solche Einrichtungen in den sachlichen Anwendungsbereich einbezogen

---

1403 Vgl. die Ausführungen unter Teil 3 B.II.

werden können, die steuerbegünstigte Zwecke nach diesem Statut verwirklichen. Eigennützige Zwecke sind hingegen nur in sehr engen Grenzen zulässig.

In einem begrenzten Umfang sollten zwar auch europäische gemeinnützige Einrichtungen wirtschaftlichen Tätigkeiten nachgehen dürfen, z. B. zur Erzielung zusätzlicher Einnahmen für die Finanzierung des steuerbegünstigten Zwecks. Das Hauptanliegen sollte jedoch eindeutig und weit überwiegend der steuerbegünstigte Zweck selbst sein.[1404]

III. Räumlicher Anwendungsbereich

Der Anwendungsbereich des europäischen Gemeinnützigkeitsstatuts ist auch im Hinblick auf seine räumliche Geltung abzugrenzen. Als Voraussetzung kann zum einen eine Tätigkeit in mindestens zwei Mitgliedstaaten gefordert werden. Es könnte aber auch die Tätigkeit in einem Mitgliedstaat genügen oder – neben der Tätigkeit in einem Mitgliedstaat – eine Tätigkeit in einem Drittstaat, der kein Mitgliedstaat der Europäischen Union zu sein braucht, ausreichend sein.

1. Europäischer Aspekt

Voraussetzung für die Anerkennung einer europäischen Gemeinnützigkeit könnten grenzüberschreitende Tätigkeiten in mindestens zwei Mitgliedstaaten sein. Dies käme der Bedeutung eines „europäischen" Statuts am nächsten.

Die Gemeinnützigkeitsrechte der einzelnen Mitgliedstaaten begrenzen die Tätigkeiten inländischer gemeinnütziger Einrichtungen in aller Regel nicht auf den jeweiligen Mitgliedstaat. Auch die zukünftigen supranationalen Rechtsformen, die für gemeinnützige Tätigkeiten in Betracht kommen könnten, dürften in ihrer tatsächlichen Zweckverfolgung bereits aufgrund des europäischen Statuts nicht durch die Grenzen der Mitgliedstaaten beschränkt werden.

Gleichzeitig führt das Erfordernis jedoch zu Folgeproblemen. Dies betrifft beispielsweise die Frage, wann bzw. wodurch das Merkmal der Grenzüberschreitung erfüllt wäre. Zum einen kann der Grenzübertritt in der tatsächlichen Verfolgung von steuerbegünstigten Zwecken in zwei oder mehr Mitgliedstaaten bestehen.

Eine Grenzüberschreitung könnte möglicherweise aber auch schon vorliegen, wenn eine gemeinnützige Einrichtung in einem Mitgliedstaat ansässig ist, den steuerbegünstigten Zweck aber ausschließlich in einem anderen Mitgliedstaat verfolgt, oder wenn in einem Mitgliedstaat ausschließlich steuerbegünstigte

---

1404 Vgl. die Ausführungen zu Teil 4 B.III.

Zwecke verfolgt werden, während sie in einem anderen Mitgliedstaat wirtschaftlichen Tätigkeiten nachgeht. Es könnte jedoch auch genügen, wenn der steuerbegünstigte Zweck in einem Mitgliedstaat verwirklicht wird, während sich ein Förderer der gemeinnützigen Einrichtung in einem anderen Mitgliedstaat niedergelassen hat.

2. *Nationale Perspektive*

In der zweiten Variante könnte der räumliche Anwendungsbereich bereits bei der Verfolgung von steuerbegünstigten Zwecken in nur einem Mitgliedstaat erfüllt sein. Im Gegensatz zum Statut über die SE beinhalteten die von der Kommission vorgelegten Entwürfe über die SPE oder die FE beispielsweise kein grenzüberschreitendes Erfordernis.

Ist jedoch keine Grenzüberschreitung erforderlich, unterscheiden sich die europäischen gemeinnützigen Einrichtungen kaum noch von den nationalen Einrichtungen, deren Gemeinnützigkeit sich ausschließlich nach den Anforderungen des jeweiligen Herkunftsstaats richtet. Vielmehr besteht die Gefahr, dass im Einzelfall inländische gemeinnützige Einrichtungen in das europäische Statut „flüchten", um den ggf. strengeren Anforderungen ihrer Herkunftsstaaten zu entgehen.

Einschränkend erscheint es daher sinnvoll, dass europäische gemeinnützige Einrichtungen perspektivisch eine Ausweitung ihrer gemeinnützigen Tätigkeiten auf andere Mitgliedstaaten oder Drittstaaten anstreben müssen. Hierbei stellt sich jedoch die Frage, wann diese Zielstellung umgesetzt sein sollte, d. h., innerhalb welchen Zeitraums eine grenzüberschreitende Tätigkeit tatsächlich nachweisbar sein muss, damit der europäische Gemeinnützigkeitsstatus nicht wieder entzogen wird. Ebenso ist unklar, wie dies überhaupt festgestellt werden kann, insbesondere vor dem Hintergrund der bereits unter den Ausführungen zum europäischen Aspekt aufgeworfenen Unsicherheiten bei der Frage der Grenzüberschreitung.[1405]

Eine andere Möglichkeit zur Einschränkung könnte die Einführung einer Voraussetzung sein, nach der die gemeinnützige Tätigkeit der europäischen gemeinnützigen Einrichtung zumindest auf andere Mitgliedstaaten oder die Europäische Union insgesamt ausstrahlen muss. Dies wäre z. B. der Fall, wenn steuerbegünstigte Zwecke verfolgt werden, die sich auf die im AEUV niedergelegten Ziele der Europäischen Union beziehen.

1405 Vgl. die Ausführungen unter Teil 5 A.III.1.

3. *Internationale Ausprägung*

Als dritte Variante könnte die Verwirklichung steuerbegünstigter Zwecke in mindestens einem Mitgliedstaat und einem weiteren Staat in Betracht kommen. Dieser zweite Staat muss kein Mitgliedstaat der Europäischen Union sein, sondern kann jeden Staat innerhalb und außerhalb der Europäischen Union erfassen.

Vergleichbar der ersten Variante, in der eine gemeinnützige Tätigkeit in zwei oder mehr Mitgliedstaaten gefordert wird, stände hier ebenfalls die Bedeutung eines „europäischen" Statuts durch das grenzüberschreitende Erfordernis deutlicher im Vordergrund. Allerdings könnten auch dieselben Auslegungsfragen bei der Überprüfung der Grenzüberschreitung auftreten.

Unzweifelhaft läge diese vor, wenn eine gemeinnützige Einrichtung in einem Mitgliedstaat ansässig ist, ihre steuerbegünstigten Zwecke aber in einem anderen Staat verfolgt. Ob das Kriterium aber auch dann noch erfüllt wird, wenn sie in einem anderen Staat nur einer wirtschaftlichen Tätigkeit nachgeht oder dort bspw. nur Vermögen verwaltet, ist zweifelhaft.

4. *Zeitpunkt der Grenzüberschreitung*

Unabhängig von den verschiedenen Möglichkeiten, wie der räumliche Anwendungsbereich eingegrenzt werden könnte, sollten keine bürokratischen Hürden errichtet werden, dergestalt etwa, dass die gemeinnützige Einrichtung bereits in ihren Gründungsdokumenten, z. B. der Satzung oder der Errichtungsurkunde, eine grenzüberschreitende Zweckverfolgung formulieren muss. Spätere Änderungen sollten ihr je nach Situation möglich sein, insbesondere vor dem Hintergrund, dass das Statut nicht bei der Gründung der gemeinnützigen Einrichtungen ansetzt, sondern bei der daraus folgenden grundsätzlichen Steuerpflicht.

Gemeinnützige Einrichtungen sollten auch zu einem späteren Zeitpunkt ihre steuerbegünstigten Tätigkeiten auf einen oder mehrere Mitgliedstaaten ausweiten können. Erst der Anspruch auf den europäischen Gemeinnützigkeitsstatus sollte zum Nachweis eines grenzüberschreitenden Moments – welcher Art auch immer – verpflichten.

5. *Ergebnis*

Die Bestimmung des räumlichen Anwendungsbereichs lässt verschiedene Überlegungen zu. Der Bedeutung eines europäischen Gemeinnützigkeitsstatuts wird jedoch das Erfordernis der Verwirklichung gemeinnütziger Zwecke in mindestens zwei Staaten, von denen aber nur einer in der Europäischen Union liegen muss, am ehesten gerecht. Trotz der aufgezeigten Schwierigkeiten bei der Auslegung des Merkmals der Grenzüberschreitung kommt der europäische Gedanke in dieser Variante am besten zur Geltung.

Die Entscheidung darüber, wann die Voraussetzung der Grenzüberschreitung schon erfüllt wird bzw. wann jedoch noch nicht, sollte den europäischen Gerichten überlassen werden. Alle denkbaren Einzelfälle können in dem Statut nicht erfasst werden. Zudem würde eine abschließende Aufzählung, unter welchen Umständen ein Grenzübertritt gegeben ist, zu einem unflexiblen Statut führen. Zukünftige Entwicklungen blieben zum Zeitpunkt der Verabschiedung des Statuts noch unberücksichtigt, spätere Änderungen oder Ergänzungen könnten sich aufgrund der Mehrheitserfordernisse als langwierig und zeitaufwendig erweisen.

IV. Zeitlicher Anwendungsbereich

Zuletzt stellt sich die Frage nach dem Erfordernis einer Bewährungszeit der gemeinnützigen Einrichtung unter nationalem Recht, bevor sie den Status der europäischen Gemeinnützigkeit erhalten kann. Einige Mitgliedstaaten verfügen über vergleichbare Regelungen für ihre nationalen Einrichtungen.[1406]

Umfassende Erfahrungen im Umgang mit gemeinnützigkeitsrechtlichen Vorgaben sind bei der Anwendung eines europäischen Gemeinnützigkeitsstatuts durchaus von Vorteil. Insbesondere in der Anfangszeit treten regelmäßig Fragen und Probleme aufgrund der zahlreichen Besonderheiten des Gemeinnützigkeitsrechts auf. Diese beziehen sich beispielsweise auf die erlaubten und untersagten Formen der Einnahmenerzielung bzw. deren Verwendung, die Zweckverfolgung oder Buchführungs- und Rechnungslegungsvorschriften.

Mit der Bedingung einer Bewährung unter nationalem Recht würden jedoch die Einrichtungen vom Anwendungsbereich des Statuts ausgeschlossen werden, die sich – ggf. gerade aufgrund des europäischen Gemeinnützigkeitsstatuts – neu gründen. Diesen würde mangels Bewährungszeit unter nationalem Recht der Status als europäische gemeinnützige Einrichtung versagt werden müssen.

Gleiches würde für die perspektivisch zu erwartende Einführung weiterer supranationaler Rechtsformen, die auch von gemeinnützigen Einrichtungen angenommen werden können, gelten. Diese neu gegründeten oder umgewandelten supranationalen Einrichtungen wären nicht berechtigt, von Beginn an den Status der europäischen Gemeinnützigkeit zu erlangen. Eine Bewährungszeit würde die Attraktivität entsprechender Statute über supranationale Rechtsformen für

1406 Vgl. die Ausführungen unter Teil 4 B.VIII.

gemeinnützige Einrichtungen schon vor ihrer Verabschiedung deutlich schmälern. Auf das Erfordernis einer zeitlich begrenzten Bewährung unter nationalem Gemeinnützigkeitsrecht sollte daher verzichtet werden.

V. Ergebnis Anwendungsbereich

Der Anwendungsbereich des europäischen Gemeinnützigkeitsstatuts sollte in persönlicher Hinsicht nur die in nahezu allen Mitgliedstaaten als klassische Rechtsformen für gemeinnütziges Handeln zur Auswahl stehenden Institutionen wie Vereine und Stiftungen erfassen. Außerdem sollte das Statut bereits zum gegenwärtigen Zeitpunkt für potentielle supranationale Rechtsformen, die auch von gemeinnützigen Einrichtungen gewählt werden können, offenstehen.

Sachlich sollte es nur angehenden oder bereits bestehenden gemeinnützigen Einrichtungen zur Verfügung stehen, die ihren steuerbegünstigten Zwecken in mindestens einem Mitgliedstaat und einem Drittstaat nachzugehen haben. Eine Bewährungszeit unter nationalem Recht ist hingegen nicht erforderlich.

B. Inhaltliche Ausgestaltung

Die Regelungen der Mitgliedstaaten, nach denen nationalen gemeinnützigen Einrichtungen Steuervergünstigungen für ihr Handeln gewährt werden, reichen von wenigen Voraussetzungen in Schweden bis hin zu stringenten und detaillierten Anforderungen in Frankreich. Bei der inhaltlichen Ausgestaltung des europäischen Gemeinnützigkeitsstatuts sind diese Gegensätze besonders zu beachten.

Empfohlen wird daher eine Beschränkung der Regelungen auf einige zwingende Inhalte, auch wenn diese hinter den Anforderungen streng regulierender Mitgliedstaaten zurückbleiben sollten. Im Gegenzug sollten aber ausreichende Kontroll- und Transparenzpflichten eingeführt werden, die die weniger umfangreichen inhaltlichen Anforderungen an die europäischen gemeinnützigen Einrichtungen ausgleichen.

I. Steuerbegünstigter Zweck

Das europäische Gemeinnützigkeitsstatut bedarf zunächst Regelungen über die als steuerbegünstigt anerkennungsfähigen Zwecke. Diese können zum einen in einer entweder offenen oder geschlossenen Liste enthalten sein oder durch eine allgemeine Regelung bestimmt werden. Darüber hinaus ist zu definieren, welche Zwecke als steuerbegünstigt im europäischen Sinn gelten sollten und ob diese grenzüberschreitend verwirklicht werden müssen.

1. Benennung von Zwecken oder allgemeine Regelung

Für die Bestimmung der als steuerbegünstigt anerkennungsfähigen Zwecke kommen drei Varianten in die nähere Auswahl. Zum einen besteht, wie in vielen der untersuchten Mitgliedstaaten, die Möglichkeit, eine abschließende oder offene Liste zu entwickeln. Alternativ ist aber auch der Erlass einer allgemeinen Regelung denkbar. Bei allen drei Varianten muss aber gewährleistet werden, dass die zuständigen Behörden oder Gerichte bei der Prüfung, ob ein Zweck steuerbegünstigt im Sinne des Statuts ist, eine eindeutige Feststellung treffen können.

a) Abschließende Liste

Eine abschließende Liste der Zwecke, die als steuerbegünstigt anerkannt werden, hat den Vorteil, dass sich sowohl die Einrichtungen als auch die zuständigen Behörden und Gerichte an den aufgeführten Zwecken orientieren können. Die potentielle europäische gemeinnützige Einrichtung kann sich bereits bei ihrer Gründung oder der Entscheidung, die Gemeinnützigkeit nach dem europäischen Statut zu beantragen, nach den in der Liste genannten Zwecken richten und ihre Satzung oder sonstigen Dokumente entsprechend anpassen und ihre Tätigkeiten daran ausrichten.

Der gemeinnützige Sektor unterliegt allerdings einem stetigen Wandel. Eine abschließende Liste über die anerkannten gemeinnützigen Zwecke kann daher keinesfalls über Jahre oder Jahrzehnte dauerhaft Bestand haben. Vielmehr wäre eine regelmäßige Anpassung an die zum jeweiligen Zeitpunkt bestehenden Verhältnisse erforderlich. Änderungen an einer abschließenden Liste würden den tatsächlichen Verhältnissen regelmäßig „hinterherlaufen“. Nicht zuletzt dürften Änderungen des Statuts langwierige Verhandlungen zwischen den Mitgliedstaaten vorausgehen.

Ein europäisches Statut, welchem ein einheitliches europäisches Verständnis über die steuerbegünstigten Zwecke zugrunde liegt, bedarf seitens der Mitgliedstaaten stets eines gemeinsamen Konsenses über neue, in allen Mitgliedstaaten gleichermaßen als steuerbegünstigt anerkannte Zwecke. Aufgrund der divergierenden nationalen Interessen dürfte dies allerdings regelmäßig zu Differenzen zwischen den Mitgliedstaaten führen.

Die Benennung einer angemessenen und weit definierbaren Auswahl an Zwecken oder Zweckgruppen dürfte diese Problematik zumindest mildern, die auch ohne einen Auffangtatbestand geeignet ist, eine Vielzahl an Zwecken zu erfassen.

b) *Offene Liste*

Eine offene Liste, endend mit einem Auffangtatbestand, bietet die Möglichkeit einer automatischen Anpassung an Weiterentwicklungen in der Gesellschaft oder der Europäischen Union. Entstehen neue Bereiche, in denen bislang noch keine gemeinnützigen Einrichtungen aktiv waren, könnten diese durch die offene Liste und ohne Änderung des Statuts zugelassen werden. Das europäische Gemeinnützigkeitsstatut verfügte auf diese Weise über die notwendige Flexibilität und Dynamik, die es im Bereich des sich fortwährend wandelnden dritten Sektors benötigt.[1407]

Allerdings kann eine offene Gestaltung des Statuts durchaus problematisch werden, da Entwicklungen in einem Mitgliedstaat nicht zwangsläufig auch von anderen Mitgliedstaaten mitgetragen werden. So könnte ein von einem Mitgliedstaat als steuerbegünstigt anerkannter Zweck in anderen abgelehnt werden.

c) *Allgemeine Regelung*

Eine dritte Variante ist die Aufnahme einer Regelung, nach der lediglich die allgemeine Verfolgung von steuerbegünstigten Zwecken gefordert wird. Auf eine Aufzählung von einzelnen Zwecken oder Bereichen, die ausdrücklich als steuerbegünstigt anerkannt sind, würde insofern verzichtet werden.

Problematisch ist bei dieser Regelung die Ungewissheit, sowohl von der angehenden europäischen gemeinnützigen Einrichtung als auch von Behörden und Gerichten, welche Zwecke am Ende tatsächlich als steuerbegünstigt anerkannt würden. Unterschiedliche Ansichten zwischen den betroffenen Einrichtungen und Behörden eröffnen meist Problemfelder.

Es ist nicht ausgeschlossen, dass in einigen Fällen erst der EuGH abschließend über die Zuerkennung des europäischen Gemeinnützigkeitsstatus entscheiden wird. Außerdem stellen sich die gleichen Fragen zur Berücksichtigung neuer steuerbegünstigter Zwecke wie bei einer offenen Liste[1408], wenn diese nur von einzelnen Mitgliedstaaten anerkannt werden.

d) *Ergebnis*

Die als steuerbegünstigt anerkennungsfähigen Zwecke sollten in Form einer geschlossenen Liste in das Statut aufgenommen werden. Zwar würde eine offene Liste größtmögliche Flexibilität im Hinblick auf zukünftige Entwicklungen gewährleisten, insbesondere für die perspektivisch zu erwartenden neuen

---

1407 So auch *Hopt/Walz/von Hippel/Then* (Hrsg.): The European Foundation, S. 292.

1408 Vgl. Teil 4 B.I.1.c).

supranationalen Rechtsformen. Allerdings agieren die Mitgliedstaaten bei Fragen der Harmonisierung im Bereich der Steuern sehr protektionistisch, weshalb eine offene Liste wahrscheinlich nicht die erforderliche Zustimmung der Mitgliedstaaten erhalten dürfte.

2. Anerkannte steuerbegünstigte Zwecke

Die Bestimmung der als steuerbegünstigt anerkennungsfähigen Zwecke kann durch eine detaillierte Aufzählung der einzelnen Zwecke oder die Nennung von Gruppen, unter die eine Reihe von Einzelzwecken gefasst werden können, erfolgen. Andere Zwecke, die zwar rechtlich zulässig sind, aber nicht dem Gemeinwohl dienen, sollten bereits von vornherein von dem europäischen Gemeinnützigkeitsstatut ausgeschlossen werden.

Zum Teil bestehen in den einzelnen Mitgliedstaaten deutliche Überschneidungen bei den als steuerbegünstigt anerkannten Zwecken[1409], sodass diese grundsätzlich in einer Liste zusammengefasst werden könnten. Die Fülle an Bezeichnungen, unter denen beispielsweise die Unterstützung von Kindern und Jugendlichen oder die Förderung der Kultur in den einzelnen Mitgliedstaaten zu finden sind, spricht jedoch für die Aufnahme allgemein formulierter, nicht allzu detailliert gefasster Zwecke.

Im Ergebnis des Ländervergleichs sollten die in allen Mitgliedstaaten als steuerbegünstigt anerkannten Zwecke auch in einem europäischen Statut wiederzufinden sein. Diese könnten sich wie folgt gliedern:

- Förderung von Kindern und Jugendlichen
- Bildung
- Wissenschaft
- Gesundheit
- Wohlfahrt
- Kunst und Kultur
- Geschichte
- Natur-, Tier- und Umweltschutz
- Unterstützung von benachteiligten Personengruppen.

Darüber hinaus sollten auch einige Zwecke, die nicht ausdrücklich in allen, jedoch in der Mehrzahl der untersuchten Mitgliedstaaten anerkannt sind, aufgenommen werden. Diese könnten sein:

1409 Vgl. die Ausführungen unter Teil 4 B.II.

- Amateursport
- Entwicklungshilfe
- Katastrophenhilfe
- Förderung der Demokratie.

Ein europäisches Gemeinnützigkeitsstatut sollte außerdem Zwecke enthalten, die der Verständigung und dem Austausch der Bürger Europas dienen, auch wenn solche Intentionen derzeit nicht in allen untersuchten Mitgliedstaaten zu finden sind. Folgende Zwecke wären denkbar:

- Förderung des Austauschs und der Verständigung der Bürger Europas
- Förderung der Bürgerrechte und Menschenrechte.

Die Bereiche „Religion“ und „Weltanschauung“ sollten jedoch nicht aufgenommen werden, da diese in einigen Mitgliedstaaten nicht als steuerbegünstigt anerkannt sind und aus diesem Grund wohl auch keine Mehrheit für die Aufnahme in ein europäisches Statut finden dürften.

3. *„Europäische“ Zwecke*

Neben der Frage, ob dem Statut nur die gemeinnützigen Einrichtungen unterfallen, die ihre steuerbegünstigten Zwecke grenzüberschreitend verfolgen, gilt es auch bei den zulässigen steuerbegünstigten Zwecken zu ergründen, ob diese eine gewisse europäische Ausprägung besitzen oder sogar ebenfalls grenzüberschreitend ausgeübt werden sollten.

Für die Verwirklichung grenzüberschreitender Zwecke spricht insbesondere die Ausgestaltung des Statuts als ein europäisches Instrument. Der Fokus des europäischen Gemeinnützigkeitsstatuts liegt auf der Verfolgung steuerbegünstigter Zwecke, nicht aber in der wirtschaftlichen Betätigung gemeinnütziger Einrichtungen oder dem Einwerben von Spenden und Zuwendungen in mehreren Mitgliedstaaten.

Insofern würde eine Bedingung, dass dem steuerbegünstigten Zweck selbst in mindestens zwei Staaten nachgegangen werden muss, von denen einer ein Mitgliedstaat der Europäischen Union sein sollte, dem Zweck des Statuts am besten gerecht. Zudem würde dies die Prüfung des Grenzübertritts im Rahmen des Anwendungsbereichs erleichtern.

Andererseits liegt bereits in der Verständigung aller Mitgliedstaaten auf die in einer Liste enthaltenen steuerbegünstigten Zwecke eine europäische Komponente. Alle Mitgliedstaaten erkennen diese gleichermaßen an. Problematisch würde dies lediglich bei einer offenen Liste sein, die sich ohne ein Gesetzgebungsverfahren in einem gewissen Selbstlauf weiterentwickelt und den gesellschaftlichen oder sozialen Gegebenheiten in der Europäischen Union automatisch angepasst würde.

Ein europäisches Gemeinnützigkeitsstatut sollte aber bei der Verfolgung des steuerbegünstigten Zwecks in nur einem Mitgliedstaat zumindest einen Bezug zur Europäischen Union fordern. Dies kann beispielsweise durch einen Austausch zwischen den Nationen zum Ausdruck kommen oder durch die Verfolgung europäischer Interessen und Ziele, die auf einen oder mehrere Mitgliedstaaten oder die Europäische Union insgesamt ausstrahlt. Im besten Fall wird ein grenzüberschreitender steuerbegünstigter Zweck in mehreren Mitgliedstaaten verwirklicht.

4. *Begünstigtenkreis*

Schließlich sollte auch die Ausrichtung des Statuts auf einen größeren, nicht abgeschlossenen Personenkreis Voraussetzung für die Anerkennung eines steuerbegünstigten Zwecks sein. Die Förderung sollte stets der Allgemeinheit dienen. Keinesfalls anerkennungsfähig ist die Begünstigung von Einzelpersonen oder von geschlossenen Gruppen, die sich der Aufnahme weiterer Personen verschließen.

5. *Ergebnis*

Die als steuerbegünstigt anerkennungsfähigen Zwecke und Zweckgruppen sollten in Form einer geschlossenen Liste erfasst werden, die bereits bei ihrem Erlass einen ausreichenden Spielraum für Interpretationen und somit einen breiten Anwendungsbereich ermöglicht. Notwendige Änderungen und Ergänzungen einzelner Zwecke sollten dem europäischen Gesetzgeber vorbehalten bleiben.

Darüber hinaus sollten die in der Liste enthaltenen Zwecke auch deutlich europäisch geprägt sein. Hierfür genügt es allerdings, wenn mit der Verfolgung der steuerbegünstigten Zwecke Ziele der Europäischen Union verwirklicht werden, auch wenn dies nur in einem Mitgliedstaat geschieht. Eine tatsächliche Zweckverfolgung in mehreren Mitgliedstaaten ist nicht zwingend erforderlich.

II. Zweckverfolgung

Die Steuervergünstigungen, die europäischen gemeinnützigen Einrichtungen in den Mitgliedstaaten auf Grundlage des Statuts gewährt werden müssen, erfordern im Gegenzug eine konsequente Verwirklichung der steuerbegünstigten Zwecke: selbstlos, unmittelbar und ausschließlich.

1. Selbstlosigkeit

Europäische gemeinnützige Einrichtungen sollten ihre steuerbegünstigten Zwecke selbstlos verfolgen. Im Vordergrund muss stets die Verwirklichung nicht wirtschaftlicher, uneigennütziger Zwecke stehen. Die Verfolgung eigenwirtschaftlicher Zwecke sollte hingegen nur in sehr engem Rahmen erlaubt sein und Erlöse aus diesen Tätigkeiten den steuerbegünstigten Zwecken zufließen.

Alle ideellen Einnahmen der gemeinnützigen Einrichtung, z. B. Zuwendungen, Spenden oder Erbschaften, sollten ausschließlich für die Verwirklichung der steuerbegünstigten Zwecke eingesetzt werden. Alle Leistungen an die gemeinnützigen Einrichtungen müssen unwiderruflich und bedingungslos erfolgen.

Eine Rückzahlung von Spenden bei Nichterreichung der damit verbundenen Ziele darf nicht zulässig sein. Auch die Einlagen der Mitglieder sollten – sofern die gemeinnützige Einrichtung als mitgliedschaftliche Rechtsform gegründet wurde – lediglich zur Zweckverfolgung, ggf. für die Mehrung des Vermögens der gemeinnützigen Einrichtung, verwendet werden dürfen.

Ausschüttungen an Mitglieder, Vorstandsmitglieder, Aufsichtsorgane, Angestellte oder sonstige Dritte, die nicht zugleich dem Begünstigtenkreis der gemeinnützigen Einrichtung angehören, sollten ausdrücklich untersagt sein. Alle Arbeits-, Dienst- oder Werkverträge müssen einem Fremdvergleich mit vergleichbaren Arbeits-, Dienst- oder Werkverträgen standhalten.

Auch Leistungen in anderer Form, zum Beispiel Sachwerte, dürfen nur zu marktüblichen Preisen abgegolten werden. Unentgeltliche Leistungen der gemeinnützigen Einrichtungen gegenüber anderen Personen sollten zur Vermeidung einer verdeckten Gewinnausschüttung untersagt sein.

Die Zahlung angemessener Löhne an Angestellte oder Leitungspersonen sowie angemessener Aufwandsentschädigungen an Vorstandsmitglieder und Aufsichtsorgane sollte zulässig sein. Vor dem Hintergrund, dass die Leitung einer grenzüberschreitend tätigen europäischen gemeinnützigen Einrichtung umfangreiche Kenntnisse und eine hohe Leistungsbereitschaft erfordert, ist die Bedingung einer ehrenamtlichen Ausübung verzichtbar.

2. Unmittelbarkeit

Den steuerbegünstigten Zwecken sollte zudem grundsätzlich unmittelbar durch die europäische gemeinnützige Einrichtung nachgegangen werden. Dabei darf sie sich Hilfspersonen bedienen, deren Handeln weisungsgebunden sein muss.

Aufgrund des u. U. sehr großen Wirkungskreises der europäischen gemeinnützigen Einrichtungen sollte ihnen Tätigkeiten als Förderorganisationen, d. h. als Einrichtungen zur Beschaffung von Mitteln für andere gemeinnützige

Einrichtungen, erlaubt sein. Diese Tätigkeiten sollten sowohl gegenüber nationalen als auch gegenüber anderen grenzüberschreitend aktiven Einrichtungen ausgeübt werden dürfen, sofern die geförderten gemeinnützigen Einrichtungen vergleichbare steuerbegünstigte Zwecke verfolgen.

Unmittelbar damit verbunden ist die Zulässigkeit der Weitergabe von Mitteln an andere gemeinnützige Einrichtungen zur Verwendung für deren steuerbegünstigte Zwecke. Eine Beschränkung auf die unmittelbare Förderung der Allgemeinheit durch die europäische gemeinnützige Einrichtung selbst ist aufgrund der grenzüberschreitenden Ausrichtung und des entsprechend weiten Betätigungsfelds nicht geboten.

3. *Ausschließlichkeit*

Die europäische gemeinnützige Einrichtung sollte zudem nur solche steuerbegünstigten Zwecke verfolgen dürfen, die zugleich in ihrer Satzung enthalten sind. Will sie steuerbegünstigten Zwecken nachgehen, die sie nicht in ihrer Satzung aufgenommen hat, ist eine Satzungsänderung erforderlich.

Zwar sollte es der europäischen gemeinnützigen Einrichtung in begrenztem Umfang möglich sein, wirtschaftliche Zwecke zu verfolgen; diese haben aber deutlich hinter Aktivitäten zugunsten der steuerbegünstigten Zwecke zurückzustehen. Nicht steuerbegünstigte Zwecke dürfen allenfalls einen untergeordneten Anteil an den Gesamttätigkeiten der europäischen gemeinnützigen Einrichtung ausmachen. Ein Verhältnis von ca. 75 % zugunsten steuerbegünstigter Zwecke und ca. 25 % im Rahmen nicht steuerbegünstigter Zwecke erscheint angemessen.

III. Einnahmeerzielung

Europäische gemeinnützige Einrichtungen sollten wie die meisten nationalen gemeinnützigen Einrichtungen Einnahmen in vier Sphären erzielen können. Diese Bereiche sollten sich in den ideellen Bereich, die Vermögensverwaltung, die Führung von Zweck-/Hilfsbetrieben und die Führung von wirtschaftlichen Geschäftsbetrieben untergliedern.[1410] Die (begrenzte) wirtschaftliche Betätigung der europäischen gemeinnützigen Einrichtung – sei es in Form von Zweck- oder Nebenbetrieben oder wirtschaftlichen Geschäftsbetrieben – sollte ausdrücklich im Statut zugelassen werden.

1410 Vgl. die Ausführungen unter Teil 4 B.IV.

Die steuerliche Bewertung der eingenommenen Mittel obliegt aber abschließend den einzelnen Mitgliedstaaten. Sieht ein Mitgliedstaat eine derartige Sphärengliederung nicht vor, ist dies zu berücksichtigen.

1. *Ideeller Bereich*

Jegliche Formen von Zuwendungen, d. h. Spenden, Schenkungen, Erbschaften oder Vermächtnisse, sind den ideellen Einnahmen der europäischen gemeinnützigen Einrichtungen zuzuordnen. Daneben müssten auch Mitgliedsbeiträge und Zuschüsse öffentlicher Stellen für steuerbegünstigte Zwecke, z. B. von Bund, Länder oder Kommunen, den ideellen Einnahmen zugerechnet werden.

2. *Vermögensverwaltung*

Als Einnahmen im Bereich Vermögensverwaltung haben alle Einnahmen zu gelten, die die europäische gemeinnützige Einrichtung durch die Nutzung, Vermietung oder Verpachtung eigenen Vermögens erzielt. Hierzu zählen z. B. Einnahmen aus Vermietung und Verpachtung eigener Grundstücke oder Zinserträge aus der Vermögensanlage.

3. *Zweck-/Hilfsbetriebe*

Der europäischen gemeinnützigen Einrichtung müsste es offenstehen, Zweck- bzw. Hilfsbetriebe zu gründen. In der Führung von Zweck-/Hilfsbetrieben sind strenge Voraussetzungen jedoch unerlässlich. Zuerst sollte die Errichtung entsprechender Betriebe der unmittelbaren Verwirklichung des steuerbegünstigten Zwecks dienen.

Darüber hinaus muss nachgewiesen werden, dass die Zweckverwirklichung ohne den Zweck-/Hilfsbetrieb deutlich erschwert oder unmöglich wäre. Zudem darf der Zweck-/Hilfsbetrieb nicht mehr als unbedingt erforderlich im Wettbewerb mit anderen nicht steuerbegünstigten Geschäftsbetrieben stehen. Bei Erfüllung dieser Vorgaben, kann die europäische gemeinnützige Einrichtung unbegrenzt Einnahmen aus Zweck- bzw. Hilfsbetrieben erzielen.

4. *Wirtschaftlicher Geschäftsbetrieb*

Zuletzt sollten europäische gemeinnützige Einrichtungen auch Einnahmen aus der Führung wirtschaftlicher Geschäftsbetriebe erzielen dürfen. Dabei sind allerdings die unterschiedlichen rechtlichen Regelungen in den Mitgliedstaaten für solche Einkünfte zu berücksichtigen.

In einigen Mitgliedstaaten können gemeinnützige Einrichtungen wirtschaftliche Geschäftsbetriebe betreiben, deren Erlöse aber stets nur einen bestimmten Anteil an den Gesamteinkünften ausmachen und steuerpflichtig sind. Andere Mitgliedstaaten sehen als Konsequenz für das Betreiben wirtschaftlicher Geschäftsbetriebe sogar den Verlust der Gemeinnützigkeit vor. Die Bandbreite bestehender gesetzlicher Regularien bedarf einer gemeinsamen, für alle Mitgliedstaaten akzeptablen Lösung.

Aus den vorgenannten Gründen sollten Einnahmen aus wirtschaftlichen Geschäftsbetrieben nur in begrenztem Umfang erzielt werden dürfen. Sinnvoll erscheint die Erlaubnis zur Erzielung von Erlösen, die nach Abzug der darauf entfallenden Ausgaben nicht mehr als 25 % der Gesamteinnahmen der europäischen gemeinnützigen Einrichtung ausmachen dürfen.

Die Zulässigkeit zur Führung wirtschaftlicher Geschäftsbetriebe führt allerdings in einzelnen Mitgliedstaaten zu einer Besserstellung der europäischen gemeinnützigen Einrichtungen gegenüber den nationalen gemeinnützigen Einrichtungen. Diese Inländerdiskriminierung sollte aber aufgrund der internationalen Bedeutung europäischer gemeinnütziger Einrichtungen und der strengen Vorgaben des europäischen Gemeinnützigkeitsstatuts hingenommen werden.

IV. Einnahmeverwendungsvorgaben

Die europäischen gemeinnützigen Einrichtungen können auf verschiedene Weise Einnahmen generieren.[1411] Mit der Verpflichtung der Einrichtungen zur ausschließlichen Verfolgung ihrer steuerbegünstigten Zwecke[1412] sollten auch Vorgaben zur Verwendung der erzielten Mittel verbunden werden. Diese könnten sich sowohl auf den zeitlichen Einsatz, die Höhe der zu nutzenden Mittel als auch auf die Ziele der Verwendung beziehen.

Der Sinn dieser Regelungen wäre vor allem, dass die gemeinnützigen Einrichtungen nicht unter dem Deckmantel des europäischen Gemeinnützigkeitsstatus Geld ansammeln, ohne tatsächlich steuerbegünstigte Zwecke zu verfolgen.

1. Zeitliche Verwendungsvorgaben

Frei verfügbares Vermögen sollte regelmäßig innerhalb einer angemessenen Zeit zur Verfolgung der steuerbegünstigten Zwecke verwendet werden. Im Ansparen von Mitteln über viele Jahre hinweg liegen weder der Sinn noch der Zweck einer

1411 Vgl. die Ausführungen unter Teil 4 B.IV.

1412 Vgl. die Ausführungen unter Teil 4 B.III.

gemeinnützigen Einrichtung. Auch steht ein zu langer Zeitraum dem Interesse der Förderer entgegen, die mit ihren Zuwendungen oder Erbschaften in der Regel eine zeitnahe Zweckverfolgung verbinden.

Was unter einem angemessenen Zeitraum verstanden werden darf, sollte unter Berücksichtigung der vielen möglichen steuerbegünstigten Zwecken bestimmt werden. Gemeinnützige Einrichtungen, die zum Beispiel im Bereich der Entwicklungshilfe tätig sind, werden ihre Einnahmen jederzeit und problemlos zweckentsprechend einsetzen können.

Ein Zeitraum von drei Jahren ab dem Ende des Kalenderjahres des Mittelzuflusses erscheint für den Regelfall angemessen. Dieser berücksichtigt ausreichend einen möglicherweise notwendigen längeren Zeitraum für den Mitteleinsatz zur Förderung der steuerbegünstigten Zwecke.

Allerdings sollte es europäischen gemeinnützigen Einrichtungen gestattet werden, Mittel über einen längeren Zeitraum anzusammeln. Dies sollte insbesondere dann möglich sein, wenn sie ihre Ziele erst mit einer entsprechend höheren Summe verwirklichen können. Dieser sollte mit den Regelungen zur Rücklagenbildung korrelieren.[1413]

Im Einzelfall kann eine Zweckverfolgung aufgrund unerwarteter Hindernisse über einen längeren Zeitraum nicht möglich sein. Auch für solche Ausnahmesituationen sollte ein angemessener Zeitraum eingeräumt werden, innerhalb dessen sich die europäische gemeinnützige Einrichtung neu orientieren kann. Ist es ihr aber selbst bei einer großzügigen Handhabung der zeitlichen Mittelverwendungsvorgaben nicht möglich, steuerbegünstigte Zwecke zu verfolgen, sollte sie diese Mittel an eine andere gemeinnützige Einrichtung weiterreichen dürfen.

2. *Art und Höhe der zu verwendenden Mittel*

Verbunden mit den Regelungen zur ausschließlichen Verfolgung der steuerbegünstigten Zwecke müsste die europäische gemeinnützige Einrichtung mindestens 75 % der ihr zur Verfügung stehenden Mittel dafür vorhalten. Alle Einnahmen, die im ideellen Bereich, in der Vermögensverwaltung oder den Zweckbetrieben erzielt werden, müssen der Verwirklichung des steuerbegünstigten Zwecks dienen.

Lediglich Einnahmen aus wirtschaftlichen Geschäftsbetrieben dürfen auch für eigennützige Zwecke eingesetzt werden. Deren Anteil sollte jedoch 25 % der

1413 Teil 5 B.V.

Gesamtausgaben der europäischen gemeinnützigen Einrichtung nicht übersteigen.

Rücklagen für die Verwirklichung der steuerbegünstigten Zwecke können aus allen eingenommenen Mitteln gebildet werden. Für die Aufrechterhaltung des wirtschaftlichen Geschäftsbetriebs dürfen Rücklagen lediglich aus dessen Gewinnen gebildet werden.

V. Rücklagen

Die europäische gemeinnützige Einrichtung sollte berechtigt sein, in einem begrenzten Umfang Rücklagen zu bilden. Diese Rücklagen sollten einerseits quantitativ begrenzt sein und andererseits nur bestimmten Rücklagen zugeführt werden können.

Zulässig sollte die Bildung von freien Rücklagen sein, die jedoch 10 % der gesamten Einkünfte der europäischen gemeinnützigen Einrichtung nicht übersteigen dürfen. Zudem sollten freie Rücklagen über einen Zeitraum von maximal fünf Jahren gebildet werden dürfen. Spätestens mit dem Ende des fünften Jahres nach der Zuführung der Mittel sind diese aufzulösen und für die steuerbegünstigten Zwecken zu verwenden.

Auch die Bildung zweckgebundener Rücklagen sollte erlaubt sein, damit z. B. Mittel für kostenintensivere Projekte über einen längeren Zeitraum angesammelt werden können. Die Höhe der zweckgebundenen Rücklagen sollte jedoch 20 % der Gesamteinnahmen der gemeinnützigen Einrichtung nicht übersteigen. Sie sollten zudem im Regelfall für einen Zeitraum von maximal sieben Jahren gebildet werden dürfen, ein längerer Zeitraum bedürfte der Genehmigung der zuständigen Aufsichtsbehörde. Zweckgebundene Rücklagen sind unverzüglich aufzulösen, wenn der entsprechende Zweck nicht mehr erreicht werden kann bzw. soll.

Die sowohl den freien als auch den zweckgebundenen Rücklagen zugeführten Mittel sind vor Verlust geschützt anzulegen, was riskante Anlagemöglichkeiten verbietet.

VI. Auflösung

Das europäische Gemeinnützigkeitsstatut sollte ausdrückliche Regelungen zur Vermögensverwendung im Fall der Auflösung der gemeinnützigen Einrichtung enthalten. Auch für den Fall, dass der Gemeinnützigkeitsstatus wegfällt, sollten Vorgaben zur Verwendung der Einnahmen des ideellen Bereichs, der Vermögensverwaltung und der Zweckbetriebe aufgenommen werden.

1. *Wegfall des europäischen Gemeinnützigkeitsstatus*

Verliert eine Einrichtung ihren Status der europäischen Gemeinnützigkeit, hat dies zunächst nur Auswirkungen auf diesen Status selbst. Die Gründe für den Verlust können z. B. in der Beendigung grenzüberschreitender Tätigkeiten, der Überschreitung gesetzlicher Grenzen für die Verfolgung eigennütziger Zwecke oder dem Verstoß gegen sonstige Voraussetzungen des Statuts liegen.

Damit nicht jede Verletzung unmittelbar den Verlust des europäischen Gemeinnützigkeitsstatus auslöst, sollte die zuständige Aufsichtsbehörde der Einrichtung eine Frist setzen, innerhalb derer der gesetzeswidrige Zustand zu beseitigen ist. Erst mit Ablauf dieser Frist wäre der europäische Gemeinnützigkeitsstatus tatsächlich abzuerkennen.

Die Einrichtung kann im Anschluss an den Verlust des europäischen Gemeinnützigkeitsstatus jedoch weiterhin als nicht steuerbegünstigte Einrichtung oder bei Vorliegen der Voraussetzungen des nationalen Gemeinnützigkeitsrechts als inländische gemeinnützige Einrichtung fortbestehen bzw. neu anerkannt werden. Hierfür sollte ihr eine Übergangsfrist eingeräumt werden, in der sie das Erfüllen der Vorgaben des nationalen Gemeinnützigkeitsrechts nachweisen kann. Bis zum Ablauf dieser Übergangsfrist sollte die Ausschüttung des Vermögens aus ideellen Einnahmen, Einkünften aus Vermögensverwaltung und aus Hilfs-/Zweckbetrieben auf Antrag aufgeschoben werden können.

Existiert die ehemals europäische gemeinnützige Einrichtung nicht als nationale gemeinnützige Einrichtung eines Mitgliedstaats fort, ist sie verpflichtet, ihre noch vorhandenen ideellen Einnahmen sowie die Einnahmen aus ihrer Vermögensverwaltung und ihren Hilfs-/Zweckbetrieben auszuschütten. Diese Mittel sind entweder den vormaligen steuerbegünstigten Zwecken der ehemaligen europäischen gemeinnützigen Einrichtung zuzuwenden oder an vergleichbare europäische gemeinnützige Einrichtungen auszureichen.

2. *Auflösung der europäischen gemeinnützigen Einrichtung*

Im Fall der vollständigen Auflösung der europäischen gemeinnützigen Einrichtung ist das nach der Abwicklung aller Verbindlichkeiten verbleibende Vermögen an eine andere europäische gemeinnützige Einrichtung mit der gleichen steuerbegünstigten Zweckorientierung auszuschütten. Ausnahmsweise soll eine Ausschüttung des restlichen Vermögens an eine nationale gemeinnützige Einrichtung möglich sein, wenn keine vergleichbare europäische existiert. Bedingung sollte aber auch dabei sein, dass die nationale gemeinnützige Einrichtung die gleichen steuerbegünstigten Zwecke verwirklicht.

VII. Registrierung und Aufsicht

1. Registrierung

Einrichtungen, deren Status als europäische gemeinnützige Einrichtungen anerkannt werden, sind in einem Register einzutragen. Dieses Register sollte über das Internet öffentlich zugänglich sein. Neben den wesentlichen kennzeichnenden Angaben zu den europäischen gemeinnützigen Einrichtungen, z. B. der Sitz, die vertretungsberechtigten Personen und die Satzung, sind auch die Jahres- bzw. Rechenschaftsberichte zu hinterlegen.

Die Registrierung und deren öffentlicher Zugang bestätigen einerseits, dass die Einrichtung die Anforderungen des europäischen Gemeinnützigkeitsstatuts erfüllt und schaffen zum anderen die erforderliche Transparenz. Förderer können auf diese Weise leicht herausfinden, in welchen Bereichen die europäische gemeinnützige Einrichtung tätig ist und ob deren bisherige Arbeit ihren Vorstellungen entspricht.

a) Voraussetzungen der Eintragung

Mit dem Antrag auf Registrierung hat die Einrichtung Nachweise zu erbringen, dass alle Anforderungen des europäischen Gemeinnützigkeitsstatuts erfüllt werden. Die Registrierungsbehörde prüft die vorgelegten Unterlagen und Nachweise und erkennt bei Vorliegen aller Voraussetzungen der Einrichtung die europäische Gemeinnützigkeit zu.

b) Folgen der Anerkennung

Die Anerkennung der europäischen Gemeinnützigkeit führt in allen europäischen Mitgliedstaaten automatisch zur Anerkennung dieses Status. Eine erneute Überprüfung der Voraussetzungen durch den Aufnahmestaat ist nicht zulässig. Nur im Fall berechtigter Zweifel sollte ein Mitgliedstaat die nochmalige Prüfung der Voraussetzungen des europäischen Gemeinnützigkeitsstatuts durch den anerkennenden Mitgliedstaat verlangen dürfen.

c) Löschung aus dem Register

Auf Antrag der europäischen gemeinnützigen Einrichtung selbst als auch auf Antrag der Aufsichtsbehörde ist eine Löschung aus dem Register möglich. Dies hat aber zunächst nur die Aberkennung des europäischen Gemeinnützigkeitsstatus zur Folge. Die Einrichtung selbst bleibt bestehen.

Ab dem Zeitpunkt der Löschung gilt ausschließlich das Recht des Sitzstaats. Die Einrichtung kann unter den Voraussetzungen des nationalen Rechts als gemeinnützig anerkannt werden, als nicht steuerbegünstigte Einrichtung fortbestehen oder sich auflösen.

2. Aufsicht

Die dem europäischen Gemeinnützigkeitsstatut unterfallenden Einrichtungen sollten einer strengen Kontrolle unterliegen. Regelmäßige Überprüfungen haben sicherzustellen, dass die Einrichtungen die Statuts-Anforderungen dauerhaft erfüllen. Aufsichtsführend sollte dieselbe Stelle wie die für die Registrierung der europäischen gemeinnützigen Einrichtungen zuständige sein.

Eine umfassende Aufsicht ist aufgrund der – im Vergleich zu einigen Gemeinnützigkeitsgesetzen der Mitgliedstaaten – weniger detaillierten Regelungen des europäischen Gemeinnützigkeitsstatuts sowie der weitreichenden Auswirkungen der Anerkennung als europäische gemeinnützige Einrichtung geboten. Die automatische Anwendung der mitgliedstaatlichen Steuervergünstigungen auf diese Einrichtungen erfordert die Gewährleistung einer strikten Erfüllung der Statutsvorgaben durch alle europäischen gemeinnützigen Einrichtungen.

a) Aufgaben der Aufsichtsbehörde

Bereits vor dem ersten Auftreten der Einrichtung als europäische gemeinnützige Einrichtung wird bei der Registrierung überprüft, ob die Vorgaben des europäischen Gemeinnützigkeitsstatuts erfüllt werden.[1414] Daran anschließend sollte in regelmäßigem Zweijahresturnus erneut kontrolliert werden.

Sollte es in der Zwischenzeit zu Änderungen bei der gemeinnützigen Einrichtung kommen, die sich auf ihre Anerkennung als europäische gemeinnützige Einrichtung auswirken könnten, sind diese Änderungen der Aufsichtsbehörde unverzüglich mitzuteilen; ggf. müssten die Voraussetzungen sodann erneut überprüft werden. Wesentliche Änderungen können z. B. Änderungen der Satzung oder der wirtschaftlichen Tätigkeiten sein.

Die europäische gemeinnützige Einrichtung hat der Aufsichtsbehörde jährlich einen Rechenschaftsbericht sowie einen Jahresbericht vorzulegen. Ab Jahreseinnahmen von mehr als 1.000.000 EUR sollten zudem die Unterlagen durch einen Wirtschaftsprüfer geprüft werden. Alle Berichte sind zu veröffentlichen.

1414 Vgl. die Ausführungen unter Teil 5 B.VII.1.a).

b) Folgen bei Verstößen

Stellt die Aufsichtsbehörde Verstöße gegen das europäische Gemeinnützigkeitsstatut fest, hat sie Maßnahmen zu deren Beseitigung einzuleiten. Zulässig sollten jedoch nur Maßnahmen im Rahmen der Rechtsaufsicht sein, eine Fachaufsicht ist nicht geboten. Die im Einzelfall zulässigen Rechtsmittel der Aufsichtsbehörde bestimmen sich nach dem Recht des Mitgliedstaats, in dem die europäische gemeinnützige Einrichtung ihren Sitz hat.

3. Zuständige Behörde

Registrierung und Aufsicht obliegen dem Mitgliedstaat, in dem die europäische gemeinnützige Einrichtung ansässig ist. Die zuständige Behörde prüft bei der Registrierung sowie danach im Zweijahresrhythmus, ob und wie die Vorgaben des europäischen Gemeinnützigkeitsstatuts verwirklicht werden. Für Maßnahmen im Rahmen der Aufsicht ist das Recht des Sitzstaates maßgebend.

Eine dezentrale Registrierung und Aufsicht bedeutet aber auch 28 verschiedene Auslegungsmöglichkeiten zu den einzelnen Bestimmungen des europäischen Gemeinnützigkeitsstatuts. In der Folge könnte beispielsweise ein Mitgliedstaat die europäische Gemeinnützigkeit einer Einrichtung nicht anerkennen, da diese seiner Ansicht nach keine steuervergünstigten Zwecke verfolgt. Ein anderer Mitgliedstaat könnte dieselbe Einrichtung mit derselben Zweckverfolgung allerdings unproblematisch im Register eintragen.

Letztlich sollten diese Auslegungsschwierigkeiten jedoch nicht zur Einrichtung einer zentralen europäischen Anerkennungsbehörde führen. Zum einen würde es einen hohen bürokratischen Aufwand bedeuten, eine neue Behörde mit ausreichendem Personal zu schaffen, das sich sowohl in den Rechtssystemen der Mitgliedstaaten auskennen als auch die entsprechenden Amtssprachen beherrschen müsste. Darüber hinaus dürfte dies weit kostenintensiver sein, als in jedem Mitgliedstaat eine dezentrale Behörde mit den Aufgaben der Registrierung und Aufsicht zu betrauen.[1415]

Oblägen Registrierung und Aufsicht einer zentralen europäischen Stelle, ergäben sich zudem weitere Probleme. Zwar würde hierdurch eine einheitliche Anwendung des Statuts in allen Mitgliedstaaten am ehesten gewährleistet und die anspruchsvolle Kontrolle grenzüberschreitender Sachverhalte bei einer Stelle gebündelt. Eine derart umfassende Machtkonzentration einer einzelnen

---

1415 Vgl. auch die Ausführungen bei *von Hippel*, in: Richter/Wachter (Hrsg.): Handbuch des internationalen Stiftungsrechts, § 16 Rn. 16.

europäischen Behörde bei der Zulassung neuer steuerbegünstigter Zwecke dürfte allerdings auf die Ablehnung der Mitgliedstaaten stoßen, die einen Verlust an Einfluss befürchten könnten.[1416]

Zudem bestimmen sich insbesondere die Aufsichtsmaßnahmen mangels eines europäischen Verwaltungs- und Vollstreckungsrechts nach dem Recht der Mitgliedstaaten. Es müsste an vielen Stellen wegen fehlender europäischer Regelungen auf das nationale Recht verwiesen und nationale Behörden um Amtshilfe gebeten werden.

VIII. Inhalt der Satzung

Die Satzung der europäischen gemeinnützigen Einrichtung sollte bestimmte Mindestinhalte aufweisen. Dies diente zum einen einer besseren Überprüfung durch die Registrierungsbehörde bei der erstmaligen Anerkennung der europäischen Gemeinnützigkeit. Aber auch die fortlaufende Kontrolle während der Betätigung als europäische gemeinnützige Einrichtung kann anhand der Regelungen des Statuts, der Inhalte der Satzung sowie der vorzulegenden Jahresberichte, Rechenschaftsberichte und ggf. Wirtschaftsprüfungsberichte leichter erfolgen.

Ausdrücklich in die Satzung aufzunehmen sein sollten Angaben zum steuerbegünstigten Zweck sowie zu der Art und Weise seiner Verwirklichung. Daneben sollten Ausführungen zur Einnahmeerzielung und Einnahmeverwendung, der Bildung von Rücklagen, Bestimmungen zur Verwendung des Vermögens im Fall der Auflösung bzw. bei Verlust des europäischen Gemeinnützigkeitsstatus sowie zur Vorlage des Jahresberichts, des Rechenschaftsberichts und ggf. des Wirtschaftsprüfungsberichts bei der zuständigen Aufsichtsbehörde aufgenommen werden müssen.

Darüber hinaus sollte die Satzung Hinweise zur Identifikation der gemeinnützigen Einrichtung enthalten. Dies betrifft insbesondere den Sitz der Einrichtung, damit das ergänzend anzuwendende Recht, die zuständige Registrierungs- bzw. Aufsichtsbehörde sowie die vertretungsberechtigten Personen zweifelsfrei bestimmt werden können.

Im Übrigen richten sich die Satzungsinhalte nach den jeweiligen mitgliedstaatlichen Regelungen. Dies betrifft vor allem die erforderlichen Angaben zur Rechtsform sowie die damit verbundenen Anforderungen an die innere Organisation der Einrichtung.

1416 Vgl. auch die Ausführungen bei *Hopt/Walz/von Hippel/Then* (Hrsg.): The European Foundation, S. 292 f.

C. Steuerrechtliche Behandlung

Im Hinblick auf die Besteuerung der europäischen gemeinnützigen Einrichtung und ihrer Förderer ist eine Regelung zur Gleichbehandlung der europäischen gemeinnützigen Einrichtungen, ihrer Förderer und Begünstigten mit inländischen gemeinnützigen Einrichtungen und deren Förderern und Begünstigten unerlässlich.

Mit der Einführung eines Gleichbehandlungsgrundsatzes sind weder die Steuerhoheit der Mitgliedstaaten gefährdet noch eine Harmonisierung der nationalen Regelungen verbunden. Vielmehr berücksichtigt er gerade die unterschiedlichen Steuerrechte der Mitgliedstaaten und respektiert abweichende Vorstellungen. Auch wenn mittelfristig eine Harmonisierung der steuerlichen Regelungen für gemeinnützige Einrichtungen und ihre Förderer innerhalb der Europäischen Union nicht realistisch ist, verspräche dies zumindest mehr Rechtssicherheit bei grenzüberschreitenden Sachverhalten.

I. Europäische gemeinnützige Einrichtungen

1. Gleichbehandlungsgrundsatz

Erfüllt eine gemeinnützige Einrichtung die Voraussetzungen des europäischen Gemeinnützigkeitsstatuts und wird in der Folge als europäische gemeinnützige Einrichtung anerkannt und in das entsprechende Register eingetragen, ist sie in jedem Mitgliedstaat gleich einer inländischen gemeinnützigen Einrichtung zu behandeln. Die bestehenden Steuerprivilegien für gemeinnützige Einrichtungen in den einzelnen Mitgliedstaaten gelten dann ebenfalls für europäische gemeinnützige Einrichtungen. Eine erneute Überprüfung durch die einzelnen Mitgliedstaaten, ob die europäische gemeinnützige Einrichtung tatsächlich die Vorgaben des Statuts oder gar des nationalen Gemeinnützigkeitsrechts erfüllt, ist untersagt.

Die Mitgliedstaaten sind aufgrund des Gleichbehandlungsgrundsatzes verpflichtet, alle europäischen gemeinnützigen Einrichtungen in steuerlichen Angelegenheiten wie inländische zu behandeln. Gewährt der Mitgliedstaat inländischen gemeinnützigen Einrichtungen Steuervergünstigungen im Rahmen der Einkommen- oder Körperschaftsteuerveranlagung, sind diese auch europäischen einzuräumen. Gleiches sollte für alle in dem jeweiligen Mitgliedstaat bestehenden steuerlichen Begünstigungen sowie für die Gebührenbefreiung für gemeinnützige Einrichtungen gelten.

Erhalten in einem Mitgliedstaat gemeinnützige Einrichtungen bestimmte Steuervergünstigungen nicht, die vergleichbaren Einrichtungen jedoch in anderen Mitgliedstaaten gewährt werden, ist auch die europäische gemeinnützige Einrichtung entsprechend unterschiedlich zu behandeln. Der Gleichbehandlungsgrundsatz darf nicht dazu führen, dass Steuerprivilegien, die nur in einzelnen Mitgliedstaaten bestehen, in andere Mitgliedstaaten übertragen werden können. Die Folge ist zwar eine unterschiedliche Besteuerung, je nach Mitgliedstaat, in dem die europäische gemeinnützige Einrichtung tätig ist; allerdings ist dieses Hindernis bei grenzüberschreitenden Aktivitäten im Hinblick auf die Schwierigkeiten bei der Harmonisierung der nationalen Steuerrechte hinzunehmen.

2. Diskriminierungsverbot

Mit der Verständigung der Mitgliedstaaten auf die im europäischen Gemeinnützigkeitsstatut enthaltenen steuerbegünstigten Zwecke, die unionsweit als gemeinwohldienend anerkannt sind, liegt deren Verwirklichung zugleich auch im Interesse aller Mitgliedstaaten. Eine Berufung der Mitgliedstaaten auf unterschiedliche Ansichten über steuerbegünstigte Zwecke zur Rechtfertigung einer unterschiedlichen steuerlichen Behandlung ausländischer gemeinnütziger Einrichtungen ist aus diesem Grund nicht mehr möglich. Daher sollte die Pflicht zur Gleichbehandlung auch an ein Diskriminierungsverbot geknüpft werden.

Eine unterschiedliche Behandlung europäischer gemeinnütziger Einrichtungen gegenüber inländischen allein aufgrund ihres Sitzes oder ihres Herkunftsstaats sollte untersagt sein. Sie darf keiner anderen oder zusätzlichen Besteuerung unterfallen als nationale gemeinnützige Einrichtungen. Auch sonstige Belastungen oder Verpflichtungen, die einzig auf ihren Sitz oder Herkunftsstaat zurückgehen und sich nicht aus dem europäischen Gemeinnützigkeitsstatut ergeben, sollten ausdrücklich untersagt sein.

II. Förderer

Die Förderer der europäischen gemeinnützigen Einrichtungen sind – wie die Einrichtungen selbst – ebenfalls gleich den Förderern inländischer gemeinnütziger Einrichtungen zu behandeln. Gewährt ein Mitgliedstaat bestimmte Vergünstigungen für Zuwendungen an gemeinnützige Einrichtungen, sind dieselben Vergünstigungen auch auf Zuwendungen an europäische gemeinnützige Einrichtungen auszudehnen. Dies soll sowohl für Zuwendungen von natürlichen Personen als auch von juristischen Personen gelten.

Aber auch die Förderer können in einem Mitgliedstaat keine Steuerprivilegien beanspruchen, die ausschließlich andere Mitgliedstaaten den Förderern inländischer gemeinnütziger Einrichtungen gewähren. Sehen einzelne Mitgliedstaaten keine Steuervergünstigungen für Zuwendungen an gemeinnützige Einrichtungen vor, stehen auch den Förderern europäischer gemeinnütziger Einrichtungen in diesen Mitgliedstaaten keine Entlastungen zu.

III. Begünstigte

Das Gleichbehandlungsgebot sollte zuletzt auch für den Begünstigtenkreis der europäischen gemeinnützigen Einrichtungen gelten. Sehen die Mitgliedstaaten Steuerprivilegien beim Erhalt von Leistungen oder Zuwendungen von gemeinnützigen Einrichtungen vor, sind diese Vergünstigungen auch den Begünstigten von europäischen gemeinnützigen Einrichtungen einzuräumen. Auch hier ist eine unterschiedliche Behandlung der Leistungsempfänger europäischer gemeinnütziger Einrichtungen allein aufgrund ihres Sitzes oder Herkunftsstaates untersagt.

D. Ergebnis

Der Vorschlag für ein europäisches Gemeinnützigkeitsstatut bündelt die wesentlichen Voraussetzungen für die Anerkennung einer europäischen Gemeinnützigkeit. Auf Grundlage der in den einzelnen Mitgliedstaaten existierenden gemeinnützigkeitsrechtlichen Anforderungen wurden Regelungen erarbeitet, die in gleicher oder vergleichbarer Form in der Mehrheit der Mitgliedstaaten zu finden sind.

Das europäische Statut orientiert sich dabei aber nicht am kleinsten gemeinsamen Nenner, d. h. den in allen Mitgliedstaaten übereinstimmend geltenden Regelungen. Dies brächte ein unflexibles und nicht auf die tatsächlichen Bedürfnisse der grenzüberschreitend tätigen gemeinnützigen Einrichtungen zugeschnittenes Statut zutage.

Ziel des Vorschlags ist es vielmehr, die zum Teil sehr strengen und mit detaillierten Regelungen versehenen Gemeinnützigkeitsregelungen einiger Mitgliedstaaten und die eher liberalen Gemeinnützigkeitsgesetze anderer Mitgliedstaaten in Ausgleich zu bringen. Das Statut enthält daher einerseits nicht zu viele detaillierte Anforderungen an Einrichtungen, die eine europäische Gemeinnützigkeit anstreben, da dies die Anwendung des Statuts deutlich erschweren und den Zuspruch mindern würde.

Auf der anderen Seite werden die Erleichterungen bei den formellen und materiellen Anforderungen aber durch eine strengere Aufsicht und die Pflicht zu einer Registrierung der europäischen gemeinnützigen Einrichtung wieder ausgeglichen, um Missbrauch vorzubeugen.

Die Einrichtungen, die alle Anforderungen des europäischen Gemeinnützigkeitsstatuts erfüllen und im Register für die europäischen gemeinnützigen Einrichtungen eingetragen sind, müssen in allen Mitgliedstaaten wie inländische gemeinnützige Einrichtungen behandelt werden. Das schließt ein, dass sie, ihre Förderer und ihre Begünstigten dieselben Steuervergünstigungen erhalten wie inländische gemeinnützige Einrichtungen, deren Förderer und Begünstigte. Zugleich führt das Diskriminierungsverbot dazu, dass jegliche unterschiedliche Besteuerung oder Behandlung europäischer gemeinnütziger Einrichtungen im Vergleich zu inländischen einzig aufgrund ihres Sitzes oder Herkunftsstaats untersagt sind.

In einigen Bereichen lässt sich ein Rückgriff auf das Recht der Mitgliedstaaten nicht vermeiden. Dies betrifft insbesondere den Bereich der Aufsicht über die europäischen gemeinnützigen Einrichtungen. Das europäische Gemeinnützigkeitsstatut bietet daher keinen abschließenden Regelungsgehalt. Es ist vielmehr offen für ergänzende Vorgaben der Mitgliedstaaten und stellt somit nur ein im Grundsatz europaweit einheitliches Statut dar.

Teil 6 Umsetzungsmöglichkeit eines europäischen Gemeinnützigkeitsstatuts

Gemeinnützige Einrichtungen und ihre Förderer stehen vor zahlreichen Hindernissen, wenn sie über die Grenzen ihrer Herkunftsstaaten hinweg aktiv werden wollen.[1417] Obwohl die rechtlichen Anforderungen der Mitgliedstaaten an ihre nationalen gemeinnützigen Einrichtungen in vielen Bereichen vergleichbar sind, wurden auf der Ebene der Europäischen Union bisher kaum Versuche unternommen, grenzüberschreitende gemeinnützige Aktivitäten zu fördern oder deren Bedingungen zu verbessern. Dies soll durch die Einführung eines europäischen Gemeinnützigkeitsstatuts erstmals ermöglicht werden. In dessen rechtlicher und tatsächlicher Umsetzbarkeit liegt dabei aber die größte Hürde.

A. Ermächtigungsgrundlage

Der europäische Gesetzgeber bedarf für den Erlass eines europäischen Gemeinnützigkeitsstatuts einer Ermächtigungsgrundlage, die sein Handeln überhaupt erst ermöglicht. Im Bereich der direkten Steuern sind dabei insbesondere das Prinzip der begrenzten Einzelermächtigung[1418] sowie das Subsidiaritätsprinzip[1419] zu beachten.[1420]

I. Prinzip der begrenzten Einzelermächtigung

Die Europäische Union verfügt über keine umfassende Gesetzgebungsbefugnis.[1421] Nach dem Prinzip der begrenzten Einzelermächtigung[1422] darf sie nur handeln, wenn ihr durch den AEUV oder den EUV ausdrücklich eine entsprechende Rechtsetzungskompetenz zugewiesen wurde.[1423] Mangels Kompetenz-Kompetenz kann sie auch keine neuen Handlungskompetenzen begründen,

1417 Vgl. die Ausführungen unter Teil 2 B.
1418 Art. 5 Abs. 1 und 2 EUV.
1419 Art. 5 Abs. 3 EUV.
1420 Vgl. *Haase*, Internationales und europäisches Steuerrecht, Rn. 761.
1421 *Haase*, Internationales und europäisches Steuerrecht, Rn. 761; *Buschmann/Daiber*, DÖV 2011, 504.
1422 Art. 5 Abs. 1 Satz 1 EUV.
1423 Art. 5 Abs. 2 EUV.

sondern ist an die ihr ausdrücklich übertragenen Ermächtigungsgrundlagen gebunden.[1424]

Anders als im Bereich der indirekten Steuern[1425], hat die Europäische Union für Maßnahmen im Bereich der direkten Steuern keine ausdrückliche Gesetzgebungsbefugnis.[1426] Gesetzgebungsvorhaben dürfen daher nur umgesetzt werden, wenn entweder die allgemeinen Harmonisierungsbefugnisse[1427] oder die Vertragsabrundungsklausel[1428] angewendet werden können.[1429]

1. *Rechtsangleichung im Binnenmarkt*

Für die Angleichung der unterschiedlichen mitgliedstaatlichen Regelungen im Binnenmarkt darf die Europäische Union nur in Ausnahmefällen auch ohne eine ausdrückliche Handlungskompetenz im AEUV für den betroffenen Bereich koordinierende Maßnahmen ergreifen.[1430] Maßnahmen zur Angleichung der Gemeinnützigkeits- und Spendenrechte der Mitgliedstaaten sind allerdings nur dann auf dieser Rechtsgrundlage umsetzbar, wenn sie keine Auswirkungen auf das materielle Recht haben.[1431] Lediglich im Bereich des Steuerverfahrensrechts gilt die Bereichsausnahme[1432] nicht.[1433]

Die Einführung eines umfassenden europäischen Gemeinnützigkeitsstatuts, welches auf die Ausweitung der nationalen Steuerrechte auf europäische gemeinnützige Einrichtungen zielt, kann aufgrund der Auswirkungen bei den direkten Steuern nicht auf der Grundlage dieser Ermächtigungsgrundlage erfolgen.

1424 *Gröpl*, in: Dauses (Hrsg.): Handbuch des EU-Wirtschaftsrechts, J. Steuerrecht Rn. 25; *Steiner*, Die Europäische Stiftung, S. 64; *Buschmann/Daiber*, DÖV 2011, 504.

1425 Art. 113 AEUV.

1426 *Wünschig*, Perspektiven eines europarechtskonformen Gemeinnützigkeits- und Zuwendungsrechts, S. 88; *Haase*, Internationales und europäisches Steuerrecht, Rn. 761.

1427 Art. 114 ff. AEUV.

1428 Art. 352 AEUV.

1429 Vgl. auch *Bahns/Brinkmann/Gläser/Sedlaczek*, in: von der Groeben/Schwarze/Hatje (Hrsg.): Europäisches Unionsrecht, Vorb. Art. 110 bis 113 AEUV Rn. 1.

1430 Art. 114 AEUV.

1431 Siehe *Pipkorn/Bardenhewer-Rating/Taschner*, in: von der Groeben/Schwarze/Hatje (Hrsg.): Europäisches Unionsrecht, Art. 95 AEUV Rn. 56.

1432 Art. 114 Abs. 2 AEUV.

1433 Vgl. *Tietje*, in: Grabitz/Hilf/Nettesheim (Hrsg.): Das Recht der Europäischen Union, Art. 114 AEUV Rn. 90.

2. *Allgemeine Harmonisierungskompetenz*

Die allgemeine Harmonisierungskompetenz[1434] eröffnet der Europäischen Union Handlungsmöglichkeiten für die Harmonisierung der direkten Steuern und kann folglich auch für die Angleichung der Gemeinnützigkeits- und Spendenrechte herangezogen werden. Entsprechende Maßnahmen müssten sich unmittelbar auf den Binnenmarkt auswirken[1435] und könnten nur in Form einer Richtlinie einstimmig durch den Rat ergehen.[1436]

Bisher diente der Europäischen Union diese Ermächtigungsgrundlage nur für wenige Maßnahmen zur Anpassung der direkten Steuern.[1437] Diese beschränkten sich im Wesentlichen auf Aktionspläne im Bereich der Unternehmensbesteuerung[1438] oder auf Maßnahmenpläne zur Verbesserung der Transparenz und der Zusammenarbeit zwischen den Mitgliedstaaten[1439].

a) Errichtung oder Funktionieren des Binnenmarktes

Unterschiedliche Besteuerungsregelungen, Steuerarten oder Steuerhöhen können das Funktionieren des Binnenmarktes beeinträchtigen.[1440] Oftmals instrumentalisieren die Mitgliedstaaten ihre steuerlichen Regelungen zur Verfolgung eigener wirtschafts- oder sozialpolitischer sowie außersteuerlicher Zwecke, ohne die Auswirkungen auf den Binnenmarkt ausreichend zu berücksichtigen.[1441]

Die Folge sind zum Teil erheblich voneinander abweichende Besteuerungssysteme und daraus resultierende Wettbewerbsverzerrungen. Diese können sich auch auf gemeinnützige Einrichtungen, sowohl bei der Verfolgung von grenzüberschreitenden Aktivitäten als auch bei rein inländischen Sachverhalten, auswirken.[1442]

1434 Art. 115 AEUV.

1435 Art. 115 Halbs. 2 AEUV.

1436 Art. 115 Halbs. 1 AEUV.

1437 Vgl. *Schenke*, in: Müller-Graff/Schmahl/Skouris (Hrsg.): Europäisches Recht zwischen Bewährung und Wandel, S. 149 (151); *Nettesheim*, in: Oppermann/Classen/Nettesheim (Hrsg.): Europarecht, § 35 Rn. 60.

1438 Siehe http://ec.europa.eu/taxation_customs/business/company-tax/action-plan-corporate-taxation_de (zuletzt abgerufen am 30.03.2017).

1439 Siehe http://ec.europa.eu/taxation_customs/business/tax-cooperation-control_de (zuletzt abgerufen am 30.03.2017).

1440 *Gröpl*, in: Dauses (Hrsg.): Handbuch des EU-Wirtschaftsrechts, J. Steuerrecht Rn. 3.

1441 *Gröpl*, in: Dauses (Hrsg.): Handbuch des EU-Wirtschaftsrechts, J. Steuerrecht Rn. 10.

1442 Vgl. die Ausführungen unter Teil 4.

b) *Unmittelbare Auswirkung und Erforderlichkeit*

Eine Angleichung der mitgliedstaatlichen Vorschriften darf nur der Beseitigung von Hemmnissen für eine effektive Verwirklichung der Grundfreiheiten oder dem Schutz vor Wettbewerbsverzerrungen dienen.[1443]

Die Entscheidungen des EuGH zu Fragen der steuerlichen Behandlung von gemeinnützigen Einrichtungen und ihren Förderern in grenzüberschreitenden Sachverhalten[1444] haben erste Änderungen in den Gemeinnützigkeits- und Spendenrechten der Mitgliedstaaten bewirkt. Allerdings erfolgten zumeist nur solche Anpassungen in den nationalen Steuergesetzen, die dem EuGH zur Entscheidung vorlagen. Unionsweit einheitliche Voraussetzungen für grenzüberschreitend tätige gemeinnützige Einrichtungen und ihre Förderer wurden bisher hingegen nicht eingeführt. Noch immer bestehen Unterschiede in ihrer steuerlichen Behandlung.

Der Aufwand gemeinnütziger Einrichtungen für eine Anerkennung in anderen Mitgliedstaaten hat sich durch die Entscheidungen des EuGH kaum verringert. Es ist zweifelhaft, ob die Mitgliedstaaten ohne Einfluss der Europäischen Union einheitliche Regelungen zur steuerlichen Gleichbehandlung ausländischer gemeinnütziger Einrichtungen und ihrer Förderer verabschieden werden.

c) *Ergebnis*

Als Ermächtigungsgrundlage zur Einführung eines europäischen Gemeinnützigkeitsstatuts scheidet die allgemeine Harmonisierungskompetenz aus. Das Ziel ist keine vollständige Harmonisierung der mitgliedstaatlichen Steuerrechte. Vielmehr soll es als komplementäres Statut neben die Gemeinnützigkeits- und Spendenrechte der Mitgliedstaaten treten und diese nicht verdrängen. Seine Auswirkungen beschränken sich auf die Ausdehnung der Steuerprivilegien für nationale gemeinnützige Einrichtungen auf europäische gemeinnützige Einrichtungen.

3. *Vertragsabrundungsklausel*

Die sog. Vertragsabrundungsklausel[1445] dient als Auffangregelung der Fortentwicklung des Unionsrechts zur Erreichung der Ziele des AEUV und des EUV, wenn der Union keine anderweitigen ausdrücklichen Handlungskompetenzen

1443 *Tietje*, in: Grabitz/Hilf/Nettesheim (Hrsg.): Das Recht der Europäischen Union, Art. 114 AEUV Rn. 94 ff., Art. 115 AEUV Rn. 22 ff.

1444 Vgl. die Ausführungen unter Teil 3 C.

1445 Art. 352 AEUV.

in den Verträgen eingeräumt wurden.[1446] Als Reserveermächtigung ermöglicht sie, Rechtsakte auch ohne vorherige Vertragsergänzung zu erlassen.[1447] Dies gilt allerdings nicht für solche Bereiche, für die der AEUV oder der EUV eine Harmonisierung explizit ausschließt.[1448]

In der Vergangenheit wurden die Vertragsabrundungsklausel bzw. ihre Vorgängerregelungen[1449] regelmäßig für Statute zur Einführung supranationaler Rechtsformen herangezogen.[1450] Sie ist nach Ansicht des EuGH die „richtige" Ermächtigungsgrundlage für den Erlass von Regelungen, die ausschließlich neben die nationalen Regelungen treten sollen, ohne sie zugleich zu ersetzen oder anzugleichen.[1451] Die Verabschiedung von Maßnahmen auf Grundlage dieser Handlungskompetenz erfordert ebenfalls eine einstimmige Entscheidung des Rates.[1452]

a) Verwirklichung von Unionszielen

Für die Anwendung der Vertragsabrundungsklausel als Ermächtigungsgrundlage zur Einführung eines europäischen Gemeinnützigkeitsstatuts ist die Verwirklichung eines oder mehrerer im Vertrag festgelegter Ziele der Union erforderlich.[1453] Im Fokus gemeinnütziger Einrichtungen stehen insbesondere die Förderung der sozialen Gerechtigkeit, die Verbesserung des Umweltschutzes und der Umweltqualität, die Bewahrung der kulturellen und sprachlichen Vielfalt Europas und die Bekämpfung von sozialer Ausgrenzung und Diskriminierung.[1454]

Darüber hinaus zählen auch die Solidarität zwischen den Generationen, der Schutz der Kinderrechte, Frieden, Sicherheit und der Schutz der Menschenrechte

---

1446 *Rossi*, in: Calliess/Ruffert (Hrsg.): EUV/AEUV, Art. 352 AEUV Rn. 10; *Schwarz*, Europäisches Gesellschaftsrecht, Rn. 207.

1447 *Schwarz*, Europäisches Gesellschaftsrecht, Rn. 207.

1448 Art. 352 Abs. 3 AEUV.

1449 Art. 308 EGV und Art. 235 EGV.

1450 Vgl. *Schwarz*, Europäisches Gesellschaftsrecht, Rn. 208; *Rebsch*, Die Europäische Stiftung, S. 311.

1451 EuGH, Urt. v. 09.10.2001, Rs. C-377/98, Niederlande/Parlament und Rat, Slg. 2001, I-7079, Rn. 24 f.; EuGH, Urt. v. 02.05.2006, Rs. C-436/04, Van Esbroeck, Slg. 2006, I-3733, Rn. 40 und 44.

1452 Art. 352 Abs. 1 Satz 1 AEUV.

1453 *Rossi*, in: Calliess/Ruffert (Hrsg.): EUV/AEUV, Art. 352 AEUV Rn. 24.

1454 Art. 3 Abs. 3 EUV; *Rossi*, in: Calliess/Ruffert (Hrsg.): EUV/AEUV, Art. 352 AEUV Rn. 30.

zu den vorrangigen Zielen gemeinnütziger Einrichtungen. Sie sind im AEUV wiederzufinden.[1455]

b) Im Rahmen der in den Verträgen festgelegten Politikbereiche

Darüber hinaus ist erforderlich, dass bei Maßnahmen mit europäischer Zielsetzung die Union entsprechende Maßnahmen der Mitgliedstaaten unterstützen, koordinieren und ggf. ergänzen darf.[1456] Zu solchen Maßnahmen zählen beispielsweise Vorhaben zum Schutz und zur Verbesserung der menschlichen Gesundheit sowie in den Bereichen der Kultur, des Tourismus, der allgemeinen und beruflichen Bildung, der Jugend und des Sports.[1457]

Nahezu alle Gemeinnützigkeitsrechte der Mitgliedstaaten enthalten steuerbegünstigte Zwecke, die den vorgenannten Bereichen zugeordnet werden können. Darüber hinaus betreffen viele weitere in den Mitgliedstaaten als steuerbegünstigt anerkannte Zwecke Ziele, die zugleich auch im AEUV enthalten sind. Neben dem Umweltschutz, der Völkerverständigung, der Forschung und der Wissenschaft hat sich die Union z. B. auch die Entwicklungshilfe zum Ziel gesetzt.

c) Erforderlichkeit

Maßnahmen der Europäischen Union können nur dann auf der Grundlage der Vertragsabrundungsklausel ergehen, wenn ihr keine anderen Handlungsmöglichkeiten verbleiben.[1458] Entscheidend ist zudem, ob die zielorientierte Fortentwicklung eines Politikbereichs eines Tätigwerdens der Union bedarf.[1459]

Grenzüberschreitend tätige gemeinnützige Einrichtungen und ihre Förderer unterfallen sowohl der Niederlassungsfreiheit, wie auch der Kapitalverkehrsfreiheit, der Dienstleistungsfreiheit und der Arbeitnehmerfreizügigkeit.[1460] Diese Ziele sieht die Union durch die Gemeinnützigkeits- und Spendenrechte der Mitgliedstaaten gegenwärtig als nicht ausreichend berücksichtigt.[1461] Insbesondere die Entscheidungen des EuGH[1462] und deren Umsetzung in den Mitgliedstaaten

---

1455 Art. 3 Abs. 3 und Abs. 5 EUV.

1456 Art. 6 Satz 1 AEUV.

1457 Art. 6 Satz 2 AEUV.

1458 *Winkler*, in: Grabitz/Hilf/Nettesheim (Hrsg.): Das Recht der Europäischen Union, Art. 352 AEUV Rn. 65.

1459 *Schröder*, in: von der Groeben/Schwarze/Hatje (Hrsg.): Europäisches Unionsrecht, Art. 352 AEUV Rn. 33.

1460 Vgl. die Ausführungen unter Teil 3 D.

1461 So auch *Rebsch*, Die Europäische Stiftung, S. 314.

1462 Vgl. die Ausführungen unter Teil 3 C.

zeigen, dass ein gemeinsames Handeln der Mitgliedstaaten ohne die Union auch künftig kaum zu erwarten ist.

d) Innensubsidiarität

Die Innensubsidiarität begrenzt ein Tätigwerden der Union insofern, als dass ihr keine andere Befugnis für ihre Maßnahme zur Verfügung stehen darf.[1463] Außer der Vertragsabrundungsklausel darf keine andere Ermächtigungsgrundlage – weder unmittelbar noch mittelbar – in Betracht kommen.[1464] Für den Bereich des Gemeinnützigkeits- und Spendenrechts als Teilgebiet der direkten Steuern sieht der AEUV für die Union keine speziellere Handlungskompetenz vor.

e) Kein Harmonisierungsverbot

Darüber hinaus können Maßnahmen der Union nur auf der Vertragsabrundungsklausel basieren, wenn weder der AEUV noch der EUV eine Harmonisierung der betreffenden Bereiche ausschließen.[1465] Das vorgeschlagene europäische Gemeinnützigkeitsstatut soll keine Vollharmonisierung der Gemeinnützigkeits- und Spendenrechte der Mitgliedstaaten bewirken, sondern als ergänzendes Angebot für grenzüberschreitend tätige gemeinnützige Einrichtungen und ihre Förderer neben die nationalen Gesetze treten.

Das Statut soll weder auf eine Angleichung der (gesellschafts-)rechtlichen noch der steuerrechtlichen Anforderungen für gemeinnützige Einrichtungen zielen. Ausschließlich inländische Sachverhalte bleiben auch zukünftig dem nationalen Gesetzgeber vorbehalten.

f) Ergebnis

Die Vertragsabrundungsklausel kann als Ermächtigungsgrundlage für den Erlass eines europäischen Gemeinnützigkeitsstatuts herangezogen werden. Das Statut beabsichtigt keine Harmonisierung der mitgliedstaatlichen Gemeinnützigkeits- und Spendenrechte, sondern soll als zusätzliches Angebot für grenzüberschreitend tätige gemeinnützige Einrichtungen neben die nationalen Regelungen treten. Eine andere Handlungskompetenz für die Einführung des Statuts ist nicht ersichtlich.

1463 *Winkler*, in: Grabitz/Hilf/Nettesheim (Hrsg.): Das Recht der Europäischen Union, Art. 352 AEUV Rn. 73.

1464 *Schröder*, in: von der Groeben/Schwarze/Hatje (Hrsg.): Europäisches Unionsrecht, Art. 352 AEUV Rn. 17.

1465 *Rossi*, in: Calliess/Ruffert (Hrsg.): EUV/AEUV, Art. 352 AEUV Rn. 89.

4. Ergebnis

Als Ermächtigungsgrundlage für den Erlass eines europäischen Gemeinnützigkeitsstatuts kann lediglich die Vertragsabrundungsklausel herangezogen werden. Die allgemeine Harmonisierungskompetenz würde eine Vollharmonisierung der nationalen Gemeinnützigkeits- und Spendenrechte bewirken, was der vorliegende Entwurf jedoch nicht vorsieht. Vielmehr soll das Statut ergänzend neben die nationalen Regelungen für gemeinnützige Einrichtungen treten, diese aber nicht ersetzen.

II. Handlungsform

Die Einführung supranationaler Regelungen auf der Grundlage der Vertragsabrundungsklausel kann sowohl durch eine Verordnung[1466] als auch durch eine Richtlinie[1467], einen Beschluss[1468] oder eine Empfehlung[1469] initiiert werden.[1470] Die Auswahl richtet sich nach der jeweiligen Zweckmäßigkeit der damit verfolgten Maßnahme.[1471]

1. Verordnung

Verordnungen[1472] gelten unmittelbar in jedem Mitgliedstaat und sind in ihrer Gesamtheit verbindlich; sie bedürfen keiner zusätzlichen Umsetzung in den Mitgliedstaaten[1473]. Aufgrund ihrer abstrakt-generellen Wirkung können Verordnungen über die Grenzen der Mitgliedstaaten hinweg unmittelbar einheitliches Recht setzen und widersprechende Regelungen der Mitgliedstaaten verdrängen.[1474]

1466 Art. 288 Abs. 2 AEUV.

1467 Art. 288 Abs. 3 AEUV.

1468 Art. 288 Abs. 4 AEUV.

1469 Art. 288 Abs. 5 AEUV.

1470 Art. 352 AEUV; siehe auch *von Danwitz*, in: Dauses (Hrsg.): Handbuch des EU-Wirtschaftsrechts, B. Rechtsetzung und Rechtsangleichung Rn. 29.

1471 *Schroeder*, in: Streinz (Hrsg.): EUV/AEUV, Art. 288 AEUV Rn. 53.

1472 Art. 288 Abs. 2 AEUV i. V. m. Art. 289 Abs. 3 AEUV.

1473 *Schroeder*, in: Streinz (Hrsg.): EUV/AEUV, Art. 288 AEUV Rn. 52; *Schweitzer/Hummer/Obwexer*, Europarecht, Rn. 257; *Ipsen*, Soziale Dienstleistungen und EG-Recht, § 21 Rn. 7; Laule, IStR 2001, 297 (300).

1474 *Habersack/Verse*, Europäisches Gesellschaftsrecht, § 3 Rn. 67; *Nettesheim*, in: Oppermann/Classen/Nettesheim (Hrsg.): Europarecht, § 9 Rn. 71 f.; *Schroeder*, in: Streinz, EUV/AEUV, Art. 288 AEUV Rn. 53 f.; *von Danwitz*, in: Dauses (Hrsg.): Handbuch des EU-Wirtschaftsrechts, B. Rechtsetzung und Rechtsangleichung Rn. 31.

Die Mitgliedstaaten sind mit dem Inkrafttreten der Verordnung verpflichtet, entgegenstehendes nationales Recht weder anzuwenden noch neu zu erlassen.[1475] Neben den Zielen werden den Mitgliedstaaten auch die Form und die Mittel der Umsetzung fest vorgegeben.[1476]

Besondere Bedeutung haben Verordnungen bei der Einführung supranationaler Rechtsinstitute, die neben die mitgliedstaatlichen Regelungen treten.[1477] Der Erlass einer Rechtsverordnung ist allerdings nur möglich, wenn lediglich grundlegende organisationsrechtliche Regelungen getroffen werden.[1478] Weitergehende Fragestellungen, wie z. B. die Besteuerung an sich, sind durch Verordnungen nicht umsetzbar; diese bedürfen vielmehr der Richtlinien oder Verweise auf nationale Rechtsordnungen.[1479]

Das vorgeschlagene europäische Gemeinnützigkeitsstatut verlangt einheitliche materielle und formelle Voraussetzungen an europäische gemeinnützige Einrichtungen. Diese dienen insbesondere der Vergleichbarkeit der gemeinnützigen Einrichtungen innerhalb der Union und unterstützen grenzüberschreitende Aktivitäten.

Außerdem soll der Gleichbehandlungsgrundsatz dazu beitragen, dass europäische gemeinnützige Einrichtungen in allen Mitgliedstaaten steuerlich wie inländische behandelt werden. Die konkrete Besteuerung liegt jedoch weiterhin in der Entscheidung der Mitgliedstaaten. Für den Erlass eines europäischen Gemeinnützigkeitsstatuts ist eine Verordnung daher ein geeignetes Mittel.

2. *Richtlinie*

Richtlinien ermöglichen eine Rechtsangleichung im engeren Sinn.[1480] Die mitgliedstaatlichen Rechte werden einander angeglichen und bestehende Unterschiede verringert, aber nicht vollständig aufgehoben.[1481]

1475 *Nettesheim*, in: Oppermann/Classen/Nettesheim (Hrsg.): Europarecht, § 9 Rn. 78; *Schroeder*, in: Streinz (Hrsg.): EUV/AEUV, Art. 288 AEUV Rn. 59, 62 ff.; *von Danwitz*, in: Dauses (Hrsg.): Handbuch des EU-Wirtschaftsrechts, B. Rechtsetzung und Rechtsangleichung Rn. 36.

1476 *Schroeder*, in: Streinz (Hrsg.): EUV/AEUV, Art. 288 AEUV Rn. 56.

1477 Siehe *Habersack/Verse*, Europäisches Gesellschaftsrecht, § 3 Rn. 68 mit Verweis auf die EWIV-VO, die SE-VO und die SCE-VO.

1478 *Vollmer*, ZHR 157 (1993), 373 (380 f.).

1479 *Vollmer*, ZHR 157 (1993), 373 (380 f.).

1480 *Schwarz*, Europäisches Gesellschaftsrecht, Rn. 213; *Scherzberg*, Jura 1992, 572 (575 f.).

1481 *Geismann* in: von der Groeben/Schwarze/Hatje (Hrsg.): Europäisches Unionsrecht, Art. 288 AEUV Rn. 39; *Schwarz*, Europäisches Gesellschaftsrecht, Rn. 213.

Im Gegensatz zu Verordnungen erfordern Richtlinien mangels unmittelbarer Wirkung von den Mitgliedstaaten stets einen verpflichtenden Umsetzungsakt zur Transformation der Regelungen in nationales Recht.[1482] Verbindlich sind für die Mitgliedstaaten nur die an die Richtlinie geknüpften Ziele; die Wahl der Form und die Mittel für deren Umsetzung sind hingegen weitgehend frei.[1483]

Einheitliches Recht wird durch Richtlinien regelmäßig nicht erreicht. Ein zeitgleiches Inkrafttreten einer Richtlinie in allen Mitgliedstaaten erscheint wenig realistisch, ebenso sind begriffliche und inhaltliche Abweichungen aufgrund der bestehenden Freiheiten bei der Umsetzung zu erwarten.[1484] Nur in Ausnahmefällen können durch Richtlinien nahezu einheitliche Regelungen in den Mitgliedstaaten erlassen werden, dann etwa, wenn sie bereits so detaillierte Vorgaben enthalten, dass sie durch die Mitgliedstaaten unverändert in ihre nationalen Gesetze übernommen werden können.[1485]

Die Folge bei der Einführung eines europäischen Gemeinnützigkeitsstatuts mittels einer Richtlinie wären unterschiedliche Regelungen und eine unterschiedliche Behandlung der europäischen gemeinnützigen Einrichtungen in den einzelnen Mitgliedstaaten. Eine Vereinfachung der steuerlichen Behandlung grenzüberschreitend tätiger gemeinnütziger Einrichtungen und ihrer Förderer wäre kaum zu erwarten, da die Unterschiede zwischen den einzelnen Mitgliedstaaten weiterhin beachtet werden müssten. Ein Statut – basierend auf einer Richtlinie – würde deutlich an Attraktivität verlieren.

3. Weitere Handlungsformen

Beschlüsse lösen lediglich Einzelfälle.[1486] Als Handlungsform für die Einführung eines europäischen Gemeinnützigkeitsstatuts scheiden sie aufgrund ihrer mangelnden Breitenwirkung aus.

Empfehlungen bzw. Stellungnahmen sind nur unverbindliche Handlungsmöglichkeiten der Kommission.[1487] Ihre fehlende Verbindlichkeit für die

---

1482 Art. 288 Abs. 3 AEUV; *Laule*, IStR 2001, 297 (300).

1483 *Ipsen*, Soziale Dienstleistungen und EG-Recht, § 21 Rn. 28; *Laule*, IStR 2001, 297 (300).

1484 *Rebsch*, Die Europäische Stiftung, S. 307.

1485 *Ruffert*, in: Calliess/Ruffert (Hrsg.): EUV/AEUV, Art. 288 AEUV Rn. 25.

1486 Näher dazu *Ruffert*, in: Calliess/Ruffert (Hrsg.): EUV/AEUV, Art. 288 AEUV Rn. 85 ff. m. w. N.

1487 Näher dazu *Ruffert*, in: Calliess/Ruffert (Hrsg.): EUV/AEUV, Art. 288 AEUV Rn. 95 ff.

Mitgliedstaaten schließt sie ebenfalls als Grundlage für die Einführung des europäischen Gemeinnützigkeitsstatuts aus.

4. Ergebnis

Für den Erlass eines europäischen Gemeinnützigkeitsstatuts ist die Verordnung das geeignetste Mittel. Durch sie können in allen Mitgliedstaaten verbindliche Regelungen für eine europäische Gemeinnützigkeit geschaffen werden. Die nationalen Gemeinnützigkeits- und Spendenrechte werden weder verdrängt noch angeglichen, sondern lediglich ergänzt bzw. ausgedehnt. Sie können unverändert neben dem europäischen Gemeinnützigkeitsstatut bestehen bleiben.

B. Subsidiaritätsprinzip

Bei der Einführung eines supranationalen Statuts für europäische gemeinnützige Einrichtungen muss der Europäische Rat das Subsidiaritätsprinzip[1488] wahren. Danach darf die Union in den Bereichen, die nicht in ihre ausschließliche Zuständigkeit fallen, nur tätig werden, sofern und soweit die Ziele der in Betracht gezogenen Maßnahmen von den Mitgliedstaaten weder auf zentraler noch auf regionaler oder lokaler Ebene ausreichend verwirklicht werden können, sondern wegen ihres Umfangs oder ihrer Wirkungen auf Unionsebene besser zu verwirklichen sind.[1489]

Das Subsidiaritätsprinzip gilt als eines der tragenden Prinzipien des Unionsrechts.[1490] Es soll die Mitgliedstaaten vor der Aushöhlung ihrer Handlungsmöglichkeiten schützten und ihre nationalen Rechte aufwerten.[1491] Aufgrund seiner Wirkung als Kompetenzschranke[1492] schwächt es aber zugleich die Harmonisierungsmöglichkeiten der Union.[1493]

1488 Art. 4 Abs. 2 Buchst. a AEUV i. V. m. Art. 5 Abs. 3 EUV.

1489 Art. 5 Abs. 3 Satz 1 EUV.

1490 *Gröpl*, in: Dauses (Hrsg.): Handbuch des EU-Wirtschaftsrechts, J. Steuerrecht Rn. 28 m. w. N.

1491 Vgl. *Bickenbach*, EuR 2013, 523 (526 f.); *Gröpl*, in: Dauses (Hrsg.): Handbuch des EU-Wirtschaftsrechts, J. Steuerrecht Rn. 28; *Zapka*, Binnenmarkt ohne Wohlfahrt?, S. 122; *Amtenbrink/Raulus*, in: Jansen (Hrsg.): Fiscal Sovereignty of the Member States in an Internal Market, S. 1 (32 f.).

1492 *Lambers*, EuR 1993, 229 (232).

1493 *Zapka*, Binnenmarkt ohne Wohlfahrt?, S. 122.

I. Ausschließliche Zuständigkeit der Europäischen Union

Das Subsidiaritätsprinzip wird in den Bereichen, in denen die Union nicht über ausschließliche Gesetzgebungskompetenzen für Harmonisierungsmaßnahmen verfügt, angewendet.[1494] Das europäische Gemeinnützigkeitsstatut berührt den Bereich der direkten Steuern und in der Folge den Binnenmarkt, welche der konkurrierenden Gesetzgebung zuzuordnen sind.

Entscheidend ist somit, ob die mit der Einführung eines Statuts über eine europäische Gemeinnützigkeit verfolgte Maßnahme – die Erleichterung grenzüberschreitender gemeinnütziger Aktivitäten – auf der Ebene der Mitgliedstaaten nicht ausreichend verwirklicht werden kann (sog. Negativ-Kriterium) und zugleich eine optimalere Verwirklichung der mit der Maßnahme verfolgten Ziele auf Ebene der Europäischen Union möglich ist (sog. Positiv-Kriterium).[1495]

II. Keine ausreichende Zielverwirklichung auf Ebene der Mitgliedstaaten

Nach dem Subsidiaritätsprinzip darf auf der Ebene der Mitgliedstaaten keine ausreichende Verwirklichung der beabsichtigten Maßnahme möglich sein. Der Abschluss internationaler Kooperationsvereinbarungen, z. B. bi- und multinationaler Abkommen, ist gegenüber dem Erlass von Harmonisierungsmaßnahmen der Europäischen Union der Vorzug zu gewähren.[1496]

Das Negativ-Kriterium wird bereits erfüllt, wenn nur ein Mitgliedstaat nicht in der Lage ist, eines der von der Europäischen Union verfolgten Ziele zu erfüllen.[1497] Handelt ein Mitgliedstaat jedoch nicht, obwohl er dies könnte, ist die Maßnahme der Europäischen Union nicht zulässig.[1498]

Eine Harmonisierung der gemeinnützigkeits- und spendenrechtlichen Regelungen in Bezug auf grenzüberschreitend tätige gemeinnützige Einrichtungen kann ohne ein europäisches Statut nicht vollständig erreicht werden. Die Entscheidungen des EuGH führten bisher nicht dazu, dass die Mitgliedstaaten ihre

---

1494 Art. 5 Abs. 3 EUV; vgl. auch *Hemels*, Intertax 2009, 424 (431).

1495 BVerfGE 89, 155, 211; vgl. auch *Papier*, in: Depenheuer/Heintzen/Jestaedt u. a. (Hrsg.): Festschrift für Josef Isensee, S. 691 (694 ff.).

1496 *Kadelbach*, in: von der Groeben/Schwarze/Hatje (Hrsg.): EUV/AEUV, Art. 5 EUV Rn. 36.

1497 *Rebsch*, Die Europäische Stiftung, S. 321; *Bickenbach*, EuR 2013, 523 (527); *Kadelbach*, in: von der Groeben/Schwarze/Hatje (Hrsg.): EUV/AEUV, Art. 5 EUV Rn. 36; a. A. *Merten*, in: Merten (Hrsg.): Die Subsidiarität Europas, S. 77 (84).

1498 *Lambers*, EuR 1993, 229 (236).

Gemeinnützigkeits- und Spendengesetze für grenzüberschreitende Sachverhalte ausreichend öffneten.

Zumeist gab es nur punktuelle Änderungen im Hinblick auf die Fragen, die dem EuGH zur Entscheidung vorlagen. Diese Anpassungen genügen jedoch nicht, um eine grenzüberschreitende Betätigung gemeinnütziger Einrichtungen angemessen zu ermöglichen und zu fördern. Grundsätzliche Aspekte für grenzüberschreitend aktive gemeinnützige Einrichtungen, z. B. welche Zwecke als steuerbegünstigt anerkannt werden und wie diese zu verwirklichen sind, liegen weiterhin in der alleinigen Regelungshoheit der Mitgliedstaaten.

Auch wenn die Mitgliedstaaten bi- oder multinationale Abkommen zur Anerkennung ausländischer gemeinnütziger Einrichtungen abschlössen, wäre nur dann eine einheitliche steuerliche Behandlung in allen Mitgliedstaaten gewährleistet, wenn sich alle Mitgliedstaaten diesen Abkommen anschlössen bzw. untereinander gleichlautende Abkommen vereinbarten. Außerdem müssten diese Abkommen nahezu gleichzeitig abgeschlossen werden, um eine einheitliche Anwendung der Anforderungen für europäische gemeinnützige Einrichtungen zu erreichen. Ein europäisches Statut bietet hingegen für alle Mitgliedstaaten verbindliche Standards, die eine gemeinnützige Einrichtung unabhängig von ihrem Sitzstaat in allen Mitgliedstaaten zu erfüllen hat.

III. Bessere Zielverwirklichung auf Ebene der Europäischen Union

Darüber hinaus müssten entsprechend dem Positiv-Kriterium die mit der Maßnahme verbundenen Ziele auf der Ebene der Europäischen Union besser verwirklicht werden können als auf der Ebene der Mitgliedstaaten.[1499]

Die Entwicklungen nach den Urteilen des EuGH in den Rs. Stauffer, Jundt, Missionswerk und Persche[1500] zeigen, dass die Mitgliedstaaten die Vorgaben zur steuerlichen Gleichbehandlung ausländischer gemeinnütziger Einrichtungen mit inländischen nur in einzelnen Bereichen änderten. Darüber hinaus waren in der Regel keine weiteren Erleichterungen für grenzüberschreitend tätige gemeinnützige Einrichtungen und ihre Förderer zu verzeichnen.

Auch perspektivisch sind freiwillige Gesetzesänderungen in den Mitgliedstaaten im Hinblick auf eine bessere steuerliche Behandlung grenzüberschreitend

1499 Vgl. *von Danwitz*, in: Dauses (Hrsg.): Handbuch des EU-Wirtschaftsrechts, B. Rechtsetzung und Rechtsangleichung Rn. 148; *Kadelbach*, in: von der Groeben/Schwarze/Hatje (Hrsg.): EUV/AEUV, Art. 5 EUV Rn. 35, 39; *Rebsch*, Die Europäische Stiftung, S. 321.

1500 Vgl. die Ausführungen unter Teil 3 C.

tätiger gemeinnütziger Einrichtungen nicht zu erwarten. Anpassungen werden wahrscheinlich auch weiterhin nur aufgrund von Entscheidungen des EuGH vorgenommen. Änderungen in den Gemeinnützigkeits- und Spendenrechten einzelner Mitgliedstaaten dürften in aller Regel mit deutlich differenzierten Anforderungen an die ausländischen gemeinnützigen Einrichtungen einhergehen.

Ein koordiniertes Handeln aller Mitgliedstaaten unabhängig von einer Maßnahme der Europäischen Union, das für alle Mitgliedstaaten gleiche Bedingungen für die Behandlung ausländischer gemeinnütziger Einrichtungen enthält, erscheint in weiter Ferne. Die Einführung von Regelungen über eine europäische Gemeinnützigkeit auf Unionsebene gäbe dagegen berechtigte Hoffnung, die grenzüberschreitenden Aktivitäten von gemeinnützigen Einrichtungen erheblich zu verbessern.

C. Verhältnismäßigkeitsgebot

Das Prinzip der Verhältnismäßigkeit[1501] ist als allgemeiner Rechtsgrundsatz bei allen Handlungen der Europäischen Union zu beachten.[1502] Es begrenzt die Möglichkeiten der Harmonisierungsbestrebungen sowohl formal als auch inhaltlich auf das für die Umsetzung erforderliche Maß.[1503] Die angestrebte Maßnahme muss geeignet, erforderlich und angemessen sein, um das mit der Harmonisierung verfolgte Ziel zu erreichen.[1504] Sie darf zudem nicht über das hinausgehen, was unbedingt erforderlich ist.[1505]

Ein europäisches Gemeinnützigkeitsstatut böte allen gegenwärtigen und zukünftigen gemeinnützigen Einrichtungen eine einheitliche und rechtlich sichere Grundlage für eine europaweite Anerkennung ihres Gemeinnützigkeitsstatus. Als Alternative zu einem europäischen Statut kommt die Harmonisierung der Gemeinnützigkeits- und Spendenrechte der Mitgliedstaaten in Betracht. Die

---

1501 Art. 5 Abs. 4 EUV.

1502 *Bickenbach*, EuR 2013, 523 (528); *Amtenbrink/Raulus*, in: Jansen (Hrsg.): Fiscal Sovereignty of the Member States in an Internal Market, S. 1 (34).

1503 *Bickenbach*, EuR 2013, 523 (527 f.) m. w. N.

1504 *Kadelbach*, in: von der Groeben/Schwarze/Hatje (Hrsg.): EUV/AEUV, Art. 5 EUV Rn. 49; *von Danwitz*, in: Dauses (Hrsg.): Handbuch des EU-Wirtschaftsrechts, B. Rechtsetzung und Rechtsangleichung Rn. 150; *Zapka*, Binnenmarkt ohne Wohlfahrt?, S. 122.

1505 *Von Danwitz*, in: Dauses (Hrsg.): Handbuch des EU-Wirtschaftsrechts, B. Rechtsetzung und Rechtsangleichung Rn. 150 m. w. N.

Angleichung der nationalen Rechte ginge jedoch mit erheblichen und über das gebotene Maß hinausgehenden Eingriffen in die Gesetzgebungshoheit der Mitgliedstaaten im Bereich der direkten Steuern einher.

Das vorgeschlagene europäische Gemeinnützigkeitsstatut beschränkt den Eingriff in die nationalen Gemeinnützigkeits- und Spendenrechte hingegen auf ein Minimum. So sollen die europäischen Regelungen die Bestimmungen der Mitgliedstaaten nicht ersetzen, sondern vielmehr ergänzen und nur für die gemeinnützigen Einrichtungen zur Anwendung kommen, die grenzüberschreitend tätig werden wollen.

Den Mitgliedstaaten steht es frei, ihre nationalen Vorschriften für gemeinnützige Einrichtungen beizubehalten oder weiterzuentwickeln. Bestehende Steuervergünstigungen der einzelnen Mitgliedstaaten werden lediglich auf die Einrichtungen mit europäischer Gemeinnützigkeit und deren Förderer erweitert.

Ein europäisches Statut ist damit das effizienteste und angemessenste Mittel zur Förderung grenzüberschreitender gemeinnütziger Tätigkeiten. Es geht nicht über das für eine Verbesserung dieser Aktivitäten gebotene Maß hinaus, beseitigt aber die größten Hindernisse.

D. Verfassungsrechtliche Probleme

Die letzte Hürde für den Erlass eines europäischen Gemeinnützigkeitsstatuts auf der Grundlage der Vertragsabrundungsklausel liegt in der Entscheidung des Bundesverfassungsgerichts zum Vertrag von Lissabon.[1506]

Nach Ansicht des Bundesverfassungsgerichts ist die Regelung seit ihrer Neufassung durch den Vertrag von Lissabon nicht mehr auf die Ziele des Binnenmarktes beschränkt, sondern bezieht nunmehr alle Politikbereiche des AEUV ein.[1507] Aufgrund der Unbestimmtheit der Neuformulierung sei vor der Zustimmung zu einem Vorschlag der Europäischen Union eine verfassungsrechtliche Ratifikation des deutschen Gesetzgebers erforderlich.[1508] Zunächst müssen die Zustimmung des Deutschen Bundestages und des Bundesrates eingeholt werden und das erforderliche Zustimmungsgesetz in Kraft treten.[1509] In Reaktion auf diese Entscheidung hat der deutsche Gesetzgeber im Jahr 2009 das Integrationsverantwortungsgesetz[1510] erlassen.

1506 BVerfGE 123, 267.
1507 BVerfGE 123, 267, Rn. 310 ff.
1508 BVerfGE 123, 267, Rn. 242.
1509 BVerfGE 123, 267, Rn. 243.
1510 Integrationsverantwortungsgesetz vom 22. September 2009 (BGBl. I S. 3022).

Welche Auswirkungen das Urteil des Bundesverfassungsgerichts und das Integrationsverantwortungsgesetz auf die zukünftige Verabschiedung von Maßnahmen der Europäischen Union auf Grundlage der Vertragsabrundungsklausel haben wird, ist derzeit nicht absehbar. Es ist zu befürchten, dass Gesetzgebungsverfahren zu supranationalen Rechtsinstituten, deren Erlasse in der Vergangenheit mehrfach auf dieser Klausel beruhten[1511], sich deutlich erschweren dürften, wenn bereits die Verabschiedung des Zustimmungsgesetzes in Deutschland scheitert.[1512] Ob die Folgen von solcher Tragweite dem Bundesverfassungsgericht bewusst waren, dürfte bezweifelt werden.[1513]

E. Ergebnis

Für den Erlass eines europäischen Gemeinnützigkeitsstatuts steht der Europäischen Union für ihr Handeln als einzige Ermächtigungsgrundlage die Vertragsabrundungsklausel zur Verfügung. Diese Regelung eröffnet verschiedene Möglichkeiten, einheitliche Standards für europäische gemeinnützige Einrichtungen in allen Mitgliedstaaten vorzugeben. Am besten eignet sich hierfür der Erlass einer Verordnung.

Im Prinzip der Einstimmigkeit liegt jedoch das größte Hindernis für die Verabschiedung des Statuts.[1514] Allerdings birgt es zugleich auch einen Vorteil. Stimmten alle Mitgliedstaaten den im Statut enthaltenen Regelungen zu, erscheint seine einheitliche Anwendbarkeit und die Gleichbehandlung europäischer gemeinnütziger Einrichtungen und ihrer Förderer in allen Mitgliedstaaten tatsächlich umsetzbar.

1511 Vgl. die Ausführungen unter Teil 6 A.I.3.

1512 So *Anzinger*, AG 2009, 739; *Basedow*, EuZW 2010, 41.

1513 So *Anzinger*, AG 2009, 739; *Fleischer*, ZHR 174 (2010), 385 (400).

1514 Vgl. *Selling*, IStR 2000, 417 (424); *Laule*, IStR 2001, 297 (300).

Teil 7 Ergebnis

Gemeinnützige Einrichtungen unterfallen mit ihren grenzüberschreitenden Aktivitäten regelmäßig den Grundfreiheiten, sofern sie nicht nur rein altruistische Zwecke verfolgen. Der EuGH hat bereits in mehreren Entscheidungen steuerrechtliche Bestimmungen der Mitgliedstaaten in Bezug auf die Behandlung ausländischer gemeinnütziger Einrichtungen für unvereinbar mit dem Unionsrecht erklärt, wenn die Regelungen ausländische gemeinnützige Einrichtungen gegenüber inländischen diskriminierten.

In der Folge passten die Mitgliedstaaten ihre Gemeinnützigkeits- und Spendenrechte zwar an die Vorgaben des EuGH an, jedoch nur soweit der Europäische Gerichtshof über einzelne Regelungen entschieden hatte. Weitergehende Verbesserungen für ausländische gemeinnützige Einrichtungen erfolgten regelmäßig nicht.

Obwohl sich die Gemeinnützigkeits- und Spendenrechte der Mitgliedstaaten in vielen Bereichen ähneln, wird der Gemeinnützigkeitsstatus ausländischer Einrichtungen bisher nicht anerkannt. Vielmehr können diese Einrichtungen dieselben Steuerprivilegien wie inländische gemeinnützige Einrichtungen – wenn überhaupt – nur in Anspruch nehmen, wenn sie auch die Anforderungen des jeweiligen Mitgliedstaats erfüllen.

Eine vollständige Harmonisierung der nationalen Gemeinnützigkeits- und Spendenrechte ist aufgrund der Beschränkungen des AEUV nicht durchsetzbar. Allerdings besteht für die Union mit der Vertragsabrundungsklausel eine Handlungskompetenz zur Schaffung eines ergänzenden, europaweit einheitlichen Rechtsrahmens für einen europäischen Gemeinnützigkeitsstatus. Dieser soll weder die nationalen Gemeinnützigkeits- und Spendenrechte ersetzen noch harmonisieren, sondern ein komplementäres Verfahren zur Erlangung einer europäischen Gemeinnützigkeit für die Einrichtungen ermöglichen, die grenzüberschreitend gemeinnützig aktiv werden wollen.

Der Vorschlag für ein europäisches Gemeinnützigkeitsstatut beinhaltet die wesentlichen Voraussetzungen, die Einrichtungen für die Anerkennung ihrer europäischen Gemeinnützigkeit erfüllen müssen. Alle Einrichtungen, die über einen europäischen Gemeinnützigkeitsstatus verfügen, müssen von den Mitgliedstaaten wie inländische gemeinnützige Einrichtungen behandelt und ihnen deshalb dieselben Steuervergünstigungen gewährt werden. Das Diskriminierungsverbot untersagt darüber hinaus jegliche Ungleichbehandlung europäischer und inländischer gemeinnütziger Einrichtungen.

Die konkrete Ausgestaltung der nationalen Gemeinnützigkeits- und Spendenrechte und der damit und folglich auch mit der europäischen Gemeinnützigkeit verbundenen Rechtsfolgen, insbesondere den Steuerprivilegien, bleibt weiterhin Aufgabe des nationalen Gesetzgebers. Auch darüber hinaus hat das Statut keine Auswirkungen auf die in den Mitgliedstaaten für national ausgerichtete gemeinnützige Einrichtungen geltenden Definitionen für gemeinnützige Zwecke und deren Verwirklichung.

Abkürzungsverzeichnis

a. A.	andere(r) Ansicht
ABl. EG	Amtsblatt der Europäischen Gemeinschaften
ABl. EU	Amtsblatt der Europäischen Union
Abs.	Absatz
a. E.	am Ende
AEAO	Anwendungserlass zur Abgabenordnung (Deutschland)
AEUV	Vertrag über die Arbeitsweise der Europäischen Union
a. F.	alte Fassung
AG	Aktiengesellschaft
Alt.	Alternative
AO	Abgabenordnung (Deutschland)
Art.	Artikel
Aufl.	Auflage
AWR 1994	Algemene wet inzake rijksbelastingen (Allgemeines Gesetz über die Reichssteuern, Niederlande)
Az.	Aktenzeichen
BAO	Bundesabgabenordnung (Österreich)
BB	Der Betriebs-Berater
Bd.	Band
BFH	Bundesfinanzhof
BGB	Bürgerliches Gesetzbuch
BGBl.	Bundesgesetzblatt
bspw.	beispielsweise
BStBl.	Bundessteuerblatt
Buchst.	Buchstabe
BVerfG	Bundesverfassungsgericht
bzw.	beziehungsweise
C	Case
CA 2011	Charities Act (Gemeinnützigkeitsgesetz, Großbritannien)
CGI	Code Général de Impôts (Allgemeine Abgabenordnung, Frankreich)
CLXXV/2011	Törvény az egyesülési jogról, a közhasznú jogállásról, valamint a civil szervezetek működéséről és támogatásáról (Gemeinnützigkeitsgesetz, Ungarn)

CXXVII/2007	Törvény az általános forgalmi adóról (Umsatzsteuergesetz, Ungarn)
CTA 07	Corporate Tax Act (Körperschaftsteuergesetz, Großbritannien)
CZK	Tschechische Krone
DB	Der Betrieb
DBA	Doppelbesteuerungsabkommen
Décret du 1901	Décret du 16 août 1901 pris pour l'exécution de la loi du 1er juillet 1901 relative au contrat d'association (Ausführungsgesetz zum Vereinsgesetz, Frankreich)
d. h.	das heißt
DL 346/1990	Decreto Legislativo Approvazione del testo unico delle disposizioni concernenti l'imposta sulle successioni e donazioni (Erbschaft- und Schenkungsteuergesetz, Italien)
DL 460/1997	Decreto Legislativo Riordino della disciplina tributaria degli enti non commerciali e delle organizzazioni non lucrative di utilita' sociale (Gesetz über die ONLUS, Italien)
DL 35/2005	Decreto legge Disposizioni urgenti nell'ambito del Piano di azione per lo sviluppo economico, sociale e territorial (Italien)
DÖV	Die Öffentliche Verwaltung
DPR 633/1972	Decreto del Presidente della Repubblica Istituzione e disciplina dell'imposta sul valore aggiunto (Umsatzsteuergesetz, Italien)
DStjG	Deutsche Steuerjuristische Gesellschaft
DStR	Deutsches Steuerrecht
DStZ	Deutsche Steuerzeitung
Dz. U. 1992.86	Ustawa o podatku dochodowym od osób prawnych (Körperschaftsteuergesetz, Polen)
Dz. U. 2004.535	Ustawa o podatku od towarów i usług (Umsatzsteuergesetz, Polen)
Dz. U. 2012.361	Ustawa o podatku dochodowym od osób fizycznych (Einkommensteuergesetz, Polen)
Dz. U. 2016.239	Ustawa o działalności pożytku publicznego i o wolontariacie (Gemeinnützigkeitsgesetz, Polen)
E	Entwurf
e. V.	eingetragener Verein
EATLP	European Association of Tax Law Professors
EC	European Community

ECJ	European Court of Justice/Europäischer Gerichtshof
EF	European Foundation
EG	Europäische Gemeinschaft
EGV	Vertrag zur Gründung der Europäischen Gemeinschaft
EL	Ergänzungslieferung
endg.	endgültig
ErbStG	Erbschaft- und Schenkungsteuergesetz (Deutschland)
EStG	Einkommensteuergesetz (Deutschland)
EStG 1988	Einkommensteuergesetz (Österreich)
EU	Europäische Union
EuGH	Europäischer Gerichtshof
EuR	Europarecht
EUR	Euro
EUV	Vertrag über die Europäische Union
EuZW	Europäische Zeitschrift für Wirtschaftsrecht
EWG	Europäische Wirtschaftsgemeinschaft
EWIV	Europäische wirtschaftliche Interessenvereinigung
EWIV-VO	Verordnung über die Schaffung einer Europäischen wirtschaftlichen Interessenvereinigung
EWR	Europäischer Wirtschaftsraum
f.	folgend
FA 2010	Finance Act 2010 (Steuergesetz 2010, Großbritannien)
FC	Fiscal Code (Abgabenordnung, Großbritannien)
FE	Fundatio Europaea (Europäische Stiftung)
ff.	fortfolgend
FGO	Finanzgerichtsordnung
Fn.	Fußnote
FR	Finanz-Rundschau
GBP	Britische Pfund
GewStG	Gewerbesteuergesetz (Deutschland)
GG	Grundgesetz (Deutschland)
ggf.	gegebenenfalls
GmbH	Gesellschaft mit beschränkter Haftung
GO 26/2000	Ordonanța Nr. 26 din 30 ianuarie 2000 cu privire la asociații și fundații (Gemeinnützigkeitsgesetz, Rumänien)
GVBl.	Gesetz- und Verordnungsblatt
Halbs.	Halbsatz
HHSp.	Hübschmann/Hepp/Spitaler
Hrsg.	Herausgeber

HStR	Handbuch des Staatsrechts
HUF	Ungarischer Forint
i. d. F.	in der Fassung
i. d. R.	in der Regel
IB 2001	Wet op de Inkomstenbelastning (Einkommensteuergesetz, Niederlande)
IHTA	Inheritance Tax Act (Erbschaftsteuergesetz, Großbritannien)
Intertax	International Tax Review
i. S.	im Sinne
ISL 1999	Inkomstskattelagen (Einkommensteuergesetz, Schweden)
IStR	Internationales Steuerrecht
ITA 2007	Income Tax Act (Einkommensteuergesetz, Großbritannien)
ITEPA 2003	Income Tax (Earnings and Pensions) Act (Einkommensteuergesetz – Einkommen und Pensionen, Großbritannien)
i. V. m.	in Verbindung mit
JCSW	Jahrbuch für Christliche Sozialwissenschaften
JuS	Juristische Schulung
KOM	Europäische Kommission
KStG	Körperschaftsteuergesetz (Deutschland)
KStG 1988	Körperschaftsteuergesetz (Österreich)
Lege 32/1994	Lege privind sponsorizarea (Gesetz über das Sponsoring, Rumänien)
Legea 78/2014	Legea privind reglementarea activității de voluntariat în România (Gesetz über die Freiwilligenarbeit, Rumänien)
Legea 227/2015	Codul Fiscal (Allgemeines Steuergesetz, Rumänien)
Ley 1/2002	Ley de reguladora del Derecho de Asociación (Vereinsgesetz, Spanien)
Ley 37/1992	Ley del Impuesto sobre el Valor Añadido (Umsatzsteuergesetz, Spanien)
Ley 23/1998	Ley de cooperación internacional para el desarrollo (Gesetz über die internationale Entwicklungszusammenarbeit, Spanien)
Ley 49/2002	Ley de régimen fiscal de las entidades sin fines lucrativos y de los incentivos fiscales al mecenazgo (Gesetz über die Besteuerung von gemeinnützigen Einrichtungen, Spanien)
Ley 50/2002	Ley de Fundaciones (Stiftungsgesetz, Spanien)
Ley 35/2006	Ley del Impuesto sobre la Renta de las Personas Físicas (Einkommensteuergesetz, Spanien)

Ley 27/2014	Ley del Impuesto sobre Sociedades (Körperschaftsteuergesetz, Spanien)
Loi du 1901	Loi du 1er juillet 1901 relative au contrat d'association (Vereinsgesetz, Frankreich)
Loi du 1987	Loi n° 87–571 du 23 juillet 1987 sur le développement du mécénat (Stiftungsgesetz, Frankreich)
LXXXI/1996	Törvény a társasági adóról és az osztalékadóról (Körperschaftsteuergesetz, Ungarn)
m. w. N.	mit weiteren Nachweisen
MA	Musterabkommen
Mio.	Millionen
MSL 1994	Mervärdesskattelag (Umsatzsteuergesetz, Schweden)
n. F.	neue Fassung
NGO	Non-Governmental Organisation
NJW	Neue Juristische Wochenschrift
NPO	Non-Profit-Organisation
npoR	Zeitschrift für das Recht der Non-Profit-Organisationen
Nr.	Nummer
NZG	Neue Zeitschrift für Gesellschaftsrecht
o. ä.	oder Ähnliches
OB 1968	Wet op de omzetbelasting 1968 (Umsatzsteuergesetz, Niederlande)
OECD	Organisation for Economic Co-operation and Development
ONLUS	Organizzazioni non lucrative di utilita' sociale (gemeinnützige Einrichtung, Italien)
PLN	Polnischer Zloty
RD 1270/2003	Real Decreto por el que se aprueba el Reglamento para la aplicación del régimen fiscal de las entidades sin fines lucrativos y de los incentivos fiscales al mecenazgo (Ausführungsverordnung für das Ley 49/2002, Spanien)
Rn.	Randnummer
RON	Rumänischer Leu
Rs.	Rechtssache
S.	Seite(n)
SCE	Societas Cooperativa Europaea (Europäische Genossenschaft)
SCDA	Small Charities Donations Act (Kleinspendengesetz, Großbritannien)

SE	Societas Europaea (Europäische Aktiengesellschaft)
SE-VO	Verordnung über das Statut der Europäischen Gesellschaft (SE)
SEK	Schwedische Krone
Slg.	Sammlung der Entscheidungen des Gerichtshofs
SPE	Societas Privata Europaea (Europäische Privatgesellschaft)
SPE-VO	Verordnung über das Statut der Europäischen Privatgesellschaft
sog.	sogenannt(e)
st.	ständige
StuW	Steuer und Wirtschaft
SW 1956	Successiewet (Erbschaft- und Schenkungsteuergesetz, Niederlande)
TGE	Transnational Giving Europe
TUIR 1986	Testo Unico delle Imposte sui Redditi (Gesetz über die direkten Steuern, Italien)
u. a.	unter anderem/und andere
u. ä.	und Ähnliches
u. U.	unter Umständen
UAWR	Uitvoeringsregeling Algemene wet inzake rijksbelastingen (Ausführungsregelungen zu Allgemeines Gesetz über die Reichssteuern, Niederlande)
Unterabs.	Unterabsatz
Urt.	Urteil
USA	Vereinigte Staaten von Amerika
UStG	Umsatzsteuergesetz (Deutschland)
UStG 1994	Umsatzsteuergesetz (Österreich)
usw.	und so weiter
v.	vom/von
v. H.	vom Hundert
V/2006	Törvény a cégnyilvánosságról, a bírósági cégeljárásról és a végelszámolásról (Unternehmensverfahrensgesetz, Ungarn)
VATA 1994	Value Added Tax Act (Umsatzsteuergesetz, Großbritannien)
VereinsR 2001	Vereinsrichtlinien (Österreich)
vgl.	vergleiche
VO	Verordnung
Vor.	Vorbemerkungen
VpB 1969	Wet op de Vennootschapsblastning 1969 (Körperschaftsteuergesetz, Niederlande)

XCIII/1990	Törvény az illetékekről (Erbschaft- und Schenkungsteuergesetz, Ungarn)
z. B.	zum Beispiel
Z 586/1992 Sb.	Zákon o daních z příjmů (Einkommensteuergesetz, Tschechien)
Z 248/1995 Sb.	Zákon o obecně prospěšných společnostech (Gemeinnützigkeitsgesetz a. F., Tschechien)
Z 235/2004 Sb.	Zákon o dani z přidané hodnoty (Umsatzsteuergesetz, Tschechien)
Z 89/2012 Sb.	Občanský zákoník (Bürgerliches Gesetzbuch, Tschechien)
Z SVP E	Zákon o statusu veřejné prospěšnosti a o změně souvisejících zákonů (Entwurf des Gemeinnützigkeitsgesetzes n. F., Tschechien)
ZErb	Zeitschrift für die Steuer- und Erbrechtspraxis
ZfS	Zeitschrift für Stiftungswesen, Stiftungsrecht und Vermögensverwaltung
ZGR	Zeitschrift für Unternehmens- und Gesellschaftsrecht
ZHR	Zeitschrift für das gesamte Handels- und Wirtschaftsrecht
ZSt	Zeitschrift für Stiftungswesen
ZStV	Zeitschrift für Stiftungs- und Vereinswesen

Literaturverzeichnis

Achatz, Markus: Gemeinnützigkeits- und Spendenrecht in Österreich, in: Walz, Wolfgang Rainer/Auer, Ludwig von/Hippel, Thomas von (Hrsg.): Spenden- und Gemeinnützigkeitsrecht in Europa: rechtsvergleichende, rechtsdogmatische, ökonometrische und soziologische Untersuchungen, Tübingen 2007, S. 395 ff.

Adams, India: Czech Republik, abrufbar unter http://www.cof.org/content/czech-republic (zuletzt abgerufen am 30.03.2017)

Adams, India: Romania, abrufbar unter http://www.cof.org/content/romania (zuletzt abgerufen am 30.03.2017)

Alexander, Con: Charity Governance, 2. Auflage, Bristol 2014.

Amatucci, Fabrizio: Italy, in: Vanistendael, Frans (Hrsg.): Taxation of Charities, 2012 EATLP Congress, Rotterdam 31 May–2 June 2012, Amsterdam 2015, S. 353 ff.

Ambrosius, Gerold: Europäisches Gemeinwohl – einige wenige Vorbemerkungen, in: Ambrosius, Gerold/Schmitt-Egner, Peter (Hrsg.): Europäisches Gemeinwohl – Historische Dimension und aktuelle Bedeutung: wissenschaftliche Konferenz, Universität Siegen, 24.–25. Juni 2004, Baden-Baden 2006, S. 10 ff.

Amtenbrink, Fabian/Raulus, Helena: Contribution to: Fiscal Policy in the European Union Context – The Semi-detached Sovereignty of Member States in the European Union, in: Jansen, Sjaak J.J.M. (Hrsg.): Fiscal Sovereignty of the Member States in an Internal Market: Past and Future, Alphen aan den Rijn 2011, S. 1 ff.

Andrée, Christine: Zielverpflichtende Gemeinwohlklauseln im AEU-Vertrag, Berlin 2014.

Anheier, Helmut K./Toepler, Stefan: Bürgerschaftliches Engagement zur Stärkung der Zivilgesellschaft in internationalen Vergleich, in: Enquete-Kommission „*Zukunft des Bürgerschaftlichen Engagements*" des 14. Deutschen Bundestages (Hrsg.): Band 11 – Bürgerschaftliches Engagement im internationalen Vergleich, Opladen 2003, S. 13 ff.

Anzinger, Heribert M.: Fällt der Schlagbaum für das Europäische Gesellschaftsrecht? SE, SPE & Co. nach dem Lissabon-Urteil des BVerfG, AG 2009, S. 739 ff.

Arvidsson, Richard: Sweden, in: Vanistendael, Frans (Hrsg.): Taxation of Charities, 2012 EATLP Congress, Rotterdam 31 May–2 June 2012, Amsterdam 2015, S. 541 ff.

Axt, Heinz-Jürgen: „Wirtschaftliche, soziale und territoriale Kohäsion" und Gemeinwohl in der europäischen Strukturpolitik, in: Ambrosius, Gerold/Schmitt-Egner, Peter (Hrsg.): Europäisches Gemeinwohl – Historische Dimension und aktuelle Bedeutung: wissenschaftliche Konferenz, Universität Siegen, 24.–25. Juni 2004, Baden-Baden 2006, S. 147 ff.

Báez, Andrés/Pedreira, José: Spain, in: Vanistendael, Frans (Hrsg.): Taxation of Charities, 2012 EATLP Congress, Rotterdam 31 May–2 June 2012, Amsterdam 2015, S. 511 ff.

Bancone, Vincenzo: Le organizzazioni non profit, Napoli 2011

Barents, René: The Single Market and National Tax Sovereignty, in: Jansen, Sjaak J.J.M. (Hrsg.): Fiscal Sovereignty of the Member States in an Internal Market: Past and Future, Alphen aan den Rijn 2011, S. 51 ff.

Basedow, Jürgen: Ende des 28. Modells? – Das Bundesverfassungsgericht und das europäische Wirtschaftsprivatrecht –, EuZW 2010, S. 41 ff.

Bater, Paul: Introduction: International tax issues relating to nonprofit organizations and their supporters, in: Bater, Paul/Hondius, Frits/Lieber, Penina Kessler (Hrsg.): The Tax Treatment of NGOs, The Hague 2003, S. 1 ff.

Beltrame, Pierre: Gemeinnützigkeits- und Spendenrecht in Frankreich, in: Walz, Wolfgang Rainer/Auer, Ludwig von/Hippel, Thomas von (Hrsg.): Spenden- und Gemeinnützigkeitsrecht in Europa: rechtsvergleichende, rechtsdogmatische, ökonometrische und soziologische Untersuchungen, Tübingen 2007, S. 283 ff.

Benicke, Christoph: Die Bedeutung des EG-Rechts für gemeinnützige Einrichtungen, EuZW 1996, S. 165 ff.

Bickenbach, Christian: Das Subsidiaritätsprinzip in Art. 5 EUV und seine Kontrolle, EuR 2013, S. 523 ff.

Bleckmann, Albert (Hrsg.): Europarecht: das Recht der Europäischen Union und der Europäischen Gemeinschaften, 6. Auflage, Köln 1997.

Blumenberg, Jens/Kring, Wulf: Europäisches Beihilferecht und Besteuerung, Berlin 2011.

Boetticher, Arne von: Die freigemeinnützige Wohlfahrtspflege und das europäische Beihilfenrecht, Baden-Baden 2003.

Bowler Smith, Mark: United Kingdom, in: Vanistendael, Frans (Hrsg.): Taxation of Charities, 2012 EATLP Congress, Rotterdam 31 May–2 June 2012, Amsterdam 2015, S. 603 ff.

Breen, Oonagh: EU Regulation of Charitable Organizations: The Politics of Legally Enabling Civil Society, International Journal of Not-for-Profit-Law 2008, S. 50 ff.

Brenner, Michael: Rahmenbedingungen des Menschenbildes im Gemeinschaftsrecht, in: Isensee, Josef/Lecheler, Helmut (Hrsg.): Freiheit und Eigentum: Festschrift für Walter Leisner zum 70. Geburtstag, Berlin 1999, S. 19 ff.

Brenner, Michael: § 25 Staatsaufgaben, in: Depenheuer, Otto/Grabenwarter, Christoph (Hrsg.): Verfassungstheorie, Tübingen 2010, S. 837 ff.

Buchna, Johannes/Leichinger, Carina/Seeger, Andreas/Brox, Wilhelm: Gemeinnützigkeit im Steuerrecht, 11. Auflage, Achim 2015.

Buschmann, Marco/Daiber, Birgit: Subsidiaritätsrüge und Grundsatz der begrenzten Einzelermächtigung, DÖV 2011, S. 504 ff.

Calliess, Christian/Ruffert, Matthias (Hrsg.): EUV/AEUV: Das Verfassungsrecht der Europäischen Union mit Europäischer Grundrechtecharta, 5. Auflage, München 2016.

Cordewener, Axel: Europäische Grundfreiheiten und nationales Steuerrecht: „Konvergenz" des Gemeinschaftsrechts und „Kohärenz" der direkten Steuern in der Rechtsprechung des EuGH, Köln 2002.

Crouy-Chanel, Emmanuel de: France, in: Vanistendael, Frans (Hrsg.): Taxation of Charities, 2012 EATLP Congress, Rotterdam 31 May–2 June 2012, Amsterdam 2015, S. 255 ff.

Csehi, Zoltan: Gemeinnützigkeits- und Spendenrecht in Ungarn, in: Walz, Wolfgang Rainer/Auer, Ludwig von/Hippel, Thomas von (Hrsg.): Spenden- und Gemeinnützigkeitsrecht in Europa: rechtsvergleichende, rechtsdogmatische, ökonometrische und soziologische Untersuchungen, Tübingen 2007, S. 511 ff.

Danwitz, Thomas von: Grundfreiheiten und direkte Steuern? Entwicklung, Kohärenz und Konsolidierung der Rechtsprechung des Gerichtshofes, in: Brandt, Jürgen (Hrsg.): Achter und Neunter Deutscher Finanzgerichtstag 2011/2012: Europäische Perspektiven im Steuerrecht; Steuergerechtigkeit und Steuervereinfachung, Stuttgart 2013, S. 71 ff.

Dauses, Manfred (Hrsg.): Handbuch des EU-Wirtschaftsrechts, 2. Auflage, 40. EL, Stand: Juni 2016, München 1998.

Deckert, Katrin: Nonprofit organizations in France, in: Hopt, Klaus Jürgen/Hippel, Thomas von (Hrsg.): Comparative corporate governance of non-profit organizations, Cambridge u. a. 2010, S. 265 ff.

Dilger, Bernadette: United Kingdom, in: Gliksberg, David (Hrsg.): Cahiers de droit fiscal international, 53rd Congress of the International Fiscal Association, Volume LXXXIVa: Taxation of non-profit organizations, The Hague 1999, S. 753 ff.

Dolce, Rodolfo/Molinari, Isabella: Italien, in: Richter, Andreas/Wachter, Thomas (Hrsg.): Handbuch des internationalen Steuerrechts, Angelbachtal 2007, S. 959 ff.

Droege, Michael: Gemeinnützigkeit im offenen Steuerstaat, Tübingen 2010.

Droege, Michael: Europäisierung des Gemeinnützigkeitsrechts – Der offene Steuerstaat im europäischen Gemeinwohlverbund, StuW 2012, S. 256 ff.

Eicker, Klaus: Grenzüberschreitende gemeinnützige Tätigkeit: das deutsche Gemeinnützigkeits- und Spendenrecht im Spannungsfeld zwischen nationalen Steuervergünstigungen, Doppelbesteuerungsabkommen und EG-Recht, Frankfurt/Main 2004.

Eicker, Klaus: Erfordern die EG-Grundfreiheiten eine Änderung des deutschen Gemeinnützigkeitsrechts? ZErb 2005, S. 147 ff.

Eicker, Klaus: § 18 Nationales Gemeinnützigkeitsrecht und gemeinschaftsrechtliche Grundfreiheiten, in: Richter, Andreas/Wachter, Thomas (Hrsg.): Handbuch des internationalen Stiftungsrechts, Angelbachtal 2007, S. 389 ff.

Enquete-Kommission *„Zukunft des Bürgerschaftlichen Engagements" des 14.* Deutschen Bundestages (Hrsg.): Band 4 – Bericht. Bürgerschaftliches Engagement: auf dem Weg in eine zukunftsfähige Bürgergesellschaft, Opladen 2002.

Erdös, Eva/Lakatos, Máté/Mihályi, Petra: Hungary, in: Vanistendael, Frans (Hrsg.): Taxation of Charities, 2012 EATLP Congress, Rotterdam 31 May–2 June 2012, Amsterdam 2015, S. 339 ff.

Fischer, Peter: Europäischer Rechtsschutz – EuGH im Spannungsverhältnis zu den nationalen Gerichtsbarkeiten und zu den gesetzgebenden Institutionen, in: Brandt, Jürgen (Hrsg.): Dritter Deutscher Finanzgerichtstag 2006: Für ein europataugliches Steuerrecht – Chancen und Risiken –, Stuttgart 2007, S. 65 ff.

Fleischer, Holger: Supranationale Gesellschaftsformen in der Europäischen Union – Prolegomena zu einer Theorie supranationaler Verbandsformen –, ZHR 174 (2010), S. 385 ff.

Forsthoff, Ulrich: Abschied von der Sitztheorie? BB 2002, S. 318 ff.

Frenz, Walter/Roth, David: Steuer- und Abgabenbefreiungen als Beihilfen, DStZ 2006, S. 465 ff.

Frotscher, Gerrit: Mitwirkungs-, Nachweis- und Dokumentationspflichten im Internationalen Steuerrecht, in: Lüdicke, Jürgen (Hrsg.): Fortentwicklung der internationalen Unternehmensbesteuerung, Köln 2002, S. 167 ff.

Frotscher, Gerrit: Europarechtliche Fragen des Rechts der steuerbegünstigen Zwecke, in: Kohl, Helmut (Hrsg.): Zwischen Markt und Staat: Gedächtnisschrift für Rainer Walz, Köln 2008, S. 199 ff.

Ganske, Joachim: Die Europäische wirtschaftliche Interessenvereinigung (EWIV), DB 1985, Beilage Nr. 20, S. 1 ff.

Geisler, Christine: Die selbständige Stiftung im internationalen Privatrecht, Köln 2008.

Georgopoulos, Theodore: Can Tax Authorities Scrutinise the Ideas of Foreign Charities? The ECJ's Persche Judgment and Lessons from US Tax Law, European Law Journal 16 (2010), S. 458 ff.

Geserich, Stephan: Die Abzugsfähigkeit von Spenden in andere EU-Staaten – Zugleich eine Anmerkung zum EuGH-Urteil vom 27.01.2009, C-318/07, Persche, DStR 2009, S. 1173 ff.

Geserich, Stephan: § 162 Gemeinnützigkeit, in: Kube, Hanno/Mellinghoff, Rudolf u. a. (Hrsg.): Leitgedanken des Rechts: Paul Kirchhof zum 70. Geburtstag, Band 2: Staat und Bürger, Heidelberg 2013

Gliksberg, David: Taxation of non-profit organizations: Generalbericht, in: Gliksberg, David (Hrsg.): Cahiers de droit fiscal international, 53rd Congress of the International Fiscal Association, Volume LXXXIVa: Taxation of non-profit organizations, The Hague 1999, S. 515 ff.

Grabitz, Eberhard/Hilf, Meinhard/Nettesheim, Martin (Hrsg.): Das Recht der Europäischen Union: EUV/AEUV, 60. EL, Stand: Oktober 2016, München 2010.

Groeben, Hans von der/Schwarze, Jürgen/Hatje, Armin (Hrsg.): Europäisches Unionsrecht: Vertrag über die Europäische Union – Vertrag über die Arbeitsweise der Europäischen Union – Charta der Grundrechte der Europäischen Union, Band 1: Art. 1 bis 55 EUV, Art. 1 bis 54 GRC, Art. 1 bis 66 AEUV, 7. Auflage, Baden-Baden 2015.

Groeben, Hans von der/Schwarze, Jürgen/Hatje, Armin (Hrsg.): Europäisches Unionsrecht: Vertrag über die Europäische Union – Vertrag über die Arbeitsweise der Europäischen Union – Charta der Grundrechte der Europäischen Union, Band 3: Art. 106 bis 173 AEUV, 7. Auflage, Baden-Baden 2015.

Grube, Friederike Charlotte: Der Einfluss des EU-Beihilfenrechts auf das deutsche Steuerrecht, DStZ 2007, S. 371 ff.

Grube, Friederike Charlotte: Der Einfluss des unionsrechtlichen Beihilfenverbots auf das deutsche Steuerrecht: dargestellt an den Beispielen der sogenannten Sanierungsklausel und der Steuervergünstigungen für gemeinnützige Unternehmen, Frankfurt/Main 2014

Grundmann, Stefan: Europäisches Gesellschaftsrecht: eine systematische Darstellung unter Einbeziehung des europäischen Kapitalmarktrechts, 2. Auflage, Heidelberg 2011

Gunne, Cecilia/Löfgren, Jerker: Beskattning av stiftelser och ideella föreningar, 3. Auflage, Stockholm 2014.

Haase, Florian: Internationales und europäisches Steuerrecht, 4. Auflage, Heidelberg 2014.

Häberle, Peter: Gibt es ein europäisches Gemeinwohl? – eine Problemskizze, in: Cremer, Hans-Joachim/Giegerich, Thomas/Richter, Dagmar/ Zimmermann, Andreas (Hrsg.): Tradition und Weltoffenheit des Rechts: Festschrift für Helmut Steinberger, Berlin Heidelberg 2002, S. 1153 ff.

Habersack, Mathias/Verse, Dirk: Europäisches Gesellschaftsrecht: Einführung für Studium und Praxis, 4. Auflage, München 2011.

Habighorst, Oliver: § 20 Steuerliche Behandlung von Stiftungen und Stiftern in Europa, in: Richter, Andreas/Wachter, Thomas (Hrsg.): Handbuch des internationalen Stiftungsrechts, Angelbachtal 2007, S. 495 ff.

Hasenauer, Clemens/Prinz, Johannes: Zum Vorschlag der Europäischen Kommission für eine Europäische Privatgesellschaft (SPE), in: Lang, Michael/Weinzierl, Christine (Hrsg.): Europäisches Steuerrecht: Festschrift für Friedrich Rödler zum 60. Geburtstag, Wien 2010, S. 323 ff.

Heger, Karin: Gemeinnützigkeit und Gemeinschaftsrecht – Zur Europarechtmäßigkeit des Spendenprivilegs unbeschränkt steuerpflichtiger Körperschaftsteuersubjekte in § 48 EStDV und § 5 Abs. 2 Nr. 2 KStG, FR 2004, S. 1154 ff.

Heidenbauer, Sabine: Charity Crossing Borders: The Fundamental Freedoms' Influence on Charity and Donor Taxation in Europe, Alphen aan den Rijn 2011.

Heinicke, Wolfgang: Diskriminierung im Ertragssteuerrecht der EG- und EWR-Staaten nach der Rechtsprechung des EuGH, DStR 1998, S. 1332 ff.

Helios, Marcus: Das deutsche Gemeinnützigkeitsrecht innerhalb der Schranken des Europarechts, BB 2002, S. 1893 ff.

Helios, Marcus: Steuerliche Gemeinnützigkeit und EG-Beihilfenrecht, Hamburg 2005.

Helios, Marcus: § 19 EU-Beihilfenrecht, in: Richter, Andreas/Wachter, Thomas (Hrsg.): Handbuch des internationalen Stiftungsrechts, Angelbachtal 2007, S. 451 ff.

Helios, Marcus: § 22 Europäisches und Internationales Steuerrecht, in: Schauhoff, Stephan (Hrsg.): Handbuch der Gemeinnützigkeit: Verein, Stiftung, GmbH; Recht, Steuern, Personal, 3. Auflage, München 2010, S. 1193 ff.

Helios, Marcus/Müller, Thorsten: Vereinbarkeit des steuerlichen Gemeinnützigkeitsrechts mit dem EG-Vertrag, BB 2004, S. 2332 ff.

Hemels, Sigrid-Joan Catharine: Are We in Need of a European Charity? How to Remove Fiscal Barriers to Cross-Border Charitable Giving in Europe, Intertax 2009, S. 424 ff.

Hemels, Sigrid-Joan Catharine: The European Foundation Proposal: An Effective, Efficient and Feasible Solution for Tax Issues Related to Cross-Border Charitable Giving and Fundraising? in: Vanistendael, Frans (Hrsg.): Taxation of Charities, 2012 EATLP Congress, Rotterdam 31 May–2 June 2012, Amsterdam 2015, S. 143 ff.

Hemels, Sigrid-Joan Catharine: Netherlands, in: Vanistendael, Frans (Hrsg.): Taxation of Charities, 2012 EATLP Congress, Rotterdam 31 May–2 June 2012, Amsterdam 2015, S. 375 ff.

Hemels, Sigrid-Joan Catharine/Stevens, Stan A.: The European Foundation Proposal: A Shift in the EU Tax Treatment of Charities? EC Tax Review 2012, S. 293 ff.

Henssler, Martin/Willemsen, Heinz Josef/Kalb, Heinz Jürgen (Hrsg.): Arbeitsrecht Kommentar, 7. Auflage, Köln 2016.

Hilpold, Peter: Die Nonprofit-Organisationen im italienischen Steuerrecht, Auer 1999.

Hippel, Thomas von: Zur Idee einer Europäischen Stiftung, ZSt 2004, S. 120 ff.

Hippel, Thomas von: Zukunft des deutschen Gemeinnützigkeitsrechts nach der „Stauffer"-Entscheidung des EuGH, EuZW 2006, S. 614 ff.

Hippel, Thomas von: Grundprobleme von Nonprofit-Organisationen: Eine zivilrechtsdogmatische, steuerrechtliche und rechtsvergleichende Untersuchung über Strukturen, Pflichten und Kontrollen und wirtschaftliche Tätigkeit von Vereinen und Stiftungen, Tübingen 2007

Hippel, Thomas von: § 16 European Foundation Statute: Zivilrechtliche Rahmenbedingungen einer neuen Rechtsform, in: Richter, Andreas/Wachter, Thomas (Hrsg.): Handbuch des internationalen Stiftungsrechts, Angelbachtal 2007, S. 343 ff.

Hippel, Thomas von: Steuerrechtliche Diskriminierung ausländischer gemeinnütziger Nonprofit-Organisationen: ein Verstoß gegen die EG-Grundfreiheiten? in: Walz, Wolfgang Rainer/Auer, Ludwig von/Hippel, Thomas von (Hrsg.): Spenden- und Gemeinnützigkeitsrecht in Europa: rechtsvergleichende, rechtsdogmatische, ökonometrische und soziologische Untersuchungen, Tübingen 2007, S. 677 ff.

Hippel, Thomas von/Walz, Wolfgang Rainer: Rechtsvergleichender Generalbericht, in: Walz, Wolfgang Rainer/Auer, Ludwig von/Hippel, Thomas von (Hrsg.): Spenden- und Gemeinnützigkeitsrecht in Europa: rechtsvergleichende, rechtsdogmatische, ökonometrische und soziologische Untersuchungen, Tübingen 2007, S. 87 ff.

Hofmann, Veronika: Zweckerfüllung und Einnahmenerzielung über nationale Grenzen, in: Strachwitz, Rupert Graf/Mercker, Florian (Hrsg.): Stiftungen in Theorie, Recht und Praxis, Berlin 2005, S. 865 ff.

Hoffmann, Jochen: § 10 Stiftungen im Internationalen Privatrecht, in: Richter, Andreas/Wachter, Thomas (Hrsg.): Handbuch des internationalen Stiftungsrechts, Angelbachtal 2007, S. 183 ff.

Hommelhoff, Peter/Teichmann, Christoph: Die SPE vor dem Gipfelsturm, GmbHR 2010, S. 337 ff.

Hondius, Frits: Das internationale rechtliche Umfeld, in: Bertelsmann Stiftung (Hrsg.): Handbuch Stiftungen: Ziele, Projekte, Management, rechtliche Gestaltung, Wiesbaden 1999, S. 1155 ff.

Hondius, Frits: Preface: An enabling fiscal climate for NGOs; the role of the Europhil Trust, in: Bater, Paul/Hondius, Frits/Lieber, Penina Kessler (Hrsg.): The Tax Treatment of NGOs, The Hague 2003, S. xi ff.

Hopt, Klaus Jürgen/Walz, Wolfgang Rainer/Hippel, Thomas von/Then, Volker (Hrsg.): The European Foundation: A New Legal Approach, Gütersloh 2006.

Hopt, Klaus Jürgen/Hippel, Thomas von: Die Europäische Stiftung – Zum Vorschlag der Europäischen Kommission für eine Verordnung über das Statut der Europäischen Stiftung, ZEuP 2013, S. 235 ff.

Hufeld, Ulrich: Deutsches Steuerrecht und europäische Gemeinnützigkeit, in: Grupp, Klaus/Hufeld, Ulrich (Hrsg.): Recht – Kultur – Finanzen: Festschrift für Reinhard Mußgnug zum 70. Geburtstag am 26. Oktober 2005, Heidelberg 2005, S. 255 ff.

Hübschmann, Walter/Hepp, Ernst/Spitaler, Armin (Hrsg.): Kommentar zur Abgabenordnung, Finanzgerichtsordnung, Band 3, §§ 33–68 AO, 240. EL, Stand: Dezember 2016, Köln 1981.

Hüttemann, Rainer: Nationale Spielräume und europarechtliche Grenzen im Gemeinnützigkeitsrecht der EU-Staaten, in: Brandt, Jürgen (Hrsg.): Achter und Neunter Deutscher Finanzgerichtstag 2011/2012, Europäische Perspektiven im Steuerrecht; Steuergerechtigkeit und Steuervereinfachung, Köln 2013, S. 143 ff.

Hüttemann, Rainer: Steuervergünstigungen wegen Gemeinnützigkeit und europäisches Beihilfenverbot, DB 2006, S. 914 ff.

Hüttemann, Rainer: Die EU entdeckt die Zivilgesellschaft – zum Vorschlag der Kommission für eine Europäische Stiftung, EuZW 2012, S. 441 ff.

Hüttemann, Rainer: Gemeinnützigkeits- und Spendenrecht, 3. Auflage, Köln 2015.

Igl, Gerhard: Rechtliche Rahmenbedingungen bürgerschaftlichen Engagements: Zustand und Entwicklungsmöglichkeiten, Opladen 2002.

Ipsen, Knut: Soziale Dienstleistungen und EG-Recht: Auswirkungen des Europäischen Gemeinschaftsrechts auf die mitgliedstaatliche Förderung sozialer Dienstleistungen im Bereich der freien Wohlfahrtspflege, Berlin 1997.

Ipsen, Knut: Gemeinschaftsrechtliche Tendenzen und Gemeinnützigkeit, in: Drenseck, Walter/Seer, Roman (Hrsg.): Festschrift für Heinrich Wilhelm Kruse zum 70. Geburtstag, Köln 2001, S. 557 ff.

Isensee, Josef: Gemeinwohl und Bürgersinn im Steuerstaat des Grundgesetzes, in: Maurer, Hartmut (Hrsg.): Das akzeptierte Grundgesetz: Festschrift für Günter Dürig zum 70. Geburtstag, München 1990, S. 33 ff.

Isensee, Josef: Gemeinnützigkeit und Europäisches Gemeinschaftsrecht, in: Jachmann, Monika (Hrsg.): Gemeinnützigkeit: 27. Jahrestagung der Deutschen Steuerjuristischen Gesellschaft e. V., Erfurt, 23. und 24. September 2002, Band 26, Köln 2003, S. 93 ff.

Isensee, Josef: § 57 – Gemeinwohl und Staatsaufgaben, in: Isensee, Josef/Kirchhof Ferdinand (Hrsg.): Handbuch des Staatsrechts, Band III, 3. Auflage, Heidelberg 2005.

Isensee, Josef: § 71 – Gemeinwohl im Verfassungsstaat, in: Isensee, Josef/Kirchhof Ferdinand (Hrsg.): Handbuch des Staatsrechts, Band IV, 3. Auflage, Heidelberg 2006.

Jachmann, Monika: Die Europarechtswidrigkeit des § 5 Abs. 2 Nr. 2 KStG, BB 2003, S. 990 ff.

Jachmann, Monika: Gemeinnützigkeit in Europa: Steuer- und europarechtliche Rahmenbedingungen, Stuttgart 2006.

Jachmann, Monika: Die Entscheidung des EuGH im Fall Stauffer – Nationale Gemeinnützigkeit in Europa, BB 2006, S. 2607 ff.

Jakob, Dominique: Stiftungen in Europa, Stiftungsreport 2014, S. 19 ff.

Jakob, Dominique/Studen, Goran: Die European Foundation – Phantom oder Zukunft des europäischen Stiftungsrechts? ZHR 174 (2010), S. 61 ff.

Jansen, Sjaak J.J.M.: The Future of Fiscal Sovereignty: Some Closing Thoughts, in: Jansen, Sjaak J.J.M. (Hrsg.): Fiscal Sovereignty of the Member States in an Internal Market: Past and Future, Alphen aan den Rijn 2011, S. 231 ff.

Jochum, Monika: Zukunft der Unternehmensbesteuerung in Europa – zugleich eine Analyse der Grenzen europäischen „Richter-Steuerrechts", EuR 2006, Beiheft 2, S. 33 ff.

Jochum, Heike: Gemeinnützigkeit in Europa: National oder europäisch gedacht?, in: Ipsen, Jörn/Stüer, Bernhard (Hrsg.): Europa im Wandel: Festschrift für Hans-Werner Rengeling, Köln u. a. 2008, S. 545 ff.

Jochum, Heike: Die Besteuerung gemeinnütziger Einrichtungen in Europa – zwischen host country control approach und Europäischer Stiftung, npoR 2012, S. 177 ff.

Kirchhof, Ferdinand: Das Steuerrecht zwischen europäischer Integration und nationaler Souveränität, in: Brandt, Jürgen (Hrsg.): Achter und Neunter Deutscher Finanzgerichtstag 2011/2012: Europäische Perspektiven im Steuerrecht; Steuergerechtigkeit und Steuervereinfachung, Stuttgart 2013, S. 23 ff.

Kirchhof, Paul/Söhn, Hartmut/Mellinghof, Rudolf (Hrsg.): Einkommensteuergesetz: Kommentar, Band 4, 274. EL, Stand: Januar 2017, Heidelberg 1986.

Klein, Franz (Hrsg.): Abgabenordnung: einschließlich Steuerstrafrecht, 13. Auflage, München 2016.

Kleinman, Mark: A European Welfare? European Union Social Policy in Context, Basingstoke: Palgrave 2002.

Kleist, David: Sweden: trust and foreign foundations in Swedish tax law, Trust & Trustees 2011, S. 622 ff.

Koele, Ineke Alien: Taxation of Charities: A Landlocked Regime? A Comparative Study of Selected Countries: Introduction, European Taxation 1997, S. 331 ff.

Koele, Ineke Alien: International Taxation of Philanthropy: Removing Tax Obstacles for International Charities, Amsterdam 2007.

Koele, Ineke Alien: How will international philanthropy be freed from landlocked tax barriers? European Taxation 2010, S. 167 ff.

Koenig, Ulrich (Hrsg.): Abgabenordnung: §§ 1 bis 368, 3. Auflage, München 2014.

Kokott, Juliane/Ost, Hartmut: Europäische Grundfreiheiten und nationales Steuerrecht, EuZW 2011, S. 496 ff.

Kotzur, Markus: Die Ziele der Union: Verfassungsidentität und Gemeinschaftsidee, DÖV 2005, S. 313 ff.

Kube, Hanno: Die Zukunft des Gemeinnützigkeitsrechts in der europäischen Marktordnung, IStR 2005, S. 469 ff.

Lackhoff, Klaus: Die Niederlassungsfreiheit des EGV – nur ein Gleichheits- oder auch ein Freiheitsrecht?, Berlin 2002.

Lambers, Hans-Jürgen: Subsidiarität in Europa – Allheilmittel oder juristische Leerformel?, EuR 1993, S. 229 ff.

Lampert, Steffen: Perspektiven der Rechtsangleichung auf dem Gebiet der direkten Steuern in der Europäischen Union – Zur Bedeutung der binationalen Zusammenarbeit als Instrument der Angleichung der Unternehmensbesteuerungssysteme, EuZW 2013, S. 493 ff.

Lang, Joachim: Gemeinnützigkeitsabhängige Steuervergünstigungen, StuW 1987, S. 221 ff.

Lang, Michael: Der Anwendungsvorrang der Grundfreiheiten auf dem Gebiet des Steuerrechts, in: Tipke, Klaus (Hrsg.): Festschrift für Joachim Lang zum 70. Geburtstag: Gestaltung der Steuerrechtsordnung, Köln 2011, S. 1003 ff.

Laule, Gerhard: Die Harmonisierung des europäischen Steuerrechts, IStR 2001, S. 297 ff.

Leisner, Anna: Europa als Wettbewerbsgemeinschaft von Staaten. Kompetitiver Föderalismus und europäische Integration, in: Kirchhof, Ferdinand/Lehner, Moris/Raupach, Arndt u. a. (Hrsg.): Staaten und Steuer: Festschrift für Klaus Vogel zum 70. Geburtstag, Heidelberg 2000, S. 593 ff.

Leisner-Egensperger, Anna: Verfassungsrecht der steuerlichen Gemeinnützigkeit. Verfassungsrechtliche Vorgaben im Steuerrecht der Gemeinnützigkeit, in: Depenheuer, Otto/Heintzen, Markus/Jestaedt, Matthias u. a. (Hrsg.): Staat im Wort: Festschrift für Josef Isensee, Heidelberg 2007, S. 895 ff.

Leisner-Egensperger, Anna: Zweckkollisionen im steuerlichen Gemeinnützigkeitsrecht, in: Kirchhof, Ferdinand/Papier, Hans-Jürgen/Schäffer, Heinz (Hrsg.): Rechtsstaat und Grundrecht: Festschrift für Detlef Merten, Heidelberg 2007, S. 277 ff.

Leisner-Egensperger, Anna: Die Selbstlosigkeit im Gemeinnützigkeitsrecht. Begriff – Systematik – Einzelprobleme, DStZ 2008, S. 292 ff.

Lindencrona, Gustav: Gemeinnützigkeits- und Spendenrecht in Schweden, in: Walz, Wolfgang Rainer/Auer, Ludwig von/Hippel, Thomas von (Hrsg.): Spenden- und Gemeinnützigkeitsrecht in Europa: rechtsvergleichende, rechtsdogmatische, ökonometrische und soziologische Untersuchungen, Tübingen 2007, S. 419 ff.

Lissner, Benjamin: Das Gemeinnützigkeits- und Spendenrecht unter dem Einfluss der europäischen Grundfreiheiten, Hamburg 2009.

Lutter, Marcus/Bayer, Walter/Schmidt, Jessica: Europäisches Unternehmens- und Kapitalmarktrecht, 5. Auflage, Berlin 2012.

Majdańska, Alicja: Poland, in: Vanistendael, Frans (Hrsg.): Taxation of Charities, 2012 EATLP Congress, Rotterdam 31 May–2 June 2012, Amsterdam 2015, S. 413 ff.

Merten, Detlef: Subsidiarität als Verfassungsprinzip, in: Merten, Detlef (Hrsg.): Die Subsidiarität Europas, 2. Auflage, Berlin 1994, S. 77 ff.

Mock, Sabine: Reformbedarf im Gemeinnützigkeits- und Spendenrecht: Vor dem Hintergrund der Besteuerung gemeinwohlorientierter Organisationen und bürgerschaftlichen Engagements in Großbritannien und Frankreich, Berlin 2005.

Móra, Veronika: Introduction of "Act CLXXV of 2011 on the Freedom of Association, Public Benefit Status, and the operation of and subsidy for Non-Governmental Organisations", Civil Szemle 2012, S. 181 ff.

Möllmann, Peter: Die steuerliche Privilegierung gemeinnütziger Körperschaften im Spannungsfeld von Verfassungsrecht und europäischen Grundfreiheiten, Würzburg 2007.

Musil, Andreas: Was sind finale Verluste?, DB 2011, S. 2451 ff.

Münder, Johannes/Boetticher, Arne von: Gemeinnützigkeit und Gemeinschaftsrecht: Vereinbarkeit der Gemeinnützigkeitsförderung mit dem europäischen Beihilfenrecht am Beispiel sozialer Dienstleistungen, Berlin 2003.

Nissel, Reinhard: Europarechtliche Regelungen für einen Europäischen Verein sowie eine Europäische Stiftung, ZSt 2013, S. 89 ff.

Oertzen, Christian von: "Gegenseitigkeitserklärungs-Override" im Steueränderungsgesetz 2015. Die Neuregelung des § 13 Abs. 1 Nr. 16 Buchst. c ErbStG, IStR 2016, S. 443 ff.

Oetker, Hartmut/Preis, Ulrich (Hrsg.): Europäisches Arbeits- und Sozialrecht: EAS; Rechtsvorschriften, systematische Darstellungen, Entscheidungssammlung, 192. EL, Stand: November 2016, Heidelberg 2006.

Oppermann, Thomas/Classen, Claus Dieter/Nettesheim, Martin: Europarecht: ein Studienbuch, 7. Auflage, München 2016.

Pajas, Petr Jan: Czech Senate Declines the Act on Public Benefit Status, International Journal of Not-for-Profit Law 2013, S. 34 ff.

Papier, Hans-Jürgen: Das Subsidiaritätsprinzip – Bremse des europäischen Zentralismus? in: Depenheuer, Otto/Heintzen, Markus/Jestaedt, Matthias u. a. (Hrsg.): Staat im Wort: Festschrift für Josef Isensee, Heidelberg 2007, S. 691 ff.

Picarda, Hubert: Harmonising nonprofit law in the European Union: an English perspective and digest, in: Hopt, Klaus Jürgen/Hippel, Thomas von (Hrsg.): Comparative corporate governance of non-profit organizations, Cambridge u. a. 2010, S. 170 ff.

Piechota, Grazyna: Legislation on Financing Public Benefit Activities from Tax Designation in Poland, International Journal of Not-for-Profit Law 2015, S. 86 ff.

Ploeg, Tymen van der: Nonprofit organizations in the Netherlands, in: Hopt, Klaus Jürgen/Hippel, Thomas von (Hrsg.): Comparative corporate governance of non-profit organizations, Cambridge u. a. 2010, S. 228 ff.

Prinz, Gerhard/Prinz, Johannes: Gemeinnützigkeit im Steuerrecht: Steuerbefreiungen für Vereine, Kapitalgesellschaften und Stiftungen, 2. Auflage, Wien 2004.

Proff, Maximilian Freiherr von: Gemeinnützigkeit nach den „Stauffer"-Urteilen des EuGH und des BFH, IStR 2007, S. 269 ff.

Proff, Maximilian Freiherr von: Grenzüberschreitende Gemeinnützigkeit nach dem Persche-Urteil des EuGH, IStR 2009, S. 371 ff.

Püttner, Günter: Das europäische Gemeinwohl und die zukünftige europäische Verfassung, in: Ambrosius, Gerold/Schmitt-Egner, Peter (Hrsg.): Europäisches Gemeinwohl – historische Dimension und aktuelle Bedeutung: wissenschaftliche Konferenz, Universität Siegen, 24.–25. Juni 2004, Baden-Baden 2006, S. 271 ff.

Rebsch, Annette: Die Europäische Stiftung, Berlin 2007.

Reimer, Ekkehart: Die Auswirkungen der Grundfreiheiten auf das Ertragsteuerrecht der Bundesrepublik Deutschland – Eine Bestandsaufnahme –, in: Lehner, Moris (Hrsg.): Grundfreiheiten im Steuerrecht der EU-Staaten: mit Diskussionsbeiträgen eines Münchener Symposions, München 2000, S. 39 ff.

Rengeling, Hans-Werner: Das Beihilfenrecht der Europäischen Gemeinschaften, in: Börner, Bodo/Neundörfer, Konrad (Hrsg.): Recht und Praxis der Beihilfen im Gemeinsamen Markt, Kölner Schriften zum Europarecht Bd. 32, Köln u. a. 1984, S. 23 ff.

Richter, Andreas: § 43 – Gemeinnützige Stiftungen, in: Richter, Andreas (Hrsg.): Stiftungsrechts-Handbuch, 4. Auflage, München 2014.

Richter, Andreas/Gollan, Anna Katharina: Fundatio Europaea – Der Kommissionsvorschlag für eine Europäische Stiftung (FE), ZGR 2013, S. 551 ff.

Ritter, Gabriele/Marx, Katharina: Europa und Nonprofits: (K)eine beherrschbare Rechtsmaterie? Stiftung & Sponsoring 2/2015, Rote Seiten, S. 1 ff.

Ronovská, Kateřina: Nonprofit organizations in the Czech Republic, in: Hopt, Klaus Jürgen/Hippel, Thomas von (Hrsg.): Comparative corporate governance of non-profit organizations, Cambridge u. a. 2010, S. 379 ff.

Rossi, Renzo: The Proposal for a European Foundation Statute and Its Influence on Italian Legislation, International Journal of Not-for-Profit-Law 2014, S. 24 ff.

Runte, Julia: Die italienische ONLUS – Modell für eine Reform des deutschen Gemeinnützigkeitsrechts? ZErb 2005, S. 283 ff.

Runte, Julia/Hippel, Thomas von: Gemeinnützigkeits- und Spendenrecht in Italien, in: Walz, Wolfgang Rainer/Auer, Ludwig von/Hippel, Thomas von (Hrsg.): Spenden- und Gemeinnützigkeitsrecht in Europa: rechtsvergleichende, rechtsdogmatische, ökonometrische und soziologische Untersuchungen, Tübingen 2007, S. 339 ff.

Rust, Alexander: Rechtsfolgen EG-rechtswidriger Normen, IStR 2009, S. 382 ff.

Salamon, Lester M./Anheier, Helmut K.: Dritter Sektor und Zivilgesellschaft – Globale Entwicklungen, in: Strachwitz, Rupert Graf (Hrsg.): Dritter Sektor – dritte Kraft: Versuch einer Standortbestimmung, Düsseldorf 1998, S. 13 ff.

Salamon, Lester M./Anheier, Helmut K.: Chapter 1: Civil Society in Comparative Perspective, in: Salamon, Lester M./Anheier, Helmut K./List, Regina u. a. (Hrsg.): Global CiviI Society: Dimensions of the Nonprofit Sector, Baltimore 1999.

Santuari, Alceste: Le ONLUS: profili civili, amministrativi e fiscali, 2. Auflage, Padova 2007.

Schäfers, Bernadette: Die steuerrechtliche Behandlung gemeinnütziger Stiftungen in grenzüberschreitenden Fällen: Körperschaftsteuer, Erbschaft- und Schenkungsteuer; zugleich ein Beitrag zum Recht der Nonprofit-Organisationen, Baden-Baden 2005.

Schäfers, Bernadette: § 17 European Foundation Statute: Steuerrechtliche Rahmenbedingungen einer neuen Rechtsform, in: Richter, Andreas/Wachter, Thomas (Hrsg.): Handbuch des internationalen Stiftungsrechts, Angelbachtal 2007, S. 363 ff.

Schauhoff, Stephan: Grundlegung, in: Schauhoff, Stephan (Hrsg.): Handbuch der Gemeinnützigkeit: Verein, Stiftung, GmbH; Recht, Steuern, Personal, 3. Auflage, München 2010, S. 1 ff.

Schauhoff, Stephan: § 6 Gemeinnützigkeit, in: Schauhoff, Stephan (Hrsg.): Handbuch der Gemeinnützigkeit: Verein, Stiftung, GmbH; Recht, Steuern, Personal, 3. Auflage, München 2010, S. 254 ff.

Schauhoff, Stephan: § 7 Finanzierung der gemeinnützigen Tätigkeit, in: Schauhoff, Stephan (Hrsg.): Handbuch der Gemeinnützigkeit: Verein, Stiftung, GmbH; Recht, Steuern, Personal, 3. Auflage, München 2010, S. 313 ff.

Schauhoff, Stephan: § 9 Gemeinnützige Mittelverwendung, in: Schauhoff, Stephan (Hrsg.): Handbuch der Gemeinnützigkeit: Verein, Stiftung, GmbH; Recht, Steuern, Personal, 3. Auflage, München 2010, S. 613 ff.

Schauhoff, Stephan: Für ein europäisches Gemeinnützigkeits- und Stiftungsrecht als Basis für eine europäische Zivilgesellschaft, npoR 2013, S. 128 ff.

Schenke, Ralf Peter: Von der unmittelbaren Geltung von Richtlinien zur richtlinienkonformen Rechtsfortbildung: Die steuerrechtliche Perspektive, in: Müller-Graff, Peter-Christian/Schmahl, Stefanie/Skouris, Vassilios (Hrsg.): Europäisches Recht zwischen Bewährung und Wandel: Festschrift für Dieter H. Scheuing, Baden-Baden 2011, S. 149 ff.

Scherzberg, Arno: Mittelbare Rechtssetzung durch Gemeinschaftsrecht, JURA 1992, S. 572 ff.

Schlüter, Andreas: Die EWIV: Modellfall für ein europäisches Gesellschaftsrecht? EuZW 2002, S. 589 ff.

Schlüter, Andreas: Die Zukunft der Stiftungen im internationalen Kontext, in: Strachwitz, Rupert Graf/Mercker, Florian (Hrsg.): Stiftungen in Theorie, Recht und Praxis, Berlin 2005, S. 855 ff.

Schlüter, Andreas: § 15 Internationale Betätigung von Stiftungen, in: Richter, Andreas/Wachter, Thomas (Hrsg.): Handbuch des internationalen Stiftungsrechts, Angelbachtal 2007, S. 313 ff.

Schlüter, Andreas/Stolte, Stefan: Stiftungsrecht: Erscheinungsformen und Errichtung der Stiftung, Stiftungsaufsicht, Verwaltung des Stiftungsvermögens, Stiftungssteuerrecht, Rechnungslegung und Publizität, Internationales Stiftungsrecht, 3. Auflage, München 2016.

Schwarz, Günter Christian: Europäisches Gesellschaftsrecht: ein Handbuch für Wissenschaft und Praxis, Baden-Baden 2000.

Schwarze, Jürgen/Becker, Ulrich/Bär-Bouyssiére, Bertold: EU-Kommentar, 3. Auflage, Baden-Baden 2012.

Schweitzer, Michael/Hummer, Waldemar/Obwexer, Walter: Europarecht: das Recht der Europäischen Union, Wien 2007.

Selbig, Sabine: Gemeinnützigkeits- und Spendenrecht in Großbritannien, in: Walz, Wolfgang Rainer/Auer, Ludwig von/Hippel, Thomas von (Hrsg.): Spenden- und Gemeinnützigkeitsrecht in Europa: rechtsvergleichende, rechtsdogmatische, ökonometrische und soziologische Untersuchungen, Tübingen 2007, S. 321 ff.

Selling, Heinz-Jürgen: Steuerharmonisierung im europäischen Binnenmarkt – ein Überblick –, IStR 2000, S. 417 ff.

Simsa, Ruth: Gesellschaftliche Restgröße oder treibende Kraft? Soziologische Perspektiven auf NPOs, in: Simsa, Ruth/Meyer, Michael/Badelt, Christoph (Hrsg.): Handbuch der Nonprofit-Organisationen: Strukturen und Management, 5. Auflage, Stuttgart 2013, S. 125 ff.

Simsa, Ruth/Zimmer, Annette: Quo vadis? in: Zimmer, Annette/Simsa, Ruth (Hrsg.): Forschung zu Zivilgesellschaft, NPOs und Engagement: Quo vadis? Wiesbaden 2014, S. 11 ff.

Sommermann, Karl-Peter: Nationales und europäisches Gemeinwohl, in: Arnim, Hans Herbert von/Sommermann, Karl-Peter (Hrsg.): Gemeinwohlgefährdung und Gemeinwohlsicherung: Vorträge und Diskussionsbeiträge auf der 71. Staatswissenschaftlichen Fortbildungstagung vom 12. bis 14. März 2003 an der Deutschen Hochschule für Verwaltungswissenschaften Speyer, Berlin 2004, S. 201 ff.

Steiner, Stefanie: Die Europäische Stiftung: Perspektiven zur Vereinheitlichung des Stiftungsrechts vor dem Hintergrund ausgewählter nationaler Regelungen, Frankfurt/Main u. a. 2012.

Stewen, Tobias: Der EuGH und die nationale Steuerhoheit – Spannungsverhältnis und Konfliktlösung, EuR 2008, S. 445 ff.

Streinz, Rudolf (Hrsg.): EUV/AEUV: Vertrag über die Europäische Union und Vertrag über die Arbeitsweise der Europäischen Union, 2. Auflage, München 2012.

Taboada, Carlos Palao: Gemeinnützigkeits- und Spendenrecht in Spanien, in: Walz, Wolfgang Rainer/Auer, Ludwig von/Hippel, Thomas von (Hrsg.): Spenden- und Gemeinnützigkeitsrecht in Europa: rechtsvergleichende, rechtsdogmatische, ökonometrische und soziologische Untersuchungen, Tübingen 2007, S. 483 ff.

Thiel, Servaas van: EU Case Law on Income Tax, Amsterdam 2001.

Tiedtke, Klaus/Möllmann, Peter: Spendenabzug und Europarecht: Zu den Auswirkungen des EuGH-Urteils in der Rs. Stauffer auf den Spendenabzug nach § 10b EStG – Zugleich Besprechung des BFH-Vorlagebeschlusses vom 09.05.2007, XI R 56/05, IStR 2007, S. 599 ff.

Tiedtke, Klaus/Möllmann, Peter: Gemeinnützigkeit und Europäische Grundfreiheiten, DStZ 2008, S. 69 ff.

Thomale, Chris: Verstärkte Zusammenarbeit als Einigungsersatz? – Eine Gegenrede am Beispiel des Europäischen Privat- und Gesellschaftsrechts, ZEuP 2015, S. 517 ff.

Thömmes, Otmar/Nakhai, Katja: Aktuelle EG-rechtliche Entwicklungen auf dem Gemeinnützigkeitssektor, IStR 2006, S. 164 ff.

Tipke, Klaus/Kruse, Wilhelm/Seer, Roman u. a. (Hrsg.): Abgabenordnung. Finanzgerichtsordnung. Kommentar zur AO 1977 und FGO, Band 1, 146. EL, Stand: November 2016, Köln 1988

Traversa, Edoardo: Impact of EU Law and ECJ Case Law on Fundamental Freedoms on Cross-Border Non-Profit Activities, in: Vanistendael, Frans (Hrsg.): Taxation of Charities, 2012 EATLP Congress, Rotterdam 31 May–2 June 2012, Amsterdam 2015, S. 107 ff.

Troll, Max/Gebel, Dieter/Jülicher, Marc (Hrsg.): Erbschaftsteuer- und Schenkungsteuergesetz: Kommentar, 51. EL, Stand: November 2016, München 2005.

Tundo, Francesco: Italy, in: Gliksberg, David (Hrsg.): Cahiers de droit fiscal international, 53rd Congress of the International Fiscal Association, Volume LXXXIVa: Taxation of non-profit organizations, The Hague 1999, S. 515 ff.

Unger, Sebastian: Steuerbegünstigung grenzüberschreitender Gemeinnützigkeit im Binnenmarkt – Vorgaben des Gemeinnützigkeits- und Spendenrechts im Lichte der unionalen Grundfreiheiten, DStZ 2010, S. 154 ff.

Urtz, Christoph: Austria, in: Vanistendael, Frans (Hrsg.): Taxation of Charities, 2012 EATLP Congress, Rotterdam 31 May–2 June 2012, Amsterdam 2015, S. 181 ff.

Vogel, Klaus/Lehner, Moris: Doppelbesteuerungsabkommen der Bundesrepublik Deutschland auf dem Gebiet der Steuern vom Einkommen und Vermögen: Kommentar auf der Grundlage der Musterabkommen, 6. Auflage, München 2015.

Vollmer, Lothar: Der Europäische Verein, ZHR 157 (1993), S. 373 ff.

Walz, Wolfgang Rainer: Die Selbstlosigkeit gemeinnütziger Non-Profit-Organisationen im Dritten Sektor zwischen Staat und Markt, JZ 2002, S. 268 ff.

Walz, Wolfgang Rainer: Non-Profit-Organisationen im Europäischen Zugwind, in: Walz, Wolfgang Rainer/Auer, Ludwig von/Hippel, Thomas von (Hrsg.): Spenden- und Gemeinnützigkeitsrecht in Europa: rechtsvergleichende, rechtsdogmatische, ökonometrische und soziologische Untersuchungen, Tübingen 2007, S. 653 ff.

Weber-Grellet, Heinrich: Finanzgerichte als Motor der EuGH-Rechtsprechung, NJW 2004, S. 1617 ff.

Weber-Grellet, Heinrich: Finanzgerichte als Motor der EuGH-Rechtsprechung, in: Brandt, Jürgen (Hrsg.): Für eine bessere Steuerrechtskultur: Erster Deutscher Finanzgerichtstag 2004, Stuttgart 2004, S. 39 ff.

Wedemann, Frauke: Gemeinnützige Personengesellschaften, NZG 2016, S. 645 ff.

Ween, Wino van: Gemeinnützigkeits- und Spendenrecht in den Niederlanden, in: Walz, Wolfgang Rainer/Auer, Ludwig von/Hippel, Thomas von (Hrsg.): Spenden- und Gemeinnützigkeitsrecht in Europa: rechtsvergleichende, rechtsdogmatische, ökonometrische und soziologische Untersuchungen, Tübingen 2007, S. 367 ff.

Weitemeyer, Birgit: Die Zukunft des Stiftungsrechts in Europa, in: Saenger, Ingo/Bayer, Walter/Koch, Elisabeth/Körber, Torsten (Hrsg.): Gründen und Stiften. Festschrift zum 70. Geburtstag des Jenaer Gründungsdekans und Stiftungsrechtlers Olaf Werner, Baden-Baden 2009, S. 288 ff.

Weitemeyer, Birgit: Entwicklungen im europäischen Stiftungs- und Gemeinnützigkeitsrecht (unter Einbezug der European Foundation), in: Jakob, Dominique (Hrsg.): Perspektiven des Stiftungsrechts in der Schweiz und in Europa, Basel 2010, S. 73 ff.

Weitemeyer, Birgit: Der Kommissionsvorschlag zum Statut einer Europäischen Stiftung, NZG 2012, S. 1001 ff.

Weitemeyer, Birgit/Bornemann, Elias: Problemstellungen gemeinnütziger Tätigkeiten mit Auslandsbezug, FR 2016, S. 437 ff.

Weiten, Philipp/Feldner, Michael: Überlegungen zur Steuerbefreiung ausländischer gemeinnütziger Körperschaften in Deutschland, ZErb 2013, S. 88 ff.

Wesiack, Max: Europäisches Internationales Vereinsrecht: grenzüberschreitende Sitzverlegung und Umwandlung im Lichte der Niederlassungsfreiheit und des allgemeinen Freizügigkeitsrechts, Tübingen 2011.

Wollenschläger, Ferdinand: Grundfreiheit ohne Markt: die Herausbildung der Unionsbürgerschaft im unionsrechtlichen Freizügigkeitsregime, Tübingen 2007.

Wünschig, Dirk: Perspektiven eines europarechtskonformen Gemeinnützigkeits- und Zuwendungsrechts: eine Untersuchung nach „Stauffer" und „Persche" bei gleichzeitiger Kritik an der Neufassung des Gemeinnützigkeitsrechts nach dem Jahressteuergesetz 2009, Frankfurt/Main 2011.

Zapka, Klaus: Binnenmarkt ohne Wohlfahrt? Zu den institutionellen Perspektiven eines europäischen Gemeinwohls, Wiesbaden 2012.

Zimmer, Annette: Stiftungen als Organisationen der Zivilgesellschaft, in: Strachwitz, Rupert Graf/Mercker, Florian (Hrsg.): Stiftungen in Theorie, Recht und Praxis, Berlin 2005, S. 9 ff.

Zimmer, Annette/Priller, Eckhard: Die zunehmende Bedeutung des Dritten Sektors – Ergebnisse des international vergleichenden Johns Hopkins Projektes, JCSW 2001, S. 11 ff.

www.ingramcontent.com/pod-product-compliance
Ingram Content Group UK Ltd.
Pitfield, Milton Keynes, MK11 3LW, UK
UKHW020713041026
15590UKWH00002B/640

9 783631 748312